경제학은 어떻게
권력이 되었는가

HOW ECONOMICS CORRUPTED US

경제학은 어떻게 권력이 되었는가

조너선 앨드리드 지음 | 강주헌 옮김 | 우석훈 해제

21세기북스

세상의 모든 경제학자들에게 '웃으면서 화내는 법'

우석훈(경제학자)

1

조너선 앨드리드는 케인스를 인용했다.

경제학자가 어떻게 해서든 치과의사만큼이나 겸손하고 능력 있는 사
람으로 평가받을 수 있다면 얼마나 좋겠는가!

이 말을 케인스가 1963년에 했다니! 우리가 만나는 치과의사 선생님
들이 겸손하신지는 잘 모르겠지만, 하여간 문제 해결 능력을 갖추고 있
는 것은 분명한 것 같다. 발치를 하고, 크라운도 씌우고, 임플란트도 하
는 치과의사에 대해서는 많은 사람이 불만을 가지고 있고, 특히 가격표
에 대해서는 의문이 많다. 그렇지만 멀쩡한 이를 발치하는 돌팔이만 아
니라면 우리가 느끼는 불편함과 고통을 어느 정도는 해결해준다. 자, 치
과의사보다 문제 해결 능력이 뛰어난 경제학자 있으면 나와보시라.

이 말은 내가 한 것도 아니고, 조너선 앨드리드가 한 것도 아니다. 2차
세계대전 이후 '영광의 30년'을 주도한 바로 그 케인스의 말이다. 한국
공무원들이 금과옥조로 여기는 '고시용 경제학'의 대부분이 바로 케인

스의 이론에 바탕을 두고 있다는 점을 생각하면…. 맙소사!

그렇지만 이게 현실이다. 도대체 경제학자들이 잘난 척하는 것 말고, 문제를 해결하기 위해 한 일이 뭐가 있는가? 어려운 문제를 더 어렵게 설명하는 기막힌 재주 말고 또 경제학자들이 할 줄 아는 것이 뭐가 있단 말인가? 세상을 살면서 주변에서 경제학자를 만나본 사람이라면 한 번쯤 이런 질문들을 했을 것이다. 하지만 대부분의 사람들은 "당신, 경제를 알아?"라는 말을 들으며 무시당할까봐 "네네, 교수님, 네네, 박사님" 하며 고개를 숙였을지도 모른다. 그 사람들을 대변해서, 케인스가 이런 말을 미리 했던 것은 아닐까? 그런데 대학에서 케인스의 이런 위트 있는 말을 가르쳐주는 일은 거의 없다. "결국에는 우리 모두 죽는다(In the long run, we all die)"라는 무시무시하면서도 무책임한 말을 한 사람 정도로만 가르친다. 케인스를 무너뜨리는 것을 필생의 사명으로 알았던 밀턴 프리드먼의 제자들이 강단 경제학을 채우고 있기 때문이다.

뭐, 어쨌든 좋다, 누구의 제자이든. 경제학자가 현실에서 최소한 치과의사보다 문제 해결 능력이 없다는 저자의 이야기를 보면서, 나는 키득키득거리기 시작했다. 경제학 책을 읽으면서 내가 이렇게 킥킥거리다니.

2

이 책은 1장부터 읽어 내려가는 것이 정석이지만, 그냥 통쾌하게 웃고 싶다면 1장은 과감히 건너뛰고 2장부터 읽어도 좋다. 어쨌든 이 책의 매력은 엄청난 주제를 발전시켜서 결론을 내리는 데에 있지 않다. 경제학도 결국은 사람이 하는 학문이라서, 박사과정 내내 술자리 같은 곳에서 유명한 사람들의 뒷얘기를 유쾌하게 들으면서 웃었던 기억이 나에게 있다. 그런 의미에서 케임브리지 대학 경제학과 주변의 술자리에서 나눌 만한 후일담만 골라 읽어도 이 책은 충분히 가치가 있다.

독자들을 위해서 키워드를 하나 제시하자면 바로 '랜드 연구소'이다. 미국 공군 산하의 비밀 연구소 같은 이 조직의 이름은 'Research ANd Development'의 약자이다. 그런데 이곳의 연구원들이 수없이 사고를 치며 성과를 내지 못하자 나중에는 연구는 하지만 성과는 내지 못한다는 의미에서 'Research and No Development'라고 사람들의 조롱을 받았다고 한다. 그 사고뭉치들은 소련과 맞서기 위한 폭격 전략만 만든 게 아니라, 게임 이론도 만들고, 별의별 이상한 이론과 정리들을 만들어냈다. 그 사건들을 바탕으로 〈닥터 스트레인지러브〉라는 전설적인 영화도 만들어졌다. 그리고 이곳에서 근무하던 인턴들도 나중에 줄줄이 노벨 경제학상을 받게 된다.

소련이 수소 폭탄을 개발하기 전에 먼저 소련을 폭격해서 초토화해야 한다는 무시무시한 주장을 한 사람이 수학의 거성이자 '제로섬 게임'의 창시자인 폰 노이만이다. 이 정도는 게임 이론의 '게'자 정도 공부한 사람이라면 어느 정도는 알고 있다. 이런 어려운 얘기를 그냥 건너뛰면 이 구절의 코믹한 부분을 만나게 된다. 바로 폰 노이만의 말년이다. 궁금한 분들은 직접 읽어보시라!

하지만 랜드 연구소가 만들어내는 코미디의 절정은 그들이 제안한 소련 폭격 계획이다. 저비용 고효율을 위해 랜드 연구소가 만들어낸 최적의 공격 계획안을 보고, 보수적이고 보수적인 미국 공군 장성들은 발칵 뒤집혔다. "이거 안 돼! 조종사들이 다 죽는다구!" "어, 조종사들의 목숨 값은 계산에 안 넣었는데요." "왜?" "조종사들의 목숨값은 우리끼리 합의가 안 돼서요." 이게 정말이냐고? 정말이다. 그들은 자신들이 모르는 건 계산에 넣지 않았다. 그렇게 조종사들의 목숨값을 계산하지 않은 채 최적의 계획안이라며 수많은 조종사들이 목숨을 잃게 될 공격 계획을 만들었다. 어려운 공은 치지 않고, 힘든 공은 잡지 않는다는《삼미 슈퍼스타즈의 마지막 팬클럽》을 여기서 만나게 된다.

물론 그들이 공도 세웠다. 미소 간의 핫라인이 필요하다는 것도 이들의 제안이었다. 그 덕분인지 케네디 대통령이 쿠바를 봉쇄하던 시기에 극적으로 지구가 핵전쟁으로 벗어나기는 했다. 그때 케네디 대통령은 쿠바를 봉쇄하는 작전에 군사적인 느낌이 강한 '블록케이드Blockade'가 아닌 '쿼런틴Quarantine'을 사용했다. 코로나 이후로 '자가격리'라는 의미로 유명해진 바로 그 단어이다.

게임 이론에서 코스의 정리, 애로의 불가능성 정리까지, 이 책에서 설명하는 내용이 부담스럽다면 그냥 랜드 연구소의 요절복통 괴짜 경제학자들이 좌충우돌하는 이야기만 골라서 읽어도 충분히 흥미롭다. 그 뒤로도 웃지 않을 수 없는 얘기와 "진짜 이런 일이 있었어?"라며 어이가 없어서 실소하게 되는 얘기가 끝까지 계속된다. 모르는 얘기는 건너뛰고 읽어도 된다. 이 책은 경제학을 독자 여러분들에게 강독하기 위한 경제학설사 책이 아니니까. 그렇게 읽다 보면 결국 이 책의 핵심적인 결론에 도달하게 된다. 그런데 그 결론 중 하나는 기발하면서도 웃긴다.

"대학에서 경제를 가르쳐야지, 왜 경제학만 가르치는 것인가!"

저자는 아주 쉬운 말로 신랄한 결론을 내린다. 경제학과에 입학하는 많은 학생들은 학부만 졸업하고 사회에 나가게 되는데, 그들에게 필요한 '경제'를 가르치지 않고, 왜 '경제학'만 가르치느냐는 것이다. 오예! 그리고 케인스의 옆방에서 같이 연구하던 조안 로빈슨 여사를 인용하면서 책을 마무리한다.

경제학을 공부하는 목적은 경제에 대한 질문에 일련의 준비된 답변을

얻는 것이 아니라 경제학자들에게 속지 않는 법을 배우는 것

3

다소 어려운 얘기가 있기는 해도 그냥 술자리에서 본다고 생각하며 낄낄거리면서 읽을 수 있는 내용들이 가득하지만, 그 시사점도 가볍지는 않다. 2020년 봄, 코로나19의 유행 한가운데에서 이 책을 손에 들 수 있었던 것은 단군의 보살핌이 아닐까 한다. 한국이 유독 코로나 대응을 잘한 건 건국신화에서부터 자가격리를 배워온 우리의 민족성 때문이라니까. 좀 다르기는 하지만.

코로나19 이후에 짧으면 6개월에서 2년 정도 한국 경제는 아주 혹독한 시련을 겪을 것이다. 치과의사의 해결 방법만도 못한 얘기들을 수많은 경제학자들이 할 것이다. 1929년 대공황 때에도, 1973년 석유 파동 때에도, 그리고 2008년 글로벌 금융 위기 때에도 경제학자들은 위기를 경고하지도 못했고, 위기에서 빠져나오는 법을 제대로 제시하지도 못했다. 그리고 문제를 고치지도 못했다. 그런데 이번 위기는 아주 가혹할 것이다.

이 해법에 대한 시사점을 받고 싶은 독자는 조금 전에 그냥 뛰어넘어도 좋을 것이라고 했던 1장만 읽어도 된다. 그리고 잠시 언급된 〈베버리지 보고서〉에 대해서만 알아도 최소한의 책값은 할 것이다. 그 유명한 '요람에서 무덤까지'라는 표현을 만들어낸 것이 바로 〈베버리지 보고서〉이다. 이 보고서는 1942년에 영국에서 나왔다. 1939년에 2차 세계대전이 발발했고, 1944년에 노르망디 상륙작전이 있었다. 1942년은 스탈린그라드 전투가 벌어진 해이다. 영국이 전쟁에서 한참 밀리던 시절에 만들어진 〈베버리지 보고서〉는 전쟁이 끝나고 영국은 물론이고 유럽 전체를 리빌딩하던 시기에 청사진이 되었다.

지금 우리에게 필요한 건, '애프터 코로나' 국면에서 경제를 리빌딩하기 위한 한국판 베버리지 보고서 같은 게 아닐까 싶다. 청사진은 꼭 그대로 따라하기 위해 필요한 것이 아니다. 서로가 주장하는 방향에 대해 논의하기 위해서 '인간의 언어'로 된 무엇인가가 필요하고, 그 역할을 하는 것이 바로 청사진이다. 그런데 만약 지금의 경제학자들이 "내가 치과의사입니다"라고 나서서 위기를 극복하기 위한 방법을 보고서도 끝나면,

맞고 틀리고를 떠나서 누군가 이해하고 알아들을 수는 있을까? 틀린 말도 어렵게 보이거나 아니면 졸리게 만들어서 집어치우게 만드는 게 케인스 이후로 경제학자들이 갈고닦은 기술인지도 모른다. 경제학 보고서를 보다가 "대체 뭔 말이야"라며 확 집어던진 경험이 있다면, 그게 바로 경제학자들이 원하는 대로 반응한 것이다.

지금 또다시 그렇게 하다가는 우리는 모두 망하고 만다. 맞든 틀리든, 지금 우리 모두가 이해하고 함께 논의할 수 있는 경제학이 필요한 이유가 바로 여기에 있다. 예수가 "너희는 서로 사랑하라"라고 아주 쉬운 말로 하지 않았던가. 경제학이 신학보다 고급 학문인가? 그럴 리 없다. 부자가 천국에 가는 건 낙타가 바늘구멍을 통과하는 것처럼 어렵다고 했다.

"내가 또 속는다, 또 속아!"

영화 〈나쁜 놈들 전성시대〉에서 하정우가 최민식에게 한 대사이다. 물론 그러면서도 바로 그 장면에서 또 속아서 결국 감옥에 가게 된다. 하긴, 마르크스의 《자본론》도 어렵기는 겁나게 어렵고, 길긴 또 왜 이렇게 긴지. 무려 전화번호부급으로 세 권이다. 어렵다고 아우성치는 당대의 독자들에게 마르크스는 "당신들이 노동자가 아니라서 어려운 거다"라고 말했다고 한다. 나는 경제학 박사학위도 받고 회사에서 일하는 노동자가 되어서 다시 읽었는데, 역시 어려웠다. 엄청 어려웠다. 경제학이 이렇게 된 게 다 마르크스 잘못인지도 모른다. 그를 이기기 위해 하이에크가 더 어렵게 얘기했고, 그의 제자 격인 밀턴 프리드먼은 더더욱 어렵게 얘기한 것인지도 모른다. 그리고 유학을 가서 그들의 '새끼 제자'가 된 사람들은 더더욱 어렵게 말한다! 이 책도 동료인 장하준의 조언을 받아 쉽게 썼다고 하지만, 역시 통으로 한 번에 읽기에는 만만치 않다. 맙소사. 내가 또 속는다, 또 속아!

C O N T E N T S

호모 에코노미쿠스는 어떻게 탄생했는가?

50여 년 전부터 우리에게 어떻게 행동하라고 강요하는 새로운 규범이 등장하며 우리의 생각은 타락해왔다. 그 결과 우리는 흑을 백으로, 나쁜 것을 좋은 것으로 보게 되었고, 비도덕적인 것이 도덕적인 것으로 둔갑했다. 이런 변화는 엄청난 규모로 일어났지만, 교묘해서 구분되지 않는 여러 단계를 통해 이루어졌다.

물론 우리가 본질적으로 과거 세대보다 도덕적으로 타락한 것은 아니다. 이 책은 일부러 고약하게 행동하는 사람들을 노골적으로 폭로하는 이야기가 아니다. 수세대 전이었다면 어리석고 당혹스러우며 해롭고 사악하다고 여겨졌을 행동과 행위가 어떻게 지금 우리에게 자연스럽게 용인되고, 합리적이며 논리적이라고 여겨지게 되었는지에 대한 이야기이다. 실제로 우리가 삶의 기준으로 삼는 사상과 가치를 이해하는 방법이 변화했다. 예컨대 신뢰와 믿음, 공정성, 선택의 자유, 사회적 책임에 대한 생각이 달라졌다. 또 경제와 사회에 그게 영향을 미치는 생각도 달라졌다. 이런 변화는 상대적으로 최근에 일어났지만, 지금은 어디에서나 눈에 띄고 일상의 삶에도 깊이 파고들어, 우리는 그 변화를 거의 의식하지 못한 채 살아간다.

2007년의 세계 금융 위기를 예로 들어보자. 금융 위기의 주된 원인은 규제 기관, 즉 정부가 은행을 비롯한 금융 기관의 행위를 감시하라고 고용한 기관 혹은 사람에게 있었다는 게 일반적인 의견이다. 이제 '규제 기관을 탓하라!'는 말은 익숙하지만 놀라운 주장이다. 우리 집에 도둑이 들었다고 경찰을 탓하지는 않는다. 그런데 은행이 무분별하고 때로는 범죄적인 행동을 한다고 왜 규제 기관을 탓하는가? 이 질문에 답하자면 '은행은 어차피 은행'이기 때문이다. 은행이 범죄적 행위를 한다고 해서 은행을 탓할 수는 없다. 어떤 은행이 자제하며 합리적으로 행동하면 다른 은행이 그 기회를 이용하려 달려들기 때문이다. 시장이 탐욕을 추구하는 것은 당연하다. 그리고 이런 위험한 생각이 확산되면서 은행은 탐욕스러운 행동을 해도 용서받고, 잘못을 저질러도 용서받는 면허증을 얻게 되었다.

은행만 그런 것은 아니다. 우리가 당면한 병폐는 훨씬 더 광범위하고 뿌리가 깊다. 폭스바겐을 예로 들어보자. 세계 최대의 자동차 제조회사인 폭스바겐은 어떻게 단일 모델을 생산하던 소규모의 착한 회사에서 이익만을 추구하며 고객을 대대적으로 기만하는 대기업으로 바뀌었을까?

이 질문에 정확히 대답하려면, 밀턴 프리드먼^{Milton Friedman, 1912~2006}이라는 시카고학파 경제학자가 기업 문화에 대해 권고한 변화를 반드시 살펴볼 필요가 있다. 1970년 프리드먼은《뉴욕 타임스》에 〈기업의 사회적 책임은 이익을 증진하는 것)이라는 획기적인 글을 기고했다. 이 글에서 프리드먼은 의심스러울 경우에는 이익이 기업의 유일한 책임이라고 주장했다. 훗날 프리드먼은 로널드 레이건^{Ronald Reagan, 1911~2004} 미국 대통령과 마거릿 대처^{Margaret Thatcher, 1925~2013} 영국 수상에게 조언을 하며 그들의 정책에 큰 영향을 주었다.

오늘날 경제학 이론의 영향은 더 이상 기업계와 금융계에 국한되지 않는다. 프리드먼이 기업의 책임을 재규정하던 시기에 새로운 이론과 개념이 개인의 책임까지 재규정하고 있었다.

'무임승차'라고 알려진 개념을 예로 들어보자. 이 개념에는 협력을 하는 것이 때로는 멍청한 짓이란 뜻이 함축되어 있다. 당신은 협력하더라도 다른 사람은 협력하지 않을 것이고, 당신의 기여는 지극히 미약해서 아무런 차이도 가져오지 못할 것이기 때문이다. 이 개념은 사회에 별다른 영향을 미치지 못했지만, 이 개념에 담긴 핵심 사상은 우리의 사고방식에 스며들어 '각자 자신의 몫을 해야 한다'라는 상식을 뒤집어놓았다. 우리 모두는 일상의 작은 선택에 이르기까지 타락했다. 투표는 무의미한 짓이고, 음악과 뉴스 등 온라인으로 제공되는 콘텐츠를 공짜로 얻는 것이 당연하며, 과대하게 보험금을 청구하고, 가능하면 납세를 피하는 것은 불가피하다고 생각하기에 이르렀다. 또 모두가 스마트폰에 푹 빠져 분주하게 길을 걸으며 다른 사람과 충돌할 가능성에 대해서는 신경조차 쓰지 않는다. 이 모든 경우에서 우리는 다른 사람의 노력이나 기여에 의존한다. 따라서 다른 사람의 기여가 없다면 위에서 말한 집단 행위들은 불가능해진다. 하지만 안타깝게도 우리는 무임승차라는 사고방식에 젖어 행동을 하기도 전에 희망을 버리고 진정으로 필요한 집단 행위는 하지 않는다. 많은 사람이 기후 변화에 대해 체념하는 이유가 바로 여기에 있다.

어떻게 우리는 이런 지경에 이르렀을까? 부자 나라가 훨씬 더 부자가 되었는데도 더 많은 시민이 무료 급식소와 푸드 뱅크에 의존하는 세상이 된 이유는 또 무엇일까? 부자가 더 부자가 되는 것은 경제에 좋은 일이지만, 가난한 사람이 부자가 되는 것은 나쁜 일이라고 귀에 딱지가 앉도록 들었던 것도 그 이유 중 하나일까? 그다지 멀지 않은 과거에 우리는 무척 다른 믿음과 가치관을 가지고 있었다. 그런데 어떻게 많은 사람이 지금 이런 믿음을 갖게 된 것일까?

은행과 기업 이윤, 투표, 무료로 제공되는 온라인 콘텐츠, 기후 변화와 불평등에 대해 당신이 어떻게 해석하더라도 그 해석에는 대체로 현재의 사고방식이 반영되기 마련이다. (적잖은 평론가가 그런 사고방식을 '신자유주의'라고 칭했지만, 이 책에서 이 단어는 다시 사용하지 않을 것이다.*) 경제학은 우리의 선택 가능성을 제약하는 듯하다. 게다가 경제학은 우리가 마음에 품고 있는 의문만이 아니라, 우리 눈에 보이는 문제에도 영향을 미친다. 물론 우리가 할 수 있는 대답도 경제학에 근거한 도덕성의 영향을 받는다. 따라서 현재의 상황을 바꾸고 싶다면, 어떻게 이 지경에 이르게 되었는가를 먼저 이해해야 한다. 다시 말해, 새로운 경제학 개념들이 어

● 요즘 대부분의 평론들은 이 단어를 사용하지 않기 때문에 나도 이 단어를 사용하지 않으려 한다. 더구나 이 단어를 사용하는 사람들도 그 뜻에 대한 해석이 다르다.

떻게 생겨났고, 어떻게 우리를 지배하게 되었는가를 알아야 한다.

그 답을 구하기는 쉽지 않다. 여하튼 겉으로는 처음에는 경제학을 조롱하고, 나중에는 경제학에 경의를 표하는 것처럼 보일 수 있다. 우리가 현재의 사고방식을 의도적으로 선택하는 것은 아니지만, 전적으로 우연히 현재의 사고방식을 갖게 된 것도 아니다. 음모가 있었던 것은 아니지만, 어떤 관점에서 보면 그렇게 보일 수도 있다.

이 모든 것이 어디에서 시작되었는지 보려면 스위스의 제네바로 날아가야 한다. 그곳에서 기차를 타고 레만 호숫가를 따라 동쪽으로 가다가 브베에서 내린 후에 케이블카를 타고 몽펠르랭에 올라간다. 케이블카에서 내리면 걸어서 2분 거리에 멋진 호텔이 있다. 1947년 50여 명의 사람들이 당시 오텔 뒤 파르크라고 불렸던 그 호텔까지 똑같은 여정을 밟았다. 대부분은 대학 교수였고, 소수의 신문기자와 기업인도 섞여 있었다. 그들은 당시 많은 국가에서 취하고 있던 경제 정책의 방향을 혐오하면서도 두려워했다는 점에서 같은 생각을 가지고 있었다.

당시 거의 모든 국가에서 정부는 과거보다 더 큰 역할을 맡고 있었다. 1930년대의 대공황과 대량 실업이 여전히 기억에서 생생하던 때였다. 파시즘이 태동하고 제2차 세계대전이 발발하는 데도 경제 위기가 큰 역할을 한 것은 사실이었다. 유럽이 평화를 되찾자, 누구도 대량 실업의 시대로 되돌아가기를 원하지 않았다. 존 메이너드 케인스John Maynard Keynes, 1883~1946의 신경제학은 정부가 대량 실업을 막을 힘이 있다는 것을 입증했다. 현대 거시경제학의 기반을 다진 케인스는 지난 100년의 역사에서 가장 큰 영향을 미친 경제학자로 여겨진다. 경제가 침체하면 정부가 공공 지출을 확대하거나 감세를 통해 경제를 활성화해야 한다는 이론은 지금 우리 귀에 익숙하지만, 결국 케인스 경제학에서 비롯된 것이다. 케인스 경제학은 미국에서는 뉴딜정책을 뒷받침했고, 영국에서는 1942년 〈베버리지 보고서Beveridge Report〉를 토대로 시작된 복지국가 탄생의 근간이 되었다. 경제학자였던 윌리엄 베버리지William Beveridge, 1879~1963는 정부의 요청을 받아 실업보험과 그와 관련된 서비스를 연구한 결과를 바탕으로 다양한 해법을 권고했다. 그의 역사적인 보고서, 〈베버리지 보고서〉는 '요람에서 무덤까지' 국가가 제공하는 사회보험의 필요성을 역설했다.

아이러니하게도 1931년으로 되돌아가면, 베버리지가 보고서에서 주장한 거의 모든 내용을 약화시키는 데 일생을 바친 사람에게 일자리를 준 사람이 바로 베버리지였다. 당시 런던 정경대학 학장이던 베버리지는 무명에 가까운 오스트리아 출신의 경제학자, 프리드리히 하이에크Friedrich Hayek, 1899~1992에게 교수직을 제안하면서 그것이 어떤 결과를 가져올지 전혀 예측하지 못했다. 1947년 몽펠르랭 회의를 주도한 것이 하이에크였다.

하이에크는 1944년《노예의 길》을 발표한 후에 일약 유명 인사가 되었다. 중앙 정부가 주요한 경제 계획을 수립하고 경제에서 정부의 역할이 커지면, 영국도 결국 나치 독일의 전체주의로 전락하게 될 것이라는 게 그의 핵심적인 주장이었다.《노예의 길》은 출간된 지 며칠 만에 완전히 매진되었다. 전시 기간이어서 종이가 부족했던 까닭에 이듬해의 재판도 수요를 맞추지 못했다. 한편 이 책은 논쟁적인 내용 때문에 미국의 출판사 세 곳에서 출간을 거부당했지만, 시카고학파의 경제학자 에런 디렉터Aaron Director, 1901~2004의 설득으로 시카고 대학 출판부에서 출간될 수 있었다.

디렉터는 자신의 이름으로 발표한 저서는 거의 없었지만,《노예의 길》을 미국에 소개하는 데 그치지 않고 매제이던 밀턴 프리드먼을 비롯해 몇몇 핵심 사상가들의 저서를 출간하는 데도 큰 역할을 했다. 예일 대학에 재학할 때 디렉터는 반체제적인 인습타파주의자였으며, 절친한 친구이던 화가 마크 로스코Mark Rothko, 1903~1970와 함께《예일 새터데이 모닝》이라는 지하 신문을 발행하기도 했다. 하지만 말년에 디렉터는 보수주의자 레이건과 대처의 고문 역할을 하던 프리드먼을 "내 급진적인 매제"라고 묘사할 정도로 보수적인 성향을 띠었다.[1]

《노예의 길》은 미국에서도 대성공을 거두었다. 영국에서 그랬듯이, 출판사는 쏟아지는 주문량을 맞출 만큼 충분한 책을 발행하기 위해 종이 배급량을 확보하려고 전쟁을 벌여야 했다. 그러나 1945년 4월《리더스 다이제스트》가 20페이지로 압축한 요약본을 수백만 부 발행했다. 그때 하이에크는 뉴욕행 배에 승선해 있었다. 그는 뉴욕항에 도착해서야 미국을 방문한 원래의 학문적 목적이 전국 순회 강연으로 바뀌었다는 걸 알게 되었다. 뉴욕 타운홀에서 열린 그의 강연은 3,000석 규모의 강연장을 가득 채웠고 인접한 빈 공간에는 더 많은 청중이 들어찼다.

하이에크의 명성과 영향력이 치솟던 때였던 걸 고려하면, 그가 몽펠르랭에 모인 사람들의 지적인 리더로 여겨진 것은 조금도 놀랍지 않았다. 그들은 곧 '몽펠르랭회Mont Pelerin Society'로 알려지게 되었다. 프리드먼과 디렉터도 그 모임에 참석했다. 모임의 첫날, 즉 4월 1일 하이에크는 전체주의로 추락한 듯한 영국과 미국을 구하는 것을 그들이 당면한 과제로 규정했다. 경제에 대한 정부의 간섭이 늘어나며 개인의 자유가 직접적으로 위협받고 있다는 것이 하이에크의 주장이었다. 개인의 자유는 시간이 걸리더라도 천천히 끈질기게 정부의 간섭을 되돌리고, 궁극적으로 진정한 자유시장경제로 복귀하는 경우에만 회복될 수 있다고 그는 생각했다. 하지만 하이에크는 그 과제를 이루어내는 게 쉽지 않다는 걸 알고 있었다.

하이에크가 보기에 케인스 경제학은 실업 억제를 위한 일련의 정책에 조언을 하는 수준을 훨씬 넘어섰다. 실제로 정부의 본분은 완전 고용을 유지하는 것이라는 의견이 급속히 형성되고 있었다. 정부에 보낸 한 보고서에서 케인스가 국제 금융계도 영국의 심각한 실업률을 탐탁지 않게 생각할 것이라 지적했듯이, 은행조차 이 의견에 동의할 정도였다.[2] 게다가 케인스는 더 큰 사회적 편익을 위해 시장의 힘을 규제하고 보완하는 것도 정부의 의무라고 주장했다. 정부가 비교적 경쟁력 있고 많은 정보를 가지고 있으므로 더 큰 사회적 편익을 추구하기에 적합할 것이라는 게 일반적인 믿음이었다. 이것이 당시 사람들이 경제를 보는 시각이기도 했다. 하이에크는 정설로 굳어진 케인스의 이론을 뒤집으려면 다른 접근이 필요하다는 걸 깨달았다. 달리 말하면, 경제와 정부에 대한 사람들의 생각을 근본적으로 바꿔놓아야 했다. 따라서 하이에크는 "몽펠르랭회는 당장 도움이 되는 것이 아니라, 영향력을 행사할 수 있는 지위에 다시 올라서기 위한 믿음을 구축하는 데 심혈을 기울여야 할 것"이라고 결론지었다.[3] 이는 사람들의 마음에 상식처럼 내재하고 있는 믿음을 바꾸겠다는 장기적인 프로젝트였다. 다시 말해, 사람들이 세상을 다른 방식으로 바라보도록 만들겠다는 원대한 프로젝트였다.

이 점에서 하이에크와 몽펠르랭의 회원들은 궁극적으로 기대 이상의 성공을 거두었다. 그들은 자신들이 지배적인 세계관을 바꾸려는 거대한 도전을 하고 있다는 걸 정확히 알고 있었다. 1947년 몽펠르랭에 모인 사람들은 정치와 경제의 주류에 속하지는 않았지만, 그렇다고 기발한 괴짜로 여겨지지도 않았고 아예 주류 학계와 담을 쌓은 학자들도 아니었다. 그 후로 30년이 지났을 때 그들의 사상은 돌파구를 맞이했다. 이후로도 많은 시간이 지났으므로 그 전환점을 적시하기는 조금도 어렵지 않다.

1979년 영국 선거에서 마거릿 대처가 승리하고, 곧이어 미국 대통령 선거에서 로널드 레이건이 승리하며 정치와 경제에서 근본적인 변화가 일어났다는 걸 의심하는 사람은 없을 것이다. 대처와 레이건이 등장하면서 케인스의 이론은 완전히 밀려났다. 대처는 1975년 2월 영국 보수당의 리더로 선출되었다. 당시 보수당은 정권을 되찾기를 학수고대하고 있었고, 그해 여름의 한 전략 회의에서 미래의 정당 정책은 극단적인 좌파나 우파를 버리고 '중도'를 취해야 한다는 주장이 제기되었다. 그때 대처는 회의를 중단시키고 가방에서 하이에크의 저서를 꺼내 모두에게 들어 보였다. 그리고 "우리가 믿어야 할 것이 여기에 있습니다"라고 말하며 그 책을 탁자 위에 쾅 내려놓았다.[4]

믿으면
현실이 된다

안토니 피셔Antony Fisher, 1905~1988라는 영국의 한 낙농가는 리더스 다이제스트에서 펴낸《노예의 길》의 요약본을 읽고 깊은 감동을 받았다. 개인의 자유가 위협받고 있다는 그의 직감을 하이에크가 정확히 표현한 듯했다. 피셔는 하이에크에게 어떻게 하면 자신이 도움이 될 수 있는지를 묻는 편지를 보냈고, 정계에 뛰어들겠다는 각오까지 다졌다. 하이에크는 피셔에게 더 가치 있는 일을 할 수 있을 것이라며, 이데올로기 전투에서는 "사상의 간접적인 중개자", 말하자면 공개 토론회와 대중의 정치적 사고에 영향을 미치며 의견을 바꾸게 하는 언론인과 정치 고문, 평론가와 지식인이 더 큰 역할을 할 수 있다고 설명했다. 하이에크는 피셔에게 몽펠르랭회와 함께 일하며, 이런 간접적인 중개자에게 영향을 미치기 위한 연구기관을 설립하는 데 힘을 보태라고 조언했다.

   1952년 피셔는 그런 목적에서 설립된 연구기관 중 하나인 경제교육 재단Foundation for Economic Education을 방문하기 위해 미국으로 건너갔다. 그 재단의 공동 설립자, '대머리' 플로이드 하퍼Floyd Harper, 1905~1973도 5년 전 몽펠르랭의 모임에 참석했던 경제학자였다. 하퍼는 낙농가였던 피셔에게 새로운 낙농법을 가르쳐주었다. 그것은 발육이 빠른 새로운 품종의 구이용 육용계 '브로일러'를 닭장에 가두어놓고 키우는 방법이었다. 당시 영국에는 도입되지 않았던 '집약적 양계battery-chicken farming'로 피셔는 큰돈을 벌 수 있다고 판단하고 브로일러를 영국에 들여왔다.* 피셔는 5,000

파운드를 융자받아 집약적 축산 사업을 시작했고, 15년 후 2,100만 파운드에 그 사업장을 매각했다.

피셔는 점점 늘어나는 재산을 기반으로 하이에크의 꿈을 실현하기 위해 나섰다. 1955년 경제문제연구소^{Institute of Economic Affairs}라는 싱크탱크를 설립한 것이 첫걸음이었다. 이 연구소는 몽펠르랭회의 첫 모임에서 하이에크가 제시한 프로젝트를 실천하기 위한 연구기관인 동시에 로비 조직이었다. 20년 뒤, 이 연구소는 대처와 하이에크의 첫 만남을 주선했다. 대처가 보수당 모임에서 하이에크의 책을 치켜들고 흔들기 수개월 전이었다. 대처와 하이에크의 단독 회담은 연구소의 이사회실에서 30분 동안 진행되었다. 회담이 끝난 후, 연구소 직원들은 하이에크 주위에 모여들었다. 대처에 대한 하이에크의 평가를 듣기 위해서였다. 오랜 침묵 후, 하이에크는 감동한 목소리로 말했다. "정말 아름답고 똑똑한 여인이었습니다!"[5]

경제문제연구소는 피셔가 세계 전역의 유사한 싱크탱크들을 지원하기 위해 1981년에 설립한 아틀라스 경제연구재단^{Atlas Economic Research Foundation}의 한 부분에 불과하다. 이 재단은 시간이 지남에 따라 국제적인 상위 조직으로 성장했고, 지금은 90개국에서 500개가 넘는 조직을 거

● 피셔의 친구이자 전기작가인 제럴드 프로스트(Gerald Frost)가 쓴 그의 전기(《안토니 피셔: 자유의 투사》, Profile Books, 2002)에 따르면, 문자 그대로 피셔는 비행기 휴대 수하물에 24개의 수정란을 숨겨 들여왔다. 합법적으로 수정란의 수입 허가를 받기 위한 오랜 과정을 그렇게 단축한 것이었다. 또한 피셔는 농업 규제도 공공연히 경멸했다. 하이에크와 달리, 피셔는 자유시장도 합법성을 철저히 준수해야 한다는 원칙을 인정하지 않는 듯했다.

느린 대규모 네트워크가 되었다. 자유시장 경제를 옹호하는 이 네트워크에는 기후 변화를 부정하는 집단부터 담배산업을 지원하는 로비스트까지, 다양한 전문가 집단이 포함되어 있다. 여기에 속한 조직들의 공통점은 대기업과 재벌에게 금전적 지원을 받고 있다는 것이다.

이쯤에서 음모론이 등장한다. 음모론자들은 몽펠르랭회에서 시작해 아틀라스 재단까지 거론하며, 이런 조직들이 내세우는 원대한 철학적 야망은 부유하고 유력한 기업가들의 재산과 영향력을 보호하고 증대하기 위해 장기간에 걸쳐 비밀스럽게 진행되고 있는 계획을 은폐하기 위한 수단에 불과하다고 주장한다. 이런 조직들이 형식적으로는 부자와 권력자로부터 독립되어 있지만, 모든 면에서 그들에게 재정적인 지원을 받아온 것은 사실이다. 몽펠르랭회도 정치를 경제적 이익에 종속된 것으로 보았다. 하이에크가 정치는 시장과 기업 활동에 관여하지 않아야 한다는 해묵은 개념인 '자유방임'만을 원한 것은 아니었다. 하이에크는 시장과 경제를 인간의 삶과 분리된 것, 즉 인간의 삶에 필요한 다른 것들과 다른 영역에 존재하는 것이라 생각하지 않았다. 하이에크는 인간에게 동기를 부여하는 모든 것이 경제적이라 생각하며, "무엇과도 관계없는 경제적 동기는 없다"라고 말했다.[6]

하이에크의 사상은 당시의 문화에도 영향을 미쳤지만, 오늘날의 정치에도 적잖은 영향을 미쳤다. 그렇게 지난 40년 동안 시장경제학은 우리 일상의 삶에 깊이 파고들어 우리의 가치관과 사고방식을 바꿔놓았다.

하지만 그 영향은 하이에크가 몽펠르랭회의 첫 모임에서 상상했던 것과는 달랐다. 경제학 자체가 그 이후로 크게 변했기 때문이다. 특정한 단체의 역할은 이 이야기에서 작은 부분에 불과하다. 따라서 음모론이 끼어들 여지는 없다.

시장경제학의 승리 뒤에는 많은 영향력 있는 사상가가 있었다. 예컨대 게리 베커Gary Becker, 1930~2014, 제임스 뷰캐넌James M. Buchanan, 1919~2013, 로널드 코스Ronald Coase, 1910~2013, 밀턴 프리드먼, 리처드 포스너Richard Posner, 1939~, 조지 스티글러George Stigler, 1911~1991 등이 대표적이며, 그들 중 다수는 몽펠르랭회의 회원이었다. 그러나 그들이 항상 하이에크의 이론에 동의한 것은 아니었다. 케네스 애로Kenneth Arrow, 1921~2017와 톰 셸링Tom Schelling, 1921~2016 같은 소수의 경제학자도 상당한 영향력을 지녔지만, 이들은 몽펠르랭회와는 다른 정치관을 가지고 있었다.

뒤에서 이런 사상가들의 급진적 이론이 현대 주류 경제학을 형성하는 데 어떻게 기여했는지를 설명할 것이다. 부자와 권력자가 꾸민 음모가 아니라 이런 새로운 사상이 지금 우리가 살고 있는 시장 중심의 세계를 만들었기 때문이다. 또 제2차 세계대전 이후에 대부분의 경제학적 발전이 미시경제학에서 이루어졌기 때문에 미시경제학에 초점을 맞추어 설명할 것이다. 거시경제학이 국민 경제가 어떻게 기능하는가를 다룬다면, 미시경제학은 개인적이고 인간적인 차원의 경제학이다. 따라서 당연한 말이겠지만, 미시경제학이 우리가 개인으로서 세계를 관찰하고 해석하는 방향을 결정하는 데 더 큰 역할을 해왔다.

하지만 무엇보다 우리는 현대 경제학에 대한 주장과 반박을 둘러싸고 있는 짙은 안개를 꿰뚫어보아야 한다. 우리가 현재의 경제 사상에 사로잡히게 된 주된 이유는, 그 사상에 대한 토론이 끝없이 이루어진 설득력도 없는 두 가지 대안 중 하나를 선택하도록 요구하기 때문이다. 경제학은 우리가 자연스럽게 필연적으로 생각하고 행동하는 방향에 대한 진실을 밝히는 학문이다. 하지만 경제학은 합리적으로 추론하는 인간이 아니라, 항상 이기적이고 계산적으로 결정하는 로봇, 즉 호모 에코노미쿠스 homo economicus(경제적 인간)가 살아가는 공상의 세계를 상정하기도 한다. 경제 사상에 대한 토론이 만족스럽지 못할 수 있지만, 경제학의 중요성은 학문적 관심사에서 그치지 않는다. 금융 위기는 나쁜 경제학이 전 세계에 얼마나 악영향을 미칠 수 있는지를 깨닫게 해주었다. 따라서 금융 기관과 정부 규제 기관이 폭넓게 사용하는 경제 이론에 근본적인 결함이 있다면, 세계적인 금융 위기가 언제라도 다시 닥칠 수 있다는 예상은 조금도 놀랍지 않다.

1950년대부터 '물리학 선망증physics envy'(물리학처럼 수학적인 틀에서 경제학을 재구성하려는 열망)을 앓는 경제학자가 증가하기 시작했다. 따라서 경제학이 한층 더 과학적으로 보이기 시작했고, 수학은 경제학적 주장을 표현하는 특별한 언어가 되었다. 물론 수학을 사용하면 정확하고 엄밀해질 수 있다. 수학적 증명은 논란의 여지가 없으므로 경제학의 전형적인 특징인 복잡하게 뒤얽힌 상반된 주장들을 배제하고 명확한 대답을 제시할 가능성을 높여줄 듯했다. 훗날 미국 재무장관과 하버드 대학의 총장을 지낸 래리 서머스Larry Summers, 1954~는 세계은행의 수석 경제학자였을 때 이런 확신을 가지고 "경제학의 법칙은 공학 법칙과 같다. 일련의 법칙이 어디에나 적용된다"라고 말했다.[7]

그러나 수학을 사용한다고 경제학 법칙이 자연 법칙이나 공학 법칙과 같아지는 것은 아니다. 수학은 경제 이론을 논리적이고 일관되게 제시하는 데 도움이 되지만, 수학화된 경제 이론이 현실 세계에 대해 무엇인가를 우리에게 말해준다는 보장은 없다. 특히 정치적이고 윤리적인 문제에는 '모든 부분에 적용되지는 않는' 비과학적인 가치 판단이 개입되기 때문에 서머스의 견해는 경제학에서 정치적이고 윤리적인 문제를 배제한다는 점에서 문제가 있다. 그리고 경제학에서 정치적이고 윤리적인 고려를 피할 수 없다는 점에서 문제는 여전히 존재한다. 경제학에서는 지금도 여전히, 암묵적이고 간접적으로 가치 판단이 이루어진다. 하지만 현대 경제학은 정치적이고 윤리적인 의제를 감춘 채 여전히 객관적인 과학인 척한다. 그 결과 21세기의 우리 삶에 영향을 미치는 경제학은 모든 것을 포괄하지만 단순하지도 않고 명확하지도 않다.

정치적이고 윤리적인 문제는 인간을 본질적으로 이기적인 존재로 해석하는 견해에서 비롯되는 듯하다. 여기에서 경제학은 이기적이고 지나치게 합리적인 호모 에코노미쿠스에 대한 일련의 비현실적인 이야기에 불과하다는 불만이 제기된다. 사실 많은 경제 이론이 이기심 이외에 다양한 동기를 인정한다. 게다가 경제학을 한층 현실에 가깝게 가정한다고 해서 현대 경제학의 문제들이 수월하게 풀리는 것도 아니다.

많은 경제학자가 자신은 감정에 휘둘리지 않고 직설적으로 말하며, 잔혹할 정도로 정직하다고 생각한다. 오래전부터 주류 경제학자의 출발점은 이기심이 인간 행동의 자연스럽고 지배적인 결정 요인이라는 가정이었다. 이런 가정은 "일은 일이다", "시장경제에서 불평등이 증가하는 것은 불가피하다"와 같은 다양한 구호에도 감추어져 있다. 이렇게 가정하는 경제학자들과 다른 분야의 학자들은 그 근거로 경제학의 아버지, 애덤 스미스Adam Smith, 1723~1790를 가리킨다. 스미스가 대표작《국부론》(1776)에서 인간을 본질적으로 이기적인 존재로 가정했기 때문이다. 그들의 결론에 따르면, 카를 마르크스Karl Max, 1818~1883에서 시작되고 베를린 장벽의 붕괴로 끝난 경제학의 일탈이 존 메이너드 케인스의 노력에도 불구하고 고전적 전통으로 되돌아간 것이다.

안타깝게도 이런 식의 역사 해석은 처음부터 잘못된 것이다. 애덤 스미스의 사상은 그가 살았던 18세기 지적 사회를 반영한 것이므로 오늘날의 세계에 그대로 적용될 수 없다. 스미스의 계몽주의 사상에서 핵심 개념이라 할 수 있는 '계몽된 사리 추구enlightened self-interest'는 현재의 이기심과 같은 것이 아니다. 스미스가 말한 계몽된 사리 추구는 교양 있는 행동, 올바른 예절, 도덕 관념이라는 전제 조건을 필요로 한다. 예컨대 스미스는 "부자와 권력자를 동경하고, 가난하고 초라한 사람을 경멸하거나 무시하는 인간의 성향이 도덕 관념의 타락을 가져올 수 있음"을 염려했다.[8] 계몽된 사리 추구는 오늘날의 이기심을 정당화하기 위해 "자기 자신만을 돌보는 존재"로 희화된 스미스와는 전혀 다르다. 따라서 현대 경제학은 애덤 스미스가 제시한 영원한 진리로 우리를 되돌린 것이 아니라 오히려 완전히 다른 곳으로 우리를 끌고 갔다.

앞에서 언급한 대로 직설적으로 말한다고 자부하는 경제학자들은 인간은 언제 어디에서나 철저히 이기적이라고 가정한다. (그러나 이 가정이 사실이라면, 우리가 이런 경제학자들의 주장에 귀를 기울여야 할 이유가 있을까?

그들이 승진하거나 더 높은 연봉을 받으려고, 혹은 노벨상을 받으려는 마음에 이런 주장을 하는 것은 아닐까?) 한편 인간은 가족과 친구에게만이 아니라 낯선 사람에게도 친절을 베풀며 이타적으로 행동할 수 있다고 주장하는 경제학자도 적지 않다. 길에서 지갑을 잃어버렸다가 되찾은 사람이 얼마나 많은가!⁹ 하지만 겉으로는 이타적인 행동이 위장된 이기심으로 해석되는 경우가 많다. 예컨대 조지 W. 부시 대통령의 수석 경제 보좌관을 지냈고, 베스트셀러 경제학 교과서의 저자인 그레고리 맨큐Gregory Mankiw, 1958~의 해석에 따르면, 당신이 여자 친구에게 선물을 하는 이유는 그 대가로 얻는 것이 있기 때문이다. 이와 마찬가지로 당신은 자신이 도덕적인 사람이라는 걸 남들에게 보여주려고 이타적으로 행동하고, 사람들은 그런 당신을 믿고 당신에게 물건을 구입하거나 당신을 고용한다. 하지만 나중에 당신은 언제라도 그들을 속일 수 있다. 이런 해석에는 모순과 동어 반복이 뒤섞여 있다. 모든 행동은 궁극적으로는 이기적인 것으로 해석될 수 있지만, 이기심을 폭넓게 해석할수록 그 유의미성은 줄어든다.

이런 곤란한 점을 피하려고, 많은 경제학자가 요즘에는 이기심에 대한 언급 자체를 피한다. 따라서 최근 경제학 이론과 모델에서는 인간은 '합리적'이라고 가정한다. 그런데 경제학자들은 서로 다른 의미로 '합리적'이란 단어를 사용한다. 그러나 이 단어의 정확한 정의보다 중요한 것은 이 단어가 서술적 의미와 규범적 의미 사이를 어물쩍 오가며 모호한 의미를 담고 있다는 것이다. 어떤 행동을 합리적이라고 말할 때, 그 표현은 서술적인 것(정상적이고 전형적인 행동으로서의 합리적 행동)일 수도 있고, 규범적인 것(우리는 합리적이어야 한다)일 수도 있다. 우리가 비합리적으로 행동하는 경우가 많다는 심리학과 행동경제학의 많은 증거를 제시하면, 경제학자들은 경제 이론이란 모든 사람이 경제학자들이 이상적이라고 말하는 합리적 행동을 한다는 가정 하에 만약의 경우를 연구할 뿐이라고 변명할 수 있다. 말하자면 경제학 이론은 현실을 정확히 서술하기 위한 것이 아니다. 이런 변명이 무해하게 보일 수 있지만, '합리성'이란 단어는 우리가 이해관계를 철저하게 계산하여 모든 결정을 내리는 호모 에코노미쿠스처럼 행동한다는 가정, 또 우리가 어떤 결정을 내리든 그 계산적 추론은 칭찬받을 만하다는 가정에 과학이란 허울을 씌워주는 효과가 있다. 결국 나쁜 행동이 합리적인 것으로 포장되기 때문에 허용되는 것이다.

여기에서 일반적인 패턴이 드러나기 시작한다. 예컨대 합리성이란 이런 것을 의미한다는 경제학적 개념의 영향을 받아 우리는 지나치게 합리적인 호모 에코노미쿠스처럼 변하게 되는 것이다. 어떻게 이런 변화가 일어날 수 있을까?

성공한 정치인은 "날씨를 만든다"라는 말이 있다. 쉽게 말해, 성공한 정치인은 자신의 비전과 가치관에 맞추어 우리가 현실을 이해하도록 영향을 미치고 유도한다는 뜻이다. 이 책에서 앞으로 만나게 될 경제학자들도 장기적으로 날씨를 바꾸었다. 그들의 사상은 우리에게 세상을 관찰하는 방법을 제시해주고, 우리가 그 방법을 받아들이면 그 방법이 맞는 것이 된다. 달리 말하면, 적잖은 경제 이론이 적어도 부분적으로는 자기실현적이란 뜻이다. 어떤 이론을 믿는 마음이 오랫동안 지속되면 그 이론이 맞는 것이 된다. 예컨대 모두가 누구나 이기적이라고 생각하면 모두가 더욱더 이기적이 된다. 또 특정한 시장에서 모든 구매자와 판매자가 어떤 경제 이론을 옳다고 생각하면, 그들 모두가 더욱더 그 이론에 맞추어 행동한다. 시장 행동market behavior이 그 이론에 묘사된 모습에 더욱더 가까워지는 것이다. 또한 시장의 존재 가능성을 설명하고 규칙을 제시하는 경제 이론이 없다면 존재할 수 없는 시장이 적지 않다. 대표적인 예가 금융 시장이다. 금융 상품의 거래는 너무 복잡해서 참조할 만한 이론(혹은 컴퓨터 프로그램화된 이론)이 없다면 거래자는 적정 가격을 판단할 수 없을 것이다.

경제 이론과 현실 세계의 행동 사이에 큰 괴리가 발견되면, 경제학자들은 이론을 바꾸지 않고 현실 세계를 다르게 가정해서 그 괴리를 해결하려 한다.*

경제학자 리처드 세일러Richard Thaler(우리나라에서는 리처드 탈러로 소개됨-옮긴이)는 '넛지'라는 개념으로 이어진 연구를 인정받아 최근에 노벨 경제학상을 받았다. 넛지 경제학자들은 선택이 이루어지는 환경을 바꾸어 우리를 호모 에코노미쿠스처럼 선택하도록 유도하려 한다. 정확히 말하면, 우리가 실제로는 그렇게 생각하지 않더라도 경제 이론에 맞추어 행동하도록 우리를 조종한다는 뜻이다. 결국 넛지 경제학은 선택 환경에 인간적인 면이 개입하지 못하게 차단하는 것이며, 인간의 결정은 호모

● 우스갯소리로 말하면, 경제학자는 "그것이 현실에서는 무척 잘 운영되는데 이론에서는 어떻게 될까?"라는 의문을 품는 사람이다.

에코노미쿠스의 기계 같은 결정보다 대체로 열등하지 결코 우월하지 않다는 가정에서 출발한다. 걸핏하면 실수를 범하는 인간의 성향이 우리를 방해한다면 결국 우리가 호모 에코노미쿠스처럼 행동하고 싶어 할 것이라는 게 넛지 경제학의 추정이다.

이런 조작을 통해 우리는 경제학이 이끄는 방향으로 끌려가고, 경제학은 우리가 마땅히 따라야 할 삶의 방향과 규칙들을 제시한다. 때로는 이런 규칙이 특이한 경우가 적지 않다.

경제학은
종교가 되었는가?

1954년 그 시대를 대표하던 경제학자, 데니스 로버트슨Dennis Robertson, 1890~1963이 〈경제학자는 무엇을 절약하는가?〉라는 제목으로 강의했다. 그의 답은 '사랑'이었다. 몽펠르랭회였다면 그 답에 절대적으로 동의했을 것이다. 로버트슨은 몽펠르랭회의 회원은 아니었지만, 그의 절친한 동료이자 제자이던 스탠리 데니슨Stanley Dennison, 1912~1992은 하이에크의 친구이자 몽펠르랭회의 창립 회원이었다.

로버트슨은 '사랑'을 친절과 연대, 너그러움 등 이타적 덕목의 약어로 사용했다. 로버트슨의 주장에 따르면, 경제학과 경제학자는 이기심에만 기초해 정책과 법적 제도와 조직을 수립함으로써 '사랑이란 희소자원'의 낭비를 막는다. 로버트슨은 사랑과 이타적 덕목을 사용할 때마다 줄어드는 희소자원으로 보았다. 따라서 이타적 덕목은 일상의 삶에서 무분별하게 낭비하지 말고, 만약의 경우를 대비해 신중히 비축해두어야 하는 것이다. 많은 저명한 경제학자들이 인간성에 대한 이런 이상한 몰이해를 무비판적으로 받아들이고 있다. 예컨대 노벨 경제학상을 수상한 케네스 애로는 혈액이 기증 제도보다 시장을 통해 공급되어야 한다고 주장하며 혈액 공급을 기증에 의존하는 상황을 걱정했고, "윤리적 행동은 가격 시스템이 와해된 상황에 국한되어야 한다. … 이타적 동기라는 희소자원이 무분별하게 고갈되지 않기를 바랄 뿐이다"라고 말했다.[10] 래리 서머스도 이기심에 의존하는 경제학자들을 옹호하며 "우리에게는 일정한 양의 이타심밖에 없다. 나와 같은 경제학자들은 이타심을 아껴 사용해야 하는 소중한 희소재라 생각한다"라고 말했다.[11]

동료와 연대하고 결속하라고 끊임없이 요구받는 사회에서는 이타심의 한계가 금세 드러난다는 게 사실이다. 그러나 이타심은 사용한다고 고갈되지 않는다. 그렇지 않다면 이타심은 아침 러시아워에 다른 운전자에게 양보한 후에 "나는 하루의 선행을 다했으니, 이제 망나니처럼 행동해도 괜찮아!"라고 말하는 운전자와 다를 바가 없을 것이다.[12] 인간의 이타적 덕목이란 이런 것이 아니며, 오히려 규칙적으로 운동하지 않으면 시들고 위축되는 근육과 비슷하다. 실제로 아리스토텔레스는 "미덕은 훈련을 통해 키워야 하는 것"이라고 힘주어 말하며 "공정하게 행동함으로써 공정해지고 … 대담하게 행동함으로써 대담해진다"라고 덧붙였다.[13] 요즘의 방식대로 산문적으로 표현하면 "이용하지 않으면 잃는다!"

경제 행위가 어떻게 자기 실현되는지에 대해서는 앞으로 다시 살펴보기로 하자. 경제학은 이기심에 초점을 맞춤으로써 이타적 덕목들이 위축되게 한다. 그 결과로 우리는 더욱더 이기적이 되지만, 얄궂게도 모든 경제 행위는 이타적 덕목을 보존한다는 명목으로 행해진다.

신경과학자 안토니오 다마지오^{Antonio Damasio, 1944~}는 대뇌에서 감정과 관련된 부분을 다친 환자들에 대한 선구적 연구를 시작했다. 다마지오가 한 환자와 다음에 면담할 날짜를 두고 씨름한 적이 있었다. 거의 30분 동안 달력을 뒤적이며, "그 환자는 각 날짜에 대해 마땅한 이유와 마뜩잖은 이유를 열심히 나열했다. 예컨대 선약, 다른 약속 장소와의 거리, 기상 예보 같은 것이었다. 그는 우리에게 짜증스러운 비용편익 분석, 끝없는 변명, 선택안과 예상되는 결과에 대한 무익한 비교를 늘어놓았다."[14] 다마지오가 그의 말을 끊고 다음 면담일이 언제라고 환자에게 단도직입적으로 말한 뒤에야 환자의 장광설은 끝났다.

누구도 호모 에코노미쿠스처럼 살 수 없다는 걸 모르는 사람은 없다. 합리적이 된다는 것이 비용과 편익을 끊임없이 계산한다는 뜻이라면 우리는 결코 합리적인 존재가 될 수 없다. 그런데 왜 경제학자가 제시한 삶의 설계도가 그처럼 큰 영향력을 갖게 된 것일까?

물론 부자와 권력자의 이익이 큰 역할을 하지만, 정부 내부자가 흔히 말하듯이 누구도 "그 정책이면 나를 부자로 만들어줄 것이기 때문"이라고 뻔뻔스레 주장하며 정부 정책을 결정하지는 않는다.[15] 부유한 권력자들에게는 자신들의 요구를 이론적으로 훌륭하게 표현하는 언어가 필요했고, 경제학이 그런 언어가 되었다.

케인스는 경제적 개념의 힘을 선언하는 것으로 자신의 대표적인 저서를 마무리지었다.

> … 실무를 담당하는 사람들은 자신이 지적인 영향권에서 상당히 떨어져 있다고 생각하지만, 실제로 그들은 이미 고인이 된 어떤 경제학자의 노예인 경우가 많다. 권좌에 앉아 허공에서 이런저런 목소리를 듣는다는 미치광이들도 그 광기를 수년 전에 읽은 어떤 학구적인 잡문으로부터 빼내고 있다. 내 생각에는 기득권이 가지고 있는 권력은 사상의 점진적인 침투에 비하면 크게 과장된 듯하다. … 그러나 시간의 문제일 뿐, 선과 악 모두에게 위험한 것은 기득권이 아니라 사상이다.[16]

많은 면에서 케인스의 지적인 적이었던 하이에크도 이 결론에 대해서는 동의했던지 1947년 몽펠르랭 모임의 개회사에서 이 구절을 인용했다. 이 구절은 훗날 경제문제연구소의 모토가 되었다.

현대 경제학이 현대 사회에서 종교가 쇠락하며 남긴 틈새를 부분적으로 메웠다는 평가는 결코 과장된 것이 아니다. 21세기에 들어서며 우리의 세계관은 경제학적 개념과 가치에 무의식적으로 영향을 받았다. 경제학 이론은 정치적이고 도덕적인 문제가 제기되는 범위를 크게 제한한다. 현대 경제학을 우리의 방향타로 삼으면, 다른 문제를 볼 수 없다. 우리 사회를 바꾸려면, 간단히 말해서 변화가 필요한지를 판단하려면, 우리 사고방식이 얼마나 억눌려 있는가를 이해해야 한다. 달리 말하면, 수리가 전혀 의식하지 못한 채 현재의 통설에 대한 대안을 거부하거나 무시하고 있다는 사실을 알아야 한다.

따라서 우리는 이런 경제학적 개념들이 어떻게 탄생하고 확산되었는가를 되돌아봐야 한다. 앞으로 우리는 다양한 범주의 경제학자들이 그 시대의 제사장이 되기 위해 어떤 지적인 여정을 밟았는지를 추적해볼 것이다. 우리도 삶의 과정에서 흔히 그렇듯이, 그 경제학자들도 항상 최단 경로를 취하지는 않는다. 이런저런 이유로 먼 길을 돌아간다. 또 도중에 멈추는 개념도 있다. 반면에 죽은 듯이 수년 혹은 수십 년 동안 꼼짝하지 않던 개념이 갑자기 다시 부각되기도 한다. 한편 멋지게 시작되었지만, 후세의 사상가들에 의해 극도로 왜곡되거나 잘못 적용되는 개념도 있다. 물론 애초부터 결함이 지적되는 개념도 있다. 경제학적 개념은 이렇게 다양한 모습을 띠지만, 결국에는 정치와 문화와 우연이 상호작용하며 개념의 확산에 영향을 미친다. 역설적으로 들리겠지만, 매력적이고 유혹적인 개념이 크나큰 손해를 가져오기도 한다. 그 제사장들의 이야기는 제각각이지만, 경제학이 우리의 삶을 어떻게 지배하게 되었는가를 보여주기에는 충분하다.

CHAPTER
2

누구도
믿지 마라

오, 랜드 연구소는 이 세상의 선물,

그들은 사례를 받으며 하루 종일 생각하기만 하지.

그들은 앉아, 화염이 날아오르는 게임을 하지.

그들에게 계산기로 쓰이는 당신과 나, 꿀벌인 양,

계산기로 쓰이는 당신과 나.[1]

1948년 가을, 뉴저지에 위치한 프린스턴 대학의 대학원 수학과에 입학한 대부분의 학생이 자신감에 넘쳤지만, 한 학생은 그야말로 자만심으로 가득했다. 19세에 불과했지만 그는 자신의 수학적 능력을 항상 자랑하며 뽐냈다. 하지만 누구도 그를 강의실에서 본 기억이 없었고, 그가 책을 읽는 모습을 본 사람도 없었다. 그에게 난독증이 있기도 했지만, 독서가 그의 창의성을 억누른다고 생각한 때문이기도 했다. 그는 시시때때로 머서가를 산책하며, 그곳의 유명한 거주지 알베르트 아인슈타인을 먼발치에서 보기를 바랐다. 어느 날, 그 바람을 이루었다. 하지만 시간이 좀 지나자 그렇게 먼발치에서 본 것에 만족하지 못하고 그는 아인슈타인을 직접 만나기로 마음먹었다.

그는 아인슈타인의 조수를 만나, 중력과 마찰과 방사선에 대한 고유한 아이디어가 있다며 아인슈타인과 대화하고 싶다고 말했다. 마침내 둘의 만남이 성사되었다. 그 20세 청년은 칠판에 방정식을 써내려갔고, 아인슈타인은 담배가 담기지 않은 파이프를 빨며 그의 설명에 귀를 기울였다. 그들의 만남은 거의 한 시간 동안 이어졌고, 마침내 아인슈타인은 퉁명스레 내뱉었다. "젊은이, 물리학을 좀 더 공부하는 게 좋겠네."[2] 그 학생은 아인슈타인의 충고를 곧바로 따르지 않았지만 결국에는 노벨상을 수상했다. 하지만 그가 수상한 것은 노벨 물리학상이 아니라 노벨 경제학상이었다. 그 학생이 바로 존 내시John Nash, 1928~2015였다. 그에게 노벨상을 안겨준 이론은, 상충되는 이해관계를 지닌 사람들의 상호작용에 대한 우리의 생각을 설명하는 중심 이론이 되었다.

내시의 뛰어난 발상을 이해하고 그 발상이 사회과학과 생물학, 철학과 법학에 얼마나 지대한 영향을 미쳤으며, 특히 경제학의 방향을 어떻게 바꾸었는지 알기 위해서는 그 발상이 잉태된 시대와 장소 그리고 이론을 먼저 알아야 한다.

이야기는 1950년대 초의 샌타모니카에서 시작된다. 샌타모니카는 로스앤젤레스의 서쪽, 초승달 모양의 말리부 해변 끝에 위치한 도시이다. 해변 산책로 옆에는 호텔과 퇴직자 전용 아파트가 줄지어 늘어서 있었고, 곳곳에 크림색과 분홍색으로 활짝 핀 부겐빌레아의 그늘이 있었다.

하늘에는 협죽도 향기가 맴돌았다. 샌타모니카는 소련과의 핵전쟁 가능성에 대비해 군사 전략을 개발할 수학자와 과학자를 고용한 비밀스런 싱크탱크였던 랜드 연구소RAND Corporation가 들어서기에 적합한 환경이 아닌 듯했다. 한국전쟁이 막 시작된 뒤였고, 냉전이 뜨겁게 달아오르던 때였다. 따라서 랜드 연구소의 분위기는 편집증과 과대망상, 추상 논리에 대한 맹신이 복합된 듯했다. 핵전략 테크놀로지는 아직 유아기를 벗어나지 못한 때였고, 제2차 세계대전을 치르는 동안 미군 장성들은 원자폭탄만이 아니라 레이더에서 장거리 미사일까지 최신 무기를 최적으로 배치할 방법에 대한 조언이 필요하다는 걸 깨달았다. 이것이 1948년 랜드 연구소를 설립한 동기였다. 랜드RAND는 Research ANd Development의 약어로, 처음에는 더글러스 항공기 제작회사의 자회사로 출범한 까닭에 "공군의 두뇌 겸 구매 벤처사업"이라고 묘사되었다.[3] 랜드 연구소의 영향력 있는 핵물리학자였던 허먼 칸Herman Kahn, 1922~1983의 표현을 빌리면, 랜드 연구소의 임무는 "생각할 수 없는 것을 생각하는 것"이었다.

이 모든 핵 전략화를 위한 지적인 틀은 게임 이론game theory이었다. 게임 이론은 전략적 사고가 필요한 랜드 연구소에는 완벽한 도구였다. 게임 이론에서는 인간은 순전히 이기적이고 과도하게 합리적이라고 가정한다. 또한 의사결정에 관련한 모든 정보는 물론이고 완벽하고 철저한 계산 능력과 논리적인 추론 능력을 가지고 있다고 가정한다.

일반적으로 존 폰 노이만John von Neumann, 1903~1957이 게임 이론의 아버지로 여겨진다. 내시는 천재였을지 모르지만, 수학에서 폰 노이만에 비교하면 피라미에 불과했다.

최선의 전략을 위한
게임

1964년에 발표된 영화 〈닥터 스트레인지러브〉는 한 미국 공군 장성이 광기에 사로잡혀 소련을 향해 핵무기를 발사하며 촉발된 아마겟돈의 위기를 재미있게 풀어낸, 냉전을 풍자한 영화였다. 이 영화를 본 사람이라면, 휠체어에 앉아 이상한 중부 유럽 억양으로 영어를 쏟아내며 손을 마구 휘둘러대는 닥터 스트레인지러브의 모습이 기억에 선할 것이다. 뜻밖으로 들릴 수 있겠지만, 이 영화는 실제 사건에 기초한 것이었다. 1956년 아이젠하워$^{\text{Dwight Eisenhower, 1890~1965}}$ 대통령은 한 헝가리계 수학자와 정기적으로 비밀리에 만났다. 그 수학자는 휠체어에 탄 채 리무진으로 백악관과 워싱턴의 월터 리드 종합병원의 병실을 오갔다. 게다가 그는 시시때때로 착란 상태에 빠져 혼잣말로 횡설수설하기 일쑤여서 밤낮으로 철저한 무장 경호를 받았다. 그가 자칫하면 군사 전략을 누설하고, 스파이가 그의 병실에 접근할 가능성을 배제할 수 없었기 때문이다. 말년을 그렇게 병원에서 지내야 했던 그 환자가 바로 존 폰 노이만이었다. 그리고 그가 닥터 스트레인지러브라는 등장인물에 영감을 준 것은 분명하다. 실제로 영화의 한 장면에서 닥터 스트레인지러브는 '블랜드 연구소$^{\text{Bland Corporation}}$'의 연구에 대해 언급하기도 한다.

이런 비극적인 말년을 맞기 전까지 존 폰 노이만이 보여준 천재성은 실로 어마어마해서 한두 마디로 요약해서 설명하기 힘들 정도이다. 폰 노이만은 수학의 괴물이었다. 그는 여덟 살에 8자리 숫자 두 개가 주어지면 암산으로 그 두 수의 나눗셈을 했을 정도였다. 그는 게임 이론을 발명한 학자로 알려져 있지만, 수학자들은 그가 순수 수학에 남긴 업적을 더 크게 평가한다. 그는 분명 20세기 최고의 수학자 중 한 명이며, 때로는 역사상 가장 위대한 수학자로 불리기도 한다. 그의 기억력에 대해서는 이론의 여지가 없을 정도이다. 아무리 긴 책도 한 번만 읽으면 책 전체를 한 글자도 틀리지 않고 똑같이 낭송할 수 있었다. (여섯 살에 부다페스트 전화부의 몇 페이지를 암기해 보이며 이 능력을 처음 선보였다.) 원자폭탄과 현대 컴퓨터 탄생의 주역 중 한 명인 그는 머릿속으로만 (40줄의 복잡한 코드로 구성된) 컴퓨터 프로그램을 제작하고 수정할 수 있었다. 대중매체에서는 그를 "세계 최고의 두뇌"라고 묘사했다. 프린스턴 대학에 재직할 때는 동료 교수들로부터 전설적인 명성을 얻었고, 그는 인간이 아니라 인간을 연구해서 인간을 완벽하게 흉내 내는 법을 터득한 반신半神이란 농담까지 있었다. 이 농담이 당시 프린스턴에 재직하던 아인슈타인이 아니라 폰 노이만에 대한 것이었다는 사실이 흥미롭다.

소련에 대한 폰 노이만의 생각은 게임 이론만큼이나 랜드 연구소의 세계관과 맞아떨어졌다. 소련과의 핵분쟁 가능성에 대해 그는 "가능성의 문제가 아니라 시기의 문제일 뿐이다!"라고 잘라 말했다. 이렇게 전제하면, 폰 노이만이 예방적 핵전쟁을 옹호한 것은 게임 이론의 논리에 상응하는 것이었다. 또 1950년에는 "내일 그들을 폭격하지 못할 이유가 없다면 오늘 폭격하지 못할 이유가 있는가? 또 오늘 5시에 폭격할 거라면 1시에 폭격하지 못할 이유가 있는가?"라고도 말했다.[4] 폰 노이만의 생각에, 미국이 자신의 아이디어에 근거해 소프트된 개발을 끝내다라도 핵전쟁에서 미국이 유리한 입장을 유지하는 유일한 방법은 소련이 수소폭탄을 개발하기 전에 소련을 먼저 폭격하는 것이었다. 미국 국무 장관 존 포스터 덜레스John Foster Dulles, 1888~1959는 폰 노이만의 논리적인 게임 이론을 굳게 믿었지만, 천만다행으로 아이젠하워는 그다지 신뢰하지 않았다.

폰 노이만은 프린스턴 대학의 경제학자 오스카 모르겐슈테른Oskar Morgenstern, 1902~1977과 함께 쓴《게임 이론과 경제 행위》(1944)에서 추론 능력을 여실히 드러내보였다. 폰 노이만처럼 모르겐슈테른도 오스트리아계 헝가리 이민자로, 보통 사람들의 지적 능력을 얕잡아보았다. 모르겐슈테른은 괴짜라는 이미지가 강했다. 그는 자신이 독일 황제 프리드리히 3세의 혼외 손자라고 떠벌리며, 조끼까지 갖춘 맞춤 양복을 입고 말을 타고 프린스턴의 교정을 돌아다녔다. 새로운 이론을 개발하는 과정에서 그의 역할이란 반드시 필요하지만 부차적인 것이었다. 요컨대 폰 노이만이 셜록 홈스였다면, 모르겐슈테른은 닥터 왓슨이었다.

1940년대 말, 경제학의 정통 학파는 여전히 케인스의 견해를 중시하며 "수학자이자 역사학자, 정치인이자 철학자"인 사람을 이상적인 경제학자로 보았다.[5] 이렇게 학문의 경계를 넘나드는 경제학은 관점에 따라 조언이 달라지는 모호한 태도를 보였던 까닭에 해리 트루먼Harry Truman, 1884~1972 대통령은 "제발 한 방향으로만 조언하는 경제학자를 추천해주게!"라고 하소연했을 정도였다. 폰 노이만과 모르겐슈테른은 케인스의 경제학적 관점에 아무런 관심이 없었다. 그들은 경제학이 난장판이라는 데 의견을 같이 했고, 그런 합의를 계기로 가까워졌다. 폰 노이만은 "경제학이 물리학 같은 첨단 과학이 되려면 아직도 먼 길을 가야 한다"라고 말했고,[6] 모르겐슈테른은 "경제학자는 과학이 무엇을 뜻하는지 전혀 모른다. 이 형편없는 쓰레기에 넌더리가 난다. 케인스는 과학을 파는 사기꾼이고, 그의 추종자들은 그보다도 못하다는 확신이 점점 강해진다"라고 말했다.[7] 그러나 경제학이 난장판이라면, 그들이 제시하는 이론은 난장판을 바로잡는 것이어야 했다. 그들은 게임 이론을 이용해 경제학을 엄밀한 과학으로 바꿔놓을 계획이었다.

《게임 이론과 경제 행위》는 게임 이론이 경제학에 미치는 영향은 뉴턴이 발견한 중력이 물리학에 미친 영향과 유사할 것이라는 주장으로 시작한다. 하지만 이 주장은 폰 노이만과 모르겐슈테른의 야망에 미치지 못하는 것이었다. 그들은 궁극적으로 게임 이론이 인간관계를 분석하는 단 하나의 기본틀이 되기를 바랐기 때문에 처음에는 자신들의 책에《합리적 행동에 대한 일반 이론》이란 제목을 붙일 작정이었다.

초기의 반응은 놀라움 그 자체였다. 게임 이론은 곧바로 순수 수학의 어두운 구석에서 나와 사회적 상호관계를 다루는 새로운 과학으로 인정받으며 대중의 관심을 사로잡았다.《게임 이론과 경제 행위》는 1946년 3월《뉴욕 타임스》의 1면을 차지했다.

하지만 게임 이론이란 새로운 과학에는 큰 구멍이 있었다. 폰 노이만과 모르겐슈테른은 협력적 게임 이론과 비협력적 게임 이론을 구분했다. 협력적 게임에서 참가자들은 게임이 시작되기 전에 규약이나 계약을 맺을 수 있다. 한편 비협력적 게임 이론은 그런 합의를 불가능한 것이라고 추정한다. 참가자들이 규약을 맺는다고 해도 언제든 그것을 깨버릴 수 있으므로 그런 합의는 처음부터 이루어질 수 없기 때문이다. 그러나 《게임 이론과 경제 행위》는 대부분의 비협력적 게임을 다루지 않았다. 단 하나의 유형, 즉 두 참가자가 얻는 이득과 손실의 총합이 제로가 되는 '제로섬 게임zero-sum game'만을 다루었다.

제로섬 게임은 한 참가자에게 좋은 것은 상대방에게는 나쁜 것이 되는 게임이다. 이런 분석 방식은 큰 차이를 가져올 수 있다. 미국과 소련 간의 핵 교착 상태는 무척 위험했고, 반론의 여지가 없는 '비협력적' 게임이었다. 그러나 정말 제로섬 게임이었을까? 랜드 연구소와 펜타곤의 전략가들이 어느 쪽도 승리하지 않는 결과를 완전히 배제한 것은 옳은 결정이었을까? 또 양쪽 모두가 승리하는 결과(여기에서 '윈윈 해법win-win solution'이란 표현이 생겨났다)를 배제한 것 또한 옳은 선택이었을까? 그러나 전략가들은 미국과 소련과의 교착 상태에 폰 노이만과 모르겐슈테른의 비협력적 제로섬 게임 이론을 채택함으로써 그런 결과들의 가능성을 고려의 대상에서 지워버렸다.

이런 유형의 게임 이론에 담긴 교훈은 간단하다. 최고의 전략은 우리가 선택할 수 있는 각 대안이 가져올 최악의 결과를 계산한 뒤에 그중에서도 가장 덜 나쁜 결과를 낳는 대안을 선택하는 것이다. 추정되는 최대 손실을 최소화한다는 점에서 이 전략은 '미니맥스minimax' 전략이라고 불린다. 당연한 말이지만, 당신은 비협력적 상대가 당신의 손실을 극대화하려 할 것이라고 추정한다(당신에게 나쁜 것은 상대에게 좋은 것이기 때문이다). 따라서 당신은 그런 위험을 최소화하려고 노력한다. 당시 폰 노이만은 미니맥스 전략의 '발명가'로 널리 알려져 있었다.• 결국 폰 노이만은 자신의 이런 추론을 근거로 소련이 수소폭탄을 개발하기 전에 미국이 소련에 수소폭탄을 떨어뜨려야 한다고 확신했다.

그러나 현실 세계와 지적 세계는 급속히 변하고 있었다. 1953년 소련은 첫 수소폭탄 실험을 실시했고, 폰 노이만의 충고는 쓸모없어졌다. 게다가 그즈음 미니맥스 전략은 내시에 의해 거의 폐기되었다. 그 사이에 내시가 비협력적 게임, 특히 참가자가 둘 이상이고 제로섬이 아닌 게임에 훨씬 더 일반적으로 접근할 수 있는 이론을 발표한 때문이었다.

1950년 존 내시는 자신의 이름을 세상에 알린 단순하면서도 명쾌한 개념을 발표했다. 이것이 최근에 '내시 균형Nash equilibrium'으로 알려진 개념이다. 겨우 300단어로 이루어진 이 개념은 권위 있는 학술지《미국 국립과학원 회보》에 실렸는데, 박사과정의 학생으로서는 대단한 성과였다. 폰 노이만은 게임 이론의 이런 발전을 알고 있었지만, 그 중요성을 높이 평가하지 않았다. 내시가 폰 노이만을 만나 '내시 균형'에 대해 알려주려 했으므로 폰 노이만이 게임 이론의 변화를 알고 있었던 것은 분명한 듯하다. 결국 내시는 폰 노이만을 만났지만, 1년 전 아인슈타인과 만났을 때와 마찬가지로 성공적이지 않았다.

당시 21세이던 내시는 세계적으로 유명한 천재의 관심을 끌기에 충분한 아이디어를 갖고 있다고 자부했다. 그러나 이번에 더 큰 모욕을 당

● 엄밀히 말하면, 미니맥스 전략은 훨씬 더 일찍 발견되었다.《게임 이론과 경제 행위》는 뛰어난 서평을 많이 받았다. 그중 하나를 쓴 프랑스 수학자는 서적 수집가이기도 했다. 1960년대 그는 파리 센 강변에 줄지어 늘어선 가판대에서 오래된 수학 논문 한 편을 구입했다. 그 논문에는 두 참가자의 제로섬 게임에 대한 미니맥스 해법을 설명한 편지가 있었다. 그 편지는 1713년에 쓰인 것이었다.

해야 했다. 내시가 어떤 수학적 증명을 설명하려고 몇 문장을 내뱉자마자 폰 노이만이 내시의 말을 자르며 "하찮은 것이군. 부동점 정리에 지나지 않잖아"라고 말했다.[8]

어떤 의미에서는 폰 노이만의 지적이 맞았다. 내시 균형은 유명한 정리를 수학적으로 확장한 것에 불과했다. 내시의 기여는 폰 노이만의 주된 수학적 업적만큼 수학적으로 대단한 것이 아니었다. 그러나 내시 균형은 비협력적 게임에 한층 일반적으로 접근하는 이론이었고, 폰 노이만의 게임 이론을 효과적으로 대체했다. 내시 균형을 이용하면, 인간의 중심적 속성이라 할 수 있는 상호의존성interdependence을 더 쉽게 이해할 수 있다.

우리의 선택은 상호의존적이기 때문에 개개인의 최고 전략은 다른 사람들이 선택한 전략에 따라 달라진다. 포커를 하거나, 사업에서 숙적과 경쟁하는 경우 등 많은 상황에서 우리는 상대의 전략을 모르는 상태에서 전략을 세워야 한다. 물론 상대도 우리의 전략을 모르는 상태에서 전략을 결정해야 한다. 내시 균형이 제시되기 전까지, 이런 상황에서 추론은 끝없이 꼬리에 꼬리를 물고 이어졌다. "내가 X를 선택할 것이라고 당신이 생각한다면 나는 Y를 선택하는 편이 더 나을 것이다. 그러나 내가 X를 선택할 거라고 당신이 생각한다고 내가 생각하기 때문에 내가 Y를 선택할 거라고 당신이 생각한다면 당신은 전략을 바꿀 것이다. 따라서 여하튼 나는 X를 선택하는 편이 더 나을 수 있다. 그러나 내가 그것을 알아냈다고 당신이 생각한다면…." 이처럼 특정한 행동 방향에 대한 일련의 추론은 상대도 그런 식으로 추론할 가능성을 당신이 깨닫는 순간 무용지물이 된다.

내시는 단순하지만 뛰어난 통찰로 이와 같은 순환논리^{circular reasoning}를 끊어냈다. 우리가 다른 식으로 행동하는 게 더 낫다는 걸 깨닫는 순간, 특정한 패턴의 사회적 상호관계가 사라진다는 통찰이었다. 따라서 특정한 패턴의 사회적 상호작용이 지속되려면, 누구에게도 자신의 행동을 바꿔야 할 이유가 없어야 한다. 다시 말하면, 모든 사람이 상대의 전략을 고려해서 이미 최선의 전략을 택하고 있어야 한다는 의미이다. 이것이 바로 내시 균형이다. 상대가 선택한 전략을 모른 채 우리가 어떤 선택을 하더라도 그것이 상대의 전략을 정확히 추측하여 최선의 전략을 선택하는 것과 같은 상태가 되는 것이다. 이런 상황은 안정적이기 때문에, 즉 누구도 자신의 행동에 변화를 준다고 더 나아질 수 없으므로 '균형'이라 일컬어질 만하다

게임 이론에는 두 가지 확실한 효용성이 있다. 첫째, 현실 세계의 게임에 참가하는 사람에게 도움을 줄 수 있다. 예컨대 우리가 직면한 상황에서 선택할 수 있는 최선의 전략이 무엇인지 알려준다. 둘째, 외부자가 앞으로 일어날 상황, 다시 말해 게임에 참가하지 않는 사람이 게임이 실제로 어떻게 전개될 것인지를 예측하기 위한 도구로 사용될 수 있다. 이 효용성은 냉전 시대에 분명히 확인되었다. 미국과 소련 간의 핵 게임이 어떻게 끝날지 전 세계가 궁금해하며 노심초사하지 않았던가. 위험 수준이 낮은 상황에서도 이 두 번째 효용성은 중요하다. 삼성과 애플이 새로운 모델의 스마트폰을 출시할 때마다 가격과 디자인을 두고 게임을 벌일 때, 소비자와 규제자, 칩 제자자 등 이해관계가 있는 많은 외부기기

향후의 상황을 예측하려 한다. 요컨대 게임에 참여하는 최선의 전략을 알아내거나 게임이 전개되는 상황을 예측하기 위해서 혹은 둘 모두를 위해 우리는 게임 이론을 이용한다. 내시가 1950년에 발표한 논문 이후, 내시 균형은 그 답(안정된 결과는 어떤 모습이어야 하는지 예측하는 동시에 게임에 참가하는 최선의 전략을 알아내는 것)을 찾는 근거가 되었다.

내시 균형은 진정한 지적인 돌파구였다. 구체적으로 말하면, 내시 이전에는 누구도 생각하지 못한 개념이었지만 뒤돌아보면 명확하기 이를 데 없는 듯한 개념이다. 결국 폰 노이만과 모르겐슈테른과 내시는 인간관계에 대한 우리 사고방식에 혁명적 변화를 촉발했다. 그 다음에는 어떤 일이 있었을까?

협력할 것인가,
협력하지 않을 것인가?

처음에는 아무런 변화도 없었다. 경제학자들은 게임 이론을 받아들이지 않았다. 일부 수학자가 게임 이론의 수학적인 부분을 순수 수학의 과제로 생각하며 정교하게 다듬었다. 랜드 연구소도 군사 전략의 수립에 게임 이론을 끈질기게 적용했지만 실질적인 성과를 거의 거두지 못했다.●

● 유용한 성과를 거두지 못한 랜드 연구소는 조롱거리가 되었다. 1950년대 말 외부자들은 RAND가 Reseach And No Development(연구하지만 개발은 없음)을 뜻한다고 조롱했다.

처음에 경제학자들은 게임 이론에 과장된 찬사를 늘어놓았지만, 뉴턴이 역학에서 이루어낸 변화를 사회과학에서 이루어내겠다는 폰 노이만과 모르겐슈테른의 원대한 프로젝트에는 실질적인 진전이 없었다. 몇몇 훼방꾼들은 둘을 비교하는 것 자체에 중대한 결함이 있다고 지적하기도 했다. 뉴턴 역학의 대상인 공과 행성 등은 스스로 연구 대상이라는 것을 인식하지 못하지만, 인간은 자신이 연구 대상임을 알기 때문에 행동에 변화를 줄 수 있다는 것이었다.

그 사이에 폰 노이만의 프로젝트는 인간 문제에 시달렸다. 엄밀히 말하면, 출발부터 순조롭지 않았다. 폰 노이만이 내시의 균형 이론을 묵살하기도 했지만, 박사학위 지도교수가 지적한 비교적 사소한 문제와 비판도 내시를 괴롭혔다. 내시는 그런 지적인 비판을 견디다 못해 게임 이론에 대한 연구를 완전히 포기할 생각을 진지하게 했을 정도였다. 1950년대가 끝나갈 무렵 내시를 괴롭혀온 개인적인 문제의 원인이 밝혀졌다. 편집정신분열병이란 진단을 받은 내시는 점점 더 많은 시간을 병원에서 보내야 했다. 병은 이미 그의 행동에도 영향을 미치고 있었다. 그는 함께 어울리던 젊은 엘리트 수학자들의 기준에서도 지나치게 공격적인 경쟁심을 드러냈고, 주변 사람들에게 따돌림을 받을 정도로 오만하고 불쾌하게 행동한다는 걸 거의 의식하지 못했다.

폰 노이만은 다른 학자들과 협력하여 많은 지적인 성취를 이루어냈고, 공저인《게임 이론과 경제 행위》에서도 협력적 게임 이론에 많은 부분을 할애했다. 하지만 내시는 혼자였다. 심지어 균형 이론을 주장한 논문 이후 1년 만에 발표한 또 한 편의 혁신적인 논문에서, 폰 노이만의 협력적 게임 이론은 쓸모없는 것이라고 주장하기도 했다. 내시는 그 논문에서 모든 협력적 게임은 사실상 비협력적으로 이해되어야 한다고 주장했다. 겉보기에는 협력적인 단계, 가령 참가자들이 게임을 시작하기 전에 규칙을 합의하는 단계도 그 자체로 독립된 비협력적인 게임으로 보아야 한다는 것이었다. 달리 말하면, 외견상 협력적으로 보이는 상황도 사실은 전혀 그렇지 않다는 것이었다. 훗날 '내시 프로그램Nash program'으로 알려지게 된 이런 접근 방법은 1960년대 이후로 사회과학에서 나타난, 겉으로는 협력적이거나 이타적으로 보이는 행동이 실제로는 비협력적이고 이기적인 행동이라고 '설명'하는 많은 프로그램의 시초가 되었다. 내시도 협력적인 사람이 아니었지만, 그의 게임 이론도 비협력적인 부분에 초점이 맞추어졌다. 40년 후 노벨상을 받았을 때에도 내시는 "나는 단순히 폰 노이만과 연합을 추구했다기보다 그가 관련된 비협력적 게임을 하고 있었다. 물론 그가 경쟁 관계에 있는 이론적 접근 방식을 반기지 않은 것은 심리적으로 당연한 것이었다"라고 말하며 처음에 폰 노이만과 많은 학자에게 자신의 균형 이론이 묵살당한 것에 덤덤하게 반응했다. 하지만 그의 게임 이론적 세계관은 여전히 주목을 받고 있다.[9]

내시의 정신분열병도 게임 이론이 경제학자들에게 신속하게 받아들여지지 않은 이유 중 하나였다. 비협력적 게임 이론의 주된 주창자가 침묵에 빠졌기 때문이다. 폰 노이만의 태도도 그에 못지않게 큰 영향을 미쳤다. 1950년대 중엽, 폰 노이만은 원자폭탄과 컴퓨터를 개발하느라 정신이 없었다. 게다가 게임 이론에 대해 언급할 기회가 있을 때마다 그는 주류 경제학 이론이 수학적으로 원시적이란 불평을 되풀이했다. 그 때문에 그는 당시 학계에서 '수리' 경제학자를 자처하던 많은 사람의 반감을 샀다. 하지만 폰 노이만이 수리 경제학자들의 수학 능력에 대해 어떻게 생각했든 그들은 게임 이론을 사회과학에 접목하기에 충분한 수학적 능력을 지닌 사람들이었다. 폰 노이만은 자신의 게임 이론을 가장 환영했을 법한 학계를 스스로 밀어낸 셈이었다.

사회과학에 수학을 접목하려던 폰 노이만의 열망을 고려하면, 얄궂게도 게임 이론을 랜드 연구소와 대학의 수학과 너머까지 궁극적으로 확대한 것은 수학이 아니라 하나의 이야기였다.

존 내시의 박사학위 논문의 지도교수이던 앨버트 터커^{Albert Tucker, 1905~} ¹⁹⁹⁵는 1950년 5월 다루기 힘든 제자에게 게임 이론에 대한 박사 논문을 포기하지 말라고 설득한 직후, 한 심리학자 단체에서 게임 이론에 대한 강연을 요청받았다. 그 심리학자들은 게임 이론과 수학에 대해 몰랐기 때문에 터커는 랜드 연구소의 연구원들에게 배운 게임을 소개하기로 마음먹었다. 그것은 짧은 이야기 형식을 띤 게임으로, 터커는 그 게임을 죄수의 딜레마^{Prisoner's Dilemma}라 칭했다.

갱단의 두 단원이 다른 방에 감금되어 있다고 해보자. 경찰은 둘 모두를 작은 범죄로 기소하기에는 충분한 증거를 확보했지만, 그들이 했다고 의심되는 큰 범죄에 대해서는 증거를 확보하지 못했다. 따라서 경찰은 각 범인에게 "너와 동료가 공범이라고 자백하면 너는 기소 면제를 받겠지만, 동료는 10년 형을 받게 될 것"이라고 거래를 제안한다. 한편 두 범인이 똑같이 침묵을 지키면 두 사람은 모두 작은 범죄로 2년 형을 받는다. 하지만 둘이 모두 자백하면 기소 면제 거래는 무효가 되고, 두 사람 다 8년 형을 받게 된다.

두 죄수가 자신의 형량에만 관심을 둔다면, 그들은 어떻게 행동할까? 서로 연락을 주고받을 방법은 없지만, 그들은 동료도 똑같은 거래를 제안받았을 거라고 생각하기 마련이다. 하지만 그들은 딜레마에서 벗어날 방법을 나름대로 추론할 수 있다. '동료는 자백하지 않지만 내가 자백하면 형량을 최소화할 수 있다. 동료가 자백하면, 나도 자백하지 않는 것보다 자백해야 더 낮은 형량을 받을 수 있다. 그렇다면 어떤 경우든 자백하는 편이 더 낫다.' 그러나 두 죄수가 똑같은 추론을 해서 두 사람 모두가 자백하면 8년 형을 받게 된다. 모두가 자백하지 않는 경우보다 훨씬 긴 형량이다. 죄수들이 서로 연락을 주고받을 수 있어 침묵하기로 합의하더라도 결과는 똑같다. 두 죄수 모두 더 낮은 형량을 받으려는 욕심에 합의를 깨고 싶은 유혹을 받을 것이기 때문이다.

그 당시 죄수의 딜레마가 훗날 게임 이론에서 가장 중요한 게임이 될 거라고 예상한 사람은 없었다. 물론 랜드 연구소는 군사적인 이유에서 죄수의 딜레마에 관심을 가졌다. 미국과 소련의 핵무기 경쟁은 전형적인 죄수의 딜레마였다. 미국과 소련은 상대적 우위를 차지하려고 더 뛰어난 무기를 더 많이 제작하고 있었지만 헛된 노력이었다. 그러나 냉전의 경쟁 관계나 죄수의 딜레마라는 이야기 자체보다 더 관심을 끈 것은 게임의 구도였다. 죄수의 딜레마는 현실 세계에서 무한한 형태로 나타나는 사적인 이익과 집단 이익 간의 갈등 구도를 명확히 보여준다. 예컨대 석유수출국기구OPEC에 속한 국가들이나, 코카콜라와 펩시콜라처럼 유사한 상품을 생산하는 기업들은 시장 점유율을 확대하려고 가격을 내리지만, 경쟁 기업도 똑같이 대응하기 때문에 모든 기업의 수익이 하락할 수밖에 없다. 이런 경쟁은 물론이고 이른바 '바닥치기 경쟁race to the bottom'(비용 절감을 통한 업체들 간의 경쟁으로 편익이 감소하는 상황-옮긴이)도 죄수의 딜레마로 설명할 수 있다. 또한 어떤 공공자원에 누구나 자유롭게 접근할 수 있다면 모두가 그 자원을 남용할 것이기 때문에 결국에는 자원이 훼손되고 파괴되어 모두가 더욱더 힘들어진다는 '공유지의 비극Tragedy of the Commons'도 죄수의 딜레마로 설명할 수 있다. 기후 변화가 제기하는 과제도 일반적으로 죄수의 딜레마로 여겨진다. 지구의 탄소 배출량이 줄어들면 모두에게 더 좋다. 그러나 다른 나라의 행동과 상관없이 모든 나라가 탄소 배출량을 줄이는 걸 꺼린다. 스포츠 경기가 벌어지고 있는 운동장에서도 관중석에 앉아 있는 사람들은 경기를 더 잘 보기 위해 일어설 것인지 결정할 때 죄수의 딜레마에 부딪힌다. 모든 관중이 일어서면, 모두가 앉아서 관람할 때보다 모두가 더 힘들어지기 때문이다.

터커가 인용한 죄수의 딜레마 이야기에 기초한 추론에 따르면, 두 죄수는 모두 자백해야 한다. 이것은 일종의 내시 균형이다. 동료가 자백하면 당신도 자백할 수밖에 없다는 것이다. 이런 추론에 함축된 비협력에 대한 비난은 존 내시의 균형 개념에서 비롯되는 듯하다. 오늘날 사회과학과 철학, 법학과 생물학을 전공하는 많은 대학생이 죄수의 딜레마와 내시 균형을 통해 게임 이론을 배우고 있지만, 앞에서 이야기한 결론은 내시 균형이란 개념에서 비롯된 것이 아니다. '상대의 자백 여부와 상관없이 당신에게는 자백하는 게 최선'이라는 기초적인 논리가 작용한 것이다. 상대의 행동에 대한 예측이나 상대와의 합의는 전혀 중요하지 않다. 죄수의 딜레마 상황에서는 '비협력적'으로 행동하는 것이 항상 더 낫기 때문이다.

합리적 바보들의
게임

죄수의 딜레마의 구도를 고려하면, 앞에서 말한 논리는 논박의 여지가 없다. 합리적인 참가자라면 죄수의 딜레마적 상황에서 반드시 그렇게 행동하며, 누가 더 오랜 형량을 받느냐 하는 문제에서부터 핵무기 경쟁까지 그 결과를 받아들인다. 이런 결과는 '합리적인 인간은 비협력적이고 서로를 믿지 않는 행동을 한다'는 게임 이론의 가정에서 비롯된다. 폰 노이만도 "인간이 이기적이고 기만적이라고 불평하는 것은, 전기장에 회전이 없으면 자기장이 증가하지 않는다고 불평하는 것만큼이나 어리석은 짓이다"라고 주장했듯이 다른 식으로는 생각할 수 없었을 것이다.[10]

이런 단순한 인간관에 분노하거나 이를 조롱하기는 쉽다. 그리고 폰 노이만과 모르겐슈테른이 《게임 이론과 경제 행위》를 발표한 1944년, 평론가들이 정확히 그렇게 행동했다. 영국의 저명한 인류학자, 그레고리 베이트슨Gregory Bateson, 1904~1980은 "폰 노이만의 모형에는 불신만이 아니라 인간의 본성은 변하지 않는다는 지극히 추상적인 전제까지 내재되어 있다"라며 "폰 노이만의 모형에 등장하는 사람들은 인간적인 면이 없다는 점에서 실제 인간이나 포유동물과 크게 다르다. 유머감각도 전혀 없고, (고양이와 강아지에게 쓰이는 의미로) '놀지도' 못하는 로봇과 다를 바가 없다"라고 결론지었다.[11]

　게임 이론에서 참가자는 실제 인간과 다르다. 기껏해야 인간을 부분적이고 불완전하게 대신할 뿐이다. 게다가 게임 이론에서 말하는 합리적 행동은 놀이와 재미를 완전히 배제하기 때문에 '게임을 한다'의 뜻에서 중요한 부분이 게임 이론에는 빠져 있다. 그래서 뭐가 문제라는 건가? 게임 이론이 많은 것을 배제하지만, 인간의 이기적이고 무자비하며 계산적인 면이 중요한 역할을 하는 상황에서 여전히 사회적 상호작용에 대한 중요한 통찰을 우리에게 줄 수 있지 않은가.

　하지만 그런 상황이란 구체적으로 어떤 상황일까? 1960년대 이후로 게임 이론은 학문의 영역에서 서서히 빠져나와 사회과학과 그 너머에서 폭넓게 논의되기 시작했다. 이때 죄수의 딜레마에 제기된 가장 큰 시험대는 현실 세계였다. 현실 세계에서는 죄수의 딜레마처럼 보이는 많은 상황에서도 협력이 이루어진다는 게 부인할 수 없는 사실이었기 때문이다. 앞에서 언급한 죄수의 딜레마로 되돌아가면, 기업은 가격 경쟁이 결국에는 자신에게 해롭다는 걸 알기 때문에 가격을 낮추고 싶은 유혹에 저항한다. 같은 이유에서 공유 자원은 지속적으로 관리되는 편이고, 많은 국가가 탄소 배출을 억제하는 데 협력하고 있다. 또 모두가 경기장에서 일어서서 경기를 관람하지는 않으며, 핵무기를 통제하는 조치가 결국 합의되었다. 죄수의 딜레마가 이런 상호작용을 지배한다면, 왜 현실 세계에서 협력하는 모습이 자주 눈에 띄는 건까?

죄수의 딜레마와 같은 상황에서 게임을 시작하기 전에 협력하기로 합의했으면, 우리는 협력할 수 있다. 또 서로 상대가 틀림없이 약속을 지킬 것이라고 믿는다. 대부분의 사람에게는 약속을 지키고 상대를 신뢰하는 것이 정상적인 행동이다. 그렇게 행동하도록 양육되고 교육받기도 하지만, 그렇게 행동해야 삶이 더욱 살 만하게 된다는 게 경험적으로 확인되기 때문이다. 달리 말하면, 죄수의 딜레마적 상황에서 우리는 게임 이론에서 말하는 '합리성'의 정의를 거부함으로써 '합리적' 처방에서 비롯되는 파괴적 결과를 막을 수 있다. 노벨 경제학상을 수상한 아마르티아 센Amartya Sen, 1933~이 1997년에 지적했듯이, 죄수의 딜레마 상황에서 어떻게 행동할 것이냐에 대한 게임 이론의 조언은 우리에게 합리적으로 행동하는 방법이 아니라, '합리적 바보'가 되는 방법을 알려줄 뿐이다. 현실 세계에서는 죄수의 딜레마 상황에서 협력한다는 증거가 넘치도록 많다. 따라서 우리가 어떻게 행동할 거라는 게임 이론의 예측만이 아니라, 우리가 어떻게 행동해야 한다는 게임 이론의 조언도 의심스러워진다. 누구도 합리적 바보가 되고 싶지는 않을 것이기 때문이다.

그러나 1970년대 말쯤, 게임 이론가들은 반복 게임 이론theory of repeated games으로 이런 의문에 대한 답을 찾아냈다. 반복되는 게임에서 사람들이 협력하는 이유는 장래를 기대하기 때문이라는 것이다. 죄수의 딜레마 상황에서도 사람들은 앞으로도 유익한 관계를 유지하기 위해 협력한다. 속임수를 쓰는 사람, 약속을 어기는 사람, 이기적인 사람은 일반적으로 기피 대상이 되어 협력을 함으로써 얻을 수 있는 미래의 이익을 놓치고 만다. 이런 해석은 죄수의 딜레마를 뒷받침하는 이론만큼이나 인간관계를 냉정하고 계산적인 것으로 바라본다. 죄수의 딜레마이지만, 시간의 흐름에 따라 반복되는 죄수의 딜레마이다. 만약 이후에도 다른 죄수의 딜레마 상황에서 똑같은 상대를 만날 수밖에 없다는 걸 안다면, 협력을 통해 얻을 수 있는 장기적 이익을 위해 지금 협력할 수 있다. 만약 당신이 약속을 깨거나 이기적으로 행동할 경우, 이후에 상대방 역시 비협력적 행동을 해서 당신에게 손해를 입힐 수 있기 때문이다.

이런 사고법은 두 사람의 범위를 넘어, 집단의 이익을 우선시하지 않는 이기적인 행동을 응징하겠다고 끊임없이 위협함으로써 구성원들 간의 협력을 유도할 수 있다. 이때 응징은 일반적으로 짧고 매섭지만 지나치게 가혹하지는 않다. 게임 이론가들은 이런 응징을 앙갚음이란 뜻으로 '팃포탯tit-for-tat'이라고 한다. 또 응징이 지나치면, 응징하는 사람도 그만한 대가를 치를 수 있다. 그 결과 집단은 법과 강압, 사회적 관습 같은 외적인 압력에 의존하지 않고도 협력을 유지할 수 있다. 외부인에게는 이런 모습이 안정된 사회라기보다는 무정부 상태로 보일 수 있겠지만, 사회 질서를 유지하는 데에는 팃포탯으로 충분할 것이다. 팃포탯의 효용성을 보여주는 완벽한 예는 마피아이다. 이미 100년 전, 나폴리의 정치인 파스콸레 빌라리Pasquale Villari, 1827~1917는 "마피아에는 불문율이 있다. 마피아는 비밀 결사도 아니고 연합회도 아니다. 마피아는 자연 발생으로 형성된 것이다"라고 말했다.[12] 최근 들어, 프리드리히 하이에크의 추종자들도 정부의 간섭이 거의 혹은 전혀 없어 겉으로는 무질서하게 보이는 사회는 '자생적 질서'를 통해 유지된다는 하이에크의 생각에 수학적 신뢰성을 부여하기 위해 게임 이론이 이런 면은 언급했다.

정부가 필요하지 않은 자율적 조직 혹은 이기적인 개인들 간의 치열한 경쟁 같은 게임 이론의 개념으로 보건대, 게임 이론의 정치적 고향은 우파에 있는 듯하지만, 좌파 사상가들도 게임 이론을 이용했다. 좌파 사상가들은 폰 노이만의 해석과 달리 게임 이론이 서로 신뢰하는 멋진 인간관계와 양립할 수 있다고 주장했다. 실제로 게임 이론은 우리가 서로 신뢰하는 이유를 설명할 수 있다. 예컨대 나는 상대에게 약속을 지킬 만한 동기가 있음을 알기 때문에 그를 신뢰한다. 상대와 나는 반복 게임을 되풀이하며, 둘 중 하나가 약속을 파기해서 얻는 즉각적인 이익이 장래의 응징에서 비롯되는 손실보다 적다는 것을 알게 된다. 파기된 약속의 피해자만이 아니라 공동체 전체가 응징을 가할 수도 있다. 신뢰가 가능해 거래가 이루어져야 모두에게 이익이기 때문이다. 신뢰를 이런 식으로 생각하면 어떤 인간관계와 어떤 조직이 현재와 같은 방식으로 기능하는 이유를 이해하는 데 도움이 될 수 있지만, 그런 사고방식은 해답보다 더 많은 의문을 야기한다.

신뢰를 이렇게 생각하면, 약속을 어길 만한 동기가 없는 사람만을 신뢰할 수 있다는 뜻이 된다. 이런 게임 이론적 관점은 신뢰에 대한 일반적인 상식을 뒤집는다. 이는 우리가 어떤 사람을 신뢰할 필요가 없을 때 다시 말해, 약속을 지키는 것이 그에게 이익이 되는 경우에만 그를 신뢰할 수 있다는 의미이기 때문이다. 진정한 신뢰는 상대가 약속을 지키고 올바르게 행동할 것이라 믿는다는 뜻이다. 상대가 약속을 어기고 우리를 배신해야 이익을 얻을 수 있는 상황에서도 훌륭한 성품을 잃지 않을 것이라 우리가 믿기 때문이다. 경쟁이 치열한 기업계에서도 인위적인 게임 이론적 상황보다 진정한 신뢰가 더 필요하다. 기업인들은 장래의 관계를 기대하지 않는 상황에서도 많은 거래를 한다. 이런 경우에는 반복게임을 하는 것이라 생각할 필요가 없다. 이때 그들은 게임 이론에서 무시되는 인간의 심리에 따라 무의식적으로 행동하게 된다. 예컨대 당신이 얼굴을 맞대고 직접 만나면 상대가 신뢰할 만한 사람인지 판단하기가 더 쉽다고 생각한다. 이런 이유에서 스카이프(인터넷을 통한 무료 화상통화 시스템-옮긴이)의 시대에도 기업인들은 여전히 세계 전역을 바쁘게 오가며 중요한 회의에 참석하려 한다.

신뢰와 장기적 협력에 대한 게임 이론의 몇몇 설명은 핵심을 놓친 듯하다. 그러나 죄수의 딜레마에 대한 이런 식의 해법에는 기본적으로 문제가 있다. 상당히 오랜 기간 동안 반복해 교류할 때에는 팃포탯 같은 전략이 협력적 행동을 유지하는 데 도움이 되지만 일회성 관계를 맺을 때는 어떻게 될까? 이 경우에도 이론과 현실의 괴리가 존재한다. 게임 이론은 일회성 죄수의 딜레마 상황에서는 사람들이 협력하지 않을 것이라 예측하지만, 실제로는 그렇지 않은 경우가 많다. 게임 이론가들은 오랫동안 이런 문제를 직시하지 않았다. 대부분은 그런 문제가 있다는 것조차 인정하지 않았다. 경제학자들이 이타적이고 협력적이며 도덕적인 행동의 증거에 맞닥뜨릴 때 흔히 회피 전략을 사용하듯이, 게임 이론가들 역시 그런 증거를 재해석하며 그것을 없애버리는 회피 전략을 사용했다. 예컨대 사람들이 일회성 죄수의 딜레마 상황에서는 외견상 협력하는 것처럼 보이더라도 엄격히 말해서 그들은 죄수의 딜레마 상황에 있는 것이 아니기 때문에 실제로는 협력하는 게 아니라는 것이다. 그들이 정의에 따르면, 순수한 죄수의 딜레마는 각 참가자가 자신의 형량에만 관심을 두는 게임이다. 따라서 상대의 행복을 고려하거나 집단의 결속력을 믿는 참가자 혹은 상대에게 한 약속을 깨면 양심의 가책에 시달리는 참가자는 다른 게임을 하고 있다는 것이다. 또 게임 이론가들이 우려하는 상황을 수학적으로 표현하면, 이런 외적인 고려 사항에 따라 참가자들이 특정한 결과에서 얻을 수 있는 가치를 나타내는 숫자가 달라질 것이다. 순수한 죄수의 딜레마와 비교할 때 이런 추가적인 고려 사항 때문에 대부분의 결과를 나타내는 수치가 달라진다. 따라서 같은 게임을 반복하는 것이 아니라는 것이다.

이처럼 게임 이론에 맞지 않는 증거를 기피하는 경향이 극단으로 흐르면, 게임 이론과 모순되는 증거를 무작정 묵살하고 없애버릴 수 있다. 그렇게 되면 현실 세계에서 절대 기피할 수 없는 증거를 찾아내는 것은 더욱 어려워진다. 1990년대쯤에는 게임 이론이 회피하거나 무시할 수 없을 정도로 많은 협력의 증거가 나타났다. 신중하게 설계되고, 실험 참가자들에게 제공되는 정보와 더 나아가 참가자들의 동기까지 엄격히 통제하며 실험실에서 진행된 게임에서 얻어낸 증거들이었다. 그러나 그때는 게임 이론적 사고방식이 경제학만이 아니라 사회 전반에 깊고 폭넓게 자리잡은 뒤였다. 따라서 그 영향이 이미 무척 막강해진 까닭에, 위기가 닥치면 그 사고방식에 의지해 우리 문명과 정체성을 규정하게 된다. 2001년 9월 11일 뉴욕과 워싱턴을 겨냥한 공격이 있은 지 사흘 후, 한 평론가는 《뉴요커》에 기고한 글에서 그 공격의 중요성을 정확히 포착해 내려 했다.

물론 그 재앙은 우리 도시에 미친 피해를 훌쩍 넘어선다. … 문명을 뒤흔들 만한 재앙이다. 냉전이 끝난 이후로 10년 만에 인류는 점점 빠른 속도로 하나의 유기체가 되었다. … 그 유기체는 점점 더 일종의 신뢰 — 개인적으로나 집단적으로나 인간이 합리적인 수준에서 자기 이익을 추구하며 행동할 것이란 비^非감상적인 예상 — 에 의존하고 있다.[13]

1960년대부터 게임 이론이 일상의 사고방식에 영향을 미치기 시작했지만, 정작 게임 이론가들은 게임 이론의 한계에 관심을 기울이고 있었다. 특히 그들은 무수히 많은 경우에 게임 이론이 적용되지 않는다는 걸 알게 되었다.

그들만의
치킨 게임

1955년 철학자 버트런드 러셀Betrand Russell, 1872~1970은 알베르트 아인슈타인과 함께 핵군축을 촉구하는 성명을 발표했다. 그러나 러셀은 치킨 게임을 홍보함으로써 수년 후의 군축 회의에 의도하지 않은 큰 영향을 미쳤다. 제임스 딘James Dean이 주연한 영화 〈이유 없는 반항〉에서 빌려온 듯한 장면을 묘사하며, 러셀은 미국과 소련을 곧게 뻗은 긴 도로의 양쪽 끝에서 마주보고 전속력으로 달리는 두 젊은 운전자에 비유했다. 어느 쪽도 방향을 틀지 않으면, 양쪽 모두 죽을 게 분명하다. 그러나 먼저 방향을 트는 사람은 '겁쟁이chicken'가 되어 상대에게 영원한 놀림거리가 된다.

치킨 게임은 곧 냉전 사상가들, 게임 이론가들과 그들의 제자들의 연구에서 기준점이 되었다. 1960년 랜드 연구소의 전략가, 허먼 칸은 652페이지의 두툼한 베스트셀러 《열핵전쟁에 대하여》에서 치킨 게임을 언급하며 핵 교착 상태를 설명했다. 위험도가 낮은 치킨 게임을 하는 십대들은 비난받는 반면에 지극히 위험이 큰 핵무기를 이용한 치킨 게임은 랜드 연구소에서 도덕적으로 용납되는 이유에 대해 러셀은 의문을 제기했다.

> 젊은 부자들의 치킨 게임은 퇴폐적이고 비도덕적으로 여겨지지만, 당
> 사자들의 목숨만이 위험하다. 그러나 저명한 정치인들이 치킨 게임을
> 시작하면 … 한쪽의 정치인들은 높은 수준의 지혜와 용기를 발휘하
> 고, 반대편의 정치인들은 비난받아 마땅하다고 여겨진다.[14]

여하튼 치킨 게임은 게임 이론적 분석에서 도움이 되지 않았다. 치킨 게임에는 내시 균형이 이루어지는 상황이 두 개 존재하기 때문이다. 하나는 '상대가 방향을 틀지 않으면 당신이 방향을 튼다'이고, 다른 하나는 '당신이 방향을 틀지 않으면 상대가 방향을 튼다'이다. 여기에서 게임 이론은 어떤 쪽이 일어날 것인지, 혹은 어느 쪽이 일어나야 하는지 예측하지 않는다. 게임 이론의 이런 한계는 2년 후 쿠바 미사일 위기에서 명확히 드러났다. 1962년 10월 소련은 쿠바에 핵미사일을 설치하려 했고, 미국은 이것을 막으려 했다. 이런 대치 국면에서 두 나라는 조금도 물러

서지 않았다. 양쪽 모두가 치킨 게임을 벌이고 있는 게 분명했다. 하지만 두 나라가 알고 싶었던 것은 '어떤 내시 균형', 다시 말하면 '누가 먼저 방향을 트느냐?' 하는 것이었다. 실수는 절멸을 뜻했다. 쿠바 위기보다 전면적인 핵전쟁의 가능성이 높아졌던 때는 없다는 것이 역사학계의 일반적인 의견이다.

되풀이해서 말하지만 게임 이론에는 두 가지 확실한 효용성이 있다. 하나는 참가자들이 어떻게 행동할 것인지 예측하는 것이고, 다른 하나는 참가자들이 어떻게 행동해야 하는지 지시하는 것이다. 치킨 게임처럼 하나 이상의 내시 균형을 지닌 게임에서, 게임 이론은 두 효용성 모두를 만족시키지 못한 듯하다. 게임 이론가들도 '뭐가 문제일까?'라며 의문을 품기 시작했다. 더구나 시간이 지남에 따라, 다수의 내시 균형을 지닌 게임이 희귀한 예외가 아니라는 것이 분명해졌다. 오히려 그런 게임은 어디에나 있었다. 이런 경우에 게임 이론은 어떤 해법도 제시하지 못했다. 이런 '다중 문제'의 중요성과 보편성이 명확해졌을 때, 내시는 도움을 줄 만한 위치에 있지 않았다.

게임의 규칙을
따르지 않는 사람들

1959년 초, 존 내시의 정신분열증은 이미 악화되기 시작한 뒤였다. 내시는 시카고 대학으로부터 정교수직을 제안받았지만, 자신은 남극의 황제가 될 예정이기 때문에 그 제안을 받아들일 수 없다는 답장을 보냈다. 이 사건만 있었던 것이 아니다. 그즈음 내시는 유효기간이 지난 운전면 허증을 한 학생에게 건네며 자신의 이름 위에 그 학생의 별명을 덮어썼다. 그리고는 그것이 '은하 간 운전면허'라고 그 학생에게 속삭이듯 말했다.[15] 게다가 폰 노이만도 2년 전에 세상을 떠난 터라, 게임 이론의 두 창시자 모두 말이 없었다. 초기의 흥분이 지나간 뒤 대부분의 경제학자에게 게임 이론은 지적으로 막다른 골목에 다다른 포괄적인 사회과학의 밝은 희망이 될 거라는 기대에서 벗어나 다중 문제에서 교착 상태에 빠진 것으로 보였고, 게임 이론가들은 그 문제를 해결하기 위해 버둥거렸다. 1980년대쯤 많은 젊은 게임 이론가들은 내시가 이미 죽었다고 생각했다. 내시가 뇌엽절개술을 받았고, 안전한 정신병원에서 살고 있다는 소문도 돌았다. 하지만 1994년 내시는 존 하사니John Harsanyi, 1920~2000와 라인하르트 젤텐Reinhard Selten, 1930~2016이란 두 게임 이론가와 함께 노벨 경제학상을 수상했다. 어떻게 게임 이론이 그렇게 화려하게 되살아날 수 있었을까?

폰 노이만의 죽음과 내시의 노벨상 수상까지, 40년 남짓한 게임 이론의 역사에 대해서는 두 가지 견해가 있다. 먼저 공식적인 견해부터 살펴보자. 공식적인 견해는 비교적 간단하다. 하사니와 젤텐을 비롯해 게임이론가들이 다중 문제를 해결하는 진전을 이루어냈고, 또 반복 게임 이론 같은 여러 혁신을 더해지며 게임 이론이 다시 유용해졌다는 게 전반적인 결론이었다.

1960년대 존 하사니는 게임 이론이 직면한 과제에 도전하기 시작했다. 합리적 행동의 일반 원리에 입각해 다중 문제를 해결하고, 모든 게임에 적용되는 확실한 해결책을 찾아내는 과제였다. 그 과제가 해결되면, 폰 노이만과 모르겐슈테른, 내시가 꿈꾸던 순수한 사회과학이 탄생할 수 있었다. 1965년 이 난해한 프로젝트에서 첫 번째 주요한 성과를 이룬 사람은 라인하르트 젤텐이었다. 다수의 내시 균형을 가진 문제를 해결하기 위한 첫걸음은 이런 균형 중 일부를 무시해도 좋은 것으로 배제하는 근거를 찾아내는 것이었다. 젤텐은 참가자가 신뢰할 수 없는 위협을 가하는 경우에만 나타나는 균형은 무시해도 좋은 열등한 것이라 주장했다. 예컨대 '상호확증파괴MAD, Mutually Assured Destruction'라는 핵 억제력의 원칙은 상대방의 핵 공격에 대응해 재앙적 보복을 가할 수 있는 핵무기를 보유하고 있는 상황을 전제로 한 것이다. 그러나 위협을 받는 쪽이 그런 보복이 실제로 실행될 것이라 믿지 않으면, 그 위협에 대한 신뢰 수준은 떨어진다. 〈닥터 스트레인지러브〉에서 러시아는 보복 공격이 자동적으로 실행되도록 인류 파멸의 흉기를 설계해두었다. 따라서 상대의 공격이 감지되면 재앙적 보복 가능성을 돌이킬 수 없다. 이 경우 러시아의 공격은 신뢰 수준이 무척 높다고 할 수 있다.* 경영에서도 특정한 시장을 독점한 기업은 그 시장에 경쟁자로 진입하려는 신생 기업에게 할인 경쟁을 하겠다고 노골적으로 위협할 수 있다. 신생 기업이 그 위협을 믿는다면 시장의 진입을 포기할 것이며, 그럼 기존 독점 기업은 계속 큰 수

● 하지만 영화에서 미국은 인류 파멸의 흉기가 존재한다는 걸 알지 못했고, 따라서 그 흉기는 위협이 되지 못했다. 경제학자이자 게임 이론가이던 토머스 셸링은 영화의 줄거리에서 이런 결함을 지적했지만 스탠리 큐브릭 감독은 무시해버렸다.

익을 누릴 수 있다.

위협하는 참가자가 엄포로 끝내지 않고 위협을 실행할 때 비로소 위협은 신뢰성을 갖는다. 젤텐은 이런 개념을 확대하고 일반화하며, 게임의 모든 단계에서 참가자는 전에 무엇이라 말했더라도 자신의 신뢰성을 잃게 하는 선택을 하지 않을 것이라고 주장했다. '당신의 신뢰성'은 당신과 다른 참가자들이 게임에서 나중에 취하는 행동에 따라 결정되기 때문에, 게임을 어떻게 끝낼 것인지 결정한 후에 역으로 추론하여 첫 움직임을 결정하는 것이 당신에게는 최선의 전략이다. 이처럼 역으로 추론하는 '후진 귀납법backward induction'은 게임 이론가들이 바랐던 확실한 해결책을 제시하며, 참가자들의 행동을 예측할 수 있게 했다. 그러나 후진 귀납법에도 뜻밖의 문제가 감추어져 있다.

다음과 같은 형식으로 방영되는 텔레비전 게임 프로그램을 상상해보자. 조니와 오스카라는 두 참가자는 최대 1,000달러의 상금을 받을 수 있다는 걸 알고 있다. 진행자는 먼저 조니에게 "두 사람 모두에게 100달러를 주겠다. 당신이 이 제안을 받으면 둘은 100달러씩 받고 스튜디오를 떠나야 한다"라고 말한다. 하지만 조니가 그 제안을 거부하면 진행자는 오스카에게 새로운 제안을 한다. 조니에게는 50달러, 오스카에게는 250달러를 주겠다는 제안이다. 따라서 총상금은 100달러가 증액되지만 불공평하게 나뉜다. 오스카가 그 제안을 받아들이면 게임은 끝나지만, 오스카가 거부하면 다시 조니의 차례가 된다. 다시 총상금은 100달러가 증액되지만 이번에는 각각 200달러씩 공평하게 나뉜다. 다시 조니가 그 제안을 받아들이면 게임은 끝난다. 그러나 조니가 거부하면 총상금은 다시 100달러가 증액되지만 조니에게는 150달러, 오스카에게는 350달러로 불공평하게 나뉜다. 두 참가자가 계속 거부하면, 결국 조니에게 350달러, 오스카에게 550달러가 분배되는 단계에 이르게 된다. 이때도 오스카가 거부하면 둘 모두 500달러씩을 받으며 게임은 끝난다.

인내하며 버틴 끝에 조니와 오스카는 최대 1,000달러의 상금을 공평하게 나눠 가진 듯하다. 그러나 젤텐의 후진 귀납법에는 다른 가능성도 함축되어 있다. 두 참가자는 오스카가 진행자의 마지막 제안을 거부하지 않고 받아들이면 500달러가 아니라 550달러를 상금으로 받을 수 있으므로 오스카에게 더 유리하다는 걸 알고 있다. 따라서 오스카가 그 제안을 받아들일 가능성은 얼마든지 있다. 또 역으로 추론할 때 조니도 진행자의 이전 제안을 거부하지 않고 받아들이는 게 자신에게 더 낫다는 걸 알고 있다. 조니가 이전 제안을 거부하고 오스카가 다음 제안을 받아들일 경우 조니는 350달러를 받지만, 전 제안을 받아들이면 둘이서 똑같이 400달러를 받기 때문이다. 똑같은 추론이 게임의 모든 이전 단계에서 적용된다. 두 참가자는 진행자의 제안을 받아들이는 게 자신에게 항상 이익이라는 걸 알고 있다. 게임을 계속하며 다음 단계에서 상대가 제안을 받아들이면 자신의 상금액이 줄어들기 때문이다. 이런 생각에 조니가 100달러라는 첫 제안을 받아들면 게임은 즉시 끝난다. 후진 귀납법에서는 두 참가자 모두 상대가 제안을 거부하며 게임을 계속할 것이라고 신뢰하지 않기 때문에 각각 더 많은 상금을 가져갈 가능성이 차단된다. 결국 후진 귀납법은 게임 이론의 흔한 이야기를 다른 식으로 표현한 것이다. 요컨대 합리성을 지나치게 추구하면 협력이 중단되고, 무두가 더 궁색해진다.

　물론 이렇게까지 생각하는 사람은 거의 없다. 이 게임과 유사한 다수의 실험에서 후진 귀납법에 따라 행동하는 사람은 극소수에 불과했다. 경제학자들은 똑똑하다고 자부하는 사람들에게 후진 귀납 추론을 사용하라고 권유할 목적에서, 체스 챔피언들을 경기자로 활용한 실험을 되풀이했다. 그 결과는 분명하지 않았다. 몇몇 챔피언은 후진 귀납 추론에 따라 게임했지만, 적잖은 챔피언은 그렇지 않았다. 이런 결과는 후진 귀납법에 대한 우리의 생각에 치명적인 결함이 있다는 것을 뜻한다. 앞의 게임 프로그램에서 두 참가자가 각각 100달러를 받는 첫 제안을 받아들이는 것으로 끝내려면, 둘 모두 상대가 후진 귀납 추론을 할 것이라고 생각해야 한다. 그래야 누구든 첫 제안을 받아들일 것이기 때문이다. 하지만 당신이 후진 귀납 추론을 이해할 정도로 똑똑하다고 상대도 후진 귀납법을 사용할 거라고 추정해야 하는가? 체스 챔피언들은 다른 챔피언들도 똑같이 추론한다는 걸 알기 때문에 그들의 이런 추정은 합리적일수 있다. 그러나 대부분의 보통 사람은 그렇지 않다. 예컨대 당신이 게임 프로그램에 출연했고, 상대가 첫 제안을 거부하면, 당신은 그 거부만을 두고 상대가 게임 이론의 규칙을 따르지 않고 있다고 판단하게 된다. 후진 귀납법에 따르면 첫 제안을 받아들여야 하기 때문이다. 일반적으로 말하면, 게임 프로그램을 넘어 현실 세계의 상호관계에서 우리는 게임 이론의 규칙을 깨뜨리는 사람들을 빈번하게 맞닥뜨린다. 그렇다고 그들이 앞으로 규칙을 따를 것이라고 추정하는 것도 현명하지 못하다. 게임 이론가는 규칙을 깨뜨리는 사람들을 '비합리적'이라고 하면서도 우리에게 모든 사람은 합리적이라고 추정해야 한다고 주장한다. 하지만 이는 잘못된 주장이다! 어떤 사람이 과거에 비합리적으로 행동했다는 무수한 증거가 있다면, 그가 미래에는 합리적으로 행동할 것이라 추정하는 자체가 비합리적이지 않은가.

　게임 이론의 공식적인 역사는 이런 문제들을 대체로 무시했다. 물론, 사람들이 때로는 게임 이론의 예측대로 행동하지 않는다는 걸 인정한 게임 이론가도 적지 않았다. 그들은 게임 이론을 최선의 방법을 처방하고 예측하는 유일한 방법이라고 여길 필요가 없다고 겸허히 주장한다. 그러나 앞에서 말한 게임 프로그램 같은 게임들에서 게임 규칙의 처방을 따르는 것이 항상 최선의 방법은 아니라는 것이 입증되기 때문에 이런 겸허한 주장도 그다지 마뜩하지 않다. 이쯤에서 비공식적인 역사에 눈을 돌려보자.

인간 없는
인간에 대한 연구

사실과 다른 소문에도 불구하고 내시는 이미 수년 전에 프린스턴에 돌아와 조용히 일하고 있었고, 수년 후에는 노벨상을 받았다. 노벨상 발표가 있던 날 오후, 내시는 짤막한 성명을 발표했다. 그 성명에는 내시의 이상하고도 거북한 유머감각이 여전히 살아 있었다. 내시는 노벨상 수상자로서 그런 상을 받아 영광스럽고 기쁘다고 말해야 마땅하겠지만, 혼자 받았더라면 더 좋았겠다고 숨김없이 말했다. 하기야 당시 그에게 돈이 필요하기는 했다. 그는 게임 이론과 물리학의 끈이론을 비교하는 것으로 성명을 끝맺었다. 연구자들은 두 이론을 무척 매력적이라 생각한 까닭에 그 이론들이 실제로 유용한 것처럼 꾸미는 걸 좋아했다.[16] 따라서 노벨상 발표가 있은 후 내시가 게임 이론을 장난스레 빈정댄 것은 그다운 행동일 수 있었지만, 그즈음 내시가 게임 이론에 대한 자신의 기여를 "가장 사소한 성과"라 표현한 것은 사실이었다.[*] 그러나 내시와 함께 공동 수상한 다른 수상자들도 게임 이론의 보잘것없음에 대해 우려를 표시했다. 특히 라인하르트 젤텐은 다중 문제를 해결하려고 시도한 후진 귀납법에 자기모순이 있다는 걸 깨닫고는 그런 이론적 탐닉에서 등을 돌렸다. 또 1970년대 말부터는 게임 이론이 지나치게 형식적이고 수학적이어서 보통 사람들이 사회적 관계에서 실제로 어떻게 생각하는지에 대해 말해주는 신뢰할 만한 지표가 아니라고도 거듭해 강조하며 다음과 같이 말했다. "게임 이론은 정리를 증명하는 이론이지, 게임하는 방법을 말하는 이론이 아니다."[17]

하지만 이런 부정적인 의견에 대한 분명한 예외도 있는 듯하다. 어떤 사회경제적 환경, 예컨대 모든 참가자가 최근에 발행된 교과서를 손에 쥐고 있는 듯 게임 이론에 능통한 환경에서는 게임 이론이 우리에게 영리하게 행동하는 방법을 말해줄 수 있다. 예컨대 두 체스 챔피언이 게임을 한다면, 그들은 서로 상대가 게임 이론을 정교한 수준까지 알고 있을

● 내시는 거의 50년 전에 그의 이론에 대한 폰 노이만의 평가를 결국 인정한 것으로 여겨진다.

것이라 추론할 것이고, 그런 추론은 충분히 합리적이다. 이런 식으로 게임 이론을 옹호하는 것은 생각보다 무익하지는 않다. 1994년 12월 5일, 존 내시는 노벨상을 받으려고 미국을 떠나 스톡홀름으로 향했다. 그날 앨 고어Al Gore 부통령은 "역사상 최대의 경매"라고 불린 휴대전화 주파수대 경매를 공고했다. 경매는 일종의 게임이다. 따라서 주파수대 경매도 최신 게임 이론을 활용해 정교하게 설계되었다. 1995년 3월 경매가 끝났을 때 미국 연방정부는 무척 기뻐했다. 입찰 경쟁을 통해 예상보다 70억 달러의 수입을 더 얻었기 때문이다. 연방정부에 엄청난 세수 증대를 안겨준 주파수대 경매는 응용 게임 이론의 승리로 여겨졌다. 그 경매는 진정으로 '합리적'인 참가자들이 상호작용한 무대였다. 구체적으로 말하면, 경매에 참여한 대기업들이 게임 이론가들의 조언을 받아가며 경쟁한 끝에 이른 결과는, 정부를 대신해 경매를 설계한 게임 이론가들이 약간 조정하면 예측할 수 있는 것이었다. 적어도 겉으로는 그렇게 보였다.

게임 이론이 정부의 목표를 충족시키는 이상적인 경매를 설계하는 비결을 제공한 것은 아니었다. 게임 이론으로 여러 경매 방식 중 어느 것이 낫다고 결론내릴 수는 없기 때문이다. 여러 게임 이론가가 다양한 조언을 내놓았다. 게임 이론가가 경매에 참여한 기업들의 컨설턴트로 고용되었다는 사실을 고려하면 당연한 현상이었다. 게다가 게임 이론가들의 역할은 경매에서 입찰하는 방법에 대해 조언하는 것으로 그치지 않았다. 그들은 경매가 있기 전부터, 기업이 자신에게 유리한 특정 방식으로 경매 규칙을 설계하도록 로비하는 걸 돕기 위해서도 고용되었다. 최종적인 결과를 보면, 기업들은 결코 합리적인 참가자가 아니었다. 낙찰

받은 많은 기업이 약속한 금액을 제때에 납부하지 못했고, 통신 기업들이 파산하고 합병되는 주된 이유는 과도한 낙찰금 때문이라 여겨졌다.[18] 2000년에 실시된 영국의 주파수대 경매도 게임 이론가들에게 많은 영향을 받았고, 그 결과도 비슷했다. 결론적으로, 게임 이론은 경매를 최선으로 설계하는 방법을 정부에 알려주지도 않았고, 응찰 기업들의 행동을 적절히 설명하거나 예측하지도 못했다.

게임 이론가들이 이상적으로 설계했다는 경매와 같은 상황에서도 게임 이론의 효용성이 제한적이라면, 오늘날 경제학에서 게임 이론이 드높은 지위를 누리는 이유는 대체 어디에 있을까? 물론 일치된 대답은 없지만 공통 분모는 찾을 수 있다.

우선, 게임 이론이 성공했거나 고유한 장점 때문에 부각된 것은 아니다. 경제학자들이 경제학에서 다른 분야의 문제를 해결하려고, 다시 말해 경제학에서 오랫동안 계속되던 논쟁에서 교착 상태를 깨뜨리기 위해 새로운 기법을 찾으려고 게임 이론에 눈을 돌렸기 때문이다. 예컨대 1970년대쯤 시카고 대학의 법학자들과 경제학자들의 사상이 대기업 규제에 점점 큰 영향을 미치고 있었다. '법학과 경제학'에 대한 시카고학파의 기본적인 주장에 따르면, 규제는 적을수록 좋았다. 또 지배적인 기업이 지배적인 이유는 그 기업이 낮은 가격에 더 좋은 제품을 소비자에게 제공하기 때문이지, 반경쟁적인 관행anti-competitive practices 때문이 아니라는 게 그들의 주장이었다. 게임 이론은 시카고학파의 적들에게 반경쟁적 행동을 심각하게 받아들이는 새로운 기준틀을 제시해주었다. 그 기준틀은 수학적인 정교함 덕분에 규제 기관과 법원에 깊은 인상을 주었다. 노골적으로 말하면, 게임 이론은 정책 토론이나 법적인 논쟁에서 당신을 유리한 위치에 서게 해줄 새로운 장치였다. 한편 야심적인 경제학자들은 시장과 가격의 범위를 넘어, 즉 경제 분석에서 전통적인 도구의 범위를 넘어 삶의 영역까지 연구 범위를 확대하고 있었다. 게임 이론은 이런 경제학자들, 즉 바람직한 사회적 결과를 만들어내는 제도적 기관을 설계하는 사회공학자social engineer를 자처하던 경제학자들에게 새로운 도구를 제공했다. 이런 방향에서 게임 이론을 활용한 학계의 학자들은 눈부신 성공을 거두었다. 내시와 하사니와 젤텐이 1994년 노벨상을 수상한 이후로 20년 동안, 게임 이론에 근거한 연구로 8명의 경제학자가 다시 노벨상을 받았다.

한편 게임 이론에 의문을 제기하던 경제학자들은 배척을 받았다. 젤텐은 일반적인 게임 이론적 관행에 따라 인간 행동을 추정하지 않고, 사람들이 실제로 어떻게 행동하는지 연구하려면 실험실에서 진행되는 실험에 충실해야 한다고 철석같이 믿었다. 따라서 게임 이론가들에게 젤텐은 "게임 이론의 '순수하고 진실한' 목표로 이어지는 길을 버리거나 잃어버린 변절자"였다.[19]

그러나 젤텐은 경제학자들 중에서도 예외적인 존재였다. 게임 이론을 순수하고 진실하게 믿는 사람은 적지 않았다. 게임 이론의 매력을 과소평가해서는 안 된다. 게임 이론에 문제가 있지만, 사회과학에서도 물리학처럼 멋진 통일이론을 만들고 싶은 유혹은 억누르기 힘들었던 모양이다. 이런 유혹은 게임 이론가로 변신한 정치학자, 로버트 액설로드Robert Axelrod, 1949~2019,가 '도구의 법칙law of the instrument(혹은 망치의 법칙)'이라 칭한 것에 의해 더욱 커졌다. 이 법칙은 "학자나 어린아이에게 망치를 주면, 그는 망치로 두드릴 것을 찾아낸다"는 뜻이다. 게임 이론은 신뢰를 설명하기 위한 것이었지만, 게임 이론가들이 본격적으로 등장하기 전까지 신뢰가 설명이 필요할 정도로 미스터리한 것은 아니었다. 게임 이론은 끊어진 것처럼 보여도 결코 끊어지지 않는 인간관계를 해석하는 하나의 관점이란 점에서 일종의 좀비 과학이다. 많은 사상가가 게임 이론을 포기하지만, 동시에 새로운 학자들이 그 원대한 꿈을 되살리고 있다. 최근에 게임 이론에 뛰어든 학자가 엄숙히 주장한 바에 따르면, "게임 이론은 모든 생명체에 적용되는 일반 이론이다. 전략적 상호관계는 생명체와 비생명체를 구분하는 기준이며, 삶 자체를 규정하는 것이다."[20]

이제 이런 환상은 일상의 삶에서 우리에게도 중요하다. 게임 이론의 개념이 상아탑을 벗어나, 어느덧 상식적 사고방식의 일부가 되었다. 그러나 그 과정에서 중요한 세부 항목이 적잖게 사라졌다. 예컨대 마음이 약한 사람들이나 협력하고, 순진한 사람만이 신뢰 관계를 믿는다는 믿음이 이제는 팽배하다. 특히 게임 이론은 우리가 상대하는 사람이 이타적이고 신뢰할 수 있으며 협력적이더라도 그런 행동은 비합리적이라는 것을 반박할 수 없는 논리로 증명하기 위한 것으로 여겨졌다. 그러나 이런 생각은 게임 이론을 근본적으로 잘못 이해한 결과이다.

게임 이론가들, 특히 폰 노이만과 내시 및 랜드 연구소 연구원을 비롯한 초기의 이론가들은 사람들이 항상 이기적으로 행동한다고 가정했다. 그러나 게임 이론이 이기심을 정당화하거나 권유하는 상황은 무척 제한적이다. 내시 균형이란 개념에는 모두가 이기적으로 행동하면 당신도 이기적으로 행동해야 한다는 뜻이 함축되어 있다. 그런 상황에서는 이기적 행동이 당신에게 최선의 대응책이기 때문이다. 또 그들에게는 이기적 행동이 당신의 이기적 행동에 대한 최선의 대응책이다. 그 결과 우리는 비협력적 상황에 휘말려 들어간다. 그러나 모두가 이기적으로 행동한다고 가정할 수 없는 상황이 많다. 이런 가정이 없다면, 우리가 비협력적 상황에 휘말려드는 이유에 대한 설명이 사라진다.

달리 말하면 게임 이론은 우리가 결국 내시 균형에 있게 된다고 말하지만, 어느 균형(협력적 균형이나 비협력적인 균형 혹은 그 밖의 균형)인지 구체적으로 말하지 않는다. 모두가 도로에서 동일한 방향으로 달리는 것이 내시 균형이고, 균형에는 두 가지가 있다. 모두가 왼쪽으로 달리거나, 오른쪽을 달리는 경우이다. 게임 이론은 어느 균형이 나타나고, 균형이 국가마다 다른 이유를 설명하지 못한다. 또한 컴퓨터 자판의 쿼티(QWERTY) 배열도 일종의 내시 균형이다. 모두가 쿼티 배열을 사용하고, 거의 모든 자판이 쿼티 배열로 제작된다면 당신은 쿼티 자판을 배워야 할 것이고, 새로운 자판은 쿼티 배열로 제작될 것이다. 따라서 드보락(DVORAK) 자판보다 쿼티 자판으로 타이핑하는 게 훨씬 느리더라도 쿼티 배열로 균형이 유지된다. 요컨대 모든 사용자가 더 힘들더라도 현재의 균형이 지속된다. 그러나 여기에서도 게임 이론은 우리가 이렇게 불편한 균형, 즉 쿼티 배열 자판에서 허우적대는 이유를 설명하지 못한다.

참가자들이 균형 전략을 시행할 때 내시 균형이 유지되는 이유보다, 우리가 그런 균형에 도달할 수 있느냐가 더 중요한 문제이다. 달리 말하면, 게임 이론보다 역사의 문제가 더 중요하다. (쿼티 자판의 경우, 그 복잡한 배열은 기계식 타자기의 시대에 타자수의 속도를 늦추기 위해 고안된 것이었다. 빠른 속도로 움직이면 타자기의 키가 엉키는 경우가 있었기 때문이다.) 게임에 내시 균형이 하나밖에 없더라도 우리가 자동으로 그 균형에 도달하지 못한다는 것이 게임 이론의 가장 큰 골칫거리이다. 게임이 실제로 행해질 때 얻는 결과가 내시 균형이기 때문이다. 요컨대 다른 사람들이 모두 내시 균형 전략을 시행한다면 당신도 내시 균형 전략을 시행하는 것이 게임을 운영하는 가장 좋은 방법이다. 그러나 앞에서 보았듯이, 다른 사람들이 내시 균형 전략을 시행하지 않을 거라고 당신이 생각할 만한 그럴듯한 이유가 있다. 예컨대 그들이 이기적이지 않기 때문이기도 하고, 그들이 게임 이론가처럼 생각하지 않기 때문이기도 하다. 이것이 게임 이론의 근본적인 결함이지만, 어떤 교과서도 이에 대해 언급하지 않는다.

조지 오웰George Orwell, 1903~1950의 소설, 《1984》의 클라이맥스에서 윈스턴과 줄리아는 문자 그대로 죄수의 딜레마에 빠진다. 그들은 따로 떨어진 채 고문당하며 배신을 강요받는다. 그러나 여기에서 게임 이론의 예측은 잘못된다. 윈스턴과 줄리아는 배신하지 않는다. 인간다움에 대한 오웰의 생각에서는 사랑과 우정과 충성심이 가장 중요하기 때문이다. 이 셋은 전통적인 게임 이론에는 없는 개념들이다. 그러나 그 이유가 정확히 무엇일까? 왜 전통적인 게임 이론은 인간다움과 관련된 모든 개념을 아우르지 못하는 것일까?

앞에서 보았듯이, 죄수의 딜레마 상황에 있는 사람들이 게임 이론의 예측대로 행동하지 않을 때, 게임 이론가들은 그들이 실제로는 죄수의 딜레마에 있지 않는 것이라 주장하며 직접적인 답변을 회피한다. 게임의 규칙에 따르면 참가자는 철저히 자기 이익을 챙겨야 하기 때문에 윈스턴과 줄리아 같은 사람은 죄수의 딜레마에 직면한 것이 아니라는 것이다. 따라서 윈스턴과 줄리아의 서로에 대한 염려를 게임의 수학적 표현에 포함할 때, 그들은 서로 배신하지 않을 것이란 조건이 더해진다. 그들의 사랑과 우정과 충성심 때문에 '최선의 전략'을 위한 계산도 협력을 권하는 쪽으로 기울어진다. 일반화해서 말하면, 참가자가 관심을 갖는 것은 무엇이든 게임 이론에 포함될 수 있다는 주장은 각각의 선택에 따른 결과를 나타내는 숫자를 조정할 수 있는 한 유효하다.

하지만 게임 이론은 눈에 잘 띄지 않지만 중요한 제약을 가한다. 요컨대 게임 이론은 다양한 선택의 역사적 맥락에는 관심이 없고 선택의 결과나 성과에만 관심을 둔다.[21] 결과는 본질적으로 미래를 향한 것이지만, 공정함과 책임에 대한 우리의 도덕적 관심은 일반적으로 과거를 되돌아보며 누가 무엇을 어떤 이유에서 했는지에 초점을 맞춘다. 이렇게 결과에만 관심을 두는 까닭에, 게임 이론은 인간다움에 대한 제한적이고 부분적인 이해, 즉 미래가 과거보다 항상 더 중요하다는 주장을 바탕으로 적용될 수밖에 없다. 뒤에는 우리는 유사한 패턴, 말하자면 도덕적 관심을 일반적인 경제 이론에 접목하려는 시도에서 경제 이론을 제약하고 비틀며 뒤집는 양상이 다른 부문에서도 반복되는 걸 확인하게 될 것이다.

생의 마지막 몇 개월 동안 폰 노이만은 자신을 알고 지내던 모두에게 큰 충격을 안겨주었다. 폰 노이만도 인간성에 대한 게임 이론의 제한된 관점 너머를 보기 시작했던 것일까? 아니면 당시 그를 짓누르던 암에 의해 심신이 쇠약해진 탓이었을까? 평생 철저한 불가지론자로 살았던 그가 가톨릭 신자로 세례를 받았다. 병실에 갇혀 지내던 그는 베네딕트회 수사이던 스트리트매터 신부의 정기적인 방문을 받았고, 신부는 폰 노이만의 고해를 들었다. 하지만 그런 방문은 폰 노이만에게 별로 도움이 되지 않은 듯하다. 스트리트매터 신부의 회고에 따르면, 폰 노이만은 마지막 순간까지 죽음을 두려워했다. 처음부터 끝까지 완전히 가톨릭 의식으로 치러진 폰 노이만의 장례식을 끝내고 자동차를 타고 돌아가던 길에 로스앨러모스 연구소 소장은 동료 물리학자에게 "존이 자기가 갈 거라고 생각한 곳에 지금 있다면 이곳에 대한 무척 흥미로운 대화를 끝없이 계속하겠지요"라고 말했다.[22]

CHAPTER
3

욕망이
정의를 이기다

실업을 줄이기 위한 새로운 아이디어가 있다. 고용주에게 뇌물을 주는 것이다. 이 방법이 최대의 효과를 거두려면 뇌물을 우회적이고 은밀하게 건네지 않고, 지원자가 면접을 보는 동안 노골적으로 현찰을 주겠다고 제안해야 한다. 물론 상당히 난해한 대화가 오갈 수 있을 것이다. 다음과 같은 장면을 상상해보자.

> 인사관리부장: (의자에서 일어서며) 그래, 오늘 면접에 응해줘서 고맙습니다. 내일까지는 결과를 알려드릴 수 있을 겁니다.
>
> 론(취업 지원자): 음… 저… 한 가지 말씀드릴 게 있습니다. 이렇게 하면 어떻겠습니까? 저에게 일자리를 주시면 500달러를 받을 수 있습니다.
>
> 인사관리부장: 뭐라고요? 무슨 말씀이신지?
>
> 론: 저를 고용하시면 늘 뭔 사려금이 있습니다, 떡값으로!

인사관리부장: (어색한 웃음을 짓는다.) 아, 알겠습니다. 죄송하지만 우리 회사에서는 그런 게 통하지 않습니다. 당신의 관심에 감사드리지만, 지금 다른 응시자를 면접해야 합니다. 오늘 오후에 만나야 할 사람이 많습니다. (그리고 문 쪽으로 걸어간다.)

론: 제 제안은 공명정대합니다. 정부 계획안에 있습니다.

인사관리부장: (믿기지 않는다는 표정을 지으며) 당신을 고용하는 대가로 저에게 500달러를 주는 특별한 제도가 있다는 뜻입니까?

론: 물론입니다. 기업에 지원하는 돈입니다. 당신 회사가 500달러를 받는 겁니다. 제가 알기로는 그렇습니다. 편지에 그렇게 쓰여 있습니다. (그리고 주머니에서 편지를 꺼낸다.)

인사관리부장: 잠깐 보겠습니다. (그리고 편지를 읽는다.) 이런 편지는 전에 본 적이 없습니다. 흠… 당신이 어떻게 이런 특별한 지위를 얻게 됐는지 물어봐도 괜찮겠습니까? 일자리를 구하는 모든 구직자에게 해당되는 특혜는 아닌 것 같습니다. 전에는 이런 편지를 본 적이 없거든요.

론: 아, 그건 저도 모릅니다. 저는 모든 사람에게 해당되는 거라고 생각했습니다.

인사관리부장: 흠… 구비해야 할 서류가 두 가지가 있습니다. 4개월을 기다려야겠군요. 허락을 얻어야 하니까요. 좀 이상

합니다! 물론 돈이 중요하기는 합니다. 하지만 우리
는 그 조건과 관계없이 유능한 사람을 선발할 겁니다.
여하튼 다른 지원자와 마찬가지이겠지만, 그 때문에
당신이 손해를 보지는 않도록 하겠습니다.

사실 고용주에게 뇌물을 주는 방법은 전혀 새로운 아이디어가 아니다. 1983년 미국의 실업률은 10퍼센트를 넘어섰다. 정부에서는 실업률을 낮추려는 정책들을 필사적으로 짜내려고 애썼다. 그중에서 일리노이주는 기존의 상식을 뛰어넘는 정책을 시도하기로 결정했다. 1년 동안 지속되는 '고용 장려 실험Hiring Incentive Experiment'에 참가할 약 4,000명을 무작위로 선발했다.[1] 이들이 일자리를 잃은 후 11주 내에 새로 직장을 구해 최소 4개월 동안 그곳에서 일을 할 경우, 그들의 새로운 고용주는 주정부에 500달러의 지원금을 요청할 수 있었다. 또 지원자는 일자리를 구하는 과정에서 입사하려는 기업에 500달러를 제안할 수 있었다.

이 실험에 참여할 것을 권유받은 사람 중 3분의 1 이상이 앞의 예에서 론이 받은 불편하고 악의적인 반응을 염려한 때문이었는지 실험에 참여하지 않았다. 실험에 참여한 사람들을 고용한 기업 중에서도 고작 4퍼센트만이 그들을 고용한 대가로 지원금을 받았다. 일부 참여자는 직장을 구하지 못하거나, 일자리를 얻었다고 해도 넉 달이 되기 전에 다시 직장을 잃었다. 또 500달러의 지원금을 신청할 자격을 갖추었지만, 일리노이 당국에게 지원금 청구 서류를 최종적으로 제출하지 않아 지원금을 받지 못한 고용주가 3분의 1이 넘었다.

이 실험을 설계한 경제학자들은 많은 실업자가 실험에 참여하기를 꺼리고, 적잖은 고용주가 공돈이나 다름없는 지원금(1984년의 500달러는 현재 1,200달러에 해당하는 금액이다)을 신청하지 않을 거라는 걸 예상하지 못했다. 게다가 그 경제학자들은 구직자가 장래의 고용주에게 고용의 대가로 뇌물을 주겠다고 제안하는 것이 고용주를 당혹스럽고 불편하게 만들 수 있다는 걸 몰랐던 듯하다. 실험 참가자에게 제공된 정보에는 마치 면접에 필요한 조언인 것처럼 고용주에게 500달러를 제안하는 방법에 대해서 구체적인 설명까지 나와 있었다.

이 실험을 제안한 경제학자들의 이상한 세계관은 '코스 정리Coase Theorem'의 영향을 받은 것이었다. 코스 정리는 영국 경제학자 로널드 코스Ronald Coase, 1910~2013가 제기한 경제 이론의 한 부분이다. 우연이었는지 모르지만 코스는 일리노이에 소재한 시카고 대학의 교수였다. 코스 정리에 따르면, 우리는 삶의 모든 부문에서 언제나 기꺼이 거래하려 한다. 당신은 원하는 것을 얻기 위해 현금을 제공하고, 상대가 원하는 것을 주는 대가로 현금을 받는다. 법과 도덕률, 사회적 관습(예컨대 일자리를 얻기 위해 뇌물을 주면 안 된다는 사회적 관습)은 궁극적으로 양쪽 모두에게 이익이 되는 거래까지 가로막지는 않는다. 이런 이유에서 경제학자들은 코스 정리가 현실에서 적용될 거라고 추정했다.

고용 장려 실험 같은 정책들의 참담한 성적과 고지식한 생각에도 불구하고, 코스 정리에 기반한 세계관은 여러모로 승리를 거두었다. 이 세계관은 법적 사고legal thinking의 진정한 혁명으로 시작되었다. 코스가 1960년에 발표한 논문 〈사회적 비용의 문제점〉은 코스 정리의 모태로서 가장 자주 인용되는 논문이 되었다.[2] 코스의 사상은 법의 궁극적 목적은 모든 시민의 부를 극대화하는 것이란 믿음으로 이어졌다. 이 목적을 성취하기 위해 법체계는 규칙과 권리를 명확히 규정하고, 시장의 힘과 개인 간의 거래를 방해해서는 안 된다. 이런 관점은 처음 제안되었을 때 휴대전화나 텔레비전이 사용할 주파수대를 경매에 붙이고, 기업들이 이산화탄소를 대기에 배출하는 권리를 거래하는 탄소 시장이 처음 언급되었을 때만큼이나 충격적이고 급진적으로 여겨졌지만, 지금은 주류 정책이 되었다. 얼마 전부터 코스 정리는 난민을 의무적으로 받아들여야 하는 할당량의 정부 간 거래, 인구 조절을 위한 출산 허가 시장 등 새롭게 '창조'되는 시장을 제안하는 데도 적용되기 시작했다. 전에는 존재하지 않았던 영역에 시장을 도입하는 것 이외에 아무것도 하지 않겠다는 선언이 바로 코스 정리이다. 정부 역시 어떤 것도 해서는 안 되며, 어떤 간섭도 하지 않아야 한다. 당사자 간의 사적인 거래로 모든 문제가 해결될 수 있기 때문이다.

이 모든 것은 우연에서 시작되었다.

오해가 만들어낸 이론

로널드 코스는 1910년 12월, 런던 북서부 교외의 윌즈던에서 태어났다. 훗날 코스는 "어렸을 때 두 다리에 힘이 없어 보조기구를 착용하고 다녀야 했다"라고 회고했다. 그가 처음 입학한 학교도 "지체 부자유아를 위한 학교"였다.[3] 이 때문에 그는 킬번 중등학교에 11세가 아니라 12세에 입학한 듯하다. 이것이 5년 후에 그가 대학에서 전공을 선택하는 데 영향을 미쳤다. 코스는 원래 역사를 공부하고 싶었지만 역사학과를 선택할 수 없었다. 당시 역사학과는 라틴어를 배운 학생에게만 지원 자격을 주었는데, 코스는 1년 늦게 킬번 중등학교에 입학한 까닭에 라틴어를 배우지 못했다. 두 번째로는 화학을 선택하고 싶었지만, 이학사 학위에 필수적인 수학을 좋아하지 않았다. 그의 표현을 빌리면, 결국 코스는 "킬번 중등학교에서 배웠던 경영학을 전공으로 선택할 수밖에 없었다."[4] 이런 우연의 연속으로 코스는 결국 1929년 런던 경제대학에 입학해 경제학을 공부하게 되었다. 그는 빠른 속도로 배웠다. 3년 후, 21세에 던디에서 진행된 강연에는 그의 첫 학술 논문의 핵심 개념이 완전히 담겨 있었다. 그렇게 탄생한 첫 논문 〈기업의 본질〉은 특별한 업적이었다. 반세기 후 경제학에 기여한 공로로 그에게 노벨 경제학상을 안겨준 두 가지 위대한 업적 중 하나가 바로 이 논문이었다. 간단히 요약하면, 〈기업의 본질〉은 기업이 존재하는 이유를 설명하고, 기업가가 프로젝트별로 새로운 직원을 선발하지 않고 직원들을 지속적으로 고용하는 이유를 설명한 논문이다. 그러나 우리가 관심을 두는 것은 경제학에 기여한 그의 또 다른 논문 〈사회적 비용의 문제점〉이다.

경제학에서 뛰어난 아이디어는 순수한 가설에서 추상적으로 시작된 후에 뒤늦게 현실 세계에 적용된 경우가 많았다. 경제학자로 활동한 오랜 기간 동안(그는 마지막 저서인 《어떻게 중국은 자본주의자가 되었나》를 101

세에 출간했다), 코스는 추상적인 이론을 "칠판 경제학"이라며 비판하고 무시했다. 코스가 특별히 관심을 둔 분야 중 하나는 공공부문의 독점, 특히 BBC처럼 방송 분야와 관련된 독점이었다. 1951년 미국으로 이주한 뒤에 그는 공익에 가장 부합하는 분야라고 스스로 판단하여 라디오 방송국과 텔레비전 방송국에 방송 허가권을 할당하는 연방통신위원회FCC, Federal Communications Commission를 집중적으로 연구했다. 코스는 이처럼 국가가 지배하는 방식에 대한 경멸을 감추지 않았고, 그런 방식은 "연방정부가 지명한 위원회가 크고 작은 각각의 도시와 마을에서 신문과 정기간행물을 발행하려는 사람을 선발하는 것"과 다를 바 없다고 지적했다.[5] 코스는 방송 주파수대를 경매에 붙여 가장 높은 값을 써낸 방송국에 팔 것을 제안했다. 이 제안은 당시 방송업에 종사하던 사람들에게는 상상도 할 수 없는 것이었지만, 이제는 많은 국가에서 일반적으로 시행하는 관례가 되었다.

코스의 주장을 요약하면, 연방통신위원회는 방송 주파수대 사용권의 할당을 두고 고심할 필요가 없었다. 사용권이 법으로 명확히 규정되어 있고 양도 가능하다면, 사용권을 가장 높게 평가하는 사업자의 손에 결국 들어가기 마련이었다. 사용권을 먼저 확보한 사람은 자신보다 그 권리를 더 높이 평가하는 사람이 나타나면, 그 권리를 고집하지 않고 매각함으로써 차액을 벌 수 있을 것이다. 또 방송권을 가장 높게 평가하는 사람이 방송권을 가장 유용하게 사용할 가능성이 크기 때문에 사회 전체에도 최선의 결과가 된다. 코스의 이런 주장에 방송국 종사자만이 아니라 연방통신위원회도 휘둥그레 놀랐지만, 요즘의 기준에서는 사유시장경제의 수호자들까지 놀라며 이를 강력히 반대한다.

코스는 이렇게 연방통신위원회를 비판한 논문을 시카고 대학에 기반을 두고 새로 창간된 학술지《법률 및 경제 저널》에 보냈다. 당시 시카고 대학은 자유시장경제를 학문적으로 주장하는 특공대들의 본부였다. 그들은 무엇인가에 대한 법적 권리를 얻은 사람은 누가 최종적으로 그 권리를 갖느냐에 어떤 영향도 미치지 못한다는 코스의 근본적인 주장에 명백한 오류가 있다고 생각했다.

코스의 주장과 달리, 기업이 어떤 행위에 대해 법적 권리를 갖고 있지 않으면 위법 행위에 따른 비용 때문에 그 행위를 할 가능성이 낮다는 게 그들의 직관적 판단이었다. 예컨대 기업이 특허를 갖고 있지 않은 상품을 생산할 가능성은 거의 없고, 생산 과정에서 물이나 공기를 오염시켜 소송을 당할 염려가 있는 상품을 생산할 기업도 거의 없으리라는 것이 일반적인 견해였다. 따라서 그 학술지의 편집자이던 에런 디렉터는 코스에게 논문에서 "법적 지위는 무엇을 생산할지를 결정하는 데 궁극적으로 거의 영향을 미치지 못한다"라는 핵심 결론을 수정해달라고 요구했다. 코스가 이를 거부하자, 디렉터는 코스를 자신의 집에 초대해 저녁 식사를 함께하며 시카고학파 경제학자들에게 그의 주장을 설명할 시간을 주었다. 저녁 식사는 겉보기에 화기애애했지만, 실제로는 시련 재판(중세 유럽에서 피고인에게 신체적 고통이나 시련을 가하여, 그 결과에 따라 죄의 유무를 판단하는 재판 방식-옮긴이)보다 힘든 시간이었다.

1960년대 초, 시카고학파 경제학자들은 멀리 떨어진 워싱턴의 정계와 매사추세츠 케임브리지의 학계에 맞서 치열하게 싸우는 아웃사이더를 자처했다. 훗날 노벨 경제학상을 수상한 젊은 시카고학파의 경제학자 게리 베커Gary Becker, 1930~2014도 "우리는 사소한 것에도 예민한 반응을 보였다"라고 인정했다. 이런 불안감 때문에 객원 연구원들은 자신의 이론을 발표하는 자리에서 공격적인 모습을 보이기 일쑤였다. 일례로 한 초빙 발표자가 연수회를 주최한 조지 스티글러에게 어디에 앉아야 하느냐고 물었을 때 스티글러는 "당신은 저 책상 밑에 앉으면 돼요!"라고 대답했을 정도였다.

1960년 초 어느 날 저녁, 코스가 디렉터의 집에 갔을 때도 이런 분위기였다. 그날 저녁은 투표로 시작되었다. 20명의 시카고학파 경제학자들이 코스의 주장에 동의하지 않는다고 투표했고, 단 한 명만이 코스의 주장에 동의한다고 투표했다. 그 한 사람은 바로 코스 자신이었다. 투표가 끝나자, 시카고학파를 이끌던 밀턴 프리드먼이 코스의 주장을 논박하기 시작했다. 훗날 스티글러는 당시를 "내 삶에서 가장 흥분된 지적인 사건 중 하나"였다고 회상하며 덧붙여 말했다. "… 밀턴은 그를 이쪽에서, 또 저쪽에서, 또 다른 쪽에서 공격했다. 나중에는 놀랍게도 그를 놓아두고 우리에게 공격을 가했다. 그날 저녁이 끝날 때 즈음, 우리는 다시 투표했고 결과가 바뀌었다. 21명이 로널드 코스의 주장에 동의한다고 투표했다."[6]

그날 디렉터의 집에서 보낸 저녁 시간은 코스에게 대단히 힘든 경험이었지만, 그날 이후로 시카고학파 경제학자들은 코스의 이론을 적극적으로 받아들였다. 논란의 여지가 있지만, '민영화'라는 현대적 개념이 탄생한 순간이기도 했다. 시카고학파 경제학자들은 방송권에 대한 코스의 주장을 지체 없이 공공 자산으로 폭넓게 확대했다. 공공 자산이 경매에 붙여져 가장 높은 가격을 제시한 응찰자에게 팔리면 사회 전반의 형편이 나아진다는 게 그들의 결론이었다. 경매가 불가능하거나 정치적으로 용납되지 않으면, 공공 자산에 대한 권리만이라도 누군가에 불하되어야 했다. 그가 누구인가는 중요하지 않았다. 코스의 주장이 맞다면, 자유시장에서 그 권리를 가장 높게 평가하는 사람의 손에 결국 들어가게 될 것이기 때문이었다.

디렉터는 코스에게 그 주장을 세밀하게 다듬어 완성하라고 독려했고, 그렇게 탄생한 논문이 〈사회적 비용의 문제점〉이었다. 코스는 두 농부에 대한 이야기로 자신의 주장을 전개했다. 예컨대 한 농부의 젖소들이 이웃 농부의 밭에 들어가 농작물에 피해를 주었다고 해보자. 두 농부가 그 문제를 해결하기 위해 자유롭게 협상하면, 두 가지 결과를 예상할 수 있다. 젖소의 이동을 제약하는 비용, 예컨대 울타리를 세우는 비용이 농작물의 피해액보다 적다면, 울타리를 세울 것이다. 반대로 젖소의 이동을 제약하는 비용이 농작물의 피해액보다 크다면 농작물은 계속 피해를 입게 될 것이다. 따라서 법이 젖소를 키우는 농부와 농작물을 경작하는 농부 중 누구에게 권리를 주느냐에 상관없이, 상대적 비용이 협상의 결과를 결정한다. 여기서 법적 권리는 문제를 해결하는 비용을 부담할 사람을 결정한다. 예컨대 울타리를 세우는 비용이 농작물 피해액보다 적지만 젖소에게 주변을 돌아다닐 법적 권리가 있다면, 농작물을 경작하는 농부가 울타리를 세우는 비용을 부담해야 한다. 코스의 이야기에 담긴 메시지는 이렇게 요약할 수 있다. "농부들의 거래를 방해하는 비용이나 다른 장애가 없으면, 그들의 협상 결과는 법적 상황에 상관없이 똑같다."

하지만 코스가 디렉터의 집에서 승리한 직후부터 코스의 의견과 시카고학파의 의견 사이에는 중대한 차이가 드러나기 시작했다. 코스의 이야기가 현실적이라고 판단한 시카고학파 경제학자들은 생활 속에서 일어나는 많은 분쟁에 법원이 개입하는 것 역시 많은 비용이 요구되는 시간 낭비라고 결론지었다. 더 일반적으로 말하면 법적 시스템의 역할과 목적이 완전히 재고되어야 하고, 법적 시스템을 통한 정부 간섭의 필요성도 크게 축소되어야 한다는 게 그들의 주장이었다. 이런 결론은 21세기에도 여전히 큰 영향을 미치고 있지만, 이는 오해에서 비롯된 결론이다.

코스는 자신의 이야기를 순전히 허구라고 생각했다. 다시 말하면, 이 이야기는 사적인 거래를 방해하는 비용이나 다른 장애가 없는 상황, 다시 말해 코스의 표현을 빌리면 '거래비용이 0'이라는 '허구적' 상황을 가정하고, 거기서 유도되는 그럴듯한 결론을 보여주기 위한 일종의 사고 실험이라는 것이다. 이런 추론은 철학자들에게 '불합리로의 회귀reductio ad absurdum'(혹은 배리법背理法)라는 간접 증명법으로 익숙하지만, 시카고학파 경제학자들은 그 실험의 의도를 잘못 이해했다. 그들은 거래비용이 0이라는 가정을 현실적인 것으로 받아들였고, 그 결과 불합리한 결론에 도달할 수밖에 없었다.

코스의 주장이 '정리theorem'의 위치까지 올라가면서 경제학자들의 잘못된 이해를 바로잡는 것은 한층 어려워졌다. 1966년 스티글러가 인쇄 문에서 '코스 정리'를 처음으로 언급하며, 그의 경제학 교과서 제3판에 소개했다. 곧이어 그 정리는 "관련된 당사자 간의 거래는 결국 똑같은 결과에 이르기 때문에 법이 권리를 어떻게 분배하느냐는 중요하지 않다"라는 설명과 더불어 대부분의 경제학 교과서에 실렸다. 거래비용이 0이라는 무척 비현실적인 가정에 근거한다는 사실은 간혹 언급되기는 했지만, 중요하게 다루어지지 않았다.

코스 정리는 겉보기와 다르다는 사실이 강조되어야 마땅하다. 첫째, 코스 정리는 코스가 언급하거나 제시한 것이 아니다. 둘째, 코스 정리는 정리가 아니다! 다시 말하면, 일련의 가정이 제시된 후에 논리적인 추론을 통해 결론에 도달하는 형태를 띠고 있지 않다. (그러나 우리는 꼼짝없이 그 명칭의 포로가 된 듯하기 때문에 나는 여기에서 그 명칭을 계속 사용할 것이다.) 엄격히 말하면, 코스 정리는 내용면에서 코스의 주장과 '정반대'이다. 또 코스 정리가 엄청난 영향력을 발휘하고 있지만, 정작 로널드 코스 자신으로부터 꾸준히 강력한 비판을 받아왔다. 그 획기적인 논문을 발표하고 30년 가까이 지난 후, 코스는 "내 관점은 전반적인 동의를 얻지 못했고, 내 주장도 대체로 정확하게 이해되지 못했다"라고 아쉬워했다.[7] 하지만 그의 항의는 무시되었다. 코스는 1991년 노벨 경제학상을 수상했다. 아이러니하게도 그의 논문이 근본적으로 잘못 이해된 상태로 폭넓게 확산된 공로를 인정받은 덕분이었다. 코스가 진짜로 말하고 싶었던 것이 무엇인지 이제부터 살펴보자.

경제학,
법 위에 서다

코스는 두 농부의 이야기에서 법은 무관하다고 주장하려던 것이 아니었다. 문자 그대로 거래 과정에 어떤 비용도 발생하지 않고 거래를 방해하는 장애물도 없다면, 무엇인가에 대해 누가 법적 권리를 갖고 있느냐가 그 사건의 사적 거래에 영향을 미치기 때문에 오히려 법이 중요하다고 정반대의 주장을 하려던 것이었다. 게다가 코스는 현실 세계에는 '항상' 어떤 형태로든 장애가 있고, 그 장애가 이른바 거래비용으로 이어진다는 사실을 당연히 강조하기도 했다. 그 비용은 다양한 형태를 띠며 어디에나 존재하고 반드시 금전적 문제로 이어지는 것도 아니다. 물론 당사자들이 분쟁을 해결하기 위한 사적 거래를 단념할 정도로 큰 장애가 발생한다면, 그 역시 비용에 속한다. 타협을 시작하기 전에도 협상할 상대를 찾아내는 비용과, 그 사람과 대화하는 비용이 들기 마련이다.

예컨대 당신은 밤늦게까지 음악을 크게 틀고 파티를 열기 위해 이웃(들)에게 허락을 받으려고 기꺼이 비용을 지불할 수 있지만, 우선 어떤 이웃이 소음을 싫어하는지 먼저 알아내야 한다. 또 세탁업자가 기꺼이 추가 비용을 부담해서 현재의 규정에 맞추어 최소한의 법적 기준보다 더 깨끗한 물을 강에서 끌어오려고 해도 상류에 있는 어떤 공장이 수질을 오염시키는지 알아내는 것도 쉽지 않다. 그 후에는 협상과 직접적으로 관련된 비용이 뒤따른다. 관련된 정보를 수집하는 비용도 있지만, 협상에 투자되는 시간과 노력도 비용에 속한다. 예컨대 세탁업자는 상류의 공장에게 지불해야 할 수질 관리 비용이 얼마인지 계산해야 한다. 물론 직접 물을 더 깨끗하게 처리하거나, 다른 곳에서 물을 공급받는 방법 등 대안적 해결책들의 비용도 추산해봐야 한다. 마침내 타협이 이루어진 후에도 상대가 약속을 제대로 지키는지 감시하는 비용이 필요하다. 상대가 약속을 지키지 않으면 약속을 지키라고 압력을 가하기 위해서도 추가 비용이 소요된다. 법정 소송이 대표적인 예이다.

거래비용이란 표현에는 논의되는 사안을 무엇보다 중요하게 생각하는 개인이나 기업 혹은 조직은 거래비용에 연연하지 않는다는 뜻이 함축되어 있다. 당사자 모두에게 이익인 경우에도 거래비용 때문에 거래가 성사되지 않는 경우가 많기 때문이다. 관련된 당사자 중 누구라도 거래를 관리하고 집행하는 데 필요한 전체적인 거래비용이 거래에서 얻는 이익보다 많을 경우 그 거래는 성사되지 않을 것이다. 그러나 모든 관계자에게 이익이 되는 거래가 성사되지 않으면, 어떤 의미에서 그 결과는 비경제적이다. 모든 관계자에게 더 이익이 되는 기회를 헛되이 날려버린 것이기 때문이다. 경제학자들은 이런 유형의 결과를 '비효율적'이라고 말한다. 기대되는 이익을 허비한 짓이기 때문이다. 이때 정부는 전체적인 이익을 늘리기 위해 개입함으로써 확실한 역할을 할 수 있다. 예컨대 정부는 세탁업자와 공장이 사적으로 타협할 것이라 추정하지 않고, 납부 세액은 (세탁업자가 부담해야 하는 추가 비용 등) 오염 비용을 반영해야 한다는 기본적인 개념을 근거로 공장에 수질 오염세를 부과할 수 있다. 코스의 일반적인 결론에 따르면, 사적으로만 거래하면 비효율적인 결과로 이어지고, 거래비용을 피할 수 없기 때문에 정부의 간섭이 정당화될 수 있다는 것이다.

이쯤에서 '코스 대 시카고학파'의 대립이 어떻게 전개되었을지 추측해보자. 시카고학파 경제학자들은 코스 정리를 들먹이며 민영화와 공공 자산의 경매, 탄소 시장 등 시장에 기반한 정책들을 정당화했을까? 또 코스는 시카고학파와 대립하며 정부의 간섭을 옹호하고 나섰을까?

이런 추측은 잘못된 것이다. 코스는 '칠판 경제학'의 포괄적인 일반화를 일관되게 비판하며, 자유시장과 정부의 간섭 중 어느 하나가 항상 우월한 것은 아니고, 상황에 따라 다르다고 주장했다. 최선의 정책을 결정할 때 사안별로 신중하게 분석하는 것보다 좋은 대안은 없다. 따라서 코스는 정부의 간섭을 무작정 옹호하는 지지자가 아니라 합리적인 분별력을 지닌 실용주의자였다. 게다가 코스에게는 시카고학파 경제학자들과 화합하는 데 그치지 않고, 그들의 지적인 지도자가 될 만한 통찰력이 있었다. 그 통찰력은 도덕성과 공정성에 대한 많은 의견, 특히 자유시장에 대한 제약을 정당화하는 데 인용되던 의견들을 말살하는 데 사용되기도 했다.

〈사회적 비용의 문제점〉이 발표되기 전까지, 경제학은 한쪽이 다른 쪽에게 손해를 입히는 상황을 분석할 때 상식을 따랐다. 예컨대 어떤 공장에서 세탁업자가 하류에서 사용할 강물을 오염시키면, 공장이 강물을 오염시키지 못하게 하거나 세탁업자에게 보상해야 이 문제를 해결할 수 있다. 또 자동차 설계에 결함이 있어 어떤 상황에서 운전하는 게 위험하다면, 자동차의 리콜을 요구하거나 이미 손해를 입은 운전자에게 보상하는 것이 해결책이 된다. 코스는 이런 일반적인 관점에서 볼 때 "A가

B에게 손해를 끼친 상황에서 결정해야 하는 것은 'A를 어떻게 규제해야 하는가?'이다"라고 요약하며, 이런 사고방식을 단숨에 허물어뜨렸다. "결정해야 할 진정한 문제는 'A가 B에게 손해를 끼치는 걸 허용해야 하는가 혹은 B가 A에게 손해를 끼치는 걸 허용해야 하는가?'이다. 중요한 것은 더 심각한 손해를 방지하는 것이다."[8] 이런 의문은 분명 중대한 문제이다. 그러나 코스 이전에는 어떤 경제학자도 이런 의문을 제기하지 않았다. 훗날 미국 연방법원 판사가 된 리처드 포스너[Richard Posner, 1939~]는 "코스는 … 명백한 것을 분석하려면 무척 특이한 사고방식이 필요하다는 걸 가르쳐준 살아 있는 증거이다"라고 말했다.[9]

코스의 통찰력을 간단히 정리하면, 두 당사자가 갈등을 벌일 때 양쪽 모두가 상대의 존재 때문에 손해를 입는다는 것이다. 젖소가 경작지를 계속 들락거리며 농작물에 피해를 준다면 어느 농부에게 책임이 있을까? 두 농부가 인접해 존재하지 않는다면 아무런 문제도 없을 것이고, 농작물이 피해를 입지도 않았을 것이다. 결국 농작물 피해의 '원인'은 두 농가의 인접성에 있는 것이지, 한 농부에게만 있는 것이 아니다. 세탁업자가 사용하는 물을 공장이 오염시키면, 그 결과는 세탁업자에게 부담을 준다. 그러나 오염을 방지하려면 공장이 비용을 부담해야 한다. 이런 해석에는 책임 소재에 대한 상식적 접근은 무의미하다는 뜻이 담겨 있다. 따라서 누가 누구에게 비용 부담을 주는가를 조사하는 것으로 피해자와 가해자를 결정할 수 없다. 비용은 항상 쌍방향으로 해석되기 때문이다. 코스의 결론에 따르면, 공장에게 오염물질의 배출을 허락하느냐 허락하지 않느냐는 결정은 "밭에 밀을 심느냐 보리를 심느냐를 결정하는 것과 다를 바가 없다"[10] 달리 말하면, 중요한 것은 총생산량이나 총산출량 혹은 총가치를 극대화하는 것이다.

코스의 분석은 여기에서 멈추었다. 하지만 1970년대 초, 그의 주장을 이어받은 시카고학파는 경제학부만이 아니라 법학 대학원에도 많았고, 그들은 분석의 범위를 경제학을 넘어 법과 도덕의 세계까지 확대했다. 예컨대 자동차 사고에 코스의 이론을 적용하며, 그들은 가해자와 피해자 모두 사고가 일어난 현장에 있었기 때문에 양쪽 모두 사고의 원인 제공자라 말할 수 있다고 주장했다. 이런 관점에서 두 당사자에게 똑같이 사고의 책임 있다고 성급히 결론내렸다. 이 새로운 접근법에서는 동기부여와 책임과 권리에 대한 윤리적이고 법적인 전통적 개념이 완전히 배제되었다. 법적 사고에서 이 새로운 접근법은 곧이어 '법경제학파^{law} and economics school'로 알려졌다.

법경제학파가 학계와 법조계에서 강력한 네트워크를 형성하며 성장한 사례는 기발한 아이디어가 의도하지 않은 결과를 낳은 좋은 예이다. 코스는 사고는 우연한 것이라는 수세기 동안의 법적 판단을 뒤집어놓았다. 코스에게는 법 해석에 혁명적 변화를 일으킬 의도가 전혀 없었다. 그의 표현을 빌리면 코스는 "법률가나 법학 교육에 아무런 관심이 없었다."[11] 하지만 그는 자신의 이론이 시장을 비롯한 여러 경제 현상이 넓은 의미에서 법체계의 영향을 받고 있음을 입증했다는 걸 알고 있었다. 그러나 그의 이론을 이어받은 시카고학파는 그 관계를 뒤집으며, 법적 권리는 경제학에 의해 결정되는 것이지 정의와 공정, 책임과 동기부여 등에 대한 견해에 의해 결정되는 게 아니라고 주장했다. 결국 법경제학파는 경제학을 이용해 법을 설명하고 재해석하려고 했다. 그들에게 그런 영감을 준 학자가 바로 로널드 코스였고, 그들의 영향은 상당히 중대한 결과를 남겼다.

부의 극대화와
깡패 기업

역사학자에게 1968년은 파리의 대학생 시위를 필두로 혁명적 대변동이 있었던 중대한 해이다. 그러나 이런 진단은 절반만 맞을 뿐이다. 1968년에는 파리만이 아니라 시카고에서도 혁명이 시작되었다.

오랫동안 법조계는 법경제학파를 무시했다. 법경제학파는 비정상적인 생각에 사로잡힌 별난 자유의지론자들로 여겨졌다. 따라서 기득권층의 토론은 그들의 주장이 옳은지 그른지가 아니라, 그들의 주장이 진지하게 받아들일 만한 가치가 있는지에 초점이 맞추어졌다. 법경제학파에 대한 이런 경멸적 분위기는 리처드 포스너라는 한 사람에 의해 뒤집어졌다. 그는 거의 혼자 힘으로 법경제학을 논란의 여지가 있지만 존중할 만한 학설로 바꿔놓았고, 그 과정에서 20세기에 가장 자주 인용되는 법학자가 되었다.

리처드 포스너는 하버드 법과대학원을 수석으로 졸업하고, 1962~63년에는 윌리엄 브레넌William Brennan, 1906~1997 연방대법원 판사를 보좌했다. 그 후에는 법과 관련된 중요한 직책을 연이어 맡은 끝에 법무차관이 되어 독점을 비롯하여 기업의 반경쟁적 관행을 규제하는 독점 금지와 관련된 업무를 총괄했다. 이렇게 주류에서 흠잡을 데 없는 경력을 쌓은 포스너가 하루아침에 돌변해 정반대되는 지적 세계에 들어가기는 쉽지 않았다. 노선의 변경에는 무엇보다 대의명분이 필요했다. 오랜 시간이 걸리지는 않았다. 1968년 가을 리처드 닉슨Richard Nixon, 1913~1994이 대통령에 당선되자, 새로운 행정부는 시카고학파 경제학자인 조지 스티글러에게 독점 금지를 위한 태스크포스 팀을 꾸려달라고 요청했다. 스티글러는 포스너에게 태스크포스 팀에 합류해달라고 부탁했다. 포스너는 자유주의자를 자처하며 닉슨을 지지하고 않고 민주당 후보에 투표했지만, 베트남 전쟁을 반대하는 시위와 학생 소요가 지루하게 반복되자 진보적 사고에 대한 흥미를 잃어가던 터였다. 1969년 시카고 대학의 법과대학원으로 자리를 옮긴 뒤 밀턴 프리드먼과 조지 스티글러, 게리 베커 등 시카고학파 경제학자들과 교류하는 시간이 많아지며, 포스너는 자유주의자에서 니체를 읽는 자유의지론자로 빠르게 변화했다.

법적인 관점에서 보면, 독점 금지에 대한 시카고학파의 이론은 거의 혁명적이었고, 법조계의 전통적 관행에도 까다롭기 그지없는 과제를 제시했다. 그러나 시카고학파의 관점에서 보면, 그들의 이론은 코스 정리를 독점 금지를 해석하는 데 적용한 것에 불과했다. 코스의 주장에 따르면, A가 B에게 손해를 입히는 걸 간섭하기 전에 정부는 B의 비용을 고려해야 한다. 포스너는 이런 주장을 독점을 규제하는 데 적용했다. 약탈적 가격 결정을 예로 들어보자. 이것은 어떤 분야에서 시장을 지배하는 기업이 단기적으로 손해를 보더라도 공격적으로 가격을 낮인함으로써 성쟁 기업이 소비자의 외면을 받아 시장을 떠나게 만드는 방법이다. 이렇게 상대를 괴롭혀서 포기하게 만드는 위협 행위는 대형 소매점이 작은 도시에 처음 진출할 때 흔히 사용하는 수법이다. 소규모 상점들이 문을 닫은 후, 시장을 독점한 대형 소매점은 가격을 인상한다. 법률가와 자유시장 경제학자의 일반적인 통념에 따르면, 소기업을 보호하고 경쟁을 유지하기 위해 시장지배적인 기업의 위협적인 행동에 대한 규제와 그와 유사한 조치가 필요하고, 이것이 소비자와 사회 전반에 이익이 된다. 포스너와 시카고학파 경제학자들은 이런 추론은 지배 기업의 이익을 고려하지 않은 것이라 지적했다. 사회 전체의 이익을 객관적으로 평가하려면 지배 기업의 이익도 당연히 포함되어야 한다는 것이 그들의 논리였다.

포스너는 그 객관적 평가를 위해 특별한 접근법을 제안하며, 그 방법을 '부의 극대화'라 칭했다. 독점 규제의 도입으로 지배 기업이 받는 금전적 손실이 소기업 전체의 금전적 이익보다 크면, 독점을 규제하는 것은 나쁜 제도라는 게 포스너의 주장이었다. 일반화해서 말하면, 시카고 대학의 법경제학파는 지배 기업(그들을 비판한 학자들의 표현을 빌리면 '깡패 기업corporate bully')을 보호하는 데 유리한 주장을 펼쳤다. 예를 들어 설명해보자. 포스너와 그의 추종자들은 포괄적인 법적 간섭을 통해 특허와 저작권을 보유한 사람에게 해당 제품에 대한 강력한 독점권을 부여할 때 자유시장의 미덕이 최적으로 완성된다는 모순된 주장을 내세우며, 지적 재산권법에 중대한 영향을 미쳤다. 이런 법적 지원으로 가장 큰 혜택을 누린 쪽은 제품에 대한 독점권을 보유한 기업, 예컨대 애플과 마이크로소프트, 파이저(미국의 제약회사-옮긴이)와 글락소(다국적 제약회사-

옮긴이) 등이다. 부의 극대화가 공정한 기업 행위보다 낫다는 포스너의 믿음은 2007년에 시작된 세계적인 금융 위기를 초래한 대가로 금융 기관을 응징해야 한다는 주장에 반대하는 목소리와도 일맥상통한다. 금융 기관을 응징하는 것이 "영혼을 만족시킬 수 있겠지만, 경제적으로는 그다지 생산적이지 않다"라는 전 미국 연방준비제도 이사회 의장 앨런 그린스펀Alan Greenspan의 반대에서도 포스너의 목소리가 들리는 듯하다.[12]

포스너는 학문적으로만 대기업 지원을 지원하지 않았다. 1977년 그는 렉세콘Lexecon이란 컨설팅 회사를 공동으로 설립했다. 이 회사는 크게 성장했고(현재는 합병을 통해 컴퍼스 렉세콘이 되었다), 많은 대기업에 그들의 이익 보호를 위한 법경제학적 정보를 제공해왔다. 또한 법경제학을 공부한 학생들에게 높은 연봉의 일자리도 제공하고 있다.

포스너의 '부의 극대화' 원칙은 기업에만 적용되지 않았다. 그 원칙은 핵심까지 파고들었다. 그 원칙이 법 해석에 미친 영향을 평가하기 위해서는 먼저 명확하게 해둘 것이 있다. 포스너에게 '부의 극대화' 원칙은 "부의 극대화가 공정한 행위보다 낫다"에서 그치지 않고, 한층 더 야심찬 것, 즉 "부의 극대화가 곧 정의"라는 주장으로 한 걸음 더 나아갔다.

'정의'란 '부의 극대화'의 동의어에 불과하며 다른 의미를 갖지 않는다고 주장하며, 포스너는 진보적 법조계와 정면으로 충돌했다. 그의 찬란한 이력 때문에도 포스너의 견해는 진보적 법조계에 무시당하기 일쑤였지만, 포스너는 고자세로 그들을 자극함으로써 그들이 대응할 수밖에 없게 만들었다. 포스너는 보수적 성향의 시카고학파 경제학을 좋아했지만, 무엇보다 그 방법론을 좋아했다. 따라서 포스너는 시카고학파의 방법론을 모방하며, '부의 극대화'가 전통적인 법 분석보다 훨씬 더 객관적이고 과학적이라고 주장했다. 포스너의 표현을 빌리면, 전통적인 법해석 원리는 '그냥 헛소리'였다.

진보적 법조계는 포스너의 도발에 분노하며 대응에 나섰다. 그 덕분에 법경제학은 장막 뒤에서 나와 무대 위로 올라서게 되었다. 토론의 축은 포스너의 주장이 경제학적으로 진지하게 받아들여질 만한 가치가 있느냐 없느냐로 옮겨졌다. 경제적 문제로 토론의 축이 옮겨짐에 따라, 법적 해석의 타당성 문제는 옆으로 밀려났다. 법률가들은 경제학으로 재무장하기 시작했다. 결국 포스너의 선제 공격으로 토론의 방향이 바뀜에 따라, 학계의 많은 법학자가 법의 전 분야를 다시 쓰며 돈벌이가 되는 이력을 쌓을 기회를 얻었고, 그 결과로 1968년의 혁명은 계속 이어졌다. 훗날 시카고 대학의 법과대학원 학장에 오른 더글러스 베어드^{Douglas Baird,} ^{1953~}는 당시를 이렇게 회상했다.

> 1970년대 초, 포스너 같은 학자들이 찾아와 가족법을 연구하며 6주를 보냈다. 그들은 가족법에서 이구동성으로 말하는 모든 것이 100퍼센트 틀린 이유를 설명하는 두 편의 논문을 쓸 예정이었다. 그런데 그들의 결론은 "아니다, 80퍼센트만 틀렸다"였다. … 그럴듯한 작업을 하기가 무척 쉬웠다. … 나는 그런 작업이 야구 방망이로 코카콜라 병을 맞추는 것과 비슷하다고 말하곤 했다. … 나는 지적인 난쟁이들이 득실거리는 파산법에 관심이 많았다. … 파산법은 지적으로 완전히 황무지였다. 나는 "그래, 오늘의 1달러가 내일의 1달러보다 가치가 크

다"라고 말해서 종신 교수직을 얻었다.[13]

  새로운 법경제학의 위세는 무자비했다. 포스너도 자신의 신랄한 접근법을 '산욕[acid bath]'(원료를 산성 액체 속에 담가 처리하는 방법-옮긴이)이라 칭했을 정도였다. 포스너의 몇몇 동료가 '깡패'처럼 굴었던 것은 사실이지만, 그 때문에 포스너의 주장이 틀렸다고 말할 수는 없다.[14] 하지만 부의 극대화가 곧 정의라는 주장은 얼마나 정확한 것일까?

완벽한 거래의
조건

  "내가 어떤 단어를 쓰면 그 단어는 내가 선택한 의미만 띠게 되는 거야. 더도 말고 덜도 말고." 험프티 덤프티가 매우 경멸하는 투로 말했다.
  "문제는 당신이 단어들을 너무 다양한 의미로 사용하고 있다는 데 있어요." 앨리스가 말했다.

《이상한 나라의 앨리스》

  언뜻 보기에, 정의를 '부의 극대화'로 재정의하며 포스너는 험프티 덤프티와 똑같은 짓을 한 듯하다. 그러나 포스너의 주장에는 두 가지 의도가 있었다.

코스는 〈사회적 비용의 문제점〉에서, 판사들은 '정의'를 말하며 정교하게 다듬어진 법적 원칙을 들먹이지만, 대부분의 경우에 그들의 결정은 '사회적 총생산'의 극대화를 뒷받침한다는 개인적인 생각을 넌지시 드러냈다. 포스너는 코스의 '사회적 총생산'을 부로 해석하며, 코스의 해석에 근거해 판결을 포괄적으로 분석한 끝에 '관습법의 논리는 경제적 논리'라는 결론을 끌어냈다.[15] 요컨대 의식적이든 그렇지 않든 간에 판사들은 판결을 통해 부의 극대화에 일조한다는 것이다. 포스너의 결론은 오늘날까지도 논란이 많지만, 이해득실의 균형을 완전히 무시한 판결은 항소 법원에서 뒤집어지는 경우가 많기 때문에 적어도 포스너의 결론에는 부인할 수 없는 진실이 담겨 있다는 보편적인 합의가 있다. 법원의 결정이 한쪽에 큰 손실을 지운다면, 그는 항소할 가능성이 크다. 또 법원의 판결로 얻는 이익이 거의 없는 쪽은 자신의 입장을 변호하겠다고 시간과 돈을 쏟을 가능성이 낮다. 반대로 손실보다 이익을 보장해주는 결정에는 항소할 가능성이 상대적으로 낮다. 이런 논증은 어느 정도까지는 맞지만 완벽하게 맞아떨어지지는 않는다. 법원의 판결이 평균적으로 손실보다 이익을 보장하더라도 정의正義를 어떻게 정의定義하느냐에 상관없이, 법원의 판결로 부가 극대화되는 것은 아니다. 부의 극대화가 법원 판결의 (무의식적인) 결과로 판명나더라도 부의 극대화가 윤리적 관점에 바람직한 목표가 되는 것은 아니다. 부의 극대화는 오히려 정의의 요구와 충돌할 수 있다.

이번에는 포스너의 주장에 담긴 두 번째 의도를 살펴보자. 부의 극대화가 곧 정의라 주장하며, 포스너는 부의 극대화가 옳다는 것을 명쾌하게 입증하려 했다. 하지만 포스너에게 그런 영감을 준 것은 윤리학이 아니라 경제학이었다. 특히 공정과 정의에 대한 판단은 느낌을 표현한 것에 지나지 않는다고 생각하는 경제학파에게 영감을 받았다. 포스너의 동료이던 밀턴 프리드먼의 표현을 빌리면, "결국 사람들은 이 둘에 대한 의견의 차이를 두고 싸울 뿐이다."[16] 부를 극대화하기 위해 공정과 정의에 대한 윤리적 판단을 피한다는 이유에서, 포스너는 부의 극대화를 '과학적'이라고 판단했다. 부가 극대화되면 파이의 크기가 전체적으로 커지므로, 파이를 어떻게 나눠야 한다고 싸울 필요도 없어진다고 생각했다.

그러나 이런 관점은 그 자체로도 잘못된 것이다. 부의 극대화는 오히려 윤리적 판단을 피한다는 이유에서 과학적이지 않다. 부를 극대화하겠다는 결정 자체가 윤리적 판단이기 때문이다. 요컨대 파이의 분배부터 사고의 책임까지 다른 모든 도덕적 고려보다 부를 우선시하겠다는 결정이기 때문이다. 앞에서 보았듯이, 시카고학파는 손해에 대한 코스의 이론을 사고에 적용하며, 사고로 부상을 입은 사람도 자신의 부상에 대해 똑같이 책임이 있다고 주장했다. 그가 없었다면 사고가 일어나지 않았을 것이기 때문이다.

포스너는 한 걸음 더 나아가, 법에서도 법적 판단이 부를 극대화하는 경우에만 피고가 부주의로 사고의 원인을 제공했다고 규정해야 한다고 주장했다. 달리 말하면, 사고를 예방하는 비용이 사고 자체의 예상비용(부상을 금전으로 환산한 금액에 부상할 확률을 곱한 값)보다 적을 경우에만 피고는 부주의로 사고의 원인 제공자가 된다는 뜻이다. 포스너에 따르면, 피고의 부주의를 확인했더라도 부를 극대화하지 못하면 법은 사고의 원인이 다른 곳에 있다고 규정해야 한다. 포스너는 이런 경우에 사고의 원인을 '하느님의 섭리'로 돌리는 습관적 잘못을 저지르고 있다고 지적했다. 정의에 대한 포스너의 해석에는 대부분의 사람이 정의라 생각하는 것이 끼어들 여지가 없다. 예를 들어 포스너의 해석에 따르면, 교통사고에서 부주의의 여부는 인과관계 그리고 쌍방의 동기와 능력과 관심을 바탕으로 판단되기 때문이다.

포스너가 1978년에 발표한 〈유아 인구 감소의 경제학〉에서도 비슷한 맥락에서, 입양 과정을 엄격히 통제하는 규제를 폐지해야 한다고 주장했다. 포스너는 입양을 '완전한' 자유시장에 맡김으로써 "한 아이의 양육권을 새로운 부모들에게 이전할 때 매매로부터 기대되는 이득"을 실현하고 부를 극대화하자고 제안했다.[17] 포스너와 시카고학파 동료들에게 이런 제안은 실질적인 문제를 해결하기 위한 법적 제약을 완화하며 부의 극대화 원칙을 명확히 적용한 예였다. 하지만 다른 사람들에게는 포스너의 주장과 현실 사이에 큰 괴리가 있으며, 그의 이론에는 도덕성이 결여되어 있다는 걸 다시 확인하게 해준 사례였다.

포스너는 유아를 사고파는 "매매로부터 기대되는 이득"을 언급함으로써 코스의 거래 세계를 되살려냈다. 하지만 1970년대쯤 대부분의 시카고학파 법학자와 경제학자는 코스 정리가 어떤 경우에든 거래비용이 존재하는 현실 세계에는 유효하지 않다는 걸 인정하며, 코스 정리를 유토피아에서나 가능한 것으로 보았다. 이상적인 세계, 즉 포스너의 이상한 나라에서는 누구도 상호이익을 위해 거래하는 기회를 제한하지 않았을 것이다. 따라서 시카고 법경제학파는 가능한 범위 내에서 현실 세계를 이런 이상한 나라에 맞추어 개조하려 했다. 첫째, 이를 위해서는 거래를 방해하는 법을 없애야 했다. 유아의 판매가 거래에 포함되더라도 법은 매매로부터 얻는 이득을 방해하기 때문에 법이 개입해서는 안 된다고 주장했다. 둘째, 거래비용 때문에 타협이 이루어지지 않아 법원이 개입을 하게 되더라도 법원은 판결을 통해 부를 증대하는 거래를 유도해야 한다. 거래비용이 없는 이상적인 세계였다면 쌍방이 맺었을 거래와 법원의 판결이 유사해야 한다는 뜻이다. 법원의 이런 결정에는 '시장 모방mimic the market'이란 이름이 붙여졌다. 부의 극대화가 법적 시스템의 명확한 목표로 제시되며, 다시 정의를 대체했다.

유아 매매와 도덕적 쟁점이 관련된 문제에 대한 이런 접근법을 비웃고 조롱하기는 쉽다. 그러나 좁은 의미의 경제적 맥락에서는 쌍방이 서로에게 가장 유익한 방향으로 거래하는 것이 당연할 수 있다. 그럼 도덕적 문제가 명확히 위태롭지 않은 상황에서는, 일상적인 문제나 경제적 문제에서 무제한적인 거래가 허락되어야 하는가? 이 의문은 다른 식으로도 표현될 수 있다. 코스는 이해관계가 상충하는 사람들도 법과 정부의 간섭에 의존하지 않고 서로에게 유익한 방향으로 거래하는 세계를 상상했다. 현실 세계에서는 항상 거래비용이 존재하기 때문에 코스는 그런 세계가 순전히 가상의 세계라는 점을 분명히 밝혔다. 그러나 이런 가상의 세계가 우리가 지향해야 할 세계일까?

코스는 이 문제에 대해 거의 언급하지 않았다. 그런 의문 자체가 실질적으로 타당성이 없다고 생각했기 때문이다. 그러나 제한이 없는 거래에 대한 이의 사고실험은 시카고 법경제학파의 유토피아적 시각으로 바꾸려고도 하지 않았다.

우리가 도덕성을 무시하며, 포스너처럼 부의 극대화를 우리의 유일한 목표로 삼더라도 이런 유토피아적 시각에는 문제가 있다. 처음에는 거래가 사회 전체가 아니라 당사자들의 부를 극대화하기 위한 것일 수 있다. 어떤 산업계에서는 두 대기업이 카르텔을 맺거나 가격을 담합하며, 소비자에게 손해를 안겨주더라도 두 기업은 이익을 극대화할 수도 있다.

거래에 제한을 두지 않는다고 양쪽 모두에게 유리한 거래가 이루어지지 않는다는 것 또한 문제이다. 예컨대 내가 모로코 마라케시의 미로 같은 시장을 돌아다니며 찻주전자를 사려 한다고 상상해보자. 그러나 나와 노점상은 가격을 합의해야 한다. 내가 지불할 수 있는 최고의 가격이 노점상이 받으려는 최소 가격보다 높다면, 양쪽 모두에게 이로운 거래가 가능하다. 그 사이에서 가격이 결정되면, 거래를 성사시키지 못하는 경우보다 두 사람 모두에게 이익이다. 물론 우리는 그 가격을 모른다. 따라서 노점상이 더는 가격을 낮추지 않을 거라고 내가 잘못 판단하거나, 그의 최종적인 제안이 너무 높아 내가 더는 흥정하지 않겠다고 돌아서면 두 사람은 가격 합의에 실패할 수 있다. 사람들이 충분한 시간을 두고 협상할 각오를 했다고 해도 협상의 성패를 좌우할 변수는 많기 때문에 어느 쪽도 상대의 의중을 알 수 없다. 또 양쪽 모두가 만족할 수 있는 조건이 있더라도 누구도 그 조건을 모르기 때문에 자신에게 최선의 조건을 끌어내려는 욕심이 거래의 성사를 방해할 수 있다.

이런 실질적인 문제들이 중요하다. 그러나 그보다 더 근원적인 걱정거리가 있는 듯하다. 끊임없이 거래를 맺으며 살아가야 하는 삶이 대부분의 사람에게는 전혀 유토피아로 보이지 않는다는 것이다. 대체 유토피아는 어떤 모습일까?

새로운 시장이
나타나다

2014년 9월 1일, 뉴욕에서 플로리다 팜비치로 가는 비행기에 탑승한 한 여인이 뜨개질감을 내려놓고 등받이를 뒤로 젖혔다. 그러자 바로 뒤에 앉은 여인이 비명을 지르며 욕설을 퍼부어댔다. 곧이어 심한 언쟁이 벌어졌고, 조종사는 그 상황을 크게 우려하며 비행기를 예정보다 앞당겨 잭슨빌에 착륙시켰다. 이 정도는 유별난 사건도 아니었다.[18] 나흘 전에는 마이애미에서 파리로 향하던 항공기가 보스턴에 착륙했다. 이번에도 한 프랑스 승객이 앞좌석 승객이 의자 등받이를 뒤로 젖혔다고 항의한 때문이었다. 결국 승무원들이 개입해야 했지만, 프랑스 승객은 더욱 화를 냈고 결국에는 '항공기 승무원을 협박한 죄'로 피소되었다. 다시 사흘 전, 8월 24일에도 뉴욕에서 출발한 비행기가 두 승객의 다툼 때문에 비상 착륙하는 사고가 있었다. 한 승객이 앞좌석의 등받이가 젖혀지는 걸 차단하는 21.95달러의 장치, '니 디펜더Knee Defender'를 사용한 게 사고의 발단이었다.

언론인 조시 배로Josh Barro는 《뉴욕 타임스》에 기고한 글에 그 사건을 언급하며 그 문제의 해결책을 한참 전에 찾아냈다고 말했다. 실제로

2011년에 기고한 글에서 배로는 코스 정리를 들먹이며, 승객들에게 앞좌석 혹은 뒷좌석에 앉은 승객과 거래하도록 독려해야 한다고 주장한 적이 있었다.[19] 대부분의 항공사는 승객에게 '등받이를 뒤로 젖힐 권리'를 부여한다. 그러나 승객들이 서로 거래할 수 있다면, 무릎 공간을 확보하고 싶은 승객은 앞좌석 승객에게 보상함으로써 그가 등받이를 뒤로 젖히지 않게 할 수 있을 것이다. 배로는 '등받이를 뒤로 젖힐 권리'가 다툼의 원인은 아니라고 설명했다. 항공사가 승객들에게 명료하고 동일한 일련의 권리를 부여하고 서로 흥정하도록 권한다면, 모두에게 무릎 공간을 확보할 권리를 주더라도 코스 정리에 따라 결과가 똑같을 것이란 설명도 덧붙였다. 결국 앞좌석 승객과 뒷좌석 승객 중 누가 추가적 공간을 더 소중하게 생각하느냐에 따라 등받이를 젖히는 것을 두고 승객 간의 거래가 결정된다. 공간이란 자원을 더 중요하게 생각하는 사람이 등받이를 젖힐 권리를 차지하게 되므로, 그 결과는 경제학적 의미에서도 효율적이며 다툴 이유도 없다.

결국 이런 의견이 주류가 되었고, 시카고학파만이 이런 주장을 하는 것도 아니었다. 하지만 2013년에 세상을 떠난 로널드 코스가 무덤에서 몸을 뒤척이는 것 같았다. 이런 유형의 의견은 정작 코스가 조롱한 '칠판 경제학'의 세계에서 환영받았다. 항공기 안은 낮은 거래비용을 위한 모든 조건이 충족된 상태이고, 두 당사자만 거래에 합의하면 된다. 흥정할 대상인 권리는 명확히 규정되어 있는 단순한 것이기도 하다. 승객들이 그 권리의 가치를 계산하기 위해 특별히 수집해야 할 정보가 필요한 것도 아니고, 상대가 속임수를 쓰면 쉽게 적발할 수 있다. 하지만 분명히 잘못된 부분도 있다. 사람들은 모든 사회적 갈등이 타협으로 해결해야 할 만큼 무르익었다고 생각하지 않는다. 또 많은 승객이 등받이를 두고 흥정하지 않고 편히 여행하고 싶을 수 있다. 배로는 이런 문제점을 전혀 언급하지 않았다. 배로만이 그런 문제점을 떠올리지 못한 것은 아니었다. '고용 장려 실험'을 설계한 경제학자들도 마찬가지였다. 실업자이면서도 그 실험에 참가하기를 원하지 않은 사람이 적지 않았고, 현금 지원을 제안받고도 그 제안을 받아들이지 않은 고용주가 적지 않았다는 걸 확인하고 경제학자들이 얼마나 놀랐던가!

한편 코스의 방식대로 흥정하는 것이 등받이의 젖힘을 결정하기에 적합한 방법이 아니라고 적극적으로 의견을 개진하는 승객이 있을 수 있다. 이렇게 주장할 만한 몇 가지 이유가 있기는 하다. 첫째, 이런 접근법이 효율적이라고 주장하지만 협상에 들이는 시간과 노력의 비용을 고려하지 않는다. 둘째, 부유한 사람은 원하는 모든 것을 얻을 수 있다. 셋째, 항공사는 요통, 수면 부족 등과 관련한 의학적 조언을 바탕으로 등받이 젖힘 여부를 결정한다. 항공기 좌석의 형태가 상당수의 승객에게 건강 문제를 야기하거나 악화시킬 수 있다고 의료 전문가가 판단하면, (1950년대에 처음 도입된 이후로 평균 다리 길이가 늘어난 것도 반영해서) 무릎 공간을 넓히는 방향으로 법이 개정되어야 한다.

이런 반대를 뒷받침하는 사고방식은 '등받이를 젖힐 권리'에 대한 토론의 수준을 넘어선다. 요점은 효율성보다 다른 가치가 더 중요하다는 것이다. 코스식의 흥정은 민주적이고 반선민주의反選民主義적이란 이유에서 많은 지지를 받는다. 규제나 정부의 간섭과 달리, 코스식 흥정은 규제

기관과 판사와 정치인의 가치관과 우선순위를 보통 사람들에게 강요하지 않는다. 그러나 이런 논증은 기만적이다. 코스식 흥정, 다시 말해 시카고 법경제학파의 목표는 사회에 어떤 가치관을 강요하기 때문이다. 어떤 경우에나 효율성이란 가치에 우선권이 주어진다. 부의 극대화가 명확히 언급되지 않은 경우에도 마찬가지이다. 그러나 사람들이 흥정보다 다양한 도덕률로 갈등을 해소하고 사회를 조직하는 것을 원하는 데도 시카고 법경제학파의 접근법이 사람들에게 원하는 것을 주지 않는다면, 그들의 접근법은 반민주적인 것이 된다.

등받이를 젖힐 권리보다 위험한 요인이 있으면 긴장 상태가 뚜렷이 드러난다. 포스너가 판사의 판결은 '시장 모방'을 목표로 해야 한다고 처음 주장했을 때 법조계는 격분했다. 그러나 최근 법원의 판결은 시장을 단순히 모방하는 수준을 넘어, 권리에 대한 갈등을 해결하기 위한 방법으로 시장을 '창조'하는 경지에 이르렀다. 포스너가 콩팥과 여러 장기를 매매하는 자유시장을 지지했던 것처럼 단순히 기존의 암시장을 처벌 대상에서 제외함으로써 시장을 창조는 것이 아니다. 아무것도 없는 상황에서 경제학자가 설계하고 정부가 입법화하면 새로운 시장이 창조된다. 시장 창조야말로 코스 정리가 우리에게 안겨준 가장 큰 영향이 아닌가 싶다.

오늘날 이렇게 만들어진 가장 큰 시장은 탄소 시장이다. 이는 재앙적 지구 온난화로부터 지구를 구하려는 시도로, 인류에 영향을 줄 수 있는 가장 큰 잠재력을 지닌 시장이다. 탄소 시장은 이산화탄소와 그 밖의 온실가스 배출권을 거래하는 1,500억 달러 규모의 세계 무역을 가리키는 약칭이다. 탄소 시장은 국내외 거래 조직을 망라한 네트워크로 2005년 맨바닥에서 시작해 크게 알려지지 않았지만, 2016년 초를 기준으로 중국의 탄소 시장만 세계 GDP의 거의 절반을 차지하는 국가들과 엇비슷한 규모이다. 탄소 시장은 기후 변화를 해결하기 위한 뭇 전략 중 가장 중요한 것으로 꾸준히 인식되었다. 많은 국가에서 주류적 정치적 합의는 탄소 시장을 이용해 탄소 배출량을 유의미한 수준까지 낮추는 것이다. 따라서 탄소 시장이 제대로 작동하지 않느냐가 중요하다.

탄소 시장의 개발을 뒷받침한 경제 논리는 코스 정리에 근거한 것이었다. 코스 정리에 따르면, 어떤 국가나 기업에게 얼마만큼의 탄소를 배출할 권리를 분배하느냐는 중요하지 않다. 배출권을 자유롭게 거래할 수 있는 자유시장에서는 배출권이 가장 높게 평가되는 국가나 기업의 손에 최종적으로 들어갈 것이기 때문이다. 탄소 배출량을 감축하는 전반적인 책임을 떠맡은 정치 당국은 경제 단위 혹은 경제 전체의 총배출량을 결정하면, 그것으로 충분하다. 나머지는 시장이 처리한다.

코스 정리는 배출권을 항공사와 전력회사, 자동차 제작회사와 자동차 운전자에게 어떻게 분배하느냐 하는 정치적으로 부담스런 업무로부터 정부를 구해주는 듯하다. 그래도 좋은 소식이라면, 코스 정리에 따라 전반적인 배출 목표가 '가장 낮은 비용'으로 성취될 수 있다는 점일 것이다. 탄소를 배출하는 모든 행위가 배출 목표를 넘지 않도록 하려면, 배출자는 배출권을 구입하느냐, 아니면 생산량을 줄이거나 클린 테크놀로지를 도입해 배출량을 감축하느냐를 선택해야 한다. 따라서 배출권을 구입하지 않는 국가(혹은 기업), 즉 배출권이 가치를 가장 낮게 평가하는 국가(혹은 기업)는 배출량의 감축이 배출권을 구입하는 것보다 더 싸게 배출량을 감축할 수 있는 국가나 기업일 것이다. 또 경제 전체로 보면 총목표를 성취하는 데 필요한 감축이 배출량을 가장 싼값으로 줄일 수 있는 부문에 집중되어, 가장 낮은 비용으로 목표를 이루어낼 수 있을 것이다. 영리한 선택과 집중이다.

그러나 이렇게 논증되는 칠판 경제학과 현실 사이에는 안타깝게도 괴리가 있다. 위의 논증은 현재의 감축 목표를 가장 낮은 비용으로 성취하는 방법에 초점을 맞추며 미래에 필연적으로 직면할 더 많은 감축량을 무시하는 단기적인 관점의 논증이다. 게다가 현재의 선택으로 미래의 감축 비용이 증가할 가능성도 무시하고 있다. 따라서 탄소 시장은 배출자에게 배출량을 줄이려는 진정한 시도보다 배출권을 구입함으로써 배출량을 싼값으로 감축하는 단기적인 처방과 손쉽게 목표를 달성하고 승리하는 방법을 이용하라고 권하는 셈이다. 배출자들에게 혁신을 시도하고 새로운 테크놀로지에 투자하라고 유인하는 전략이 없다. 따라서 경제는 과거의 비환경적인 테크놀로지를 탈피하지 못하고, 그 결과 장기적으로는 더 많은 비용을 부담하게 된다. 예컨대 탄소 시장은 석탄 발전소를 운영하는 전력회사에게 여과장치를 설치해 낮은 비용으로 감축량을 줄이라고 권장한다. 그러나 석탄 발전이 앞으로 배출량을 더 많이 감축하려면 비용이 너무 많이 들어, 감축 자체가 불가능할 수 있다. 장기적으로 탄소 배출을 더 많이 감축하기 위해서는 비용을 낮추려는 전략에 석탄 발전을 단계적으로 중단하는 법률이 더해져야 할 것이고, 클린 테크놀로지의 비용을 낮추는 혁신을 앞당기기 위한 강력한 유인책도 신속히 마련되어야 할 것이다.

코스의 세계관이 우리에게 남긴 또 하나의 유산이 있다면, 오염은 절대적인 관점이나 객관적인 관점에서는 유해하지 않고, 오염 때문에 고통받는 개인과 조직 및 국가의 주관적인 관점에서만 유해한 것이란 해석이다. 코스의 세계관에 따르면, 오염 피해자에게도 오염 유발자만큼의 책임이 있다. 오염 유발 과정에 끼어든 것은 오염 피해자의 잘못이다. 이런 관점에서 보면, 탄소 배출이 환경을 해치는 경제 행위라는 생각은 잘못이다. 혹은 잘못까지는 아니더라도 적어도 편향된 해석이다. 지구의 제한된 탄소 흡수 역량도 경제 성장을 해치기 때문이다. 따라서 탄소를 다량으로 배출하는 기업이나 국가에게 배출량을 감축할 특별한 책임은 없다는 결론이 가능하다. 탄소를 배출하는 행위에 대한 도덕적 평가도 불가능해진다. 기후 변화가 문제로 여겨지더라도 탄소를 다량 배출하는 기업이나 국가는 "내 문제가 아니야!"라고 항변하며 탄소 시장, 특히 탄소의 총배출 목표를 결정하는 조직에 책임을 돌릴 수 있다. 예컨대 시카고 기후거래소Chicago Climate Exchange에서 판매자가 배출권을 판매하면 그만큼 배출량을 실제로 줄이겠느냐는 질문을 받았을 때, 거래소 의장은 "그건 내가 상관할 문제가 아닙니다. 나는 기후 거래소라는 영리 기업을 운영하고 있습니다"라고 대답했다.[20]

기후 변화를 해결하는 책임이 다른 곳에 있다고 생각되는 순간, 탄소 시장은 여느 시장과 똑같아진다. 적절한 조건이 갖추어지면 투기꾼들이 몰려든다. 이 노다지 시장에 형성된 초기, 즉 2008년 투기꾼들이 '탄소에 부여느는 자금'이라 │덥누한 제놈으부 런너에서 역뵙 회의에 주대특

받았다. 그 회의를 소개한 안내문에도 "기후 변화에는 실질적으로 관심을 두지 않는다. … 투자은행과 투자자 및 대형 배출권 구매자가 주된 대상이며, 그들이 점점 다양해지는 탄소와 관련된 투자 기회로부터 수익을 얻을 수 있는 방법을 연구하는 데 주력한다"라고 쓰여 있었다.

"1910년 전후로 인간상이 바뀌었다…." 버지니아 울프는 스트라빈스키의 음악, 피카소의 그림, 르코르뷔지에의 건축부터 울프 자신의 글쓰기까지 모더니즘의 탄생에 대해 이렇게 썼다.[21] 시인 필립 라킨^{Philip Larkin,} _{1922~1985}은 자신이 모더니즘을 비판한 본질적인 이유는 "우리가 알고 있는 삶과는 모순되는 기법을 무분별하게 남발"한 데 있었다고 말했다.[22] 얄궂지만, 로널드 코스는 1910년 12월에 태어난 까닭에 경제학에서 잉태한 모더니즘의 피해자였어야 했다. 그의 난해하고 미묘한 이론들은 철저한 사례 연구를 통해 본래의 미묘함이 벗겨졌지만, 추종자들에 의해서는 하나의 '정리'(코스가 밝히려던 경제적 삶과 모순되는 정리)로 굳어지고 말았다. 코스는 논문의 곳곳에서 비현실적인 '칠판 경제학'을 거부했다. '칠판 경제학'이 추상적인 수학적 기법을 이용하는 데 열중했기 때문이다. 코스는 지금까지 방정식을 사용하지 않은 저작으로 노벨 경제학상을 받은 유일한 학자이다.

앞에서 이미 보았고, 이 책의 뒤에서 다시 반복되겠지만, "사회경제적인 현실과 경제 이론에서 이상적으로 묘사된 세계 사이에는 걱정스러운 괴리가 있다"라는 코스의 비판은 여전히 유효하다. 경제학자들은 지금도 멋진 수학적 도구와 소프트웨어와 사랑에 빠져 있다. 그러나 우리는 코스의 비유를 새롭게 수정할 필요가 있다. 요즘 경제학자들의 놀이터는 칠판이 아니라 비디오 게임이기 때문이다. 비디오 게임이란 도구는 가상 세계에 그칠 수 있지만, 경제학자들이 그 도구를 현실에 적용할 때 야기할 수 있는 문제는 코스의 시대만큼이나 크다. 예컨대 '그랜드 테프트 오토Grand Theft Auto'(게임자가 범죄자 역을 맡아 조직화된 범죄의 단계를 극복하는 게임-옮긴이)라는 게임을 하며 성장한 경제학자가 현실 세계에서 우지 기관단총으로 무장하고 빠른 자동차로 로스앤젤레스를 제멋대로 질주한다고 상상해보라. 탄소 시장, 지적 재산권 보호의 강화, '부주의'란 단어의 재정의, 유아의 입양 시스템을 자유시장으로 교체하려는 시도와 같은 프로젝트들이 상아탑 안의 학자들의 땜질을 훌쩍 넘어 현실 세계에 실제로 적용된 사례이다.

하지만 하나의 의문은 여전히 계속된다. 코스의 이론이 어떻게 이처럼 오랫동안 곡해될 수 있었을까? 코스 이론의 잘못된 해석이 집요하게 계속되는 이유는 시카고의 많은 학자들의 사상과 이념적으로 맞아떨어지기도 했지만, 새로운 법경제학으로 학계에서 입지를 굳히고 렉세콘 같은 회사에서 높은 연봉을 받을 수 있는 든든한 근거를 제공했기 때문이다. 코스가 자신의 의도를 정확히 전달하려고 발벗고 나서지 않았던 것은 사실이다. 코스는 '불합리로의 회귀reductio ad absurdum'라는 사고실험을 통해 핵심 개념들을 제시했다. 가상의 세계를 들먹이는 것은 경제학을 한층 더 현실에 가깝게 만들려는 학자들에게 좋은 생각이 아닐 수 있었다. 그렇다면 코스가 왜 그렇게 했을까? 누구도 이 질문에 확실히 답할 수 없지만, 위대한 사상가늘두 나중에야 어제의 문제로 밝혀진 것을 해결하려고 몰두하는 경우가 적지 않다는 사실이 큰 부분을 차지한다. 코스는 과거의 경제학자들이 오염 같은 문제를 분석한 방법들을 집중적으로 연구했다. 그들의 분석에서는 거래비용이 없다고 가정되지만, 정부의 개입을 촉구했다. 코스는 오염 유발자와 오염 피해자가 서로 거래할 것이기 때문에 결국에는 정부의 개입이 불필요하다는 걸 입증해 보이려고 했다. 따라서 코스가 눈길을 과거에 두었다는 사실을 고려하면, 제로 거래비용을 출발점으로 삼은 이유가 이해된다. 그러나 미래 세대들이 그의 이론을 엉뚱하게 오해하는 잘못이 계속되는 데는 그의 연구 방식이 일조했다.

1970년대쯤 코스는 머뭇거리며 이런 오해에 대해 언급하기 시작했지만 크게 문제시하지는 않았다. 게다가 그의 작은 항의는 막강한 영향력을 지닌 시카고학파, 예컨대 베커와 프리드먼과 스티글러의 목소리에 파묻히고 말았다. 코스가 적극적으로 대응하지 않고 침묵을 지킨 이유는 지금까지도 수수께끼이다. 1995년 코스는 침묵하는 이유에 대해 역사학자들의 질문을 받았다. 코스는 모든 것을 말할 수 있을 때를 기다릴 뿐이라고 담담하게 대답했다. 시카고 대학의 동료들에 대한 충성심 때문에 그 이유를 더 일찍 공개적으로 밝힐 수 없었을 수도 있다. 1980년대가 되어서야 코스는 자신의 이론이 너무 심하게 곡해되었다고 분명히 밝혔지만 그때는 너무 늦었다. 잘못된 해석이 주류가 된 뒤였기 때문이다. 그 잘못된 해석으로 명성을 얻은 학자가 많았다. 코스는 서글픈 목소리로 "지금도 제로 거래비용의 세계는 코스의 세계로 묘사되는 때가 많다. 하지만 그것은 결코 진실이 아니다. 그 세계가 현대 경제 이론의 세계이지만, 내가 경제학자들에게 하루라도 빨리 떠나라고 설득하고 싶었던 세계이다"라고 말했다.[23] '코스의'를 뜻하는 단어의 일반적인 철자는 Coasean이지만, 코스의 의도와 달리 Coasian이 쓰이기도 한다. 가엾게도 로널드 코스는 '코스의 세계'의 뜻은 고사하고 철자까지도 통제할 수 없었다.

CHAPTER

4

민주주의는
불가능한가?

———

1950년대 초, 랜드 연구소와 관련된 천재는 존 폰 노이만과 존 내시만
이 아니었다. 랜드 연구소는 게임 이론만큼 중요했지만 완전히 별개로
진행되던 또 다른 지적 혁명을 배양하는 인큐베이터였다. 그 혁명을 이
끌어낸 천재는 말단의 인턴이었다.

　게임 이론을 초기부터 가장 앞장서서 받아들인 사람들은 랜드 연구소
의 군사 분석가들이었다. 그들은 게임 이론이라는 강력한 수학적 도구
를 사용해 냉전의 핵전략 계획에서 소련보다 우월한 위치에 서려 했다.
그러나 랜드 연구소의 사상가들에게 가장 중요한 것은 논리적 엄격함이
었다. 1948년까지 게임 이론으로 핵충돌을 분석한 논리에서는 하나의
결함이 발견되었다. 게임이 스크래블(철자가 적힌 플라스틱 조각들로 글자
만들기를 하는 보드 게임의 하나-옮긴이)이든 아마겟돈이든 간에 게임 이론
은 참가자를 똑같이 합리적인 개인으로 보았다. 그러나 어둠에 싸인 촘
촘한 거미줄 같은 스탈린의 소련을 하나의 '개인'으로 보는 것이 타당할

까? 달리 말하면, 정확히 누가 미국을 상대로 핵전쟁 게임을 하고 있을까? 스탈린 개인은 분명히 아니었다.

미국의 상대는 한 명의 개인이 아니라 집단으로 생각되어야 마땅했다. 하지만 이런 해석은 게임 이론에 중대한 문제를 제기한다. 제기되는 여러 대안에 대해 게임 참가자들은 분명한 선호성preference을 갖는다고 가정되기 때문이다. 이런 가정은 지극히 합리적인 개인에게는 타당하지만, 집단에게는 명확하지 않다. 게다가 이런 가정은 적잖은 까다로운 의문도 제기한다. 여러 사람으로 구성된 집단의 선호성이란 무엇을 뜻하는 것일까? 그 선호성은 어디에서 오는 것일까? 집단이 합리적이라고 말하는 게 타당할까?

조직 생활에서 영원히 변하지 않는 몇 가지 원칙이 있다. 정말 까다롭고 추상적인 의문이지만 꼭 답을 찾고 싶으면 무작정 모르겠다고 대답하지 않을 사람, 바보처럼 보이는 걸 꺼려하지 않는 사람에게 물어야 한다는 것이 그 원칙 중 하나이다. 예컨대 인턴에게 물어라!

1948년 여름, 케네스 애로라는 뉴욕 출신의 한 대학원생이 랜드 연구소의 인턴으로 일하고 있었다. 이듬해 그는 〈사회적 선택과 개인의 가치〉라는 보고서를 완성했고, 위의 의문에 대한 그의 대답이 이 보고서에 담겨 있었다. 1951년 이 보고서는 같은 제목의 작은 책으로 발전했고, 그 책은 엄청난 파장을 일으킨 끝에 20년이 지난 뒤 애로가 51세에 노벨 경제학상을 받는 데 일조했다. 2019년 에스테르 뒤플로Esther Duflo, 1972~가 47세로 노벨상을 받기 전까지 애로는 최연소 노벨 경제학상 수상자였다.

경제학계에서 애로가 차지하는 위상을 말한다는 자체가 쑥스러울 정도이다. 제2차 세계대전이 끝난 뒤, 대부분의 대학에서 경제학은 크게 변해 정치학과 역사학처럼 독립된 학문이 아니라, 응용 수학의 한 분야처럼 보였다. 미국에서 먼저 시작된 이런 변화는 점차 세계 전역으로 퍼져나갔다. 케네스 애로는 경제학의 이런 급진적인 변화에 가장 큰 영향을 미친 학자로 평가된다.

애로는 이전의 거의 모든 경제학자와 다른 방식으로 경제학을 시도했고, 그런 시도를 함께 한 극소수 학자들보다 크게 성공했다. 애로는 경제학에서 가장 권위 있는 연구, 즉 경제 이론을 연구하는 방법에 대한 기준을 제시하기도 했다. 또 애로는 가장 위대한 노벨 경제학상 수상자 중 한 명으로 자주 언급되며, 논란의 여지는 있지만 그의 공로는 노벨상을 세 번 받을 자격이 충분할 정도이다. 애로가 이런 평가를 받는 이유는 그가 세 분야에서 중요한 경제 이론을 실질적으로 확립했기 때문이다. 게다가 그의 제자 중 다섯 명이 노벨상을 받기도 했다.

그 세대의 많은 학자가 그랬듯이, 애로의 연구도 전쟁 때문에 중단되었다. 1942년부터 1946년까지 육군 항공대의 기상 장교로 복무하며 그가 확립한 원칙은 그 이후로도 20년 동안 사용되었다. 그 원칙은 군사적 목적에서 수학을 이용한 결과물이었고, 그가 문서로 발표한 첫 연구서 〈비행 계획을 위한 바람의 최적 사용에 대하여〉도 이때 탄생했다. 애로와 동료 통계학자들은 한 달에 며칠이나 비가 올 것인지 미리 예측해야 했다. 그들은 육군 항공대 사령관에게 보낸 한 보고서에서, 기상 예측팀의 예측 수준이 형편없으므로 해체되어야 마땅하다고 주장했다. 6개월 후, 사령관의 부관이 다음과 같은 답변서를 보냈다. "여러분의 예측이 좋지 않다는 걸 사령관님도 잘 알고 있습니다. 하지만 비행 계획을 세우기 위해서도 여러분의 예측이 필요합니다." 따라서 그들의 기상 예측은 계속되었다.[1]

1950년대와 1960년대에 애로의 삶은 특별할 것이 없었던 듯하지만, 그 기간 동안 그의 삶에서 많은 부분이 아직 기밀로 분류되어 있다. 그가 미국 군사계획 수립에서 핵심적인 역할을 하며 1949년부터 1971년까지 '일급 비밀'을 취급했기 때문이다.

〈사회적 선택과 개인의 가치〉에서 가장 중요하고 핵심적인 수학적 성과는 훗날 '불가능성 정리Impossibility Theorem'로 알려지게 되었다. 불가능성 정리의 수학적 증명을 매력적이라고 여기는 사람은 전문가들뿐이지만, 그 내용은 일반인도 어렵지 않게 이해할 수 있었다. 불가능성 정리를 가장 쉽고 짤막하게 요약하면, 자동차 범퍼에 붙이는 스티커의 글귀로도 적합할 수 있다. 가장 인기 있던 범퍼 스티커는 "민주주의는 불가능하다DEMOCRACY IS IMPOSSIBLE"였고, 정치학을 공부하던 교수와 학생 모두가 이 스티커를 자랑스레 자동차에 붙이고 다녔다. 정치학도들은 애로의 논문을 읽고 난 후에 '정치과학자political scientist'로 자처하는 경우가 많아졌다.

민주주의에 대한 이런 허무주의적 관점이 정치철학적 논증보다 수학적 논리에 따른 사실로 제시되며 진지하게 받아들여질 수 있었던 이유는 무엇일까? 애로는 민주주의의 실행 가능성에 대한 해묵은 논쟁에 빠져들 필요가 없었고, 그럴 능력도 없었다. 그의 접근법은 완전히 달랐고 새로운 것이었다. 실제로 그는 민주주의에 대한 지적인 역사를 거의 완전히 제쳐두었다.

〈사회적 선택과 개인의 가치〉는 '사회선택이론'이란 새로운 경제학 분야를 탄생시켰다. '사회선택이론'은 애로가 언급하기 전에는 경제학에서 존재하지 않았고, 적당한 명칭도 없이 소수의 학자들이 취미 삼아 연구하던 분야에 불과했다. 애로의 지적인 스승은 아리스토텔레스가 아니라 이상한 나라의 앨리스였다.

《이상한 나라의 앨리스》의 저자, 루이스 캐럴로 더 많이 알려진 찰스 럿위지 도지슨Charles Lutwidge Dodgson, 1832~1898 목사는 19세기 후반에 옥스퍼드의 수학부 교수를 지냈다. 수학과《이상한 나라의 앨리스》이외에도 도지슨은 투표 제도를 선구적 안목으로 분석한 학자이기도 했다. 애로 이전에는 도지슨만큼 투표 제도를 포괄적으로 분석한 학자는 없었다. 하지만 그 분석은 발표되지 않은 채 묻혀 있었고, 애로가 1948년 여름 랜드 연구소의 분석가들이 막연히 제시한 의문들을 연구하기 시작했을 때 그 논문의 존재를 전혀 모르고 있었다.•

애로는 자신의 대답이 랜드 연구소의 군사 분석에 대한 주석에 그치지 않고, 우리가 민주주의를 이해하는 방법까지 바꿔놓을 거라고는 전혀 예상하지 못했다. 애로의 분석에 따르면, 민주주의는 근본적으로 결함이 있는 제도이고, 기껏해야 납득하기 어려운 일련의 타협을 이루어내는 제도이다.

• 15년 후 이미 확고한 명성을 얻은 애로는 투표 제도에 대한 기존의 연구를 추적하는 '근면함이 부속'했다는 설 인정했나.

투표의
역설

랜드 연구소가 냉전 시대에 핵전략을 구축하기 위해 게임 이론을 사용하려면, 소련이 합리적이라고 가정해야만 했다. 게임 이론에서 합리성은 기본적으로 일관성을 띤다는 뜻이기 때문에 스탈린 같은 편집증 환자라도 개인이라면 상대적으로 쉽게 통과할 수 있는 시험이다. 그러나 핵게임의 '참가자'가 실질적으로 집단이라면, 집단이 일관성 있게 선택할 것이라 장담하기 힘들다. 애로는 이 문제에 대한 분석을 시작하며, 소련의 군사 전략가들이든 친구들의 모임이든 간에 인간 집단이 무엇인가에 대해 '집단 선호성collective preference'을 갖는다면, 그 집단 선호성은 해당 집단에 속한 개인들의 선호성에서 비롯되는 게 틀림없다고 가정했다. 따라서 애로의 관심은 곧바로 투표 제도로 향했다. 투표자 개개인의 선호성을 어떻게 결합하느냐에 따라 집단 선택 혹은 집단 선호성이 결정되기 때문이다.

특히 애로는 상식적인 투표 제도에서 나타나는 집단 선호성이 일관성을 띠는지를 확인하고 싶었다. 그는 '상식적'이란 단어를 정의하는 차원에서, 상식적인 투표 제도가 지녀야 한다고 생각하는 바람직한 특징들, 즉 일련의 원칙들을 자세히 설명했다. 이렇게 정의하고 나자, 연구 방법이 명확해졌다. 먼저 바람직한 특징을 지닌 여러 투표 제도를 연구하고, 각 제도에서 나타난 집단 결정이 일관성을 띠는지를 평가해야 했다. 애로 이전의 많은 연구자가 취했을 법한 접근법이지만, 애로는 완전히 다른 방식으로 접근했다.

먼저, 애로는 투표 제도가 수학적으로 해석될 수 있다고 생각했다. 예컨대 어떤 컴퓨터 프로그램에 모든 투표자가 자신의 선호성을 입력하고, 컴퓨터가 일련의 법칙을 사용해 그 선호성들을 결합하면 집단 선호성을 찾아낼 수 있을 것이란 생각이었다. 다음 단계로 애로는 투표 제도의 바람직한 특징들과, 집단 선호성이 일관성을 띤다는 뜻에 대한 자신의 생각을 수학적인 방식으로 표현했다. 이 모든 것을 결합하자, 뜻밖에도 양립 불가능이란 답이 나왔다. 달리 말하면, 바람직한 특징을 가지고 있는 동시에 일관된 집단 선호성을 결과로 내놓는 투표 제도는 없다는 결론이었다. 이것이 바로 '불가능성 정리'였다.

이 정리의 핵심적인 내용은 애로가 랜드 연구소의 인턴으로 근무하던 1948년 9월에 닷새 동안 작성한 보고서에 이미 담겨 있었다.[2] 애로는 겸손한 사람이었다. 그는 당시를 회상하며, 랜드 연구소의 분석가들이 제기한 의문을 풀기 위한 온갖 시도가 실패한 뒤에야 불가능성 정리를 생각해냈다고 말했다. 천재적인 인턴들도 진땀을 흘린다는 뜻이다.

애로는 운도 좋은 편이었다. 당시 거의 알려지지 않았던 수학 언어인 관계 논리학을 몰랐다면 불가능성 정리도 생각해내지 못했을 것이다. 애로는 일련의 예기치 않은 사건 덕분에 관계 논리학을 알게 되었다. 첫째로는 그의 아버지가 대공황으로 모든 것을 잃었기 때문에 애로는 대학에 진학하려면 더 권위 있는 대학교보다 뉴욕시립대학을 선택할 수밖에 없었다. 하지만 당시 뉴욕시립대학에는 인상적인 강사가 적지 않았다. 특히 논리학자 철학자, 버트런드 러셀의 교수로 부임할 예정이었다. 애로는 당시에도 수리 논리학에 관심이 많았던 까닭에 주저 없이 러셀의 강의를 신청했다. 하지만 러셀은 뉴욕시립대학에 발을 들여놓기도 전에 '부도덕한 행위'로 해고되고 말았다. 한 잠재적 여학생의 어머니(그 여학생은 당시 12세였기 때문에 '잠재적'이란 표현이 맞기는 하다)가 러셀의 유명한 '자유 연애' 철학이 여학생들의 도덕 관념을 해칠 수 있다는 이유로 뉴욕시립대학에 소송을 제기했고, 제1심 판사는 시립대학에 차라리 '부도덕학과'를 신설하라고 호통을 쳤기 때문이다.* 하지만 이런 사고가 오히려 애로에게는 두 번째 행운이 되었다. 그리고 곧이어 세 번째 행운이 찾아왔다. 대학이 뜻밖에도 러셀을 대신할 교수로 알프레트 타르스키 Alfred Tarski, 1901~1983라는 저명한 철학자를 찾아낸 것이었다. 20세기의 가장 위대한 논리 철학자 중 한 명으로 손꼽히는 타르스키는 하버드에서 열린 학회에서 강연하려고 1939년 8월 고향인 폴란드를 떠났다. 나중에야 알았지만, 독일과 소련이 폴란드를 침공하고 제2차 세계대전이 발발하기 전에 미국으로 출발한 마지막 배에 그가 승선한 것이었다. 유대인이었던 타르스키는 폴란드로 돌아갈 수 없었다. 수입이 없었던 까닭에 타르스키는 뉴욕시립대학의 교수직 제안을 흔쾌히 받아들였다. 1940년 봄, 타르스키는 애로에게 관계 논리학을 가르쳤다. 타르스키는 당시 새로운 분야이던 관계 논리학의 전문가였을 뿐만 아니라 개척자이기도 했다. 타르스키는 애로가 뛰어난 학생인 것을 알아보고, 1941년에 발간될

* 《뉴욕 포스트》에 실린 '부도덕학과'라는 제목의 만평에서 버트런드 러셀은 손에 파이프 담배를 쥐고 책 더미에 올라앉은 모습으로 그려졌다. 그 책 더미에는 수리 논리학을 다룬 그의 고전적 저작 《수학 원리》가 있었다. 이 책에서 애로는 많은 영감을 얻었다.

예정이던 논리학 교과서의 주된 교정을 당시 18세의 어린 대학생이던 애로에게 맡겼다.[3]

〈사회적 선택과 개인의 가치〉는 발표되자마자 폭넓은 찬사를 받았다. 그러나 제한된 모임을 벗어나면 애로의 수학을 추종하는 학자는 극소수에 불과했고, 그의 수학에 관심을 갖는 학자는 더더욱 없었다. 처음에 애로의 모임은 무척 작은 동호회 수준이었다. 가령 불가능성 정리의 증명에서 빠진 단계를 검토자들도 찾아내지 못하고 출판 후에야 발견할 정도였다. 불가능성 정리에서 사용된 수학 언어가 새롭고 낯선 것이어서 생략된 단계조차 파악하기 힘들었던 것이다. (이 오류는 수년 후에 발견되었고 쉽게 수정되었다.) 이런 수학적 장벽 때문에 민주주의를 옹호하는 사람들과 비판하는 사람들이 애로의 논문에 담긴 자세한 내용을 무시하고, 범퍼 스티커에 대략적으로 요약된 메시지에 만족했던 것이다. 이 수준을 넘어서려면 더 깊이 파고들어, '일관된' 집단 선택이 무엇을 뜻하고, 그것이 수학적으로 불가능한 이유를 조금이나마 이해할 수 있어야 한다.

불가능성 정리는 순전히 수학적인 관점에서 쓰였기 때문에 보편적으로 적용된다고 말할 수 있다. 수학은 누가 투표하고, 어떻게 투표하며, (적어도 세 가지 선택 가능성이 있다면) 무엇에 대해 투표하는지에 대해 어떤 제약도 하지 않는다. 소련의 군사 전략가들이 미국의 어느 도시를 주된 공격 목표로 삼을 것인지 결정할 때도 그렇겠지만, 십대 소년들이 피자와 햄버거와 치킨 중 어느 것을 선택할지 결정할 때도 마찬가지일 것이다. 따라서 〈사회적 선택과 개인의 가치〉의 두 번째 페이지에서 '투표의 역설'을 소개하면서 애로는 넓은 맥락에서 그것을 설명할 수 있었지만, 랜드 연구소의 보고서에서 그랬듯이 '군축, 냉전, 열전'이란 세 가지 선택 가능성을 예로 들었다. 예컨대 랜드 연구소의 세 분석가, 톰과 딕과 해리가 의사결정자이고, 각각 다음과 같은 선호성을 띤다고 해보자. 톰은 냉전보다 군축을, 열전보다는 냉전을 선호하고, 딕은 열전보다 냉전을, 군축보다 열전을 선호한다. 한편 해리는 군축보다 열전을, 냉전보다 군축을 선호한다.* 아직 끝나지 않았다. 끈기 있게 끝까지 읽어보라. 톰이 군축을 제안하면, 딕과 해리는 열전을 선호하기 때문에 열전을 제안할 것이다. (따라서 열전과 군축을 두고 투표하면 열전이 승리한다.) 한편 해리가 개인적으로 가장 선호하는 것, 즉 열전을 제안하면 톰과 딕이 연합해 그 제안을 뒤엎을 수 있다. 톰과 딕은 열전보다 냉전을 선호하기 때문이다. 또 딕이 개인적으로 가장 선호하는 것, 냉전을 제안하면, 톰과 해리는 냉전보다 군축을 선호하기 때문에 힘을 모아 딕의 제안을 뒤엎을 수 있다.

어떤 제안이든 셋 중 둘의 반대 제안에 패할 수 있기 때문에 누구도 항상 승리하지는 못한다. 달리 말하면, 집단의 선호성은 일관성이 없다는 뜻이다. 군축이 냉전을 이기고, 냉전이 열전을 이기지만 열전이 군축을 이긴다. 애로의 불가능성 정리는 이런 역설과 유사한 문제가 투표자의 수, 투표하는 방법, 투표하는 환경에 상관없이 언제나 발생한다는 걸

● 물론 여기에서 이름은 중요하지 않다. 그런데 왜 백인 남성을 선택했냐고? 당시 랜드 연구소 전략가들이 어떤 사람이었는지 생각해보라!

보여주었다. 결국 문제의 원인은 투표자들의 선호성 패턴에 있는 것이지, 무엇에 대한 선호성에 있는 것이 아니다. 이런 의미에서도 불가능성 정리는 보편적으로 적용된다.

불가능성 정리는 처음부터 잘못 이해되고 잘못 전달되었다. 이 정리를 읽은 학자들은 거의 둘로 갈라졌다. 하나는 논문에 사용된 수학을 이해하지 못했지만 불가능이란 결과를 놀랍게 받아들인 학자들이고, 다른 하나는 수학을 완전히 이해해서 불가능성이란 결론에 놀라지 않은 학자들이었다. 게다가 후자에 속한 많은 학자는 애로가 다룬 역설이 전혀 새로운 것이 아니라고 빈정거렸다. 그 역설은 이미 1785년 프랑스의 철학자이자 수학자였던 니콜라 드 콩도르세 후작Marquis de Nicolas de Condorcet, 1743~1794이 발견한 '콩도르세의 역설Condorcet paradox'로 알려진 것이었다. 하지만 애로는 콩도르세의 역설을 알지 못했다. 그의 '근면함의 부족'을 다시 탓해야 했다. 더 중요한 것은, 수리 경제학자들이 불가능성 정리에서 제기된 문제를 피할 수 있는 방법들을 재빨리 찾아냈고, 일관된 집단 선택을 보장하는 투표 방식까지 소개해 보였다. 그러나 여전히 풀리지 않는 수수께끼가 남아 있다. 불가능성 정리가 제기한 문제가 쉽게 해결될 수 있다면, 〈사회적 선택과 개인의 가치〉가 그처럼 큰 영향을 끼친 이유가 무엇이었을까? 애로가 적절한 시기에 적절한 곳에 있었기에 누구도 누리지 못한 행운을 누렸던 것일 수 있다.

투표와 시장의
공통점

덩컨 블랙Duncan Black, 1908~1991은 1908년 스코틀랜드의 머더웰에서 가난하게 태어났지만 똑똑했다. 글래스고 대학에서 수학과 경제학을 공부한 후, 그는 던디 경제학부의 강사가 되었다. 그곳에서 그는 역시 젊은 신임 강사이던 로널드 코스와 친구가 되었다. 당시 블랙은 투표 제도에 관심이 많았다. 특히 위원회가 집단 결정에 도달하기 위해 어떻게 투표하는지에 관심을 두었다. 애로처럼 블랙의 연구도 전쟁으로 인한 군 복무로 중단되었다. 블랙은 워릭 성에서 야간 화재 감시원으로 복무하며, 독일군 폭격기가 나타나면 경보를 울리는 역할을 맡았다. 1942년 2월의 어느 을씨년스럽던 밤, 블랙의 머릿속에 투표 제도에 대한 '핵심적인 아이디어'가 섬광처럼 떠올랐다. 이후에 이 아이디어는 두 후보가 경쟁하는 선거에서 투표자들이 제각각 명확한 선호성을 갖고 있다면, 중위 투표자의 지지를 받는 후보가 승리할 것이라는 블랙의 '중위 투표자 정리median voter theorem'로 발전했다. 1946년 블랙은 또 하나의 중요한 혜안을 떠올렸지만 신뢰할 만한 투표 제도를 찾아내려는 그의 노력이 헛되게 끝날 수밖에 없다는 걸 깨달고는 "병에라도 걸린 것처럼 뱃속이 뒤틀렸다."[4] 나중에야 블랙은 자신의 혜안이 새로운 것이 아니었다는 걸 알게 되었다. 이번에도 19세기 옥스퍼드의 수학자, 도지슨이 찾아냈지만 다시 잊힌 콩도르세의 역설이었다. 이 문제를 다룬 블랙의 주요 저서는 1948년에 발표되었다. 애로의 책보다 3년이나 빨랐다. 다시 1949년 11

월, 블랙은 수리 경제학계의 주요한 학술지《에코노메트리카》에 또 한 편의 중요한 논문을 제출했다. 그는 새로운 아이디어를 발표한 최초의 논문으로 학계에서 큰 찬사를 받았고, 이 분야에서 블랙의 위상은 확고한 듯했다.

그러나 블랙은 그다지 운이 좋지 않았다. 블랙은 항상 단독으로 일했다. 로널드 코스는 그를 '물욕이 없고 겸손하며 조심스러운 사람'으로 묘사했고, 또 다른 동료는 "그는 위원회에 대한 전문가였지만, 나는 그를 어떤 위원회에서도 보지 못했다"라고 재밌게 말했다.[5] 랜드 연구소에서 연구한 애로와 달리, 블랙의 주변에는 수학자가 없었다. 그가 무엇을 연구하는지 정확히 아는 동료도 없었다. 게다가 블랙은《에코노메트리카》로부터 자신의 논문에 대한 아무런 응답을 받지 못해, 결국 18개월 동안 편집자를 쫓아다닐 수밖에 없었다. 마침내 1951년 5월, 편집자는 블랙의 논문이 출판될 수 있을 거라고 대답했다. 하지만 하나의 조건이 있었다. 애로의 책이 한 달 남짓 전에 출간된 까닭에 애로가 그 아이디어를 처음 제기했음을 인정하는 방향으로 논문을 완전히 수정하라는 것이었다.《에코노메트리카》가 늑장을 부려 애로의 책이 먼저 출간된 것이었기 때문에 블랙은 몹시 화가 났다. 하지만 그렇게 늑장을 부린 그럴듯한 이유가 드러났을 때 그의 분노는 거의 하늘을 찌를 듯했다. 애로가 시카고의 콜스 경제연구소Cowles Commission for Research in Economics에서 일할 때 그 책의 대부분을 썼는데,《에코노메트리카》의 편집자가 콜스 위원회의 연구 이사였던 까닭에 편향성을 띠었던 것이다.

이런 불운은 블랙에게 일시적인 좌절감을 안겨주었겠지만, 7의 패배는 더 오래 이어졌다. 애로의 책이 출간되기 전후로, 사회선택이론에 대한 블랙의 연구는 일부의 관심을 받았을 뿐, 거의 모든 찬사는 애로에게로 향했다. 애로가 외딴 던디 경제학부에서는 상상할 수 없는 영향력을 행사하며 많은 계약을 맺었던 것은 랜드 연구소와 콜스 경제연구소와의 인연 때문만은 아니었다. 지적 세계에서도 애로는 블랙과 전혀 달랐다. 블랙은 자신을 사심 없이 순수 정치과학을 연구하는 학자라 생각했다. 따라서 1948년 랜드 연구소의 한 연구원이 블랙에게 편지를 보내, 랜드 연구소 직원들이 읽어야 할 도서목록을 추천해달라고 부탁했을 때 블랙은 랜드 연구소 같은 비밀 군사 조직을 돕고 싶지 않다는 이유로 답장을 보내지 않았다. 반면에 애로의 미묘하지만 명확한 철학관과 정치관은 자유의 수호자라는 랜드 연구소의 자아상과 절묘하게 맞아떨어졌다. 이런 철학관과 정치관은 〈사회적 선택과 개인의 가치〉에 고스란히 반영되었고, 이 책은 불가능성 정리만으로는 상상할 수 없는 영향을 미칠 수 있었다. 또 애로는 훗날 '자유시장'의 옹호자들이 대거 받아들인 기준틀을 무심코 제시하기도 했다.

제2차 세계대전의 여파로 민주적 방식으로 이루어진 결정의 타당성에 대한 회의가 곳곳에서 제기되었다. 히틀러도 민주적 투표를 통해 권력을 잡았다. 《노예의 길》에서 하이에크는 '공동선common good', '공익public interest', '사회적 목적social purpose'에 대한 논의가 우리를 전체주의로 몰아가는 편리한 도구가 될 수 있다고 역설했다. 하지만 자유로운 개인으로 구성된 사회에서는 결코 공동의 목표가 합의될 수 없기 때문에, 하이에크는 이런 개념 중 어느 것도 실제로는 존재하지 않는다고 주장했다. 따라서 하이에크의 지지자들이 애로의 불가능성 정리를 쌍수를 들어 환영하며 받아들인 것은 조금도 놀랍지 않다. 애로가 하이에크의 주장을 수학적으로 증명한 것처럼 여겨졌기 때문이다.

자유시장주의자들은 애로에게서 더 많은 것을 끌어낼 수 있을 거라고 생각했다. 예컨대 민주주의가 불가능하다면 애로가 민주주의를 대체할 것을 어렴풋이라도 알려줄 것 같았다. 〈사회적 선택과 개인의 가치〉의 앞부분에서 애로가 두 가지 유형의 '사회적 선택'이 있다고 언급한 때문이었다. 하나는 정치적 선택인 투표였고, 다른 하나는 경제적 선택이 이루어지는 시장이었다. 애로의 생각에 투표와 시장은 너무 유사해서 둘의 구분은 '무시'되어도 무방했다. 따라서 하이에크와 시카고학파에게 불가능성 정리에 대한 명백한 대응책은 정치와 투표를 경제학과 시장으로 대체하는 것이었다. 이런 목표는 애덤 스미스, 19세기의 자유방임주의, 전통적인 형태의 보수주의를 크게 뛰어넘는 새로운 도약이었다. 시장에서 국가의 간섭으로부터 해방되고, 가능한 범위 내에서 국가도 대체하겠다는 것이 시카고학파의 비전이었다. 과거에는 정치가 의사결정의 기준을 좌우했다면, 이제는 시장이 그 역할을 하게 되었다고 여겨지는 21세기의 삶에서 이런 비전의 실현은 불가피한 듯하다.

하지만 이런 식으로 시장을 찬양하는 데에는 기본적인 문제가 있다. 시장이 투표와 정말 유사하다면, '불가능성 정리'는 시장에도 적용되기 때문이다. 따라서 애로는 불가능성 정리를 언급한 직후에 "시장 메커니즘은 합리적인 사회 선택을 이루어내지 못한다"라고 말했다.[6]

그러나 애로의 발언에서 이 부분은 무시되었다.

민주주의는
불가능한가?

애로의 논문을 진지하게 연구한 학자라면, 누구도 애로가 사람들에게 원하는 것을 주는 수단으로 민주주의보다 시장을 더 높게 평가했다는 결론을 내리지는 않을 것이다. 이 말은 되풀이할 가치가 있다. 애로의 주장에 따르면, 불가능성 정리는 시장과 투표의 타당성에 문제를 제기한 것이다. 하지만 더 중요한 것이 있다. 애로의 수학을 정확히 이해한 학자들은 거의 즉각적으로 깨달았겠지만, 민주주의의 논리적 '불가능성'은 다양한 방법으로, 예컨대 애로의 가정 중 한두 개를 약화하거나 수정하면 얼마든지 피할 수 있었다. 이런 수정을 통해 신뢰할 만한 투표 제도가 가능하게 되었다.

애로는 불가능성 정리가 쉽게 회피될 수 있다는 것에 당혹감을 느꼈을까? 전혀 그렇지 않다. 오히려 불가능성을 피하는 것이 중요했다! 거의 모두가 '애로의 불가능성 정리'라고 불렀지만, 정작 애로가 불가능성 정리에 부여한 명칭은 '일반 가능성 정리General Possibility Theorem'였다. 친구들은 애로를 못 말리는 낙관주의자라고 놀렸지만, 실제로는 그 이상이었다. 애로는 자신의 가정들이 하나라도 약화되면 그 정리가 유효하지 않다는 걸 처음부터 알고 있었다. 그의 목적은 유의미한 민주주의가 불가능하다는 걸 입증하는 것이 아니었다. 오히려 타협의 범위를 타진하는 것이 그의 목표였다. 어떤 바람직한 특징이 어느 정도까지 희생되어야만 다른 바람직한 특징을 도입하는 투표 제도가 가능하다는 게 불가능성 정리에서 입증되었기 때문이다. 결국 애로의 정리를 받아들여, 투표 제도와 관련된 특정한 방법을 주장하는 것은 전적으로 당사자의 몫이다.

예컨대 A가 B보다 선호되고, B는 C보다 선호되면 A는 C보다 당연히 선호된다는 점에서 집단 선호성은 일관성을 띤다는 것이 애로의 주장이었다. 일관성을 위한 이런 필요조건이 앞에서 제시한 냉전의 예에서는 충족되지 않았다. 다수가 냉전보다 군축을 선호했고, 소수가 열전보다 냉전을 선호했지만, 다수가 군축보다 열전을 선호했기 때문이다. 애로의 일관성을 위한 필요조건은 이런 상황으로 이어지는 투표 방식을 배제하기 때문에 매력적이다. 다시 말하면, 애로의 일관성을 위한 필요조건은 어떤 경우에서나 명확한 승자를 배출하지 못하는 투표 방식을 배제한다. 그러나 항상 승자를 배출하도록 투표 방식을 조정하는 방법은 매우 다양하다.

아마르티아 센은 부분적으로 이 분야에 기여한 공로를 인정받아 1998년 노벨 경제학상을 받았다. 센은 애로가 투표 제도에 너무 많은 것을 요구한다고 주장했다. 센이 지적했듯이, 우리는 승자가 누구인지 알면 그것으로 충분하다. 그러나 애로의 접근법은 투표 제도가 우리에게 더 많은 정보, 예를 들어 승자의 선택만이 아니라 하나에서부터 열까지 모든 대안을 철저히 평가해 등급화한 '집단 선호성'과 같은 정보를 주기를 기대한다. 센은 승자를 가려내는 투표 제도의 수학적인 기준틀을 제시했다. 센의 기준틀은 애로의 접근법보다 훨씬 덜 까다롭고, 이 기준틀에서는 많은 기달통한 투표 제도가 가능하나 많은 경우에, 꽤찮은 투표 제도를 얻기 위해서는 두 번째나 세 번째 대안은 어떤 것인지 모르는 희생을 각오할 가치가 있는 듯하다.

불가능성 정리를 회피하는 또 다른 중요한 탈출로를 분석하려면, 애로가 투표 제도에서 희생시킨 두 가지 바람직한 특징을 먼저 알아야 한다. 두 특징은 훗날 '보편 영역Universal Domain'과 '무관한 대안으로부터의 독립Independence of Irrelevant Alternatives'으로 알려지게 된 것이다. 보편 영역이란 특징은, 투표 제도가 유권자 개개인이 어떤 의견을 제시하고 어떤 선호성을 드러내든 처리할 수 있어야 한다고 요구한다. 무관한 대안으로부터의 독립이란 특징에서는, 두 대안에 대한 투표 제도의 평가는 유권자 개개인이 두 대안을 어떻게 평가하고 등급화하느냐에 따라서만 결정되어야 한다고 요구한다.

언뜻 생각하면, 두 특징은 민주주의 정신을 띠며, 집단 의사를 결정할 때 유권자 개개인의 의견을 우선시하는 듯하다. 하지만 보편 영역에서 말하는 '어떠한 것이든any'은 정확히 수학적 의미를 가지고 있다. 구체적으로 말하면, 여러 대안에 대해 논리적으로 가능한 선호성은 어떤 것이든 처리되어야 한다는 뜻이다. 애로는 여기에서 장벽을 쓸데없이 너무 높게 설정한 것일 수 있다. 민주주의라고 모든 종류의 선호성을 수용할 필요는 없다. 그렇지 않으면, 사람들이 많은 대안에 대한 등급을 완전히 무작위로, 예컨대 동전을 던져서 결정하는 걸 허용하는 것과 다를 바가 없기 때문이다. 이런 경우에는 논리적으로 가능하지만 앞뒤가 맞지 않아 배제될 수 있는 선호성 패턴이 있기 마련이다. 게다가 인류의 역사에 존재한 모든 민주 국가 혹은 민주 사회가 시민에게 표현할 수 있는 선호성에 제한을 두었고, 투표 제도의 선택에서도 제한을 두었다. 실제로 시민이 선출한 대표가 합의한 의제부터, 독일이 '반민주적'인 정당을 금지하듯이 헌법에서 명시적으로 금지하는 조항의 채택까지, 그 제한이 공식적이고 비공식적인 민주적 절차의 결과인 경우도 적지 않다. 이런 제한이 합법적이라면, 애로가 가정한 보편 영역은 배제될 수 있고, 그 결과로 불가능성 정리는 적용되지 않는다.

애로의 가정에서 하나를 약화시킴으로써 다른 가정들을 구하는 식의 논증법은 수십 년 동안 맹위를 떨치며 많은 학술 논문을 양산했다. 그러나 외부자들이 '민주주의는 불가능하다'라는 범퍼 스티커를 붙이는 것에 만족하며 대체로 그런 논문들을 무시했다.

하지만 애로의 영향력은 불가능성 정리를 훌쩍 넘어섰다. 애로는 정치학과 경제학을 생각하는 방법에 대한 과학적이고 보편적인 기준틀, 게다가 민주주의의 진수까지 띠는 기준틀을 제시했다. 애로는 민주주의가 두 부분으로 이루어진다고 생각했다. 하나는 어떤 주제에 대해서나 개인적인 의견이나 선호성을 마음껏 표현할 수 있는 개인의 자유였고, 다른 하나는 그런 개인적인 선호성에만 기반한 집단 결정이었다. 그러나 민주주의에 대한 이런 생각은 '보편 영역'과 '무관한 대안으로부터의 독립'(혹은 수학에 소질이 있는 독자들은 이것을 각각 공리 U와 공리 I라고 명명했다)에 대한 수학적 명제에 감추어졌다. 달리 말하면, 애로는 개인적인 철학관을 제시하며, 자신의 철학관이 보편적인 대수 법칙laws of algebra인 양, 그 철학관을 수학적 언어로, 그것도 낯선 수학적 언어로 표현했다.

애로의 두 공리는 민주주의를 개인주의와 도덕적 상대주의의 강력한 형태로 규정하며, 가끔이라도 개인의 의견을 정당하게 무시하는 사회 철학을 배제한다. 애로의 주된 표적은 소련 공산주의 같은 전체주의 철학이었고, 이런 사실은 하이에크부터 랜드 연구소와 시카고학파 경제학자들까지 많은 독자를 즐겁게 해주었지만, 그의 공리 U와 공리 I는 루소부터 칸트까지 상대적으로 유순한 철학들을 배제할 가능성이 없지 않았다. 그의 추상적인 공리들은 외견상 부드럽게 보이지만, 개인적인 선호성이 천박하고 이기적이며 인종차별적이고 악의적이더라도, 심지어 법과 헌법 및 인권과 충돌하더라도 결코 무시되어서는 안 된다는 뜻이 담겨 있다.

애로의 접근 방식은 민주주의의 의미를 근본적으로 잘못 이해한 것이다. 시민들의 신성불가침한 선호성을 합산하는 투표 제도가 민주주의의 전부는 아니다. 민주주의에서 선호성은 신성불가침한 것이 아니다. 선호성이 추잡한 것일 수 있기 때문이 아니라, 프로파간다와 기만적인 마케팅의 산물일 수 있기 때문이다. 이런 경우에 우리는 의견을 바꾸라고 시민들을 설득한다. 더 일반화해서 말하면, 민주주의에는 다양한 관점들의 화해를 끌어내기 위한 공적 숙고public deliberation, 토론과 설득의 과정이 포함된다. 이런 화해의 시도가 부분적으로만 성공하더라도 그 과정의 결과로 얻는 투표자 선호성은 '보편 영역'이 요구하는 수준보다 적기 마련이다. 이런 화해의 시도가 없다면, 일관된 집단 선호성을 끌어내기는 거의 불가능하다.

애로의 수학적 표현에 정치철학적 의미가 감추어졌다는 걸 처음에는 누구도 완전히 깨닫지 못한 듯하다. 물론 애로 자신도 몰랐을 것이다. 어쩌면 수학적 표현에 그의 정치관을 담아내겠다는 의식 자체가 없었을지도 모른다. 따라서 철학에 소질이 있는 평론가들도 수학적 정의와 연역으로 겹겹이 짜여진 그의 논증을 쫓아가는 데 허덕일 수밖에 없었다. 그래도 애로에게 영감을 받은 세대의 연구자들은 정치과학을 보편적인 참으로 가정된 전제에 근거해 순전히 수학적으로 표현해보려고 시도했다. 당시 서구 국가들은 민주주의가 보편적 진리이고, 언제 어디에서나 타당하다고 생각하며, 그때까지 민주주의를 경험하지 못한 국가들에 선거 민주주의를 거의 강제적으로 전달했다. 이런 현상은 애로식의 사고방식이 얼마나 광범위하게 영향을 미쳤는지를 여실히 보여주는 증거이다.

그러나 애로의 논문이 당시 사회에 미친 영향을 살펴보기 전에, 애로가 살았던 1950년대의 질서정연한 세계부터 정치경제적 격변기이던 1970년대까지 새로운 정치과학이 어떤 변화를 겪었는지 추적해볼 필요가 있다. 이 시기에 세계는 워터게이트 사건, 4배로 치솟은 석유 가격, 만연한 인플레이션, 실업률의 상승과 급상승한 정부 부채 등으로 위기가 연속되었다. 이런 위기가 최고조에 달했던 1978년, 애로는 미국의 민주주의와 자본주의에 미래가 있는지에 대한 토론에 글을 기고해달라는 요청을 받았다. 애로가 쓴 논설의 요지는 〈주의해야 할 사회주의의 사례〉라는 제목에서도 분명히 드러났다.[7] 시장을 위해 정치를 타도하는 지적 혁명이 일어난다면, 애로는 그 혁명을 인도할 만한 사람이 아니었다. 그런 것을 원한다면 완전히 다른 유형의 사람, 즉 수학자보다 예언자에 가까운 사람이 필요했다.

의도적
무지

제임스 맥길 뷰캐넌^{James McGill Buchanan, 1919~2013}은 1919년 테네시주 머프리즈버러에서 태어났다. 그는 그곳의 가족 농장에서 자라며 매일 아침 등교하기 전에 가축의 젖을 짰다. 남부에서 가난하게 자란 배경이 훗날 그의 사고방식에 큰 영향을 미쳤다. 남북전쟁에서 패해 남부 연합이 점령된 때에 대해 할아버지가 들려준 이야기들을 기억하며, 뷰캐넌은 중앙정부를 항상 철저히 불신했다. 그는 항상 "반국가적이고 반정부적이며 반체제적인 사람"을 자처했고, "오히려 나에게는 악덕 자본가가 진실되게 보였다"라며[8] "내가 보기에 정부는 도움을 주는 존재가 아니라, 항상 도움을 받아 보호받는 조직이었다"라고 덧붙였다.[9] 뷰캐넌은 굳은 신념을 품고 자랐고, 그 신념이 옳다는 것을 삶의 과정에서 거듭 확인했다.

시카고 대학 박사과정에 입학하고 6주가 지나지 않아, 뷰캐넌은 밀턴 프리드먼을 비롯한 여러 교수의 영향을 받아 자유시장의 '열성적인 지지자'가 되었다. 그 이후에도 뷰캐넌은 전혀 흔들리지 않았다. 그러나 뷰캐넌을 만든 것은 자유시장의 정통 이론보다 그의 이데올로기였다. 뷰캐넌은 천성적으로 도덕주의자였다. 또한 바이블 벨트^{Bible Belt}(기독교가 강한 미국 남부와 중서부 지대-옮긴이) 출신답게 강렬한 믿음을 지닌 세속의 금욕적인 청교도였다. 그는 자식에게 물려줄 만한 재산이 없기도 했지만 부모가 자식에게 재산을 물려줘야 한다고 생각하지 않았고, 어떤 정당에도 공식적으로는 가입하지 않았다.

뷰캐넌은 이른바 '동부해안 체제East Coast Establishment'에 대한 자신의 불신을 해군에서 처음 확인했고, 대학 교수직에 지원했을 때는 아이비리그 출신의 덜 떨어진 지원자들에게 밀리며 교수직에서 제외된다는 것을 몇 번이고 절감한 탓에 그런 불신이 더욱 깊어졌다. 뷰캐넌은 노골적인 차별을 받았다는 불만을 감추지 않았지만,[10] 1986년 노벨 경제학상을 수상한 후에는 유리 천장에 대해 더는 걱정하지 않았다. 뷰캐넌은 아이비리그 대학들보다 버지니아주의 여러 대학을 전전하며 대부분의 시간을 보냈다. 그는 정치적 견해 때문에도 미국 엘리트 학계와 물리적으로 멀어질 수밖에 없었다. 뷰캐넌과 그의 동료들은 공익을 위해 일하는 '중립적' 관료에 대한 주류 학계의 믿음을 공산주의로 가는 지름길이라 보았고, 자신들의 접근법을 '공공선택이론public choice theory'이라고 칭했다. 대중은 일관된 집단 선택을 하지 못하고, 공익이나 공공선, 공공 서비스와 공복公僕이란 공무원은 실질적으로 존재하지 않는다는 그들의 믿음을 고려하면 '공공선택이론'은 앞뒤가 맞지 않는 명칭이다.

애로의 이론과 달리, 공공선택이론은 요약하기가 쉽다. 뷰캐넌이 하이에크에게 보낸 편지에서 말했듯이, 공공선택이론은 "낭만적인 면이 없는 정치"이다. 뷰캐넌은 정치인과 관료, 유권자 등 정치와 관련된 모든 사람이 협소하고 이기적인 목적에서만 동기를 부여받는다고 생각했다. 공공선택이론은 이 단순한 생각에 담긴 뜻을 파헤치는 데 몰두한다.

정부는 오만하면서도 무능하고 비효율적이며 약점이 있어 특수 이익단체에 취약하다는 공감대, 또 일상의 삶에 무람없이 간섭한다는 공감대가 요즘에는 폭넓게 확인되어 있다. 몇몇 조사에서 밝혀졌듯이, 많은 미국인이 워싱턴의 정치를 부정적으로 묘사하며 치아뿌리관의 치료와 머릿니에 비교한다. 공공선택이론은 이런 공통된 의견을 형성하는 데 일조하는 수준을 넘어, 정부와 정치에 대한 공통된 합의 자체가 되었다. 1950년대 중반 애로 이론의 영향 하에서 시작된 공공선택이론은 20년 동안 꾸준히 발전하며 정치의 모든 면을 포괄적으로 분석하기에 이르렀다. 이 지적 혁명은 학계를 넘어 실제 정치 세계에 즉각적으로 영향을 미치지는 못했지만, 그것은 폭발하기를 기다리는 시한폭탄과 같았다.

기폭제는 1970년대의 정치경제 위기였다. 뷰캐넌과 그의 추종자들은 서구의 정부들이 이런 혼란에 빠질 수밖에 없었던 이유를 설명해냈고, 그 이유를 '정치적 과부하'라고 칭했다. 공공선택이론에 따르면, 정치인은 이기심 때문에 당선과 재선에만 몰두한다. 따라서 정치인은 더 많은 표를 얻을 수 있는 정책을 채택하려 한다. 이런 행동이 민주주의에 좋을까? 그렇지 않다. 많은 시민이 투표하지 않기 때문에 다수의 지지를 받는 정책이 곧 시민의 이익을 가장 잘 대변하는 정책이라고 말할 수 없다. 더 큰 문제는 이기적인 투표자가 현명한 투표자가 아니라는 것이다.

공공선택이론에서는 이기적인 투표자는 '합리적으로 무지한' 사람이라고 주장한다. 각 투표자의 한 표가 결과에 큰 차이를 만들어낼 가능성은 극히 낮다. 따라서 공공선택이론에 따르면, 투표자는 후보자와 정책에 대해 정보를 얻으려고 시간과 노력을 투자할 만한 가치가 없다. 투표자는 어느 정도까지 무지함을 유지하고, 특히 자신에게 거의 영향을 미치지 않는 정책에 대해서는 아무런 관심을 갖지 않는다. 이런 '의도적인 무지willful ignorance'가 이기심과 결합되면 위험해진다. 예컨대 어떤 정치인이 당신의 공동체에 학교나 병원을 새로 짓겠다며 신규 프로젝트를 약속하지만, 그 비용을 전반적으로 납세자가 부담해야 하더라도 공공선택이론에 따르면 그 약속은 당신의 표를 얻을 수 있다. 당신이 추가로 부담해야 하는 세금은 지극히 적기 때문이다. 정치인의 약속이 갖는 심리적 효과는 명확하다. 이익은 지역적이어서 금세 분명하고 구체적으로 드러나지만, 세금 부담은 전반적인 데다가 나중에는 모호해져서 인지되지도 않는다. 선거가 다가오면, 모든 정치인과 정당이 이런 공약을 남발하며 이익단체와 선거구민의 표를 얻으려고 경쟁한다. 이런 공약 경쟁은 제한을 받지 않아, 결국 정치적 과부하에 이른다. 쉽게 말하면, 세수가 공공지출을 감당하지 못해 정부 부채가 급증하는 것이다.

이 이야기는 1970년대에는 새로운 것이었지만 오늘날에는 당연하게 여겨진다. '정치'가 일종의 금기어가 된 이유 중 하나도 여기에 있다. 하지만 이 이야기는 1970년대와 21세기 초의 정치경제에 닥친 위기에 대해 설명하기에는 부족하고 자기모순적이며, 사실을 무시한 것이다.

합리적으로 어리석은
유권자

공공선택이론가는 처음으로 합리적 행동을 이기심과 동일시한 경제학자였다. 공공선택이론을 다룬 초기의 영향력 있는 저서는 1957년에 발간된 앤서니 다운스Anthony Downs 1930~의 《민주 정치의 경제 이론》이었다.

다운스는 "합리적 행동에 대해 말할 때마다 우리는 주로 이기적 목적에 부합하는 합리적 행동을 뜻한다"라고 단호히 주장했다.[11] 사람을 이기적이라 추정하지 않은 애로와는 완전히 대조된다. 애로는 인간이 자신의 목적을 추구할 때 합리적이고 일관적이라 추정했을 뿐이다. 애로의 이론에서 목적 자체는 이기적이든 이타적이든, 고결하든 천박하든 중요하지 않았다. 애로가 다운스의 박사학위 지도교수였다는 사실은 주목할 만하다. 《민주정치의 경제 이론》은 다운스의 박사학위 논문이었고, 아무런 수정 없이 발간되었다. 이런 양립된 충성심에서, 그가 고작 5년 후에 정치적 행동 뒤에 감춰진 복합적인 동기가 모두 이기적이지는 않다는 걸 인정하며 180도 달라진 이유가 설명되는 듯하다. 그러나 학생 세대에 전해진 것은 원래의 《민주정치의 경제 이론》이었고, 이 책은 미국 정치학에서 가장 많이 인용되는 저서 중의 하나가 되었다. 안타깝게도 다운스의 수정된 의견은 반영되지 않았다.

'정치적 과부하'에 대한 논증을 세밀히 파고들면, 그 논증에 모순이 있다는 게 확인된다. 더 크게 보면, 그것은 공공선택이론 자체의 모순이기도 하다. 투표자는 '합리적'이지만 속임수에 쉽게 넘어간다. 과부하 논증은 투표자를 속임수에 잘 넘어가는 사람, 즉 공공지출의 약속에 유혹되고, 전반적인 지출의 증가가 정부 부채와 향후의 세금에 악영향을 미친다는 걸 의식하지 못하는 사람으로 묘사했다. 하지만 유권자가 눈앞에서 달랑거리는 공공지출의 약속에만 근거해 투표하는 것은 아니라는 뚜렷한 증거들이 연이어 나타났다. 유권자는 경제가 무엇인지 명확히 정의하지 못하고 정치인의 능력을 객관적으로 평가하기 힘들더라도 경제를 관

리하는 능력을 기준으로 정치인을 판단한다.[12]

뷰캐넌의 생각에, 문제는 유권자의 어리석음보다 도덕적 타락이었다. 또 뷰캐넌은 그 시대에 점점 확산되는 도덕적 타락이 1960년대에 시작된 케인스의 방만한 재정 정책(정부의 '증세와 공공지출')에서 비롯된 것이라 보았고, 케인스주의가 특히 "성행위에 대한 관대한 태도"와 "청교도적 근면성의 쇠락"을 부추긴다고 비난했다.[13] 유권자의 역할을 어디까지 제한했는지는 명확하지 않더라도 그런 제한을 강조했다는 점에서 공공선택이론은 대부분의 전통적인 경제 이론, 특히 정부 역할의 축소를 강조한 이론들과는 사뭇 달랐다.

공공선택이론과 거의 같은 시기에 거시경제학에서 정부 역할의 축소와 관련된 새로운 이론인 통화주의monetarism가 등장했다. 밀턴 프리드먼을 필두로 하는 통화주의자들은 뷰캐넌만큼이나 케인스주의에 적대적이었지만 이유는 달랐다. 통화주의자는 경제 활성화를 위한 공공지출은 무익하다고 생각했다. 증가한 공공지출은 장래에 증세로 갚아야 할 빚이다. 이런 등식은 누구나 알고 있다. 사람들은 장래에 인상될 세금에 대비해 허리띠를 졸라매며 현재의 지출을 줄인다. 따라서 공공지출의 자극 효과는 개인 지출의 감소로 금세 상쇄된다. 이 이야기에서 유권자는 장래의 세금을 잊지 않고 주의를 기울인다. 통화주의자와 공공선택이론가는 똑같이 공공지출의 축소를 주장하지만, 그들이 주장의 근거로 내세우는 이야기는 서로 모순된다.

공공선택이론 내에서도 어리석은 유권자라는 가정은 부분적이고 자기모순적으로 적용된다. 유권자가 공공지출 공약에 끊임없이 속는다면,

유권자에게 지출 삭감과 긴축 재정을 우선시하는 정부를 지지해달라고 간청해보았자 소용이 없다. 그러나 많은 공공선택이론가들이 그런 주장을 거듭해왔다. 뷰캐넌은 1970년대에 미국에서 일어난 모든 '납세자 반란'에 직간접적으로 연루되었고, 1980년에 당선된 로널드 레이건 정부에는 뷰캐넌의 제자들이 대통령의 경제 고문 등 여러 직책에 대거 참여했다. 선거에서 경쟁이 치열해지며 이기적인 정치인들이 공공지출 공약을 남발한다면, 그 악순환을 끊겠다고 공약하는 정부가 당선될 가능성은 거의 사라진다. 따라서 공공지출의 감소를 대외적으로 내세웠던 레이건과 대처의 당선은, 공공선택이론이 가정하듯이 유권자와 정치인이 항상 어리석고 이기적이지는 않다는 강력한 증거였다. 여기에서 모순을 피하기 어렵다. 작은 정부를 목표로 하던 경제학자들 사이에서 지극히 가까운 동료들도 의견이 서로 달랐다. 밀턴 프리드먼은 정부의 역할을 축소하는 정책과 정치인을 지지하도록 유권자를 설득할 수 있을 것이라 생각했지만, 그의 시카고학파 동료이자 친구이던 조지 스티글러는 유권자에 대한 의심을 떨치지 못했다. 그러나 스티글러는 자신의 허무주의적 세계관을 얼버무리며 "밀턴은 세계를 변화시키고 싶어 하지만 나는 세계를 이해하려고 할 뿐이다"라고 말했다.[14]

물론 다른 모순도 있다. 첫째, 인간은 누구나 이기적이기 때문에 정치인과 관료와 유권자도 이기적이라고 가정한다면 공공선택이론가를 비롯해 학자들도 이기적이기 마련이다. 따라서 공공선택이론을 충실히 따르자면, 우리는 공공선택이론가를 객관적인 학자나 중립적인 관찰자라고 믿어서는 안 된다. 오히려 그들도 자신의 경력에 도움이 되는 쪽으로 말하고 글을 쓴다고 생각해야 마땅하다.

애로와 뷰캐넌이 학문적인 관심사와 가치관에서만 동기를 부여받은 것이 분명하더라도 이기심에 매몰된 경제학자들의 사례를 찾아내기는 그다지 어렵지 않다. 2010년에 공개된 다큐멘터리 〈인사이드 잡〉에서 보듯이, 세계 금융 위기가 닥치기 전까지 수년 동안 몇몇 경제학자가 보여준 행태가 대표적인 예이다.[15] 일반화해서 말하면, 정치인과 관료만이 아니라 공공 부문에서 일하는 직원들을 믿을 수 없으므로 공공 서비스를 민간 부문으로 이전하라고 조언하는 외부의 컨설턴트와 분석가까지, 자기 잇속을 차리려는 행동의 증거는 차고도 넘친다. 따라서 이 모순에서 배운 교훈은 이렇게 정리할 수 있다. 공공선택이론을 진지하게 받아들이려면 민간 부문의 학자와 컨설턴트, 로비스트와 조언자까지 포함해 정책 결정 과정에 관여한 모두에게 그 이론을 포괄적으로 공명정대하게 적용해야 한다는 것이다.

둘째, 공공선택이론의 예측에 따르면 많은 유권자가 굳이 투표하려고 하지 않는다. 투표하는 비용도 적지만, 기대 수익은 훨씬 더 적어 한 표가 결과를 결정할 확률이 거의 제로에 가깝기 때문이다. 그럼에도 많은 사람이 투표한다. 앤서니 다운스는 상당히 높은 투표율에 어리둥절하며, 그 현상을 '패러독스'라 칭했다. 공공선택이론의 예측과 달리, '투표율의 패러독스'에서 투표자는 합리적이고 타산적인 사람이 아니라는 뜻이 읽혀진다.

잠깐만! 공공선택이론이 자신의 이론으로 너무 쉽게 반박되는 것 같지 않은가? 공공선택이론으로 공공선택이론을 비판하는 이런 접근법은 지나치게 성급하고 자기기준적인 학계의 관습이다. 정치에 대한 공공선택이론의 관점에는 움직일 수 없는 진실이 있기 때문이다. 이기적인 관심사에서 동기를 얻는 정치인과 관료, 투표자가 분명히 존재한다. 이 생각은 결코 새삼스러운 것이 아니다. 이미 500년 전, 이탈리아 외교관 니콜로 마키아벨리Niccolò Machiavelli, 1469~1527는 이기적이고 냉소적인 정치인과 관료가 취하는 정교한 전략에 대해 자세히 서술했다. 공공선택이론은 제2차 세계대전 이후에 순진하고 단순한 환상에 대한 반발로 시작되었다. 어떤 바람직한 정책 변화가 경제학자나 그 밖의 전문가에게 환영받으면 정치인과 관료가 그 정책을 실현하기 위해 최선을 다할 것이란 환상이 있었다. 뷰캐넌과 그의 동료들은 그런 환상을 깨뜨리는 아웃사이더를 자처했다. 하지만 1980년대에 그들은 이미 인사이더, 즉 내부자였다.

공공선택이론은 영국의 대처와 미국의 레이건을 시작으로 주류 정치계를 정복했고, 적어도 표면적으로는 통화주의자의 거시경제와 깔끔하게 맞아떨어지는 것 같았다. 또 공공선택이론에서는 애로의 불가능성 정리와 하이에크의 자유관에 기초한 민주주의에 대한 비관적 생각도 엿보이고, 정부보다 시장에 더 힘을 실어주는 것 같기도 했다. 게다가 핵심적인 사실들이 공공선택이론의 손을 들어주는 듯했다. 투표율은 간혹 약간 상승했지만, 대부분의 선진 민주국가에서는 투표율은 끝없이 하향 추세였다. 공공지출을 줄이겠다고 공언한 국가에서도 공공지출은 꾸준히 증가했다. 그 이유가 무엇일까? 이기적이고 근시안적인 정치인과 관료와 투표자의 공공선택이론이 아니면, 대체 어떻게 이 상황을 설명할 수 있을까?

공공지출의 증가를 설득력 있게 설명한 한 대안적 이론은 1960년대 이후로 경제학자들에게 익숙한 것이었지만, 지금도 정치 토론에서 전혀 언급되지 않는 이론이다.

보멀의
비용병

가격이 점점 내리는 것이 있는 반면, 더 비싸지는 것도 있다.

맞는 말이다. 그러나 근본적인 차원에서는 "시간이 지남에 따라 평균 소득에 비해 가격이 내리는 것이 있지만 더 비싸지는 것도 있다"라고 말하는 것이 정확하다. 대량생산되는 제품의 가격은 꾸준히 떨어진다. 따라서 평균 노동자가 오늘날 텔레비전이나 세탁기를 구입하는 비용이 급여에서 차지하는 몫은 10년 전에 비하면 낮고, 30년 전에 비하면 훨씬 더 낮다. 그러나 노동집약적인 서비스의 경우는 정반대이다. 보육 비용, 양로원 청구서, 대학 등록금, 최고급 식당, 공연 티켓 등은 상당히 비싸졌고, 평균 소득에서 차지하는 비율도 높은 편이다. 스마트폰이 1990년대 말 처음 출시되었을 때 그 가격은 클래식 공연 티켓 30장의 값에 버금갔다. 하지만 현재 스마트폰의 가격은 티켓 2장의 값과 거의 같다.[16] 이런 차이의 원인을 꼽자면, 제조업에서는 규모의 경제, 혁신과 자동화로 수십 년 전부터 생산성(시간당 노동 생산량)이 꾸준히 향상된 반면 노동집약적인 서비스에서는 생산성이 거의 증가하지 않았기 때문이다.

제조업과 경제 전반에서 생산성이 향상된 덕분에 임금이 증가했는데도 소비자가 지불해야 할 가격이 인상되지 않는다. 그러나 노동집약적 서비스의 생산성은 눈에 띄게 향상되지 않았지만 그렇다고 임금까지 정체되지는 않는다. 서비스 부문의 임금이 다른 부문보다 낮아지면, 고용주가 노동자를 모집해 붙잡아둘 수 없기 때문이다. 따라서 노동집약적인 서비스의 임금도 경제 전체의 평균 임금과 비슷하게 인상되어야 한다. 임금 인상을 상쇄할 만한 생산성 향상이 없기 때문에, 다시 말하면 더 많은 임금을 받는다고 더 많은 제품을 생산하는 것은 아니기 때문에, 노동집약적인 서비스를 제공하는 기업은 어쩔 수 없이 가격을 인상해야 한다. 따라서 다른 모든 재화와 서비스의 가격과 비교할 때, 노동집약적인 서비스의 가격은 시간이 지날수록 증가한다. 다른 식으로 말하면, 노동집약적인 서비스에 소비되는 국민소득의 몫은 시간이 지남에 따라 꾸준히 증가하는 것이다.

윌리엄 보멀William Baumol, 1922~2017은 이런 현상에 가장 먼저 주목한 경제학자였고, 따라서 이 현상은 보멀의 비용병Baumol's cost disease이라 알려지게 되었다.[17] (보멀은 케네스 애로와 같은 시기에 뉴욕시립대학에서 공부했지만, 보멀은 경제학과 예술학을 전공한 반면 애로는 수학을 전공했다.) 노동자가 제공하는 노동 시간이 서비스의 일부인 경우, 그런 서비스 분야에서 보멀의 비용병은 특히 치명적이다. 이 서비스에서는 노동 시간을 줄인다고 생산성이 증가하지는 않는다. 오히려 다른 종류의 서비스가 된다. 보멀이 지적했듯이, 모차르트 현악 사중주의 공연에서 연주자의 생산성은 모차르트 시대 이후로 변하지 않았다. 예나 지금이나 4명의 연주자가 필요하고, 공연 시간도 똑같다. 의사에게 한 시간 동안 진료를 받는 경우도 다를 바가 없다. 의사에게 30분 동안 진료를 받고, 30분 동안 온라인으로 질문서를 채워야 한다면 완전히 다른 서비스가 된다.

보멀의 비용병의 영향은 무척 충격적이다. 미국 국내총생산^{GDP}에서 의료에 지출되는 비율은 매년 약 1.4퍼센트씩 증가하는 추세이다. 보멀은 이런 추세가 꾸준히 계속될 것이라 예측했다. 그렇다면 현재의 의료비 지출이 GDP의 약 18퍼센트 수준이지만 2100년쯤에는 약 60퍼센트까지 증가한다는 뜻이다.[18] 다른 국가들의 자료에서도 미국만큼 두드러지지는 않지만 비용병이 확인된다. 예컨대 영국에서는 의료비 지출의 추세가 현재 GDP의 10퍼센트에서 2100년에는 50퍼센트까지 증가할 것으로 예측된다.

믿기지 않는가? 보멀의 예측은 많은 경제학자의 예측보다 진지하게 받아들일 가치가 있다. 보멀이 1960년대에 가장 먼저 비용병에 대해 언급하며, 당시 경험에 의거해 제시한 예측들이 거의 옳았던 것으로 입증되었기 때문이다.* 일반화해서 말하면, 비용병 현상은 자료로 뒷받침된다. 1978년부터 2012년까지, 미국에서 평균 가격과 평균 임금은 각각 110퍼센트와 150퍼센트 인상되었다. 같은 기간에 의료 비용은 약 250퍼센트 증가했고, 대학 교육비는 약 440퍼센트 증가했다. 많은 국가에서 의료는 상당 부분 공공 부문의 몫이다. 그러나 미국 자료에서는 비용

---

* 50년 후, 보멀은 당시 '너무 겁난 까닭에' 예측을 예측(prediction)이라고 말하지 못하고 '외삽(extrapolation)'이란 표현을 사용했다고 인정했다. 이처럼 직관에 반대되는 이론을 처음 주창하는 사람도 그 이론을 진지하게 받아들이지 못하는 경우가 적지 않다.

병이 민간 부문에 속한 의료에서도 증가한 것으로 나타난다. 비용병에 대한 객관적인 자료와 보멀의 설명에서 확인되듯이, 증가한 의료비 지출에 따른 공공 지출의 증가는 게으르고 비효율적으로 일하는 공공 부문의 노동자 때문이 아니다. 지출의 증가는 의료라는 서비스에 내재된 특징이란 뜻이다.

각양각색의 의견을 지닌 주류 정치인들이 보멀의 비용병에 대해 함구하는 이유는 쉽게 이해할 수 있다. 보멀의 비용병이 의료와 교육 같은 핵심적인 서비스를 제공할 수 없는 섬뜩한 미래를 예고하는 듯하기 때문이다. 그런 미래를 벗어날 방법은 없다. 공공 부문에서 제공하든 민간 부문에서 제공하든 간에 의료와 교육 같은 서비스는 엄청난 비용 때문에 제공되지 못할 가능성이 크다.

하지만 다행스럽게도 비용병은 생각만큼 불길한 것이 아니다. 의료와 교육 등 노동집약적인 서비스가 상대적으로 비싸지지만 감당할 수 있는 수준을 벗어나지 않는 것이 현실이다.

다른 것들의 가격이 점차 하락하기 때문에 무엇인가가 '상대적으로' 비싸질 수 있지만, 과거에 비해 충분히 감당할 수 있는 수준이다. 노동집약적 서비스가 이런 경우이다. 사회가 무엇인가를 적정 가격으로 제공할 수 있느냐를 판단하는 중요한 척도는 투입되는 노동량, 즉 그것을 만들기 위해 투입되는 노동 시간이다. 결국 노동 시간이란 무엇인가를 생산할 때 인간이 투입하는 실제 비용이다. 생산성은 경제의 거의 모든 부문에서 증가하기 때문에, 동일한 결과를 생산하는 데 필요한 노동량은 거의 모든 부문에서 줄어든다. 투입되는 노동량을 기준으로 보면, 모든 것을 과거보다 더 쉽게 구할 수 있다. 다른 식으로 표현하면, 경제 전반의 생산성 향상으로 평균 임금이 가격보다 더 빨리 올라가므로 구매력이 증가하고, 따라서 대부분의 재화와 서비스를 더 쉽게 구매할 수 있게 된다. 보멀의 예측이 맞아, 미국의 의료비 지출이 2100년에 GDP의 60퍼센트가 되더라도 다른 부문에 소비할 여력은 충분할 것이다. GDP에서 적잖은 부분을 차지하는 많은 것의 가격이 내릴 것이기 때문이다.

이런 이야기가 거의 언급되지 않는 이유는 미묘하면서도 민감한 이야기이기 때문이다. 게다가 더 깊이 파고들수록 더욱더 미묘해진다. 물론 시간의 흐름에 따라 노동집약적인 서비스에도 생산성 향상의 여지가 있다. 모차르트 현악 사중주를 연주하는 데도 지금은 18세기보다 노동량이 덜 요구되는 게 사실이다. 오늘날 4명의 연주자가 모차트르 현악 사중주를 연주하려고 빈에서 프랑크푸르트까지 가는 데 서너 시간이면 충분하다. 1790년 모차르트도 똑같은 여정을 밟았는데, 그의 기록에 따르면, 온갖 불편을 겪으며 엿새가 걸렸다. 그런데도 모차르트는 더 오랜 시간이 걸리지 않았다고 즐거워했다.[19] 또 요즘에는 소프트웨어 패키지가 의사보다 더 정확하게 진단하고, 대학 강의는 녹화되어 온라인으로 수백만 명에게 제공된다. 하지만 의료와 교육 같은 서비스의 생산성 향상에는 한계가 있다. 심리 치료나 학위 논문 평가처럼 수혜자의 요구에 맞추어 제공되는 서비스는 본질적으로 유일무이할 수밖에 없다. 규모의 경제를 추구할 여지도 없다. 양질의 맞춤 서비스는 간혹 '낮은 생산성'과 동의어로 쓰인다. 어떤 학교가 학급의 규모를 늘리면 교육의 질이 낮아진다고 생각하지, 누구도 교사의 생산성이 증가한 것이라고 생각하지 않는다.

다른 복잡한 문제도 있다. 노동집약적인 서비스의 상대적 가격이 상승하면, 일반적인 상품의 가격이 상승할 때처럼 우리가 대응할 가능성이 없지 않다. 요컨대 덜 구매하는 것이다. 그러나 부유한 국가에서는 의료와 교육 같은 핵심적인 서비스를 더 많이 요구하며, 더 많은 사람이 고등교육기관에 입학하고, 불편을 감수하며 사소한 건강 문제까지 치료를 받으려 한다.

끝으로, 의료와 교육 같은 서비스 비용의 상승이 보멀의 비용병 때문이더라도 그 서비스가 민간 부문보다 공공 부문에서 제공될 때 비용이 더 높을 가능성이 있다는 것도 문제이다. 이런 가능성에 대한 뚜렷한 증거가 아직까지는 발견되지 않았다. 미국의 의료처럼 민간 부문이 공급하는 서비스의 가격이 인상되는 속도는 적어도 공공 부문보다 느려지는 않다는 게 곳곳에서 확인되기 때문이다. 하지만 공공 서비스는 나쁘고, 민간 서비스는 좋다는 인식이 너무 깊고 넓게 확산되었고, 그런 인식의 가장 큰 정책적 승리인 '민영화provatization'를 간략히 평가해볼 필요가 있다.

이 인식의 옳고 그름을 객관적으로 판단할 만한 기준은 1979년 마거릿 대처가 수상에 선출된 직후 영국에서 시작한 대대적인 민영화 프로그램이다. 영국의 민영화에 대한 포괄적이고 장기적인 연구에 따르면, 그 결과는 장밋빛으로 가득하던 기대에 부응하지 못했다.[20] 민영화된 기업들은 경쟁 상대가 거의 없는 독점이나 과점 기업이었기 때문에 상당한 수익을 거두었다. 관리자의 급여가 가파르게 올랐지만, 실적이 형편없는 관리자를 해고하고 더 나은 관리자를 찾으려 노력했다는 증거도 없었다. 따라서 관리자의 이직률은 낮을 수밖에 없었다. 민영화된 기업은 이윤을 추구하며 비용을 줄이려고 노력할 것이라는 게 민영화 지지자들의 주장이었다. 그러나 현실에서는 급여 비용과 주주 배당금이 증가함으로써 비용 절감 효과가 상쇄되고 말았다. 종합적으로 판단할 때 민영화는 생산성과 서비스 가격의 장기적인 추세에서 아무런 차이를 만들어내지 못했다.

보멀의 비용병은 우리에게 무엇을 말해주는 것일까? 보멀의 비용병은 공공선택이론보다, 최근에 많은 국가에서 공공 지출이 증가한 이유를 더 설득력 있게 설명해준다. 비용병은 의료나 교육 같은 서비스의 특징을 직접적으로 다룬다. 우리는 학생 수가 적은 교실과 의사에게 진료받는 시간을 소중하게 생각하기 때문에 이런 서비스는 본질적으로 생산성이 낮을 수밖에 없다. 민간 기업이 재화와 서비스를 더 낮은 비용으로 더 효율적으로 제공한다고 단언할 만한 이론과 증거는 없다. 의료와 교육 같은 서비스가 중단되는 위기는 없을 것이다. 다른 재화와 서비스와 비교할 때 그런 서비스의 가격이 인상되는 것은 피할 수 없는 사실이지만, 우리의 구매력이 상승하는 속도만큼 빠르지는 않을 것이다. 그렇지만 커다란 정치적 문제가 앞에 놓여 있다. 이런 서비스가 공공 부문에서 제공된다면, 현재의 서비스 수준을 유지하기 위해서라도 시간이 지남에 따라 필연적으로 세금이 인상될 수밖에 없다는 것이다. 민영화는 가난한 사람에게 그런 서비스를 누릴 기회를 빼앗아갈 뿐이므로 적절한 대안이 될 수 없다.

우리는 우리 수준에 맞는
정치를 갖는다

비용병에는 의료와 교육 같은 기존의 공공 서비스를 유지하려면 세금 인상이 불가피하다는 뜻이 담겨 있다. 21세기의 민주 국가들은 이런 세금 인상에 저항감을 드러내며, 이런 반응은 비관적으로 받아들여진다. 이런 비관주의는 적어도 부분적으로는 공공선택이론의 영향이다. 공공선택이론에는 정치인은 결코 증세를 제안하지 않고, 유권자는 증세에 결코 동의하지 않을 것이란 의미가 함축되어 있기 때문이다. 물론 우리는 과거의 경험을 근거로 정치의 가능성에 대해서도 비관적으로 생각해 왔다. 그러나 마키아벨리조차 대부분의 정치인은 저급한 동기만큼이나 고결한 동기를 갖고 있다고 믿었다. 비교해서 말하면, 공공선택이론은 이기적인 정치인과 관료와 유권자의 조악하고 일차원적인 면을 드러내고 있을 뿐이다. 현대 국가에서 정부의 역할이 전례없이 폄하되는 현상이 유행처럼 번진 것도 공공선택이론과 무관하지 않다.[21] 그러나 프리드리히 하이에크의《노예의 길》조차 어느 정도까지의 사회 보험, 즉 '복지 국가welfare state'를 비롯해 정부의 광범위한 역할을 인정했다.

　1960년대에 주기적으로 실시된 조사에 따르면, 보통 사람들은 정치인과 관료가 대체로 공공의 이익을 추구하려고 노력하고, 유권자에게는 "책임을 추궁하는 힘"이 있다는 일반적인 정치관을 받아들이는 것으로 드러났다. 공공선택이론이 당시 학계에서 거의 같은 시기, 1970년대 말에 시작된 것은 우연의 일치가 아니다. 그 시기는 현대인의 정치에 대한 냉소주의가 뿌리를 내린 때였다. 그렇다고 우리가 의식적으로 공공선택 이론을 받아들였다는 뜻은 아니다. 일례로 제임스 맥길 뷰캐넌과 앤서니 다운스라는 이름이 널리 알려지지는 않았다. 공공선택이론에 대한 논증은 더욱 미묘한 영향을 남겼는데, 대다수의 논증이 자기충족적 예언self-fulfilling prophecy과 흡사했기 때문이다. 공공선택이론의 주장에 따르면, 관료를 비롯해 정부에 고용된 사람들(많은 국가에서는 대부분의 의사와 교사가 여기에 포함된다)은 이기적인 동기만을 갖고 있다. 그러나 이런 주장과 달리, 많은 공무원이 공공 서비스 정신을 받아들이며, 의사의 히포크라테스 선서처럼 자신의 업무에 적합한 전문성을 갖추려고 노력한다는 명백한 증거가 적지 않다. 오히려 공공선택이론에 영향을 받은 정책들이 이런 도덕적 원칙과 기준의 추락을 부추긴다. 우리가 최악의 인간을 가정하면 그들도 우리의 암울한 기대치를 넘어서지 않는다. 그 결과로, 공공 서비스의 질과 효율성은 향상되기는커녕 추락하기 십상이다.

또 하나의 자기충족적 예언은 투표율에 관한 것이다. 다운스의 《민주정치의 경제 이론》은 투표를 무의미한 것이라 주장하며 투표율 하락을 부추기는 씨를 뿌렸다. 투표는 고정된 선호성을 집단으로 표현하는 것에 불과하다는 애로의 이론을 그대로 물려받는 데 그치지 않고, 다운스는 여기에 선호성이 순전히 이기적이란 가정을 덧붙였다. 다운스는 유권자를 이기적인 소비자로 보았고, 유권자의 표를 확보하기 위한 정당 간의 경쟁은 시장 점유율을 두고 다투는 기업 간의 경쟁으로 보았다. 다운스는 이런 경쟁에서 승리하려면 공개토론을 통해 유권자를 설득하는 것보다, 현대 마케팅 기법이 더 효과적이라고 생각했다. 유권자는 철저히 이기적이라는 가정에는 그들의 관심사는 오로지 경제적 행복이라는 일차원적 수준에 머물기 때문에 선거의 승패를 가르는 부분도 똑같이 일차원적일 것이란 뜻이 담겨 있다. 여기에서 승리하기 위한 전략은 명확하다. 중도층이 좋아할 만한 정책을 제안하면 된다. 이것이 바로 덩컨 블랙의 '중위 투표자 정리'이다. 그러나 블랙은 이 정리가 투표자의 행동에 대한 현실적인 모델이 아니라, 순전히 이론적 분석에 불과하다고 보았다.

1960년대 이후로 이런 분석법이 주요 정당들에 영향을 미치기 시작했고, 정당들은 충실한 공약보다 마케팅에 더 의존하는 경향을 띠었다. 정당들이 중도층을 겨냥하며 중위 투표자를 포섭하려 했기 때문에 모든 정당의 정책들이 엇비슷해졌다. 예측대로 투표율이 하염없이 떨어졌다. 정권을 잡을 가능성을 가진 모든 정당의 정책이 유사하다면 굳이 투표할 이유가 없었던 것이다. 게다가 마케팅이 정치적 논쟁을 대체한 까닭에 격정적이고 자극적인 언어가 사라지면서 유권자들도 관심을 잃었다.

예기치 않게 내부자의 정치 과정에 대한 비판이 더해지며 유권자의 참여는 더욱더 떨어졌다. 공공선택이론에서 냉소적이고 이기적이며 근시안적인 인간으로 묘사되던 정치인과 관료가 오히려 공공선택이론의 반정치적인 사고방식을 받아들인 듯했다. 유엔과 세계은행, 유럽연합 집행위원회의 관료들은 정책 결정이 탈정치화되어야 한다고 수십 년 전부터 주장해오던 터였다. 영국 블레어 정부에서 영향력 있던 한 장관은 "우리 접근법은 권력을 있어야 할 곳에 두려는 욕망에서 비롯된 것이다. 따라서 권력을 정치인에게 두지 않고, 권력을 다양하게 활용하는 데 최적화된 사람들에게 주려는 경향이 뚜렷해졌다. … 핵심적인 의사결정의 탈정치화는 권력을 국민에게 더 가까이 가져가는 데 반드시 필요한 요소이다"라고 설명했다.[22] 그 장관은 영란은행$^{Bank\ of\ England}$(영국의 중앙은행-옮긴이)의 이자율 결정, 독립된 위원회의 최소임금 결정을 예로 들었다. 정치인은 선거 때문에 이자율을 조작하고 싶은 유혹에 빠질 수 있어 어떤 결정을 내리더라도 신뢰받지 못하므로, 선거와 무관한 테크노크라트에게 정치 권력의 대부분을 양도해야 한다고 정치인 자신이 믿게 되면, 유권자도 똑같은 식으로 생각하기 마련이다. 정치인들은 비선출직 관리에게 권력을 양도하는 행위는, 민주적 절차에 따라 자신에게 맡겨진 책임을 다하지 않고, 선거로 위임받은 권한을 포기하는 것이라 예부터 생각해왔다. 정치인과 세계은행 같은 조직이 권한 위임을 자랑스럽게 생각한다는 것은, 민주주의에 대해 상대적으로 비관적인 그들의 견해가 반영된 것이라 할 수 있다. 얄궂게도 더 나은 정부를 만들려는 내부자들의 진실한 욕망에 의해 탈정치화가 가속화되는 듯한 현상은, 그들이 그다지 이기적이지 않다는 증거이기도 하다. 그들은 자신들을 믿어야 할 필요가 있다.

우리는 우리 수준에 맞는 정치를 갖는다. 우리 모두가 정치인과 관료와 유권자를 예외 없이 이기적이라 생각하며 그에 따라 행동한다면, 우리는 정치로부터 많은 것을 기대할 수 없다. 공공선택이론이라면 그렇게 말했겠지만, 인간 본성에 대한 우리의 추정이 정치를 초월하는 것은 아니다. 우리가 추정하는 대로 우리 정치가 만들어진다. 그럼 어떤 노랫말이 말하듯이, 더 좋은 정치를 만들기 위해 우리에게 필요한 것은 사랑이란 뜻일까?

일부러 꾸미면서까지 정치인과 정치를 신뢰하는 척할 수는 없다. 그러나 신뢰가 없는 결정은 대가가 따르기 마련이라는 걸 알아야 한다. 겉으로는 무해하게 보이는 가정이 우리를 하나로 뭉쳐주는 민주적인 결속력에 조금씩 타격을 주며 서서히 해체시키는 경우가 있다. 정당 간의 경쟁이 시장 점유율을 더 많이 차지하려는 기업 간의 경쟁에 처음 비교될 때 대부분의 유권자가 주류 정당은 '모두 똑같다'라고 생각하고, 결국에는 민주주의에 대한 불만이 위험한 수준까지 치닫게 될 거라고 누가 상상했겠는가?

요즘의 정치가 운영되는 방식이 마음에 들지 않는다면, 철저히 증거에 입각해 사안별로 이런 모든 가정을 평가하며 정치를 바꿔가려는 노력을 해야 한다. 신뢰를 다시 구축하기는 쉽지 않지만, 우리에게는 선택권이 있다.

오늘날 만연한 정치적 병폐의 기원을 추적해 하나의 사건을 찾아내는 것은 거의 불가능하다. 그러나 우리를 현재 상태까지 끌어온 사상의 역사에서 하나의 결정적 빅뱅을 찾는다면, 애로의 《사회적 선택과 개인의 가치》가 가장 유력한 후보일 것이다. 그리고 불가능성 정리가 놀라운 지적인 성과인 것은 분명하다. 하지만 한 사회의 목표가 투표 제도에 대한 애로의 불완전한 이상을 인정하는 투표자 개개인의 선호성에서 비롯되지 않더라도 민주주의가 불가능한 것은 아니며, 공동선과 공익이란 개념이 허구가 되는 것도 아니다. 오히려 애로의 불가능성 정리는 투표 제도에는 윤리적 타협이 포함된다는 사실을 떠올리게 한다. 많은 공공선택이론가들이 정치를 시장으로 축소하며 제시한 해결책도 이런 타협의 필요성을 배제하지 않는다. 다만 그 필요성을 무시할 뿐이다.

정치에 무관심한 수학자이자 신중한 사회주의자이던 케네스 애로는 전기작가를 위한 자료를 거의 남기지 않아, 지금도 경제학사에서 불가해한 인물로 남아 있다. 애로는 자신도 모르게 정치를 공격하는 혁명가가 되었지만, 그가 그런 위상을 얻은 것은 순전히 우연이었다. 그가 수학을 배우지 않았다면, 버트런드 러셀이 '부도덕한 행위'로 비난받지 않았더라면 지금쯤 현대 정치가 얼마나 다른 모습을 띠고 있을까?

무임승차의
경제학

"이제부터 난 오직 나 자신만을 생각하겠습니다."

댄비 소령이 거만한 미소를 띠며 느릿하게 말했다.

"하지만 요사리안, 만약 모두가 그런 식으로 생각한다면."

"그런데 내가 다른 식으로 생각한다면 난 그야말로 형편없는 바보겠

지요, 안 그렇습니까?"

요사리안이 말했다.

_조지프 헬러,《캐치 22》

2013년 미디어계에서 가장 큰 사건의 하나는 한 아이의 탄생이었다. 평

범한 아이가 아니라, 영국 왕위 계승 제3순위인 케임브리지 공자 조지

Prince George of Cambridge의 탄생이었다. 왕손의 탄생에 대한 관심은 범세계적

이었다. 왕손이 탄생한 7월 22일, BBC 뉴스 웹사이트에는 평소보다 훨

씬 많은 1,940만 명이 방문했다. 약 90곳의 텔레비전 방송팀이 런던이

한 종합병원 밖에 진을 치고, 아기의 탄생 소식을 기다리고 있었다. 언론이 이렇게 열광적인 관심을 보이는 가운데, BBC 기자는 조지의 부모가 직면할 어려움에 대해 다음과 같이 깊은 우려를 표했다. "주된 문제는 그 아기에게 쏟아질 언론의 치열한 관심입니다."

잠깐 냉정하게 생각해보자. BBC 기자의 그런 우려 표명이 약간 이상하지 않은가? 위선적으로 느껴지지는 않는가? BBC는 영국 왕가에 대한 언론의 강렬한 관심을 유지하는 데 BBC도 큰 역할을 하고 있다는 걸 알고 있었을 것이다. 언론의 집중 취재가 왕가에 미치는 피해에 대해 항의를 받을 때마다 BBC는 BBC의 개입만이 문제의 원인은 아니라고 일관되게 변명해왔다. 하기야 왕실 문제에 대해 BBC가 침묵하더라도 왕가에 버금가는 관심사를 상상하기 어려운 세계에서 왕가를 집중 취재할 언론은 얼마든지 있을 것이다. 따라서 문제가 있더라도 그 책임이 BBC에게 있지는 않다는 뜻이다.

이런 변명은 수십 년 전부터 무척 자주 듣게 된 "내가 내 몫을 하느냐 하지 않느냐에 따라 달라지는 것은 없다"라는 주장이 변형된 것이라 할 수 있다. 예컨대 나는 기후 변화를 걱정하지만, 내가 덜 소비하고 덜 운전하고 덜 여행하며 탄소 배출량을 줄이더라도 문제가 해결되는 것은 아니다. 그런데 내가 안달해야 할 이유가 있는가? 또 내가 아프리카의 기근에 충격을 받아서 기부한다고 해도 나의 기부가 큰 차이를 만들어내지는 못한다. 그런데 내가 신경을 써야 하는가? 또 내가 투표를 하든 하지 않든 달라지는 것은 없다. 그런데 내가 굳이 투표를 해야 하는가? 내 몫을 한다고 달라지는 게 없기 때문에 어떤 경우에나 내 몫을 하는 게 고결한 행동은 아니다. 완전히 헛된 짓이다. 따라서 유일하게 합리적인 결정은 다른 사람들의 기여에 '무임승차'하는 것이다.

영국의 페이스북도 이렇게 생각하는 듯하다. 2014년 영국 페이스북의 매출은 1억 파운드를 넘겼지만, 법인세로 고작 4,327파운드를 납부했다. 2018년에는 납세액이 1,580만 파운드까지 증가했지만, 매출은 무려 13억 파운드에 달했다. 매출의 1퍼센트를 약간 넘는 금액을 세금으로 납부했을 뿐이다. 영국 인터넷 기반시설의 향상을 위해 영국 국민이 세금을 납부했고, 그렇게 기반시설이 갖추어진 덕분에 영국 국민의 3분의 2가 페이스북을 사용할 수 있다. 따라서 페이스북은 다른 납세자들의 기여에 무임승차하는 것이나 다를 바가 없다. 페이스북이 무임승차할 수 있는 이유는 우리가 묵인하기 때문이기도 하다. 그래서 가짜 뉴스를 이유로 페이스북을 보이콧할 수 있지만, 합법적인 절세를 이유로 보이콧할 수는 없다. 요즘에는 무임승차가 정상적인 행동이기 때문이다. 우리는 그저 어깨를 으쓱해 보이며 "글쎄요…"라고 중얼거릴 뿐이다.

하지만 인류의 역사에서 인간은 이런 상황에 맞닥뜨렸을 때 지금과는 다른 결론을 내렸다. '무임승차'라는 표현은 1850년대 위스콘신에서 '돈을 내지 않고 기차를 타는 행위'를 뜻하는 표현으로 처음 사용되었다. 그러나 '무임승차'의 확대된 의미(자신은 아무런 기여도 하지 않고 다른 사람들의 기여로 이득을 얻는 행위)는 1970년 이후에야 학계 밖에 알려지기 시작했다. '무임승차'가 학계의 은어에서 일상의 언어로 바뀐 것은 비교적 최근이다.

물론 무임승차하며 염치없이 빌붙어 살기에 충분히 큰 공동체에는 예부터 무임승차자가 있었지만, 그들을 그렇게 부르지는 않았다. '무임승차'란 표현이 약 50년 전부터 폭넓게 사용되었다는 것은 이런 행동에 대한 인식이 근본적으로 달라졌다는 뜻이기도 하다. 실제로 이 시기에 무임승차 행위에 함축된 부정적인 의미가 부분적으로 사라지기 시작했다. 그리고 어느 날 갑자기 무임승차를 하는 게 영리한 짓이 되어버렸다. '무임승차'는 예부터 행해지던 행동에 대한 새로운 명칭이었을 뿐만 아니라, 그런 행동이 용인될 수 있다는 새로운 논증이기도 했다. 정확히 말하면, 1930년대에 창안되었지만 1960년대 말까지 학계에서만 맴돌던 경제 이론에 근거한 논증이었다. 무임승차는 아이디어 자체로는 무척 참신했다.

1950년대에 들어서며 '히피hippie'라는 반문화적인 사고방식이 등장했다. 운명적인 무력함에 사로잡힌 히피 문화는 무임승차라는 새로운 개념이 확산되기에 더할 나위 없이 좋은 토양이 되었다. 사회운동가 애비 호프먼Abbie Hoffman, 1936~1989의《이 책을 훔쳐라》는 1960년대 히피의 세계를 소개한 책으로, 무임승차에 내재한 모순을 극명하게 보여주는 좋은 예이다. 이 책은 30곳이 넘는 출판사에서 거절당했지만, 출간된 지 6개월 만에 25만 부가 팔렸고, 무수히 많은 부수가 도난당했다. 그러나 돈을 내고 구매하는 사람이 없었다면, 무임승차자가 훔칠 수 있을 정도로 많은 부수를 인쇄하지 못했을 것이다. 호프먼은 '돼지의 제국Pig Empire(미국)'의 것을 훔치지 않는 것이 부도덕하다고 생각한 까닭에 그의 모순된 성공을 인정하면서도 아쉬워했다. "전복하려는 국가에서 베스트셀러 작가가 된다면 누구든 정말 당혹스럽지 않겠는가."[1]

무임승차는 어떻게
영리한 짓이 되었는가?

플라톤Plato의 《국가》에서 글라우콘은 양치기 기게스에 대한 이야기를 해준다. 기게스는 땅이 갈라지며 깊은 구멍을 남긴 지진을 목격했다. 할리우드 재난 영화였다면, 기게스는 자동차를 급속도로 운전하며 지진 지역을 벗어났을 것이다. 그러나 글라우콘의 이야기에서는 달랐다. 기게스는 그 깊은 구멍에 내려가고 황금 반지를 발견한다. 기게스는 반지를 끼고 무심코 돌렸다. 그러자 그는 투명인간이 되었다. 기게스는 어떻게 하면 반지의 힘으로 좋은 일을 할 수 있을까 고민하면 시간을 보내지 않았다. 오히려 기게스는 지체 없이 왕궁에 숨어들어가 여왕과 사통하고 왕을 죽인 뒤 왕권을 장악했다. 글라우콘은 누구나 그런 반지를 손에 넣으면 훔치고 죽이며 유혹할 것이라고 주장한다. 결국 우리는 법을 어기면 벌을 받기 때문에 법을 지키는 것이란 뜻이 된다.* 사리사욕을 추구해 사회를 해치더라도 아무런 벌을 받지 않는다면 사리사욕을 추구하는 것은 합리적인 행동이다. 실제로 글라우콘도 우리에게 벌을 받지 않고 무임승차할 수 있으면 그때마다 무임승차하라고 권한다. 소크라테스는 글라우콘의 추론에 반박하며, 제재가 없더라도 모두가 법을 지켜야 한다고 주장한다. 소크라테스의 논증에서 무임승차는 단호히 거부된다.

● 우리에게는 마법의 반지가 없지만 요즘 트위터를 비롯한 소셜 미디어의 사용자에게는 다른 형태의 투명 망토가 있다. 팔로워들은 제재를 피하기 위해 온라인의 투명 망토(익명성)에 의존해 트위터에서 유명인을 욕하고 괴롭힌다.

18세기에 애덤 스미스도 소크라테스와 유사한 결론에 도달했다. 스미스는 개인적으로는 협력하지 않는 것이 단기적으로 더 이득이더라도 상호이익을 위해 협력하는 것이 영리한 판단이라고 주장했다. 스미스가 가장 관심을 가졌던 상호이익을 위한 협력이라는 특별한 경우는, 기업인들이 카르텔을 형성하거나 가격 담합을 위해 협력하는 것이었다. "같은 업종의 사람들은 유흥과 기분전환을 위해 만나지는 않는다. 그들의 대화는 대중의 뜻에 반하는 음모, 즉 가격을 인상하기 위한 어떤 책략으로 끝난다."[2] 따라서 스미스와 그의 추종자들은 자본주의 경제에는 카르텔과 독점 등 반경쟁적인 행위를 형성하려는 강력한 경향이 있다고 결론지었다.

스미스의 시대에는 가격 담합이 기술적으로 난해한 문제로 여겨졌을 수 있었지만, 다음 세기에 카를 마르크스는 담합 과정에서 발생하는 위험 요인들을 강조하며 스미스의 주장을 더욱 밀고 나갔다. 마르크스는 자본주의의 근간인 경쟁이 다양한 형태의 반경쟁적 행위에 의해 훼손되고 있다고 주장했다. 마르크스가 보기에 자본주의는 점점 약화되는 경쟁 때문에도 자기파괴를 향해 치닫고 있었다. 따라서 1930년대쯤에는 공산주의가 답이라고 결론짓는 데 동의하는 사람이 많았다. 당시 많은 사람에게 세상이 어떻게 보였는지는 이제 완전히 잊혔다. 조지 버나드 쇼George Bernard Shaw, 1856~1950를 비롯해 20명의 저명한 영국 사회주의자들은 1933년 3월《맨체스터 가디언》에 보낸 공개 편지에서 스탈린 체제를 강력히 옹호하며, 당시 소련에서 발생한 대량 기아의 증거를 부정했다. 쇼는 끝까지 스탈린를 변호했다. 1950년, '반세기의 인물'을 선정해달라는 요청에 쇼는 세 사람(스탈린과 아인슈타인 그리고 "내가 감히 그 이름을 말할 수 없는 사람")을 제시했다.[3]

이런 배경 때문에도 서구 사회는 자본주의를 옹호하는 데 동원할 수 있는 이론을 간절히 필요로 하고 있었다. 구체적으로 말하면, 애덤 스미스가 미해결 상태로 남겨둔 의문, 다시 말해 원천적으로 경쟁을 없애려는 경향을 가지고 있는 기업이 어떻게 하면 경쟁을 유지하고, 상호이익을 위해 협력하도록 유도할 수 있는가라는 질문에 답하는 이론이 절실히 필요했다.

스미스 이후에 존 스튜어트 밀John Stuart Mill, 1806~1873과 제러미 벤담Jeremy Bentham, 1748~1832 같은 사상가들이 제시한 답은 "인간은 상호이익을 위해 협력하기에는 너무 근시안적이고 비합리적이다"라는 것이었다. 예컨대 카르텔에 가담하거나 가격을 담합함으로써 장기적으로 더 큰 이익을 모색해야 하는 기업은 가격을 인하해 단기적인 이익을 얻고, 경쟁 기업보다 시장 점유율을 키우려는 유혹에 넘어갔다. 이런 논증은 충분한 타당성을 갖지만, 자본주의를 옹호하는 근거가 되기에는 턱없이 부족한 듯했다. 또 기업은 지독히 근시안적이기 때문에 경쟁을 뒤엎어야 장기적인 이익이 가능하다는 걸 깨닫지 못한다고 전제함으로써 마르크스가 제기한 의문에 충분히 대응하지도 못했다. 따라서 더 포괄적인 이론이 필요했다.

무임승차가 그에 적합한 아이디어였다. 무임승차는 경쟁이 합리적이고 자연스러운 것이라고 주장하는 논증에서 가장 중요한 부분을 차지하는 개념이다. 이런 식으로 생각하면 기업 간의 협력은 영리하지 못하고 어리석은 짓이 된다. 어떤 기업이든 같은 업종의 다른 기업들이 협력하려는 노력에 무임승차하려고 할 것이기 때문이다. 그러면 카르텔을 비롯해 경쟁을 해치려는 시도는 무산되기 마련이다. 그 이유를 알고 싶다면, 협력의 구체적인 사례를 자세히 들여다보자.

가령 어떤 소기업이 가격 담합 합의를 유지할 목적에서 판매량을 제한하는 데 동의했다고 해보자. 그 기업은 슬그머니 합의를 무시하고 판매량을 늘리면 더 많은 이익을 거둘 수 있다는 걸 곧 알게 된다. 그렇다고 그 합의가 금방 붕괴되지는 않는다. 소기업 하나가 추가로 판매하는 양은 시장 가격에 무시할 정도의 영향밖에 주지 못할 것이기 때문이다.[4] 달리 말하면, 그 기업주는 '가격 담합 합의를 유지하기 위해 내 몫을 하든 하지 않든 달라지는 것은 없다'라는 식으로 생각할 것이다. 그 기업은 최대한 많이 팔면서도 다른 기업들이 판매를 제한함으로써 가능해진 가격 인상에 무임승차할 수 있다. 하지만 같은 업종의 모든 기업이 이렇게 생각할 경우에 합의가 금세 무너진다는 게 문제이다. 이런 붕괴를 예상하기 때문에 기업들이 담합 합의를 시작조차 못하는 경우도 적지 않다. 이런 논증에는 기업들이 어떻게든 담합을 유지하면 모두에게 더 낫지만 가격 담합 합의는 지속될 수 없다는 의미가 담겨 있다.

1930년대에 개발된 가격 담합에 대한 이런 애매모호한 논증은 협력은 헛된 짓이라고 결론짓는 무임승차 논증의 기원으로, 현대인의 삶에도 엄청난 영향을 미쳤다. 지금은 무임승차라는 개념이 친숙하지만, 처음에는 경제 이론의 한구석에서 그 개념을 끌어내 우리 사회에 적용하는 개척자가 필요했다.[5]

노스다코타에서 태어난 농장 소년의 이야기로 시작해보자. 맨서 올슨 Mancur Olson, 1932~1998은 1932년 노스다코타의 레드리버 밸리에서 노르웨이계 미국인 가족농의 아들로 태어났다.[6] 수십 년이 지난 뒤 학계에서 명성을 얻었을 때도 그는 노르웨이 억양과 농장 소년의 겸손한 태도를 버리지 않았다. 많은 상과 훈장을 받은 뒤에도 그의 이력서는 자신이 누구인가를 증명하듯이 항상 사회보장번호로 시작했다. 또 그는 초원에서 길들여진 무미건조한 목소리로 "흥미롭고 중요한 문제를 먼저 찾으십시오. 그 문제를 어떻게 분류할지는 신경쓰지 말고, 일단 맞붙어 싸우십시오. 이것이 내가 맨서 올슨에게 해주고 싶은 조언입니다. 또 이것이 내가 모두에게 해주고 싶은 조언입니다"라고 역설했다.[7]

세 아들 중 장남으로 태어난 덕분에 맨서는 농장의 전망에 대한 어른들의 대화에 참여할 수 있었다. 소농민들은 생산한 농작물을 적정한 가격에 팔아야 한다는 의식을 공유하고 있었지만, 함께하기가 점점 어려워지는 상황에 대해 많은 논의가 있었다. 올슨 가족의 기억에 따르면, 노르웨이와 스칸디나비아 국가에는 공동의 이익을 위해 함께 일하며 경제 성장을 꾀하는 동시에 상당한 정도의 평등 사회를 구축하려는 강력한 전통이 있었다. 맨서 올슨은 이때의 대화를 결코 잊지 않았다. 따라서 박사학위 논문을 쓰게 되었을 때 올슨은 어떤 집단은 공동의 이익을 위해 협력하지만, 어떤 집단은 그렇지 못한 이유를 파고들었다. 케네스 애로가 그랬듯이, 올슨도 젊었을 때 1961~63년에 공군 중위로 군복무를 했고, 그 후에는 랜드 연구소에서 일했다. 올슨은 기업 간의 완전 경쟁에 대한 경제 이론을 사회의 광범위한 상황에 적용하며 전환점을 맞았다.

1965년에 발표한 대표작 《집단행동의 논리》에서 올슨은 가격 담합에 대한 과거의 논증들, 즉 소기업의 판매량은 시장 전체에서 무시할 수 있을 정도로 미미하기 때문에 판매량을 제한한다고 달라질 것이 없으며, 따라서 소기업은 합의를 지키려고 판매량을 제한할 필요가 없다는 논증을 기반으로 삼았다. 올슨은 자신의 뿌리를 쫓아, 소농가를 사례로 선택해 그런 논증을 적용해보았다. "어떤 농민이 자신의 이익보다 다른 농민들의 이익을 우위에 놓더라도 농산물 가격을 인상하기 위해 반드시 생산량을 제한할 필요는 없다. 그의 희생이 다른 농민에게 눈에 띄는 이익을 안겨주지 않는다는 걸 결국에는 알게 되기 때문이다. 그 농민이 이타적이더라도 합리적이면 그처럼 무익하고 쓸데없는 희생을 하지 않을 것이다."[8]

각자의 몫을 한다고 변하는 게 없다면 희생한다고 좋을 것은 없다는 주장에 대해 올슨은 "이타적인 행동이 눈에 띄는 효과를 거두지 못하면 칭찬할 만한 행동으로 여겨지지 않기도 한다. 들통으로 홍수를 막으려는 사람은 도움을 받는 사람에게도 성인이 아니라 괴짜로 여겨지지 않겠는가"라고 말했다.[9]

이 기막힌 비유에 올슨의 핵심적인 통찰이 담겨 있다. 당신의 몫을 하든 하지 않든 달라지는 게 없다면 쓸데없는 희생을 할 필요가 없다. 따라서 무임승차는 부도덕한 짓이기는커녕 합리적 행동이다. 무임승차가 이기적으로 여겨질 수 있지만, 그런 상황에서 희생은 누구에게도 도움이 되지 않는다. 합리적인 사람은 협력하기보다 무임승차하고, 그 결과 집단행동은 유지되기 어렵다고 주장하며, 올슨은 소농민보다 더 큰 조직을 염두에 두었다. 그는 마르크스주의를 심도 있게 연구했다. 그는 '집단 행동에 대한 마르크스의 이론'을 단호히 거부하며, 무임승차할 기회가 집단이 공동의 이익 위해 함께 협력하는 걸 방해한다고 주장했다. 또한 어떤 형태로든 강압이 있는 경우에만 집단은 협력해 일한다고도 덧붙였다. 따라서 올슨은 노동조합은 강압적이어야 하며, 그렇지 않으면 살아남지 못할 것이라고 결론지었다. 올슨은 노동조합 운동이 소련 경제만큼이나 권위주의적이라 생각했다.

당연한 말이겠지만, 올슨의 혁명적인 분석은 우파에게 대대적인 환영을 받았다. 우파 경제학계의 지적 지도자, 프리드리히 하이에크의 주선으로 《집단행동의 논리》가 독일어로 번역되었다. 1980년대가 되자, 올슨의 분석은 협력과 집단행동은 유지되기 어려우므로 경쟁을 자연스러운 상태로 인식해야 한다는 레이거노믹스와 대처리즘 같은 자유시장 세계관의 지적 토대와 완벽하게 맞아떨어지는 듯했다.

하지만 풀리지 않는 수수께끼가 있다. 올슨의 논증이 외견상 난공불락의 논리를 가지고 있는 것처럼 보이지만 무임승차는 여전히 부도덕한 짓이라 여겨진다. 게다가 요즘에는 많은 사람이 무임승차 논증을 실제로는 믿지 않으면서도 '내가 내 몫을 한다고 달라질 것은 없다'라는 사고방식에 의존하며 다양한 상황에서 책임을 회피하는 듯하다. 그럼에도 우리가 무임승차를 거북하게 생각하는 이유 중 하나를 꼽자면, 습관적인 무임승차자, 즉 무임승차로 살아가는 사람은 존경받지 못하고 손가락질을 받기 때문일 것이다.

무임승차자와
소시민

탈세는 강력한 형태의 무임승차이다. 1980년대 말, 당시 최대 탈세자 중 하나이던 리오나 헴슬리$^{\text{Leona Helmsley}}$는 세금에 대한 자신의 생각을 가정부에게 "우리는 세금을 내지 않아. 소시민이나 세금을 내는 거야"라고 말했다고 전해진다.[10] 헴슬리의 타인에 대한 동정심 부족은 너무도 유명했던 까닭에, 세금 회피에 대한 이런 오만한 발언을 세금 회피자의 전형적인 생각이라 받아들일 필요는 없다.* 그러나 법을 준수한다는 평판을 유지해야 하는 사람들도 적극적인 방법으로 세금을 최소화하려고 노력하며, 그런 행위를 부끄러워하지 않는다.

미국 재무장관을 지낸 팀 가이트너$^{\text{Tim Geithner}}$는 IMF에서 일할 때 소득세를 납부하는 걸 걸핏하면 잊어버렸다. 국세청의 감사가 있은 뒤에도 가이트너는 소멸시효법규를 근거로, 세금을 납부하지 않은 4년 중 2년의 소득에 대해서만 세금을 납부하고 나머지는 감면을 받았다. 가이트너(혹은 그의 회계사)가 원래 납부해야 할 세금을 모두 납부해야 한다는 도덕적 의무감을 전혀 느끼지 않았다는 증거일 수 있다. 가이트너는 나중에 재무장관으로 지명되기 직전에야 남은 2년치의 세금을 납부했

● 헴슬리는 가까운 측근에게도 동정심을 보이지 않았다. 그녀는 두 손자녀에게 아무런 유산을 남기지 않았다. 그러나 '말썽쟁이'라는 뜻으로 트러블이라 불렸던 몰티즈종 애완견에게는 1,200만 달러를 남겼다. 그 개가 가정부를 물었을 때 헴슬리는 "잘했어, 트러블. 저 계집애는 물려도 싸!"라고 말했다고 전해진다(《뉴욕 데일리 뉴스》, 2007년 8월 30일).

다.[11] 기업 문화에서도 세금에 대한 유사한 변화가 있었다. 에릭 슈미트 Eric Emerson Schmidt도 구글 최고경영자로서 구글의 절세 전략에 대한 질문을 받았을 때 "우리는 자본주의자라고 떳떳하게 말한다. 나는 자본주의자인 것이 조금도 부끄럽지 않다. 우리는 많은 종류의 세금을 납부한다. 법적 규정을 충실히 지키며 세금을 납부한다. 나는 우리가 세운 구조를 무척 자랑스럽게 생각한다. 우리는 정부가 우리에게 제공한 장려책을 근거로 그 구조를 세웠다"라고 대답했다.[12]

구글의 규모에서 짐작할 수 있듯이, 구글의 세금 회피는 정부의 세입에 상당한 차이를 가져온다.[13] 그러나 우리 같은 소시민이 보기에 헴슬리는 완전히 거꾸로 말하고 있다. 소시민이 절세를 하거나 세금을 회피하는 것은 이해가 되는 듯하다. 푼돈에 불과한 내 세금을 납부하느냐 하지 않느냐에 따라 정부가 할 수 있는 일이 달라지지는 않기 때문이다. 따라서 내가 금욕적으로 생활하며 세금을 회피하지 않는 행위는 무의미한 자기희생에 불과한 듯하다.

만약 당신이 이런 결론에 저항하며 세금을 충실히 납부하고 있다면, 다른 경우에도 무임승차한 적이 없는지 곰곰이 생각해볼 필요가 있다. 의식하지 못하는 사이에 우리는 시시때때로 무임승차하고 있다. 예컨대 승차권을 구입하지 않고 기차를 탄 적은 없는가? 입장권을 구입하지 않고 경기장이나 공연장에 몰래 들어간 적은 없는가? 자율 상자에 돈을 넣지 않고, 사무실 커피 자판기에서 커피를 뽑아 마신 적은 없는가? 공동체가 생활 폐기물을 재활용해야 할 필요성을 역설하고는 정작 자신은 재활용품의 분리 수거를 게을리하지 않았는가? 보험금을 청구할 때 잃어버린 물건의 가치를 과장한 적은 없는가? 이런 무임승차도 대부분의 사람에게는 도덕적으로 잘못된 행위로 여겨진다. 하지만 무임승차 논증의 견고한 논리에 따르면, 처벌이나 사회적 제재의 가능성이 거의 없을 때 무임승차는 유일하게 합리적인 행위이다. 결국 우리가 경제학을 어떻게 이해하느냐에 따라, 우리의 도덕성도 변해야 하는 것일까?

어쩌면 적잖은 경우에 이미 그런 변화가 시작된 듯하다. 많은 사람이 온라인에서 음악과 신문 기사를 불법적으로 다운로드받는다. 당신은 서점에서 이 책과 다른 책들을 훑어본 다음, 그곳에서 스마트폰을 통해 아마존에서 더 싸게 구입할 수 있다는 걸 알고는 서점에서 어떤 책도 구입하지 않았을 수 있다. 또 아일랜드의 라이언에어(아일랜드의 저비용 항공사-옮긴이)부터 영국의 국민건강서비스^{National Health Service} 같은 조직들은 다른 곳에서 교육받은 숙련된 노동자를 꾸준히 영입한다. 이런 무임승차가 대체로 용인된다고 여겨지므로 무임승차하는 것도 지극히 정상적인 행위이다. 요즘 온라인에서 무료로 음악을 듣고, 다양한 콘텐츠를 즐기는 것은 무척 흔한 일이어서 구태여 언급할 필요가 없을 정도이다. 과거 세대가 음반 가게에서 무료로 음악을 들으려면 글라우콘의 투명 반지가 필요했겠지만 지금은 온라인에서 무료로 마음껏 음악을 들을 수 있다.

무임승차자가 어떻게 자신의 행동을 합리화하는지는 쉽게 확인할 수 있다. 예컨대 과거에는 스포츠 경기의 시즌 티켓을 구입할 정도로 어떤 팀의 충성스런 팬이었기 때문에 입장권을 구입하지 않고 경기장에 한 번쯤은 들어갈 수 있다고 생각한다. 게다가 그 팀의 소유자가 억만장자로 바뀌면서 입장권 가격이 가파르게 인상되었고, 나는 지금 실업자여서 돈에 쪼들린다. 또 자판기의 커피 가격은 '깜박하고 커피 값을 지불하지 않는 사람들까지 고려해 책정되었다는 걸 뻔히 알기 때문에 나는 돈을 지불하지 않고 커피를 뽑아 마신다. 모두가 돈을 지불하지 않더라도 커피 자판기는 충분히 유지될 수 있다. 게다가 나는 팔고 남은 커피를 마시는 것이다. 또 나는 종종 돈을 내고 다운로드를 받고, 다운로드를 제공하는 비용은 실질적으로 제로인 데다 가수들은 모두 백만장자이기 때문에 가끔 불법으로 다운로드받아도 괜찮은 듯하다. 내가 보험금을 부풀려 신청하고 소득액을 낮추어 신고하는 이유는 내 친구들도 그렇게 했기 때문이고, 대부분의 사람들이 그렇게 한다고 추정하기 때문이다. 또 내가 보험금을 부풀려 신고하는 이유는, 이전에 적법하게 신고했는데 보험회사가 세세하게 따지며 그대로 지급하지 않았기 때문이다.

이런 변명 중 일부는 공정성을 거론하기 때문에 그 자체로 진지하게 받아들여질 만하다. 하지만 무임승차에 대한 변명으로는 핵심을 잘못 짚은 것이다. 무임승차는 공정하거나 정당한 행위일 수도 있고 그렇지 않을 수도 있지만, 당신의 기여는 집단의 노력에 무시해도 될 만큼 미미하기 때문에 무임승차는 항상 영리한 행위이다. 요컨대 당신이 아무런 기여를 하지 않는다고 해도 누구도 피해를 입지 않기 때문이다. 하지만 무임승차 논증의 견고한 논리에도 불구하고 우리가 무임승차를 정당화하려고 다양한 변명을 들먹인다는 사실에는 우리가 일상의 삶 곳곳에 끼어드는 자질구레한 무임승차를 인정하고 싶지 않다는 뜻이 담겨 있다. 따라서 무임승차에 대한 미스터리는 더욱 깊어진다.

어쩌면 쉬운 길을 택해 우리가 어떻게든 무임승차 논증의 논리를 반박하면 어떻게 될까? 예컨대 소시민들이 다같이 저항한다면 어떻게 될까? 기회가 있을 때마다 모두가 세금을 탈세하려고 하면 어떻게 될까? 또 기회가 닿을 때마다 모두가 무임승차하려고 하면 어떻게 될까? 그러면 사회는 그야말로 재앙을 맞게 될 것이다.

이런 쉬운 대응에는 두 가지 문제가 있다. 첫째, 당신 몫을 해야 하는 긍정적인 이유를 제시하지 못한다는 것이다. 《캐치 22》에서 주인공 요사리안이 깨달았듯이, 당신을 제외하고 모두가 무임승차를 하거나 이기적으로 행동한다면 누구도 이익을 얻지 못하고 당신 역시 손해를 본다. 어떤 사회도 한 명의 납세자에게 의존해서는 생존할 수 없다. 집단의 노력에는 한 명 이상의 기여가 필요하다. 따라서 당신을 제외하고 모두가 무임승차하면 당신이 제 몫을 하더라도 이루어낼 수 있는 것은 없다. 둘째, 무임승차자는 "모두가 무임승차하는 것은 아니지 않는가. 따라서 나는 다른 사람의 기여에 의존할 수 있다"라고 변명할 수 있다는 것이다. 모두가 무임승차할 수 없다는 것은 맞다. 무임승차하려면 다른 사람들의 기여가 필요하다. 따라서 나는 다른 사람들에게 열심히 일하라고 독려해야 한다. 그런데 나는 무임승차하면서 다른 사람이 무임승차하는 걸 막는다는 점에서 모순되고 위선적인 사람으로 보일 수 있다. 그러나 어차피 있을 집단의 노력에 불필요한 기여를 하는 것보다 약간 위선적으로 행동하는 게 나을 수 있다. 그렇지만 집단의 노력이 없다면, 당신의 작은 노력은 들통으로 홍수를 막으려는 행동만큼이나 무의미한 짓이다.

맨서 올슨의 저서에 영향을 받아, 무임승차의 사고방식이 1970년대에 사회 전체로 확산되었다. 올슨과 그의 추종자들이 옳다면, 과거 세대들은 협력하는 때와 이유에 대한 추론에서 큰 실수를 범한 것이었다. 올슨은 협력을 과거와 완전히 다른 식으로 이해했고, 집단의 노력에 대한 개인의 기여도 그 의미를 다른 방식으로 해석했다. 예컨대 과거 세대는 세금을 정직하게 납부하라고 사람들을 어떻게 설득했을까? 물론, 속임수를 쓴 게 발각되면 처벌을 받게 될 것이라는 위협이 있었다. 그러나 세금을 납부하는 게 개개인 모두에게 이익이라는 인식을 공유하고 있었다는 것이 무엇보다 중요하다. 다양한 계파의 경제학자와 철학자가 인정했듯이, 협력이 당사자 모두에게 이익이 된다면 그것만으로도 개개인이 협력적 사업에 자발적으로 참여하는 충분한 이유가 된다.[14] 1930년대에 이탈리아의 한 경제학자는 자발적으로 세금을 납부하지 않는 사람들을 "사회로부터 격리해야 할 병적인 집단"이라 규정할 정도였다.[15] 따라서 당시에 무임승차는 당신의 최대 이익을 방해하는 비합리적이고 심지어 병적인 행위로 여겨졌다.

무임승차 논증에서 결함을 찾으려면, '각자 제 몫을 해야 한다'라는 과거의 인식을 오래전에 되살려냈어야 했다.

무임승차가
만들어내는 차이

당신은 직장에서 다음 주에 어떤 일을 할 예정인가? 내 경우를 예로 들면, 매주 의무적으로 해야 할 일이 많다. 내 재량으로 선택할 수 있는 일도 있다. 그러나 그 모든 일을 하기에는 시간이 항상 부족하다. 자주 들던 말인가? 나는 실현되기를 바라는 일들을 목록화하고, 우선순위를 결정할 수 있다. 우선순위를 결정할 때는 상대적 중요성과 바람직함, 내가 그 일을 직접 할 때 얻는 즐거움, 내가 하지 않으면 동료가 그 일을 할 가능성, 특별한 일을 해내는 사람이 되고 싶은 욕망 등 다양한 요인을 고려할 것이다. 그렇게 우선순위를 결정하면, 시간이 되는 한 위에서부터 하나씩 일을 처리한다.

당신도 이런 식으로 결정하는가? 솔직히 말하면, 나도 이렇게 결정하지는 않는다. 그러나 우리는 이런 결정 방법을 지극히 합리적이라 여기며, 어떤 의미에서는 이상적인 방법이라고 생각할 수 있다. 하지만 위에서 언급한 고려 요인 중 하나, 즉 내가 하지 않으면 동료가 그 일을 할 가능성이란 요인 때문에도 이런 결정 방법은 무임승차 사고방식과 근본적으로 공존할 수 없다. 무임승차 사고방식에서 볼 때, 내가 그 일을 직접 하느냐 하지 않느냐에 상관없이 그 일이 어떤 식으로든 일어난다면, 그 일에 시간을 투자하는 것은 비합리적이다. 게다가 그 일을 내가 '해야 할일'의 목록에 넣어서도 안 된다. 이것은 맨서 올슨의 논증에 미묘하게 감추어진 원칙으로, 올슨의 분석과 과거의 모든 접근법을 구분해주는 원칙이기도 하다. 이 접근법은 그 자체로 무척 합리적인 원칙으로 여겨질 수 있다. 하지만 그 원칙에 함축된 의미는 받아들이기 힘들며, 우리가 일반적으로 생각하는 방향과 모순된다.

내가 하지 않으면 다른 사람이 할 거라는 걸 알면서도 그 일에 시간을 투자하는 게 어리석은 짓이라면, 내가 불가피하게 참여해야 할 일, 즉 내가 하지 않으면 아무도 하지 않을 일만 하면 된다. 그러나 누구도 일하는 시간, 더 나아가 삶 전체를 이런 기준에서 조정하지는 않을 것이다. 가령 내가 반려견을 데리고 해변을 산책하다가 바다에서 허우적대는 사람을 보았다고 해보자. 나는 수영 솜씨가 뛰어나다. 그러나 해변에는 나보다 그 사람에게 더 가까운 곳에 한 여자가 있다. 체격과 복장으로 판단할 때, 그녀는 뛰어난 수영 솜씨를 지녔고 바다에서 금방 나온 게 분명했다. 따라서 내가 조난자를 구하지 않으면, 틀림없이 그녀가 조난자를 구할 것이라고 판단한다. 더구나 나만이 반려견을 확실히 지킬 수 있다. 그러면 나는 반려견 곁을 지켜야 할까, 아니면 그녀가 익사 직전에 있는 사람을 구하는 걸 도와야 할까? 무임승차 사고방식에 따른 답은 명확하다. 바다에 빠진 사람은 어떻게든 구해질 것이 분명하다. 한편 내가 아니면 누구도 반려견을 달랠 수 없으므로 나는 반려견을 붙잡고 있어야 한다. 따라서 바다에서 허우적대는 사람을 구하는 걸 우선시하는 것은 비합리적이다.[16]

하지만 현실에서 이렇게 생각할 사람은 거의 없을 것이다. 우리가 개입하는 것과 상관없이 그가 구조된다고 해도 먼저 그를 구하려고 애써야 할 이유는 많다. 무임승차하지 않겠다는 결정은 이런 것이다. 내 기여에 상관없이 집단 행위가 일어나더라도 집단 행위에 기여하는 것이 합리적일 수 있다. 직장에서 청구서를 작성할 권한이 유일하게 나에게만 있더라도 나는 청구서를 작성하는 일보다 중요한, 고객을 위한 팀 프로젝트의 추진을 우선시할 수 있다. 내가 없이 그 프로젝트가 진행될 수 있더라도 그 프로젝트가 더 중요하다면 당연히 그런 결정을 내릴 것이다.

이런 상황에서 나는 "내가 그 일을 하든 하지 않든 달라지는 것은 없다"라고 생각하지 않는다. 나는 내가 차이를 만들어낸다고 믿으며, 그 일이 실행되도록 돕는다. 팀을 위해 내 몫을 충실히 하는 것이다.

무임승차 논증에서는, 내가 기여하지 않으면 집단 행위나 집단 프로젝트가 진행되지 않는 경우에만 내 기여가 차이를 만들어낼 수 있다고 가정한다. 그러나 앞에서 언급한 조난자에 대한 이야기는 우리가 실제로는 그렇게 생각하지 않는다는 걸 보여주는 증거이다. 내 기여가 없이 다른 사람들이 개입해서 어떤 행위가 일어나더라도 나는 차이를 만들어낼 수 있다고 믿는 것이다. 내 기여가 그런 일이 일어나는 데 일조했으므로 나는 차이를 만든 것이고, 또 다른 사람들의 행위보다 내 노력 덕분에 그 일이 일어날 수 있던 것이다. 내가 기여한다면, 다른 사람들과 함께 집단 행위에 대해 책임져야 한다.

2008년 버락 오바마Barack Obama의 당선은 이런 사고방식의 좋은 사례이다. "여러분 자신이 바로 여러분이 기다리던 변화"라는 유명한 구절은, 그를 당선시키기 위한 노력의 '일부'가 되려는 유권자들의 욕망, 다시 말해 어쨌든 오바마가 당선될 가능성이 높더라도 그의 당선에 일조하고 싶다는 욕망을 기막히게 이용한 것이었다. 당시 여론조사원들의 조사에 따르면, 오바마의 승리가 확실시되자 다수의 부동층이 대거 오바마를 지지하는 쪽으로 이동했다. 이런 '밴드웨건 효과bandwagon effect'는 다른 많은 선거에서도 관찰되었다. 하지만 밴드웨건 효과는 무임승차 사고방식과 모순된다. "어떤 후보의 당선이 확실시되면 당신의 표가 결과에 아무런 영향을 미치지 못할 텐데 힘들게 투표할 이유가 어디에 있는가?"라는 게 무임승차 사고방식이기 때문이다.

선거의 밴드웨건 효과나 프로젝트를 위한 팀워크처럼, 무임승차 사고방식이 통용되지 않는 행동을 찾아내기는 쉽지 않다. 어쩌면 밴드웨건 효과는 극히 드문 사례일 수 있다. 그러나 최근에 위험 부담을 안고서라도 무임승차 사고방식을 체계적으로 거부하는 현상이 나타나고 있지 않은가?

그렇다. 우리가 각자의 몫을 하려고 하는 것은 책임에 대해 생각하는 마음가짐 때문이다. 바다에 빠져 허우적대는 사람이 개를 산책시키는 착한 사람에게만 구조되는 것은 아니다. 무임승차 사고방식에서 정말 우려스러운 것은 구조한 사람들을 대하는 우리의 태도이다. 우리는 그들을 존경하고 칭찬한다. 그들을 성인이라 칭하는 사람도 있을 것이다. 그러나 구조자가 그를 구하지 않았다면 누군가 바다에 뛰어들어 그를 구했을 것이기 때문에 구조자가 구조를 전적으로 책임진 것도 아니고 차이를 만들어낸 것은 아니다. 이런 이유에서 구조자가 그런 칭찬을 받을 자격이 없다고 말하려는 것은 아니다.

책임에 대한 우리 생각은 중대한 범죄와 관련해 특히 발달되었다. '형사 책임'의 의미는 수천 년 동안 대중 토론과 법적 논증을 통해 논의되었고, 그 결과로 완전한 합의에 이르렀다.[17] 다양한 법체제에서 인정하듯이, 두 강도가 한 명을 어두운 골목에 몰아넣고 총을 겨누며 죽이려 하지만, 한 강도만 방아쇠를 당기면 발포한 강도에게 살인의 책임이 있다. 우리는 "그 강도가 발포하지 않았다면 다른 강도가 발포했을 게 확실했다. 따라서 발포한 강두가 차이를 만들어낸 것이 아니다. 어차피 살인은 일어났을 것이다"라고 말하지 않는다. 그러나 이런 사고방식이 무임승차 논증 뒤에 있는 책임관이다.

이런 책임관, 즉 개인의 기여가 차이를 만들 수 있다는 생각을 크게 제약한 견해가 왜곡된 것이라는 게 밝혀지면 무임승차 사고방식도 똑같이 왜곡된 것으로 보이기 시작할 것이다. 삶의 과정에서 우리는 어떤 행위의 성공에 우리의 기여가 반드시 필요할 때에만 노력을 기울이지는 않는다. 하지만 무임승차 논증에 따르면, 우리가 반드시 필요한 부문에 집중하지 않는 것은 비합리적인 것이다. 따라서 무임승차 논증은 불안정한 것이 된다. 우리의 기여와 상관없이 집단 행동이 일어나더라도 그 행동에 기여하는 게 항상 불합리한 것은 아니지 않은가. 무임승차 사고방식에는 "무엇인가를 초래하는 것" 혹은 "무엇인가를 일어나게 하는 것"이 뜻하는 바에 대한 견해가 감추어져 있다. 달리 말하면, 원인과 결과의 의미에 대한 가정이 감추어져 있다.[18]

이 모든 것에서 우리는 어떤 결론을 내려야 할까?

첫째로는 무임승차 사고방식이 책임에 대한 우리 상식이나 일반적인 견해와 충돌할 뿐만 아니라, 올슨 이전 세대의 사상가들, 예컨대 소크라테스, 애덤 스미스, 데이비드 흄, 존 스튜어트 밀, 카를 마르크스의 논증과도 충돌한다는 것이다. 우리가 집단 행동으로 이익을 얻으면 그것만으로도 우리가 그 행위에 기여할 충분한 이유가 된다는 것이 과거 사상가들의 설명이었다(물론 우리가 기여할 때 소요되는 비용보다 집단 행동으로부터 얻는 이익이 커야 한다). 따라서 자기 몫을 하라는 조언은 공동선을 위해 개인의 희생을 기대하는 것이 아니라, 순수히 개인적인 이득을 추구하라는 뜻이란 그들의 논증에 주목할 필요가 있다.

둘째로는 무임승차 논증의 논리가 우리 사회에서 아직 사라지지 않았다는 것이다. 예컨대 세금을 회피하거나 투표를 하지 않고, 탄소 배출량을 줄이기 위해 당신 몫을 하지 않는 사람에게 무임승차를 포기하라고 설득하기는 아직 힘들다. 어떤 집단 행위가 어차피 일어난다면 내가 그 행위에 기여해야 하는 이유는 정확히 무엇인가?

그 이유 중 하나는 이미 앞에서 언급되었다. 밖에서 지켜보는 방관자가 아니라, '변화의 부분'이 되고 싶고, 집단에 소속되고 싶기 때문이다. 많은 경제학자가 이런 가능성을 조롱하며, 이를 '따뜻한 빛'을 주려는 욕망이라 폄하한다. 경제학자들이 도덕적인 행동을 묘사하는 데 사용하는 표현에는 경멸의 뜻이 교묘하게 감추어져 있는 경우가 많다. '따뜻한 빛'이란 표현에는 이타심보다 자기애적이고 자기본위적인 우쭐함이 숨겨져 있어, 이타적이고 정치적인 행위는 결국 자신을 위한 것이란 뜻까지 내포된 듯하다. 하지만 어떤 집단의 목표를 실현하는 데 도움을 주는 행위, 즉 그 목표에 적극적으로 기여하는 행위가 의미를 가지려면, 자신을 결과와 동일시하며 결과를 목적 자체로 소중히 여겨야 한다. 결과가 당신이 기여하는 이유이기 때문이다. 당신이 느끼는 따뜻한 빛은 당신이 참여한 행위의 부산물에 불과하다. 물론 어떤 집단 목표를 성취하기 위해 일조할 때 얻는 성취감이 기여를 함으로써 생기는 문제점에 못 미칠 수 있다. 많은 헌혈자들이 느끼는 약간의 불만스런 성취감이 이런 예에 속한다. 그들은 헌혈함으로써 자기 몫을 했다는 성취감을 얻는다. 그러나 헌혈할 때마다 감수해야 하는 시간과 불편 때문에 충분한 만족감을 얻지 못한다. 세금을 충실히 납부하고도 높은 성취감을 얻는 사람이 많지 않은 것도 이런 예에 속한다.

하지만 우리가 제 몫을 해야 하는 두 가지 일반적인 이유가 있다. 첫째는 불확실성이다. 지금까지 우리는 이야기를 단순하게 끌어나가기 위해 당신의 기여와 상관없이 집단 프로젝트나 집단 행동은 결국 일어날 것이라고 가정했다. 그러나 현실 세계에는 항상 불확실성이 존재한다. 내가 내 몫을 하지 않으면 다른 사람이 대신할 것이라는 절대적인 보장은 없다. 긍정적으로 생각하더라도 직장에서 내가 내 몫을 하지 않을 때 항상 든든하게 지원해줄 만한 동료는 없다. 또 단 한 표로 선거의 당락이 결정될 수 있다. 해변에 있는, 수영에 능숙하고 바다에서 금방 나온 것 같은 사람이 실제로는 조난자를 바다에 빠뜨린 사람이고, 나는 살인 현장을 엉겁결에 목격한 것일 수 있다.

둘째, 우리가 무임승차의 유혹을 받는 경우에 무임승차를 선택하면 결과가 달라질 수 있다는 것이다. 여하튼 최종적인 결과가 정확히 같지는 않을 것이다. 가령 내가 탈세를 하면 정부의 세수에 실질적인 손실이 생긴다. 적은 돈이지만 제로는 아니기 때문이다. 집단 노력이나 집단 프로젝트가 개인적인 기여의 합으로 이루어진다면, 더 많이 기여하면 프로젝트가 더 크게 성공할 것이므로 무임승차는 차이를 만들어낸다. 번거롭더라도 생활 폐기물을 재활용하고 헌혈을 하면 사회적으로 가치 있는 행동이 성공을 거두는 데 작은 차이를 만들어낼 수 있다. 하지만 안타깝게도 큰 프로젝트에 대한 나의 작은 기여는 무시해도 좋은 정도이므로 등한시해도 괜찮다는 믿음이 팽배하다.

이런 지적들은 사소하게 보일 수 있지만, 그것들이 합쳐졌을 때 사회에 미치는 영향은 상당히 크다.

작은 행동의
가치

나는 기후 변화에 대해 걱정한다. 진실로 걱정한다. 그러나 내가 무엇을 할 수 있을까? 내가 운전하는 자동차, 내가 항공기를 이용하는 횟수, 내 집에 태양광 패널을 설치했는지 여부가 기후 변화라는 큰 그림에 어떤 식으로든 변화를 가져올 수 있다고 생각한다면 터무니없는 착각이다. 예컨대 영국 전체가 세계 탄소 배출량에서 차지하는 비율은 고작 2퍼센트에 불과하다. 따라서 영국인이 어떻게 행동하든 기후 변화는 계속 진행될 것이다. 게다가 문제의 규모도 제대로 파악되지 않은 상태이다. 2017년에도 세계 전역에서 초당 170톤 이상의 석탄이 태워졌다.[19]

사람들은 기후 변화 문제가 심각하다고 생각하지만 개인적인 행동이 미치는 영향은 미미하다고 인식하고 있음이 포커스 그룹에서 반복해서 확인되고 있으며, 이는 대기업과 정부가 앵무새처럼 되풀이하는 두 가지 핵심 주제이다.[20] 이것은 대기업과 정부가 기후 변화를 해결하기 위해 급진적 행동을 하는 것을 가로막는 가장 큰 장애물로 여겨지지만, 이쯤에서 우리는 의심해봐야 한다. 지금도 무임승차의 유혹이 있으면, 구속은 떨쳐내고 개인적인 기여는 차이를 만들어내지 못한다고 생각하고

싶은 유혹이 대단하기 때문이다.[21]

인지 부조화 이론에 따르면, 진실이 불편할 때 우리는 자기기만에 빠진다. 내가 지금 불편하더라도 노력하고 희생하면 나중에 더 큰 보상을 받을 것이란 이기심 때문에 자기기만이 필요한 것은 아니다. 오히려 이런 자기통제는 이루어지기 어렵다. 심리학자들이 증명했듯이, 미래에 하게 될 어떤 경험보다는 그와 똑같은 경험을 현재에 한다고 생각하는 것이 더 생생하고 또렷하게 느껴진다. 따라서 우리는 먼 미래의 이익보다 현재의 희생에 더 주목한다. 내 기여가 아무런 차이를 만들어내지 못한다고 나 자신에게 기만적으로 속삭이고 행동하면, 나는 현재의 생생한 희생을 피할 수 있다.

우리의 '무시해도 좋은' 기여가 만들어내는 차이를 과소평가하게 만드는 다른 심리적인 힘도 있다. 우리의 기여가 지엽적이고 사소하거나 개인적이고 일시적이라고 여기면, 우리는 그것이 세계적이고 보편적이거나 공적이고 영구적인 결과에 미칠 수 있는 영향을 대수롭지 않게 평가한다. 두 범위가 인지적으로 확연히 다르기 때문이다.[22] 이런 이유에서, 그 시대의 가장 위대한 생물학자 중 한 명으로 여겨지던 토머스 헉슬리Thomas Huxley, 1825~1895는 1883년 "해양 자원은 고갈되지 않을 것이다. 달리 말하면, 우리 행위가 어류의 수에 심각한 영향을 주지는 않을 것이다"라고 말했다.[23] 그 시대의 어업 규모와 그에 따른 일시적인 손실을 고려할 때 손실된 어류 자원은 번식으로 금방 채워질 수 있었다. 따라서 헉슬리는 지금처럼 어류 자원이 영속적으로 감소할 거라고는 상상하지 못했던 것이다.

이런 무의식적인 인지 오류만이 아니라, 집단 행동과 집단 프로젝트에 기여하는 정도에 대한 우리의 의식적인 추론에도 결함이 있다. 예컨대 내 기여가 프로젝트의 규모와 비교할 때 실질적으로 무시해도 좋을 정도라고 해보자. 그 사실만으로는 아무것도 할 필요가 없다는 변명을 정당화하기에 충분하지 않다. 이런 궁지에서 벗어나려면 다른 사람에게 책임을 떠넘길 수 있어야 한다. 여하튼 내가 기여하는 몫이 아주 작더라도 내 기여는 차이를 만들어낸다. 내가 기여하지 않는 걸 정당화하려면, 내가 유익한 차이를 만들어내지 못하더라도 다른 사람은 해낼 수 있을 거라고 믿어야 한다. 기후 변화의 경우, 기업과 정부는 나 혼자서는 해낼 수 없는 규모로 차이를 만들어낼 수 있다.

이런 식의 대응은 어느 정도까지는 효과적이지만, 우리를 궁지에서 완전히 벗어나게 해주지는 못한다. 처음에는 개개인이 기업과 정부의 커다란 영향에 대한 책임을 조금씩 떠안는다. 정부가 화석연료에 기반한 에너지 정책을 지원하고, 기업이 그런 에너지를 공급하는 것은 우리가 값싼 에너지를 요구하기 때문일 가능성이 크다. 따라서 정부를 비롯한 사회의 권력 기관이 알아서 행동할 것이기 때문에 나는 신경쓸 필요가 없다고 할 수는 없다.

거듭 말하지만, 기여의 정도가 지극히 작더라도 제로는 아니다. 가령 내가 기근 구제를 위해 돈을 기부하고, 내 기부금이 한 아이의 생명을 구하는 식량을 구입하는 데 쓰인다면 그 작은 돈은 가치 있는 기여를 한 것이다. 여전히 많은 사람이 굶주림으로 죽더라도 내 기부금은 여전히 가치 있는 것이다. 나와 다른 사람들의 기부를 통해 많은 생명이 구워을 얻을 수 있기 때문이다.[24] 이런 생각은 도덕적 문제만이 아니라 심리적 문제에까지 영향을 미친다. 과제의 큰 규모에 지나치게 집중하면, 모든 과제가 작은 부분의 합이란 사실을 망각하게 되고, 작은 부분의 가치를 간과하게 된다. 이런 '초점 착각focusing illusion'을 극복하려면 과제와 문제를 다른 관점에서 접근해야 한다. 한 명의 생명을 구하는 게 중요하고, 우리 집과 우리 도시 또 우리나라부터 탄소 배출량을 줄이는 게 중요하다고 생각해야 한다. 아무리 큰 과제도 이런 작은 부분들의 합에 지나지 않으므로, 작은 부분들이 해결되지 않고는 과제 전체가 완료될 수 없다.

과제 전체의 규모에 집착할 때 제기되는 또 다른 문제는 다른 사람들이 이미 이루어낸 기여를 간과하게 된다는 것이다. 그런 기여 덕분에 남은 과제의 양이 줄어들었다. 따라서 내 개인적인 기여가 더욱 중요해진다. 내 기여가 보잘것없다는 내 판단에는 다른 사람의 기여도 사소한 것이라는 섣부른 가정이 깔려 있다. 정부와 대기업도 이렇게 가정하며 자기기만에 빠지거나, 행동하지 않는 변명거리를 찾는 경우가 많다. 예컨대 영국에서 항공 부문이 영국 전체 탄소 배출량에 기여하는 몫은 현재 약 6퍼센트이다. 항공업계 로비스트들이 항공 부문의 기여가 상대적으로 적기 때문에 정부가 개입하는 것은 부적절하다고 주장하려고 반복해서 사용하는 수치가 6퍼센트이다. 그러나 경제의 다른 부문에서 그린 테크놀로지를 채택하고 탄소 배출량을 줄이려고 노력하고 있으므로 2050년쯤에는 항공 부문이 차지하는 비중이 21퍼센트까지 치솟으리라고 예측된다. 항공 부문의 비중이 무시할 정도라는 주장은 이런 노력을 무시한 처사이다. 여기에서 끝이 아니다. 21퍼센트라는 추정치는 현재 배출 수준을 기초로 한 것이다. 경제의 다른 부문에서는 탄소 배출을 감축하려는 노력이 현재의 추세를 유지할 것이라 추정된다. 따라서 다른 부문들의 탄소 배출이 영국의 공식적인 국가 탄소 예산에 맞추어 줄어든다면, 항공 부문의 비중은 2050년쯤 전체 배출량의 50~100퍼센트 사이까지 치솟을 것이다.

끝으로 가장 중요한 문제가 남았다. 지금까지 우리는 개별적인 기여의 직접적인 영향에 대해서만 살펴보았지만 간접적인 영향도 있다. 앞에서 이미 보았듯이, 제임스 맥길 뷰캐넌을 비롯한 공공선택이론가들은 합리적인 사람들이 굳이 투표하는 이유를 궁금하게 생각했다. 많은 선거 제도에서 당신의 한 표는 당락에 직접적인 영향을 미치지 못하기 때문이다. 한 표로 당락이 결정될 가능성은 거의 없다고 해도 무방하다. 그러나 이른바 이런 '투표의 역설'은 실제로 전혀 역설적이지 않다. 내가 투표하는 이유는 간단하다. 내가 선호하는 후보의 권한을 강화하는 데 내 표가 간접적인 영향을 행사하기 때문이다. 내가 좋아하는 후보가 더 많은 표를 얻으면, 그의 정책에 대한 지지가 많았다는 게 입증되는 셈이다. 민주주의에서는 이런 경우에 정책이 실현될 가능성이 높아진다. 다른 예로 내가 우리집 지붕에 태양광 패널을 설치하면, 탄소 배출량의 감소라는 직접적인 영향보다 간접적인 영향이 더 중요할 수 있다. 내 행위에 자극받아 친구들과 이웃들도 태양광 패널을 설치할 수 있지 않은가. 그럴 경우 생산에서 규모의 경제 효과가 나타나는 수준까지 패널의 수요가 증가하면 패널 가격도 떨어질 것이다. 따라서 막대한 초기 비용을 부담하더라도 재생 에너지의 생산에 투자하겠다는 기업들이 나타나면,

재생 에너지의 지원에 대한 정치인들의 생각도 달라질 수 있다. 이런 간접적 영향은 많은 영역에서 나타난다. 내 개인적인 기여가 다른 사람에게 영향을 미치고, 그 결과로 시장 수요가 증가하고, 공적 지원에 대한 정치인들의 생각이 달라질 수 있다. 이런 간접적 영향은 문화와 경제와 정치에서 언젠가 티핑 포인트(임계점)가 되어 더 큰 변화를 유도할 수도 있다. 티핑 포인트는 경제만이 아니라 정치와 사회에도 적용된다. 충분한 사람이 제 몫을 하면, 예컨대 생활 폐기물을 부지런히 분류하거나 태양광 패널을 설치하면 이런 행동이 외로운 녹색 전사Green Warrior에 국한된 행동이 아니라 '정상적'인 행동이 된다.

무임승차 사고방식은 간접 영향에 주목하더라도 우리가 간접 영향의 규모와 티핑 포인트의 지점을 알 것이라고 가정한다. 따라서 당신의 기여가 티핑 포인트를 넘어갈 확률이 계산된다. 그러나 현실 세계에서는 이런 것들이 완전히 오리무중이다. 티핑 포인트는 그야말로 예측 불가능한 것이다. 나중에야 티핑 포인트가 있었다는 걸 알 수 있을 뿐이다.

이런 가능성들이 모두 합해질 때 당신이 다른 사람의 생각과 행동에 영향을 미칠 수 있기 때문에, 당신의 기여가 집단의 노력에 유의미한 영향을 미치는 경우가 적지 않다. 그럼에도 우리가 반대로 생각하는 이유는 경제학자의 책임이 크다. 경제학자들이 무임승차를 영리한 선택이라 옹호하기도 했지만, 그들의 세계관이 '물리학 선망증'에 영향을 받았기 때문이다. 우리 개개인은 원자와 같아, 우리를 둘러싼 시스템에 무시해도 좋을 정도의 영향밖에 미치지 못한다. 하지만 우리에게도 약간의 책임이 있다. 우리가 주변 세계에 미미한 영향밖에 미치지 못한다는 믿음은 "다른 사람은 우리에게 아무런 영향을 미치지 못한다"라는 믿음의 다른 표현에 불과하기 때문이다. 의식적이든 그렇지 않든 간에 우리는 자주적 존재라는 환상을 받아들인다. 달리 말하면, 우리는 스스로를 완전히 자주적이라 가정하지만 그에 반하는 증거는 차고도 넘친다. 인간은 뼛속까지 사회적 존재이다. 따라서 우리 믿음과 행동은 주변 사람들을 관찰하고 배우며 많은 영향을 받는다.

자주적 존재라는 환상의 어두운 면이라면, 다른 사람들은 자주적으로 의사결정을 내리기 때문에 나는 그들에게 영향을 줄 수 없다는 믿음이다. 개인적인 기여는 무시해도 좋을 정도라는 믿음에 이런 생각이 더해지며 개인주의의 초석이 되고, 내가 행동함으로써 사회에 미칠 영향은 전혀 고려하지 않은 채 오로지 나 자신의 이익에만 집중하게 된다. 내 행동은 사회에 아무런 영향을 주지 않기 때문에 아무렇게나 행동하더라도 벌을 받지 않을 수 있다. 그러나 내 행동이 아무런 차이를 빚어내지 못한다면 나도 사회를 변화시키지 못한다. 내 기여는 무시해도 좋을 정도라는 믿음은 무임승차를 조장할 뿐만 아니라, 사회와 정치를 바꾸겠다는 개인의 행동은 무의미하다는 운명론적 세계관까지 부추긴다. 권력자들이 이런 현상을 타파하려는 사람들의 의욕을 꺾어놓으려 하며, 개인은 아무런 차이를 만들어낼 수 없다는 믿음까지 확산시키는 데는 타당한 이유가 있다.

악의 없는 고문자와
머뭇거리는 정치인

이런 실험을 해보자. 깨끗한 종이 한 장을 바닥에 깔고, 소량의 모래를 종이 위에 놓는다. 모래의 양은 두 손가락으로 집을 수 있는 정도면 충분하다. 다시 똑같은 양의 모래를 집어, 조금 전의 모래 위에 살짝 떨어뜨린다. 그럼 모래 더미가 되었는가? 아직은 아니다. 이번에도 두 손가락으로 집을 수 있는 양의 모래를 더해보자. 이제 모래 더미가 되었는가? 두 손가락으로 집을 수 있는 양은 단숨에 모래 더미를 만들기에 충분하지 않기 때문에 아직은 더미가 되기에 부족하다. 요컨대 모래 더미가 아닌 상태에 두 손가락으로 집을 수 있는 극소량의 모래를 더한다고 달라지지는 않는다. 안타깝게도 이런 논리는 언제 어디서나 적용된다. 극미량의 모래는 차이를 만들어내기에 충분하지 않다. 따라서 이런 식으로는 누구도 모래 더미를 만들어낼 수 없다. 하지만 당신이 몇 시간 동안 모래를 조금씩 더한다면 마침내 모래 더미를 만들 수 있을까? 고대 그리스 철학자들이 이 역설을 발견해낸 이후로, 철학자들은 이 역설을 풀려고 진땀을 흘려왔다. 이것이 이른바 소크라테스의 역설Socrates Paradox이다. 솔직히 말하면, 소크라테스의 역설에는 해결책이 없다.[25] 문제는 '더미Heap'의 뜻에 내재해 있다. 비非더미와 더미를 가르는 뚜렷한 경계, 즉 극소량의 모래로 갈리는 비더미와 더미의 경계는 없는 듯하다. 하지만 더미라고 표현하기에 충분하다고 할 수 있는 막연한 크기의 모래 무더기는 많다.

이런 막연함은 매우 흔한 것이다. 가령 어떤 남자의 머리카락이 조금씩 빠져 완전히 대머리가 되었고, 빠진 머리카락 하나하나가 충분한 차이를 만들어내지 못했다면, 대체 그는 어떻게 대머리가 되었을까? 이쯤에서 무시해도 좋은 사소함에 대한 그릇된 생각과 무임승차를 논박해보자. 개인적인 기여는 아무런 차이를 만들어내지 못하는 듯하지만, 그 작은 기여가 합쳐지면 유의미한 변화가 일어난다. 무임승차를 반박하는 이런 논증은 무척 중요하기 때문에, 많은 사람의 작은 행동들이 모여 어떻게 큰 변화를 이루어낼 수 있는지에 초점을 맞춘 사고실험을 면밀히 살펴볼 필요가 있다. 이른바 '악의 없는 고문자의 수수께끼Puzzle of the Harmless Torturers'라는 사고실험이다.[26]

악이 지배하던 시대에 1,000명의 고문자가 각각 한 명씩 고문을 했다. 각각의 고문자는 고문 기구의 단추를 1,000번씩 눌렀다. 단추를 누를 때마다 피해자는 추가로 고통을 느끼지는 못했지만, 1,000번의 누적 효과는 피해자에게 견디기 힘든 고통을 남겼다. 모든 피해자가 각각 동일한 고문 기구로 똑같은 방법으로 고문을 받았다.

그러나 고문자들이 마침내 양심의 가책을 느끼기 시작했다. 그들은 고문 방법에 변화를 주었다. 그때부터 고문자들은 고문 기구의 단추를 한 번만 눌렀지만, 모든 고문 기구를 사용했다. 달리 말하면, 한 피해자에게 1,000개의 고문 기구를 사용하며 단추를 한 번씩 눌렀다. 결국 피해자가 받은 고통의 크기는 똑같았다. 그러나 어떤 고문자도 피해자의 고통을 눈에 띄게 악화시키지는 않았다. 따라서 고문자들은 자신들이 악의 없는 고문자라고 흐뭇하게 생각하며 편히 잠들 수 있었다.

이런 사고실험은 흥미로운 수수께끼이지만, 이런 사고실험을 통해 우리가 현실 세계에서 결정을 내리는 데 도움을 받을 수 있을 것이라고 확신하기는 힘들다. 하지만 '악의 없는 고문자의 수수께끼'는 예외인 듯하다. 논란의 여지는 있지만, 이 수수께끼가 '도덕 철학'으로 이어지기 때문이다. 요즘 대부분의 철학자는 하나하나의 피해는 감지되지 않더라도 그 극미한 피해들이 더해지면 상당한 규모가 된다고 확신한다. 이익의 경우도 마찬가지이다. 이 놀라운 결론은 우리에게도 무척 중요하다. 기후 변화와 어업에서 보았듯이, 현실 세계의 많은 상황이 유사한 구조를 갖기 때문이다. 예컨대 당신이 보기에 '훼손되지 않은' 널찍한 땅을 상상해보라. 국립공원을 상상해도 상관없다. 그 공원이 조금씩 개발되며, 세심하게 설계된 주택들이 충분한 간격을 두고 들어서고 아담한 진입로도 생긴다. 주택과 도로가 서서히 늘어나고, 결국 대부분의 방문자가 그 공원이 '훼손되었다'고 결론짓는다. 그러나 정확히 언제 훼손되었을까? 공원을 훼손되지 않은 상태로 유지하려면 어느 정도까지 개발을 허용해야 할까?

악의 없는 고문자의 수수께끼와 소크라테스의 역설에서 확인되듯이, 위의 질문들은 대답하기 어려운 문제이다. 공원은 결국 실질적으로 훼손되었다. 착시가 아니다. 문제는 '훼손'이란 개념의 막연함에 있다. 부동산 개발회사는 이런 막연함을 무기로 휘두르며, 작은 개발은 아무런 차이를 빚어내지 않는다고 주장한다. 다른 부문에서는 무임승차자들이 역시 막연함을 이용해, 개인의 기여는 아무런 차이를 만들어내지 못한다는 자신들의 주장을 정당화한다.

그러나 막연한 개념을 정교하게 다듬으려는 시도는 실패할 수밖에 없다. 일상 언어를 사용하는 한 누구도 막연함을 피할 수 없기 때문이다. 게다가 막연함은 개념 자체에 내재해 있다. '더미'라는 개념 자체가 막연한 것이다. 오히려 명확한 경계, 예컨대 더미와 그렇지 않은 것을 구분하는 정확한 수의 모래알이 있다고 가정하는 게 우스꽝스러울 수 있다. 하지만 무임승차 사고방식은 우스꽝스럽게도 우리에게 그 명확한 경계를 요구하는 것이다.

그 이유를 알아보기 위해 무임승차에 대한 상식적 수준의 반대로 돌아가보자. 모두가 무임승차하면 어떻게 될까? 맨서 올슨의 분석에 따르면, 세 가지 경우를 고려해야 한다. 처음 두 경우는 수월한 편이다. (i) 모두가 무임승차하면 집단 프로젝트가 처음부터 진행되지 않을 것이다. 따라서 내가 기여하지 않아도 달라지는 것은 없다. (ii) 나를 제외한 모두가 무임승차하지 않으면 집단 프로젝트는 시작되겠지만 내가 기여하지 않아도 달라지는 것은 없다. 두 경우에서 결론은 "나는 무임승차해야 한다"라는 것이다.[27] 그러나 (iii) 어떤 사람은 무임승차하고, 어떤 사람은 기여하는 경우는 어떻게 될까? 올슨에 따르면, 이 경우에는 내 기여가 없어도 프로젝트가 진행될 수 있을 정도로 다른 사람들이 충분히 기여할 때만 나는 무임승차해야 한다.[28]

여기에서 문제는 명확히 답할 수 없는 "충분한 것이 어느 정도를 뜻하는가"라는 것이 아니라, 이 질문에 답이 있다는 가정 자체이다. 올슨의 분석에서는 경계와 티핑 포인트가 있고, 그 경계를 넘어서면 충분한 기여가 있어 프로젝트가 진행된다고 가정한다. 그러나 현실은 그렇지 않다. 집단 프로젝트나 집단의 목표는 막연한 개념으로 규정된다. 예컨대 훼손되지 않은 국립공원을 유지하는 게 목표라는 식이다. 그 목표가 원칙적으로는 정확한 것일 수 있지만, 경계나 티핑 포인트가 어디에 있는지 찾아내기는 현실적으로 불가능할 수 있다. 기후 변화를 해결하기 위한 실질적인 대책에 대한 범세계적인 합의를 끌어내기 어려운 이유 중 하나는, 기후 변화가 어디까지 용납되느냐에 대한 다툼이다. 물론 변화의 규모를 규정하고 측정하는 방법에 대해서도 의견이 분분하다. 이런 상황에서 무임승차는 유혹적일 수밖에 없다. 기후 변화에 대한 조치를 극적으로 앞당길 티핑 포인트가 없기 때문이다. 더 정확히 말하면, 그런 티핑 포인트가 존재한다고 인정하더라도 그 정확한 지점에 대한 의견 다툼과 불확실성이 뒤따른다. 이런 불확실성은 티핑 포인트가 비교적 명확한 듯 보이는 투표와 같은 상황에서도 제기될 수 있다.

1832년에 제정된 선거 대개혁법Great Reform Act으로 영국에서 보통 선거를 실시하기 위해 선거권을 확대하는 과정이 시작되었다. 이 법이 제정된 후에도 성인 남성 여섯 명 중 한 명만이 투표할 수 있었고 여성은 배제된 까닭에 이 법의 효과는 미미했지만, 정치적 불안 때문에 국가가 실질적으로 통제할 수 없는 상황에 빠진 후에야 이 법은 통과되었다. 잉글랜드 전역에서 폭동이 일어났고, 브리스틀은 사흘 동안 폭도의 수중에 떨어지기도 했다. 시민들은 앞다투어 은행에서 돈을 인출했고, 150만 파운드(현재 가치로는 1억 6,000만 파운드)가 영란은행에서 빠져나갔다. 이런 분위기에서 영국 의회에서는 중요한 법안이 단 한 표 차이로 승리를 거두었다. 그 결정적인 표를 던진 주인공은 존 칼크래프트John Calcraft였다.

칼크래프트는 원래 선거권 개혁법에 격렬히 반대했지만 최후의 순간에 마음을 바꾸었다. 당시 양측 모두가 잔뜩 긴장했던지 그의 결정은 어느 쪽에서도 좋은 반응을 얻지 못했다. "그는 6개월 후에 자살했다. 양쪽 모두에게 미움을 받는다고 생각한 때문이었다."[29]

앞에서 보았듯이, 무임승차 사고방식에서는 당신의 표가 결정적인 경우에만 투표할 가치가 있다고 여긴다. 선거에는 선명한 경계가 있다. 따라서 무임승차 사고방식이 이론적으로는 의미가 있다. 당신 표가 경계를 넘지 못하면, 즉 한쪽이 압도적인 표차로 승리할 것이 확실하면 투표를 하는 것은 무의미하다. 적어도 직접적인 영향이란 면에서 당신의 표는 결과에 아무런 차이를 만들어내지 못한다. 요컨대 당신의 기여가 실질적으로 어떤 차이도 만들어내지 못하기 때문에 무임승차는 더욱 설득력 있게 느껴진다.

그러나 현실 세계에서 무임승차 사고방식은 이 경우에도 기후 변화의 사례와 똑같은 문제, 즉 경계 지점을 찾아내기 힘들다는 문제에 부딪힌다. 당신의 표가 결정적인 역할을 하는 극단적인 경우에도 마지막 순간에 마음을 바꾸는 존 칼크래프트 같은 사람들 때문에 당신의 결정은 뒤집힐 수 있다. 결정적인 표를 던질 기회를 힘을 과시할 기회로 여길 수 있지만, 칼크래프트의 비극적인 결말에서 보듯이 대부분의 사람은 이런 상황에 처하는 걸 바라지 않는다. 가령 버락 오바마가 한 표 차이로 당선되었다고 해보자. 당신이 오바마에게 표를 던졌다면 그런 사실이 공화당원들에게 공개적으로 알려지기를 바라겠는가? 가장 최근의 사례가 2000년 미국 플로리다에서 있었다. 당시에도 선거 결과를 결정지은 선명한 경계가 개표 논란을 가져온 펀치 방식의 투표 용지들 사이로 사라져 알아내기가 어려웠다. 영국에서는 재검표 과정이 있지만 명확한 경계를 찾을 수 없었다. 그저 한쪽이 절망에 빠지거나 탈진해서 포기할 때까지 재검표가 계속될 뿐이다. 1997년의 총선거에서 마크 오튼^{Mark Oaten}이 몇 번의 재검표 끝에 두 표 차이로 윈체스터 선거구를 차지했다. 하지만 패한 후보는 절차상의 문제를 지적하며 법원에 소송을 제기했고, 결국 재선거가 치러졌다. 오튼이 이번에는 무려 2만 표 차이로 다시 승리를 거두었다.* 이처럼 당락을 가리기 힘든 선거가 적지 않다는 사실은, 경계가 이론적으로는 명확하더라도 현실에서 그 경계를 찾아내기는 어렵다는 방증이기도 하다. 이런 이유에서도 무임승차 사고방식에 의존해 투표 여부를 결정하는 것은 어리석은 짓이 되는 셈이다.[30]

뚜렷한 경계를 찾아낼 수 있는 경우에도 무임승차 사고방식에는 또 다른 문제가 있다. 무임승차 논증에 따르면, 우리가 경계 바로 아래에 있어야만 내 기여가 의미를 갖는다. 구체적으로 말하면, 내 기여가 총기여를 경계 위로 끌어올릴 수 있을 정도로 커야 한다는 뜻이기도 하다. 안타깝게도 모두가 이렇게 생각한다면, 그 결과는 대형 치킨 게임이 될 것이다. 모두가 자신의 기여가 헛되지 않기를 바라는 마음에 최후의 순간까지 기다리며 기여하지 않으려 할 것이기 때문이다. 그러나 이때 한 사람이라도 잘못 계산하면 집단 프로젝트는 망가지고 모두가 패자가 된다.

● 그러나 10년쯤 지났을 때 일련의 난잡한 성추문에 개입한 사실이 폭로되자 오튼은 사퇴했다. 그때 오튼은 그런 일탈을 '중년의 위기' 탓으로 돌렸다.

대부분의 상황에서 이런 삶의 방식은 어리석을 정도로 위험하다. 지독히 불안정한 사회로 치달을 것이 뻔하기 때문이다.

무임승차 사고방식의 확산은 세상을 아수라장으로 만들겠다는 비정상적인 생각에 대한 꾸밈없는 이야기가 아니다. 합리적인 아이디어가 곡해되고 변형되어, 득보다 해를 끼치기 시작한 사례라고 할 수 있다. 개인으로서 우리가 차이를 빚어낼 수 있느냐 없느냐에 대한 생각에 작지만 심원한 변화가 있었다. 그 변화의 영향을 지금 어디에서나 찾아볼 수 있지만, 그 변화 자체는 무척 감지하기 힘들었던 까닭에 그 변화를 밝혀내기 위해서는 심오한 지적 탐구가 필요했다.

수십 년 전이었다면 기여자가 아니라 무임승차자가 '비합리적'으로 여겨졌을 것이다. 특히 소크라테스와 애덤 스미스의 지적에 따르면, 무임승차 사고방식은 많은 점에서 현명한 생각과는 동떨어져 있다. 작은 기여는 중요하다. 우리 기여의 간접적인 영향도 중요하다. 어떤 사건이 어떤 이유로든 일어난다면 그 사건이 일어나는 데 도움이 되었다는 이유로 우리는 마땅히 칭찬을 받거나 비난을 받아야 한다. 무임승차 사고방식이 적용되려면 다른 사람들에 의한 '충분한' 기여의 경계를 알아야 하지만, 그 경계를 안다는 것은 이론적으로도 불가능하고, 현실적으로 그것은 언제나 위험하기도 하다. 끝으로 우리는 사람들이 이기적으로 행동하지 않고 이타적으로 행동한다는 가능성을 열어두어야 한다. 맨서 올슨은 교수로 재직할 때 공동 프로젝트에 무상으로 참여해 기여하며 개인적으로 소중한 시간을 할애했다. 무임승차한 것이 아니라 자신이 기여한 대가로 아무것도 바라지 않았다. 이런 모든 것을 고려하면 의사 결정 방법이 끔찍할 정도로 복잡할 듯하지만, 이기적인 사람도 인정하는 간단한 경험 법칙이 있다. 게다가 이것은 대부분의 경우에 올바른 답을 알려주는 법칙이기도 하다. "집단 행동에서 얻는 장기적인 이익이 적어도 당신의 기여 비용cost of contribution을 상쇄한다고 추정되면 기여하라!"는 것이다. 무임승차 사고방식은 특수한 형태의 불필요한 전략을 현대인의 삶에 소개했지만, 협력이 무임승차보다 낫다는 과거의 지혜를 우리가 하루라도 더 빨리 되찾는다면 우리 모두가 더 행복해질 것이다.

경제학 제국주의의 탄생

부자들은 테마파크를 어떻게 즐기는지 생각해본 적이 있는가? 그들의 자녀들도 다른 아이들과 똑같이 디즈니월드에 가고 싶어 한다. 하지만 세계적인 부호와 그들의 자녀가 놀이기구를 타려고 길게 줄을 서서 오랫동안 기다리는 모습을 상상하기는 어렵다. 한 가지 방법은 디즈니가 시간당 500달러에 제공하는 'VIP 안내원'을 고용하는 것이다. 그럼 줄의 길이에 상관없이 당신은 미리 예약한 놀이기구의 앞까지 그의 안내를 받는다. 그러나 최근에 더 싸고 탄력적인 방법이 등장했다. 드림투어스 플로리다DreamTours Florida가 시간당 130달러에 장애인 안내원을 제공하고 나선 덕분이었다. 그 장애인 안내원의 가족인 척하면 가족 모두가 새치기해서 줄의 맨 앞에 설 수 있었다. 맨해튼 출신의 한 어머니가 떠벌렸듯이 "그들이 나와 남편, 두 아이를 스쿠터에 태우고 공원 곳곳을 데리고 다녔다. 스쿠터에는 장애인이라 쓰인 깃발이 꽂혀 있었다. 다른 아이들은 '작은 세계'라는 놀이기구를 타려면 2시간을 기다려야 했지만 우리는 1분도 기다리지 않았다. 상위 1퍼센트가 디즈니를 즐기는 방식을 우리 가족이 누린 셈이다."[1]

새치기를 제공하는 산업은 급속도로 성장하고 있다. 미국에서는 라인스탠딩닷컴LineStanding.com을 이용하면 당신을 대신해 줄을 설 사람을 고용할 수 있다(이 회사는 주로 노숙자를 이용한다). 대기업을 위해 활동하는 로비스트들이 이런 서비스를 주로 사용한다. 로비스트들은 의원 청문회와 대법원의 방청권을 확보하려고 그런 사람에게 돈을 주고 밤새 줄을 서게 한다. 덕분에 로비스트들은 청문회나 법정이 시작되기 직전에 입장할 수 있다.

2016년 11월 인도 전역에서 은행 정문 앞에 줄이 길게 늘어섰다. 높은 단위의 지폐가 법정 통화로서 수명을 다하기 전에 교환하려고 시민들이 몰려들었기 때문이다. 새치기는 과거에 사회적으로 금기시되었고, 심지어 불법적이라고 여겨지던 많은 것 중 하나이다. 중국에서는 친구들에게 꼬마 쳉으로 불리던 십대 소년이 아이팟을 살 돈을 마련하려고 자신의 콩팥을 팔았다. 미국의 몇몇 교도소에서는 수감자들이 일정한 금액을 지불하면 더 좋은 수용실로 옮길 수 있다. 기업들은 직원들을 대신해 생명보험에 가입하고, 투자자들에게 그 보험증권을 되판다. 원래 '죽은 소작농 보험dead peasants insurance'으로 알려진, 죽음을 두고 벌이는 이 도박이 이제는 수십억 달러의 시장이 되었다.[2]

대다수는 이런 유형의 거래를 탐탁지 않게 생각한다. 그러나 이런 거래가 정확히 무엇이 잘못된 것일까? 꼬마 쳉이 장기를 판 돈으로 아이팟을 사려고 했기 때문에 대중매체가 그 거래에 더욱더 분노한 듯하다. (꼬마 쳉이 자신의 콩팥을 팔아 누이의 병원비를 내려고 했다면 그처럼 큰 소동이 벌어지지 않았을 것이다.) 콩팥을 비롯한 장기가 매매되는 시장은 혐오스럽지만, 장기의 공급이 증가하면 생명을 구할 가능성이 높아지는 것은 사실이다. 교수들은 부유한 학생들이 돈을 써서라도 일류 대학에 입학하겠다는 생각에 경악하지만, 일류 대학이 받는 기부금이 가난하지만 야심 있는 학생들에게 기회의 문을 열어주는 데 일조할 수 있다. 그럼에도 불구하고, 거의 모두가 결코 매매되어서는 안 된다고 생각하는 것들이 있다. 하지만 그것에 속할 만한 것에 대해 생각하는 순간, 그것도 결국에는 시장에서 자유롭게 거래되어야 한다고 강력히 주장할 수 있는 듯하다.

많은 사람이 과거에는 이렇지 않았다고 말하지만, 역사의 추세를 보면 모든 것의 거래를 무작정 허용하고 있지는 않다. 빅토리아 시대의 영국에서는 아동 노동시장이 활발했지만, 감사하게도 대부분의 현대 사회에서는 금기시되었다. 21세기와 과거의 모든 시대를 구분짓는 것은, 시장에서 '더 많은 것'을 거래하는 것이 아니라('더 많은 것'이 정확히 무엇을 뜻하며, 그것을 어떻게 헤아릴 것인가?) 우리 사고방식의 변화이다. 예컨대 삶의 모든 면에 경제적 사고방식을 기꺼이 적용하려는 마음이 커지고 있다. 실제로 예술과 교육, 장기▩▩와 출산, 새치기 등의 시장에 대해 요즘 들리는 주장들은 1960년대까지 전혀 듣지 못하던 것이었다.

이런 변화가 우연히 시작된 것은 아니었다. 1950년대 말부터 소수의 경제학자가 그때까지 경제학에 속하지 않던 삶의 영역에 경제학적 분석을 적용하기 시작했다. 경제학의 범위를 크게 확대하려는 이런 시도는 존 폰 노이만과 오스카 모르겐슈테른 같은 게임 이론가들과 케네스 애로 같은 수리 경제학자들에 의해 시작되었다. 그들의 이론에서, 인간은 하나의 목적을 지향하며 (게임 이론에서의) '보상'이나 (애로와 수리 경제학에서의) '선호성 만족preference satisfaction'을 최대화하려고 끊임없이 계산하는 로봇이었다. 인간을 이렇게 제한적인 틀에 가두자, 생산과 소비라는 전통적인 경제학 영역에만 관심을 제한할 이유가 없었다. 인간이 보상을 극대화하려는 로봇에 불과하다면, 삶의 다른 영역에서 무엇인가를 극대화하려는 행동도 쉽게 연구될 수 있을 것 같았다. 이런 변화는 경제학적 사고를 확장시켜 모든 것을 포괄하는 사회과학을 창안하려던 존 폰 노이만의 꿈과 완전히 일치하는 것이었다.

시카고 대학의 경제학자 게리 베커는 경제학의 범위를 확대하는 새로운 시도의 선구자이자 리더였다. 처음에 베커의 시도는 조롱을 받았다. 베커가 처음 어린아이들을 '내구 소비재durable consumers goods'라고 규정했을 때 모든 경제학자가 빙그레 웃었을 뿐이다. 또 경제학적 사고방식이 우리 삶을 지배하려는 시도는 평론가들에게 '경제학 제국주의economics imperialism'라는 조롱을 들었다. 이런 조롱은 곧 역풍을 맞았고, 베커와 그의 추종자들은 '경제학 제국주의'라는 이름을 기꺼이 받아들여 그들의 프로젝트를 뜻하는 대명사로 삼았다. 베커가 노벨 경제학상을 수상한 1992년쯤에는 그의 사상이 주류 경제학적 사고가 되었고, 일상의 삶에 스며들기 시작한 뒤였다. 베커가 앞장서서 그런 흐름을 주도했고 정부가 뒤따랐다.

1987년 베커는 최고 입찰자에게 이민권을 주어야 한다고 제안하며 큰 소동을 일으켰다. 지금 우리가 듣기에 이 제안은 조금도 놀랍지 않을 뿐더러, 미국을 비롯한 많은 유럽연합 국가에서 채택하고 있는 이민 정책의 근간이 되었다. 이민하려는 국가에서 충분한 자산을 구입한 사람은 누구나 이민할 수 있다. 2019년 현재 200만 파운드 상당의 영국 채권이나 주식을 매입한 사람은 영국에 거주할 권리는 얻는다. 300만 파운드를 더 투자하면 영주권을 얻는 데 필요한 시간까지 줄일 수 있다. 영주권을 얻고 나면, 투자한 자산을 팔아 500만 파운드를 되찾아도 영주권을 잃지 않는다.

보모 국가Nanny State(정부가 개인을 과보호하거나 개인의 선택을 간섭한다는 뜻으로 영국 보수당 의원 이언 맥클라우드Iain Macleod가 1965년 처음 사용한 용어–옮긴이)에 대해 아련한 기억을 지닌 마흔을 넘긴 많은 사람에게, 자유시장은 일종의 투표 집계기처럼 신나는 자유를 보장할 것처럼 보일 수 있다. 또 우리가 원하는 것을 우리에게 줄 것 같기도 하다. 여하튼 더 많은 자유를 주면, 기꺼이 더 많은 돈을 지불할 생각도 있다. 그러나 경제적 사고방식과는 어디에서 선을 그어야 할까? 범세계적으로 보면, 우리는 말라리아 퇴치보다 주름 방지에 더 많은 돈을 쓰고 있다. 주름 방지가 더 중요하다는 뜻일까? 유능한 로비스트와 법률가를 고용할 정도의 자금력을 지닌 사람만이 정치체계와 법체계에 유의미하게 접근할 수 있다면, 이런 현상이 민주주의와 정의에 무엇을 의미할까? 경제적 사고방식이 적용되는 범위가 수십 년 전부터 극적으로 급속히 확대되었다는 사실을 고려하면, 경제적 사고방식이 앞으로 우리를 어디까지 끌고 갈까?

경제학이
점령한 삶

게리 베커는 이기적인 호모 에코노미쿠스라는 관점에서 인간의 모든 행동을 분석해 유명해졌지만, 얄궂게도 베커는 이기심 때문이 아니라 이타적인 마음에서 경제학에 관심을 갖기 시작했다. 1940년대를 브루클린에서 보낼 때 십대 소년이던 게리 베커는 신문의 경제란을 읽기 시작했다. 그러나 "내용이 무척 따분했다"라고 고백했듯이 그가 경제란을 읽은 것은 재미 때문이 아니라, 시력이 점점 떨어지던 사업가 아버지를 도우려는 생각에서였다. 젊은 게리는 경제학을 공부하면서 바뀌었다. "프린스턴 대학에 입학할 때 나는 사회주의자였다. 그러나 2년 남짓 지난 뒤, 더는 사회주의자가 아니었다." 베커는 변화의 기폭제가 된 것이 무엇이었는지 정확히 짚어주었다. "두 가지였다. 하나는 밀턴 프리드먼이었고, 다른 하나는 경제학이었다."[3] 베커는 경제학을 보편적인 사고방식으로 받아들였다. 그가 과거 어느 경제학자보다 경제학을 포괄적인 학문으로 보았던 것은 거의 확실하다.

우리 사고방식이 크게 변한 기원은 불확실한 경우가 많다. 그러나 이번에는 그렇지 않다. 베커는 경제학에 포함되지 않던 삶의 여러 면에 경제학적 추론을 확대 적용한 최초의 학자였다. 이 평생의 프로젝트는 그의 박사학위 논문 〈차별의 경제학〉에서 시작되었다. 베커는 이 논문에서 편협성은 편협한 사람에게 경제적으로 큰 대가를 요구한다는 이론을 집중적으로 다루었다. 예컨대 직무에 더 적합한 자격을 갖춘 흑인보다 백인 노동자를 고용한 기업주는 그 비용을 치르기 마련이란 뜻이다. 베커의 추론에 따르면, 직무에 최적인 사람이 선택되지 않는 경우에만 기업주에게 경제적 비용이 뒤따르기 때문에 차별은 곧 비용으로 정의할 수 있다. 다시 말하면, 이와 같은 상황이 곧 언제 차별이 있었는가를 정의하는 좋은 지표라는 것이다. 이런 정의에서 기업주의 동기는 무시된다. 직무에 적합한 자격을 갖춘 흑인이 고용되지 않은 이유가 순전히 기업주의 편협함 때문인지, 다른 직원들이 흑인과 함께 일하는 걸 거부했기 때문인지, 고객들이 검은 얼굴을 보는 걸 원하지 않기 때문인지는 중요하지 않다. 어떤 이유이든 간에, 채용되었어야 마땅한 흑인이 채용되지 않았다. 이 사실만으로도 차별이 있었다는 걸 우리에게 알리기에 충분하다.

베커의 분석에서 무엇이 잘못되었는지 곧바로 지적할 수 없더라도 그의 분석은 우리를 불편하게 만든다. 사실 베커의 분석에는 적잖은 문제가 있다. 차별하는 사람에게 경제적 비용이 뒤따르는 경우에만 차별이 존재한다는, 차별에 대한 베커의 정의에서 문제가 시작된다. 현실 세계에서 기업은 편견 때문에 가장 뛰어난 지원자를 고용하지 않고도 경제적 비용을 치르지 않을 수 있다. 가장 뛰어난 지원자가 고용되더라도 많은 직원 중 한 명에 불과하다면, 그를 놓친다고 기업의 이익에 악영향을 줄 가능성은 거의 없다. 베커의 정의에 따르면, 이런 경우에 차별은 없었던 것이 된다. 한편 집주인이 인종차별주의자여서 백인 세입자만을 선택하더라도 그 세입자들이 집세를 꼬박꼬박 지불하고 집을 깨끗하게 유지한다면 경제적 손실이 없을 수 있다. 베커의 이론에서는 이런 경우에 차별을 인정하지 않는다.

그러나 차별에 대한 베커의 협소한 정의를 만족시키는 행동도 우리 생각만큼 큰 문제는 아니다. 자유시장이 그 행동을 교정하기 때문이다. 베커의 주장에 따르면, 차별의 여부와 상관없이 경쟁하는 시장에서 생산 비용이 경쟁 기업보다 높은 기업은 (차별을 중단함으로써) 비용을 낮추지 않으면 폐업할 수밖에 없다. 따라서 베커는 경쟁 시장에서 차별은 존재할 수 없다고 결론지었다. 결국 차별은 일시적인 현상에 불과하다. 〈차별의 경제학〉은 1957년 처음 발표된 이후로 경제학계에서는 오랫동안 무시되었지만, 상아탑의 담을 넘어 조금씩 알려졌다. 특히 상당한 영향력을 지닌 법학자 리처드 엡스타인Richard Epstein, 1943~은 베커의 논증에 기초해 미국의 공민권법(흑인에 대한 인종 차별을 없애기 위해 미국에서 1950~60년대에 제정한 법률-옮긴이)을 폐지해야 한다고 주장했다. 차별이 존재하지 않기 때문에 반차별법은 강압적이고 불필요하다는 게 엡스타인의 추론이었다.

오늘날에는 베커의 이론을 피해 살아가는 게 거의 불가능하지만, 그의 이론은 여전히 논란이 많다. 베커는 의견을 갈라놓은 정도를 넘어, 깊고 넓은 구멍을 파놓은 까닭에 우리는 어느 쪽으로든 그 구멍을 뛰어넘어야 한다. 《파이낸셜 타임스》의 기고자들도 둘로 갈렸다. 한 오랜 기고자는 차별에 대한 베커의 접근법을 극찬했지만, 다른 기고자는 베커를 형편없는 조롱거리로 보았다.[4] 후자의 견해에 대한 증거를 찾기는 그다지 어렵지 않다. 베커가 오랫동안 공들여 썼다는 그의 가장 유명한 저서 《가족론》을 예로 들어보자.

《가족론》에서는 두 사람이 결혼해서 '전문화specialize'하는 것이 효율적이라 주장한다. 베커의 표현으로, '전문화'는 한 사람은 돈을 벌기 위해 일하고, 한 사람은 집을 지키며 가사일을 하고 자식을 양육하는 것을 의미한다. 베커의 이런 주장은 분업에 대한 애덤 스미스의 이론을 가족 관계에 적용한 것이다. 베커는 "노동자들이 각자 특정한 업무에 집중하면 전체적인 생산성이 올라간다"라는 분업론을 근거로, 가정 역시 전문화하면 생산성이 올라가고 그에 따라 생활수준도 향상될 것이므로 한 사람이 돈을 버는 가정이 다른 형태의 가정보다 흔해질 것이라 추론했다. 또 여성이 자식을 키우는 데 '비교 우위'에 있다고 생각하며, 여성이 집을 지키고 남성이 일해야 한다는 결론을 내렸다.《가족론》은 1981년에 출간되었다. 당시 서구 국가에서도 많은 여성이 임금 노동자로 일하고 있어, 베커의 이론을 반박하는 증거는 차고도 넘쳤다. 그러나 베커의 이론과 사실 간의 충돌만 있었던 것이 아니다. 베커가 사실을 나열하는 방법에도 문제가 있었다. 베커가 사랑에 대해 언급한 부분을 살펴보자.

여성의 행복이 남성의 효용 함수에 포함되면 남성이 여성을 사랑한다고 말할 수 있다. 또 남성이 여성과의 감정적이고 신체적인 접촉을 가치 있게 생각하는 경우에도 마찬가지이다. 물론 남성은 여성과 짝지음으로써 이익을 얻을 수 있다. 그때 여성의 행복, 더 나아가 그 자신의 효용에 더 양호한 영향을 미칠 수 있을 것이기 때문이다. 또 남성이 여성과 '불륜 관계'를 맺기보다 적법하게 짝지을 때 여성과의 접촉을 측정하는 상품들을 더 싸게 생산할 수 있기 때문이다.[5]

아리송한 글이지만, 마지막 문장에서 언급된 '상품'은 자식을 뜻한다. 베커는 집 밖에서 임금 노동자로 일하는 여성을 '일탈한 사람deviant'이라 표현했고, 주석에서 "이 표현은 경멸적 의미로 사용한 것이 아니라 통계학적 의미로 사용한 것"이라고 설명했다. 하지만 1981년에도 일하는 여성은 통계학적으로도 결코 아웃사이더가 아니었다. 《가족론》에서 베커는 일부다처제가 되면 여성에게 대체로 유리할 것이라고 주장하기도 했다. 이때 이란의 아야톨라 호메이니Ayatollah Khomeini, 1900~1989를 인용했는데, 호메이니가 여성의 권익을 이해한 지도자로 유명했기 때문이 아니라 순전히 그의 논증을 뒷받침하기 위해서였다.[6]

사실에 대한 베커의 무시는 가족에 대한 저서에만 국한된 것이 아니었다. 2007~2010년의 금융 위기 동안, 저임금 노동자나 실업자가 상환할 가능성이 거의 없는데도 많은 대출을 받는 게 합리적이었느냐는 질문을 받았을 때 베커는 "그렇다. 그들은 더할 나위 없이 합리적이었다. 그들의 자본이 아니라 대출 기관의 자본에 대한 채무를 이행하지 않은 것이기 때문이다"라고 대답했다.[7] 맞는 말이다. 그러나 체납자는 결국 노숙자가 된다. 진짜 합리적이라면, 다른 사람의 돈을 위험에 빠뜨리지 않고 비바람을 피할 집을 지키는 걸 우선시해야 하지 않았을까?

이 모든 것에서 한 가지 의문이 제기된다. 베커의 저작이 경제적 사고를 삶에서 명백히 비경제적인 면에 적용하는 불합리함을 보여준 전형이라면, 경제적 사고가 현대인의 삶에서 점점 많은 영역까지 확산된 이유가 무엇일까? 더 직설적으로 말하면, 결함투성이인 그의 이론에도 불구하고 베커가 21세기에 그처럼 영향력 있는 경제학자가 된 이유는 무엇일까?

모든 것을
극대화하라

간단히 말해서 베커의 저작이 영향력을 갖게 된 이유 중 하나는 쉽게 읽힌다는 것이다. 경제학에서 대부분의 첨단 이론은 이론 물리학이나 전위적인 시처럼 난해하게 쓰여 있어, 소수의 내부자만이 이해할 수 있을 정도이다. 경제학자들에게도 자신의 전문 분야가 아닌 일부 경제 이론은 제임스 조이스의 《피네간의 경야》처럼 접근하기 힘들지만, 게리 베커의 저작은 대체로 닥터 수스의 만화와 동화처럼 쉽게 읽혔다.

그러나 베커의 이론은 많은 점에서 규정하기가 상당히 힘들었다. 어쩌면 '애매모호'라는 표현이 더 적합할지 모르겠다. 평론가들은 베커의 접근법을 "미친 듯이 날뛰는 이기적인 호모 에코노미쿠스"라고 묘사했지만, 이런 비교는 근본적인 오해에서 비롯된 것이다. 1992년 노벨 경제학상 수상 기념 강연의 세 번째 문장에서, 베커는 자신의 저작에서 이기심을 전제한 적이 없다고 부인했다. 오히려 베커는 "사리사욕의 추구라는 협소한 가정으로부터 경제학자들을 떼어놓으려고 애썼다." 그러나 경제적 사고를 삶의 비경제적인 부분에 적용하는 것이 이기심이라는 가정과 관련이 없다면, 무엇과 관련이 있을까? 베커는 자신의 접근법을 "개인적인 성품이 이기적이든 이타적이든 충성스럽든 악의적이든 자기학대적이든 간에 우리는 행복을 생각할 때 행복을 극대화한다"라고 가정하는 것이라 설명했다.

폰 노이만와 모르겐슈테른는 빛 해보가 / 랬듯이 베커도 '무엇을 극대화하느냐'보다 '극대화'라는 인간의 사고방식 자체를 수학적으로 표현하는 데 주력했다. '행복'의 정확한 의미는 중요하지 않았다. 베커의 주장에 따르면, 인간의 행동은 무엇인가를 극대화하려는 욕망, 예컨대 우리가 원하는 것을 최대한 많이 얻으려는 욕망에 영향을 받지만, 우리의 목적은 다양해서 돈이나 물질주의적 목적과는 무관할 수 있다.

베커가 1976년에 발표한《인간 행동에 대한 경제학적 접근》에서 단호하게 정리했듯이, 인간은 극대화하는 존재이고 시장은 대체로 자유로운 경쟁이 이루어지는 곳이라는, 꼭 닮은 두 개의 가정은 "어떤 예외도 없이 철저히 적용되며, 경제학적 접근의 핵심을 이룬다."[8] 절제해서 말하더라도 경제학적 접근의 이런 정의는 상당한 영향을 미쳤고, 대다수의 경제학자가 경제학을 정의할 때 즐겨 사용하는 방법이 되었다. 더 나아가 베커는 "경제학적 접근은 모든 인간 행동에 적용될 수 있는 포괄적인 접근법이다"라고 주장했다.[9] 따라서 경제학자는 경제학이란 따분한 연구에서 해방되었고, 그때부터 삶의 모든 분야에서 전문가라고 자처할 수 있었다. 이른바 경제학 제국주의가 탄생하며, 세상의 주목을 받는 순간이었다. 1976년 베커를 필두로 '경제학 제국주의'가 시작되었고, 결국 많은 경제학자가 새로운 주제를 광범위하게 다루었다. 특히《괴짜 경제학》(2005),《경제학 콘서트》(2005),《경제학 콘서트2》(2008) 등과 같은 책들이 많은 인기를 끌었다.

이 새로운 경제학은 그야말로 알쏭달쏭하다. 모든 것에 대해 무엇인가를 말한다고 주장했지만 가정으로 내세우는 것이 거의 없다. 한마디로 요약하면, 이 새로운 경제학은 속임수이다. 더 면밀히 분석하면, 베커의 저작은 인간이 무엇인가를 극대화한다는 가정에서 그치지 않는다. 극대화 가정은 거의 모든 인간의 행동을 규정하는 데 사용될 수 있다. 하지만 가족에 대한 베커의 이론은 누구에게나 해당하지 않고, 무척 특이한 사고방식을 지닌 사람에게나 적용되는 듯하다. 게리 베커의 규정하기 힘든 경제학에는 그 이상의 것이 있는 게 분명하다. 따라서 더 깊이 파고들어 숨겨진 가정을 찾아내야 할 필요가 있다.

베커의 접근법은 모든 것을 사후에 설명하는 데 사용될 수 있다. 거의 모든 인간 행동이 무엇인가를 극대화하려는 생각과 맞아떨어지기 때문이다. 그러나 예측을 위해서는 베커의 이론에 구체적인 가정이 더해져야 한다. 베커도 예측할 때는 이런 기법을 사용했다. 실제로《가족론》은 몇 가지 가정에서 출발한다. 전문화에 대한 핵심적 논증에서는 밥짓기와 빨래, 육아 등 가정에서 이루어지는 무보수 노동이 웬만한 유급 일자리보다 전문화된 일이라고 가정한다. 그러나 정반대의 가정이 더 타당한 듯하다. 또 베커는 가족 구성원 전체의 행복을 극대화하기 위해 무엇인가를 결정하는 사람은 이타적인 가장家長이어야 한다고 가정한다. 그 밖에도 이런저런 가정이 분석 과정에 임기응변식으로 끼어든다. 예컨대 이혼에 대해 언급할 때 베커는 "일반적으로 이혼자는 결혼생활을 지속하는 사람보다 말다툼이 잦거나 덜 상냥하다고 추정할 수 있다"라고 주장했다.[10]

그가 제시한 가정들도 미심쩍지만, "인간은 무엇인가를 극대화한다"라는 베커의 핵심 개념도 항상 지켜진 것은 아니다. 이 개념은 인간이 끊임없이 의식적으로 계산하는 모습을 떠올리게 하지만, 베커와 그의 추종자들은 시시때때로 그런 모습을 부정했다. 게다가 재미있는 농담도 있었다. 한 저명한 경제학자가 어떤 대학으로부터 권위 있는 직책을 제안받았지만, 그 대학은 멀리 떨어져 있었다. 경제학자가 아닌 그의 친구가 말했다. "경제학 이론을 동원해 결정을 내리면 되지 않을까? 모든 가능한 결과를 계량화해서 얻은 확률로 결정하면 되잖아." 그러자 경제학자가 대답했다. "농담하지 마. 심각한 문제라고."

이런 농담을 베커가 불편하게 생각하지는 않았을 것이다. 실제로 베커는 경제학자가 될 것인지를 결정할 때 자신의 이론을 사용했느냐는 질문을 받았을 때, 다음과 같이 압축적으로 대답했다.

> 대략적으로 말하면, 내가 경제학에 입문하기로 한 것은 '합리적인' 결정이었다고 생각합니다. 하지만 사람들이 미세한 부분까지 계산하지는 않습니다. 결혼하기 전에 상대와 마주보고 앉아, 이것들은 내가 이 여성과 결혼해야 할 이유이고, 저것들은 내가 이 여성과 결혼하지 않아야 할 이유라고 생각하며 두 부분의 경중을 따져 플러스가 마이너스보다 많은지를 분석하는 사람이 얼마나 되겠습니까? 그렇게 하는 사람은 거의 없을 겁니다. 당신이 그렇게 한다는 걸 여자친구가 알면 그녀는 십중팔구 당신과 결혼하지 않으려고 할 겁니다.[11]

결국 베커도 인간이었던 것이다. 그러나 베커는 "인간은 무엇인가를 극대화하는 존재"라는 핵심 가정과, 인간이 손익을 계산해서 모든 결정을 내리는 건 아니라는 의식을 어떻게 조화시켰을까?

베커는 인간이 이런 계산을 하는 것처럼 행동한다고 가정한다. 따라서 인간이 실제로는 그의 이론대로 모든 것을 계산해서 행동하지 않더라도 인간의 행동은 그의 이론이 예측한 결과와 유사한 것이 된다. 베커의 이런 추론 방식은 그가 "만난 가장 위대한 살아 있는 스승", 즉 밀턴 프리드먼에게 직접적인 영향을 받은 것이었다.

프리드먼의 영향은 현대 경제학을 통해 사방팔방으로 뻗어나갔다. 프리드먼은 몽펠르랭회의 창립 회원이었고, 그 모임에서 하이에크에 버금가는 실력자로 급부상했다. 시카고 경제학파의 뛰어난 학자들 중에서도 프리드먼은 발군이었다. 에런 디렉터의 집에서 저녁 식사를 하는 동안 로널드 코스에게 주도적으로 질문을 던진 사람도 당연히 프리드먼이었다. 무엇보다 프리드먼은 1930년대 말 이후로 거시경제학계를 지배해 온 케인스주의에 반발하며 통화주의를 되살려낸 주역이었다. 실제로 많은 역사학자가 1967년 12월 29일 워싱턴 DC의 세라톤 홀에서 있었던 프리드먼의 미국경제학회 회장 취임 연설을 경제학계에서 통화주의가 다시 부각되며 존중받게 된 결정적인 순간으로 생각한다. 그로부터 10여 년 후, 즉 1980년대 초부터 레이건 정부와 대처 정부는 케인스의 경제 정책보다 통화주의 경제 정책을 채택했다. 따라서 양국 정부는 자연스럽게 프리드먼에게 조언을 구했다. 게다가 1976년 프리드먼이 노벨 경제학상을 수상하면서 당시 경제학에서는 통화주의의 위상이 크게 높아져 있었다.

프리드먼이 통화주의와 관련된 거시경제학적 쟁점들에 큰 영향을 미쳤지만, 그가 현대 경제학에 남긴 지속적인 영향은 1953년 어떻게 하면 경제학이 과학이 될 수 있는가'에 대해 쓴 〈실증 경제학의 방법론〉이란 논문인 듯하다. 여기에서 프리드먼은 많은 경제 이론이 현실과 명백히 충돌하지만, 그 때문에 경제 이론이 과학이 되지 못하는 것은 아니라고 주장했다. 프리드먼과 베커에게 경제 이론에서 가정하는 인간의 행동이 비현실적인지 그렇지 않은지는 중요하지 않았다. 가정이 비현실적이더라도 예측이 정확하면 그 이론은 '건전한 과학'이 된다며, 프리드먼은 "뛰어난 당구 선수가 하나하나의 샷을 어떻게 예측하는지 생각해보라"고 권했다.[12] 가령 당구 선수가 복잡한 수학 공식을 사용해 당구공의 어디를 표적으로 삼아 얼마나 세게 때려야 하는지를 정확하게 계산한 뒤에 당구공을 완벽하게 때린다고 가정해보자. 이런 가정은 명백히 틀렸지만, 이렇게 가정할 때 우리는 당구 선수의 샷을 거의 정확하게 예측할 수 있다. 달리 말하면, 당구 선수가 정교한 수학 공식을 사용한 것처럼 당구를 친다는 뜻이다. 이에 빗대어 프리드먼은 소비자와 기업이 각각 만족과 이익을 극대화하려는 듯 행동한다고 주장했다. 소비자와 기업이 의식적으로 그렇게 행동하지 않더라도, 목적을 극대화한다고 가정할 때 정확한 예측이 가능하다는 논리였다.

경제학자들은 프리드먼의 주장에 흠뻑 빠졌다. "예측이 정확하면 가정의 현실성 여부는 중요하지 않다"라는 프리드먼의 주장을 받아들이면, 이론을 뒷받침하는 현실적 가정을 찾아내는 수고를 덜 수 있었기 때문이다. 프리드먼의 이런 주장을 받아들인 까닭에 베커와 그의 추종자들은 자신들의 이론에서 미친 듯이 날뛰는 호모 에코노미쿠스의 모습에 대해 변명할 이유가 없었다. 호모 에코노미쿠스는 좋게 보아야 실제 인간과 다소 닮았을 뿐이지만, 그것이 중요하지는 않았다.

프리드먼의 주장은 경제학자에게 많은 영향을 미쳤지만, 과학 철학자들에게 진지하게 받아들여지지는 않았다. 2010년 월드컵 축구 경기가 진행되던 동안, 독일에 있던 파울은 독일 팀이 치른 여섯 경기의 결과를 모두 정확히 예측했다. 그러나 파울은 문어였다. (문어의 이름이 밀턴이었으면 더 좋았을 텐데!) 파울의 성공으로 볼 때, 예측을 위한 명확한 근거가 없어도 확률이 크게 떨어지겠지만, 어떤 근거 없이도 반복해서 정확한 예측을 할 수 있다는 것이 입증된 셈이다.

프리드먼의 주장에 내재한 또 다른 문제는 소비자와 기업을 당구 선수에 비유한 것이다. 우리가 뛰어난 당구 선수에 대한 예측을 확신하는 이유는, 당구 선수의 목표는 공을 정확히 치는 것으로 비교적 명확하기 때문이다. 따라서 우리의 예측은 당구 선수가 이론적으로 그 목표를 성취할 수 있게 해주는 수학에 근거한 것이다. 또 우리는 당구 선수가 이론적으로 최적의 샷을 실행에 옮기기에 충분한 능력을 갖추었다는 것도 알고 있다. 하지만 현실 세계에서 경제적 의사결정은 다르다. 우리는 (소비자, 노동자, 관리자 등) 경제 주체의 목표를 알지 못한다. 설령 그들의 목표가 명확하더라도 그들(혹은 우리)이 믿고 따를 만한 이론이 없다. 설령 신뢰할 만한 이론적 지침이 존재하더라도 정보의 부족과 복잡한 선택 과정, 미래에 대한 불확실성 등과 같은 실질적인 문제로 경제 주체가 그 지침을 따르기는 쉽지 않다. 따라서 예측의 근거로 삼을 만한 지식이 전혀 없는 셈이다. 문어 파울처럼 우리가 운 좋게 예측에 계속 성공하더라도 그런 상황은 변하지 않는다. 예컨대 소비자의 행동을 이해하려면, 소비자가 자신의 목표에 대해 어떻게 생각하고, 자신에게 주어지는 선택 가능성을 어떻게 인식하며, 어떤 정보를 얻을 수 있는지 등에 대한 현실적인 가정이 먼저 필요하다.

　지금까지 우리는 차별과 가족에 대한 베커의 이론이 즉각적으로 명확히 와닿지 않는 가정과 정의에 기초하고 있음을 보았다. 극대화 개념처럼 애매한 가정에 앞에서 말한 숨겨진 가정들이 더해지며, 베커와 그의 괴짜 경제학 추종자들은 그럭저럭 비판을 모면할 수 있었다. 그러나 이것만으로는 그들의 경제학 제국주의가 광범위하게 영향을 미친 이유가 설명되지 않는다.

　대략적으로 말하면, 그들의 가정이 현실에 가까울 수 있다. 베커는 사람들이 반려자를 결정할 때 치밀하게 계산하지 않지만, 다른 맥락에서는 그렇지 않아서 비용과 이익을 거칠게라도 따져보는 경우가 적지 않다는 것을 인정했다. 베커는 "자녀의 잠재가격이 상승하면 자녀에 대한 수요가 줄어든다"라고 말했다.[13] 전문용어를 배제하고 쉽게 말하면, 자녀를 가짐으로써 수반되는 경제적 희생이 더 커지면 사람들은 자녀를 낳지 않으려 할 것이란 뜻이다. 하기야 자식을 두면 더 큰 집이 필요하고, 따라서 집세도 올라가기 마련이다. 그렇다. 이 주장은 전반적으로 맞는 말이다. 시대와 장소를 막론하고 이 주장을 뒷받침하는 증거도 있다. 그러나 이런 명백한 결론을 얻기 위해 베커의 경제학이 필요한 것은 아니다. 여하튼 어떤 종류의 경제학도 필요하지 않다. 의사결정을 내리기 전에 여러 대안의 장단점을 신중하게 비교하는 것은 전혀 새로운 아이디어가 아니다. '비경제적' 의사결정에서도 다를 바가 없다. 제인 오스틴의 소설에는 결혼의 득실을 신중하게 비교하고, (생물학적 부모가 아니더라도) 부모가 되는 책임의 크기를 고민하는 등장인물들로 가득하다. 요컨대 역시 노벨 경제학상을 수상한 로버트 솔로Robert Solow, 1924~의 표현을 빌리면, 베커의 이론들은 "뻔한 것과 거짓 사이를 오락가락한" 듯하다.[14]

그러나 베커 경제학의 영향은 그가 차별과 가족 등에 대해 구체적으로 제시한 이론의 범위를 훌쩍 넘어섰고, 독단적인 개인주의가 1960년대 말 사회 전반에 나타나기 시작했다. 1976년 그가 명확하게 밝혔듯이, 그의 개괄적인 접근법은 사회의 새로운 분위기에 완벽하게 맞아떨어졌다. 베커의 새로운 개인주의가 무엇인지 살펴보자.

취향과 가치의
문제

첫째, 베커 경제학은 대중 심리요법과 유사한 역할을 했다. 소파에 편히 누워 "나는 생각보다 더 똑똑하다"라고 마음속으로 되뇌어보라. 베커가 암시한 대로, 당신의 경제적 추론 과정이 뛰어난 당구 선수의 추론 과정과 유사하다면, 그 메시지는 당신에게 힘을 더해준다. 그 메시지 덕분에 당신의 행동에 긍정적인 영향을 주는 무의식적인 계산이 마음속에서 이루어진다는 것을 의식하지 못할 뿐이다. 이런 점에서 베커 경제학은 대중 심리요법과 유사했다. 한 대학 교수의 표현을 빌리면, "나는 베커 경제학을 '당신이 이루어낸 많은 것이 실제로 대단한 것이다. 하지만 당신은 그 이유를 모른다. 당신을 자극하는 것이 무엇인지에 대한 내 생각을 말하고 싶다. 우리가 그것을 명확히 밝혀내면 당신도 그것에 공감하는지 말해 달라'라고 말하는 도구로 가르치려 한다."[15]

둘째, 베커는 개인주의에 반하는 도덕률과 사회적 규범 및 정부의 간섭을 공격하는 지적인 기준틀을 제시했다. 베커와 그를 추종한 경제학 제국주의자들은 정부의 간섭과 관련해, 정부 정책은 필요하지 않으며 기존의 정부 간섭은 폐기되어야 한다는 전형적인 결론을 내렸다. 어떤 상황에서도 작은 정부를 지향하는 그들의 주장은 기본적으로 똑같았다. 정부가 나서서 바로잡을 문제는 없다는 것이었다. 단순하지만 강력한 주장이었다. 모든 경제 주체가 합리적이면 최선을 선택할 것이기 때문에 정부가 상황을 개선할 여지가 없었다. 그야말로 인간의 합리성에 대한 환상과, 별개로 행동하는 개인들이 더 나은 방향을 선택하는 경우에만 개선이 가능하다는 교묘한 거짓이 결합된 주장이었다. 현실 세계에서 진보를 이루어내려면 많은 집단의 조직화된 변화가 필요하다. 그리고 정부의 간섭이 그런 조직화를 이루어내는 한 가지 방법이다. 베커의 주장에 따르면, 흡연자나 비만자의 조기 사망은 사회적 문제가 아니라, 당장의 쾌락을 위해 수명을 줄이는 사람들의 선호성이 반영된 결과일 뿐이다. 베커는 더 나아가 이렇게 주장하기도 했다. "따라서 전부는 아니어도 대부분의 죽음이 어느 정도까지는 '자살'이다. 수명을 연장하는 데 더 많은 자원을 투입했다면 죽음을 미룰 수 있었을 것이기 때문이다. 이 때문에 … 자살과 '자연사'의 일반적인 구분에 의문이 제기된다."[16]

공중위생정책의 필요성도 단박에 일축된다. 베커의 주장에 따르면,

'조기 사망'이란 용어조차 오해의 소지가 있다. 죽어도 괜찮은 정상적이거나 자연스런 연령 같은 것은 없기 때문이다. 게다가 허약한 건강도 선호성에 불과하다.

이런 사고방식은 "취향을 두고 왈가왈부할 수는 없다$^{De\ Gustibus\ Non\ Est}$ ^{Disputandum}"는 주장으로 연결된다. 이 라틴어 명언은 베커와 시카고학파의 동료인 조지 스티글러(1982년 노벨 경제학상 수상)가 1977년에 함께 쓴 논문의 제목이기도 하다. 이 논문은 경제학자들에게 많은 영향을 미쳤지만, 새삼스런 주장이 담겨 있을 것 같지는 않다. 사과와 배, 초콜릿 아이스크림과 딸기 아이스크림, 모차르트와 비틀스를 두고 취향을 다투어봤자 소용이 없다는 걸 모르는 사람은 거의 없다. 그러나 경제학적 접근법이 인간의 모든 행동에 적용된다는 베커의 과거 주장에는 인간은 어떤 것에 대해서든 취향이나 선호성을 가질 수 있다는 뜻이 내포되어 있었다. 따라서 학계의 논문집은 차별과 이민, 민족주의와 자살 등에 대한 '취향'의 연구로 채워지기 시작했다. 이런 것들을 두고 논쟁할 것이 없다면 도덕적이고 정치적인 토론은 침묵해야 마땅했다.

여기에서 다시 우리는 베커의 능력에 감탄하게 된다. 이번에도 베커는 자신을 비판하는 학자들을 곤경에 빠뜨렸다. 훗날 연방준비제도 이사회의 부의장이 된 앨런 블라인더$^{Alan\ Blinder,\ 1945\sim}$는 자살에 대한 베커의 주장에 크게 분노하며, 1974년 베커의 경제학을 풍자한 〈양치질 경제학〉이란 논문을 발표했다. 그러나 풍자는 상대가 인식하는 경우에만 효과가 있는 법이다. 베커는 앨런의 풍자를 전혀 인식하지 못했다. 오히려 그 논문을 재미있다고 생각하며, 시카고 경제학을 대표하는 학술지에

그 논문을 게재하라고 추천하기도 했다.[17]

평론가들은 베커가 우리의 도덕적 가치관, 사회적 규범, 종교적 신념을 무시했다고 정확히 지적했다. 그러나 베커는 그런 것들을 무시한 게 아니라 취향으로 뭉뚱그렸을 뿐이었다. 우리의 소중한 가치관들이 초콜릿 아이스크림이나 딸기 아이스크림에 대한 취향과 똑같이 그저 선호성으로 취급된 것이다.

가치관과 취향을 구분하자는 것은 단순한 말장난이 아니다. 흡연에서 비롯된 조기 사망이나 차별에 대한 논증은 가치관에 대한 논증이다. 찬반에 대해 이유를 주고받으며 논쟁할 것이 있기 때문이다. 이런 논리적 논증의 가능성은 전통적인 도덕성의 범위를 넘어선다. 무엇보다 이런 논증이 다른 사람보다 자신과 관련된 것일 수 있기 때문이다. 따라서 순전한 취향의 범위는 처음보다 좁아진다. 예컨대 내가 초콜릿이나 포도주 혹은 담배를 좋아하더라도 그것을 즐기지 않는 것이 내 가치관, 즉 개인적인 신념일 수 있다. 이런 이유에서 현실 세계의 인간은 때때로 "내가 하나 더 달라고 해도 주지 마십시오"라고 말하지만, 베커의 호모 에코노미쿠스는 그렇게 말하지 못한다. 하지만 이미 알려진 선호성과 기존의 행동에서 한 걸음쯤 물러서서 "이것이 정말 내가 원하는 것인가?"라고 자문하는 능력은 인간의 고유한 특성이다. 경제 제국주의자들은 '합리성'에 집착했지만, 이처럼 뒤로 물러서서 되묻는 가능성을 무시했다. 하지만 어떤 의미에서 그 가능성은 합리성의 일부이기도 하다.

경제 제국주의자들이 경제학에서 가치관을 완전히 배제했다면, 도덕 관념이 없고 물질주의의 은혜를 입은 과학자로서의 경제학자들도 좋지는 않았을 것이다. 대신에 그 제국주의자들은 가치관을 취향으로 취급함으로써 누구나 무엇이든 가질 수 있고, 무엇이든 매매되므로 행복도 계산되고 거래된다는 생각으로 도덕적 논쟁을 억눌러버렸다. 따라서 그들은 거의 모두가 눈치채지 못할 만큼 교묘하게, 인간의 행동을 더 나은 방향으로 바꿔갈 수 있는 주된 길을 막아버렸다. 달리 말하면, 취향에 대해 왈가왈부할 수 없기 때문에 어떤 형태로든 교육을 통해 행동에 영향을 미칠 여지가 줄어들었다.

경제 제국주의자들은 법을 통해 행동에 영향을 미칠 수 있다는 것도 인정하지 않았다. 베커는 범죄를 당해본 적이 없는 게 분명했다. 그는 노벨상 수상 기념 강연에서 그 이유를 이렇게 설명했다. "나는 절도가 사회적으로 유해하다고 말하는 수수께끼를 풀고 싶었다. 절도는 자원을 재분배하는 행위로 여겨질 수 있기 때문이다. 대체로 절도를 통해 자원이 더 부유한 사람에서 더 가난한 사람에게로 흘러가지 않는가. 나는 그 수수께끼를 이렇게 풀었다. 범인이 무기에 지출하고, 범죄를 계획하고 실행하는 데 소중한 시간을 지출하지만 그런 지출은 사회적으로 비생산적이기 때문이라고."[18]

그다지 설득력이 없는 설명이다. 무기는 공짜로 얻은 것이고, 범인이 자신의 시간을 더 가치있게 사용할 곳이 없더라도 절도는 여전히 "사회적으로 유해할 것이다." 절도에 흔히 수반되는 폭력과 재산 손괴만이 아니라 피해자가 느끼는 분노와 두려움, 피해의식을 생각하면 절도의 유해성이 쉽게 이해된다. 범죄에 대한 베커의 무도덕성을 고려할 때, 그가 부도덕한 행동의 단죄에서 공개적으로 공포된 법의 역할을 철저히 간과

한 것은 당연한 듯하다. 베커와 그의 친구로 연방법원 판사를 지낸 리처드 포스너(3장에서 '정의'를 '부의 극대화'로 해석한 법률가)는 법을 통해 범죄의 가격을 이상해야 범죄를 줄일 수 있다고 생각했다. 잠재적 범인은 범죄를 저지름으로써 자신이 직면하게 될 벌의 크기에 자신이 붙잡힐 확률을 곱한 값으로 범죄의 가격을 계산한다. 베커와 시카고 법학자들은 법집행에 대한 지출을 줄이더라도 초장기형을 도입해 범죄의 가격을 높게 유지하는 것도 범죄를 값싸게 줄이는 하나의 방법이라고 결론지었다. 1970년대와 1980년대에 미국의 일부 지역에서는 이 처방을 따랐고, 그 결과 범죄가 급증했다.

21세기에 들어 우리는 범죄에 관련해서는 경제학자보다 범죄학자의 조언을 더 귀담아듣지만, 경제 제국주의는 다른 여러 분야의 사회 정책에서 맹위를 떨치고 있다. 그 때문에 비윤리적이거나 반사회적인 행동에 대한 최적의 대응책은 그 가격을 높이는 것이라고 무작정 추정하는 경우가 너무도 많다.

그러나 베커가 우리에게 미친 가장 큰 영향은 다른 곳에 있다. 베커의 이론에 따라 가치관이 순전히 취향으로 전락하면, "삶과 죽음에 관련된 선택이나 커피 종류의 선택 혹은 반려자나 자녀의 수와 관련된 선택 그리고 페인트 색의 선택처럼 중대한 선택과 사소한 선택" 간의 차이가 없어진다.[19] 커피도 시장이 있고, 페인트도 시장이 있다. 그렇다면, 삶과 죽음의 결정과 관련된 시장이 없을 이유가 무엇인가? 포스너가 1978년 제안했듯이, 유아 시장도 있을 법하다. 베커와 포스너의 관점에서 보면, 모든 추정이 깨끗이 뒤집힌다.

유아 시장이란 아이디어에 대해서는 뒤에서 자세히 살펴보기로 하고, 여기서는 다른 종류의 경제 제국주의, 즉 베커와 관계없이 완전히 독자적으로 활동하며 때로는 베커의 사상까지 매섭게 비판한 경제학자의 경제 제국주의에 눈을 돌려보자.

위로로 주어진
노벨 경제학상

토머스 셸링Thomas Schelling, 1921~2016을 분류하는 것은 쉬운 일이다. 그의 이력을 읽으면 냉전 시대 최상급 매파의 이력을 읽는 기분이다. 그는 1948년부터 1950년까지는 마셜 플랜Marshall Plan(유럽 부흥 계획)에 참여했고, 그후에는 3년 동안 백악관에서 근무했다. 그 뒤로는 군사 전략 전문가로서 랜드 연구소와 워싱턴에서 컨설턴트로 활동했다. 존 폰 노이만이 유명한 핵전략 개념인 '상호확증파괴mutually assured destruction'(그는 약어로 MAD를 좋아했다)라는 표현을 만들었다면, 셸링은 실질적인 MAD 전문가가 되었다. 셸링은 냉전에 가장 큰 영향력을 미친 몇몇 인물과 가까웠다. 하버드 대학에서 경제학 교수로 재직할 때는 제2차 세계대전 이후 미국 외교정책을 막후에서 지배한 인물 중 하나로 꼽히는 헨리 키신저Henry Kissinger와 함께 외교정책에 대해 공동으로 강의를 했다. 또 셸링은 로버트 맥나마라Robert McNamara, 1916~2009 국무장관의 생각에 누구보다 큰 영향을 주었던 것으로 평가된다. 셸링은 "게임 이론의 분석을 통해 갈등과 협력에 대한 우리 이해를 증진시킨 공로"로 2005년 노벨 경제학상을 수상했다.

그러나 이런 분류는 지나치게 단순화한 것이다. 무엇보다 셸링은 자신을 게임 이론가라 생각하지 않았다. 노벨상을 받았다는 소식에 그는 어리벙벙한 표정을 지으며 "나도 모르게 내가 게임 이론을 했던 모양이군"이란 반응을 보였다.[20] 이런 반응은 수학에 대한 셸링의 견해에서 비롯된 것일 수 있다. 대부분의 게임 이론가나 랜드 연구소의 분석가와 달리, 셸링은 수학이 모든 문제를 해결할 수 있는 최적의 도구라고 생각하지 않았다. 오히려 "으스대려고 수학이 지나치게 사용된다"라고 생각할 정도였다.[21] 따라서 셸링의 저작에서 수학은 최소한으로 사용되었고, 게임 이론은 군사 전략에서 통찰을 얻기 위해 창의적이고 탄력적으로 사용되는 보조적인 역할에 그쳤다.

논란의 여지가 있지만 셸링은 매파였던 만큼이나 (현실 정치에 매몰된) 비둘기파였던 것으로 여겨진다. 노벨 경제학상 수상자 중에 노벨 평화상 후보로도 거론된 사람은 한 명도 없었다. 셸링은 노벨 경제학상을 너무 늦게 받았고, 그것도 예상 밖의 수상이었다. 그때 그의 나이가 84세였다. 따라서 노벨 평화상을 수상하지 못한 위로로 경제학상이 주어진 것이라고 입방아를 찧은 평론가가 많았다.• 하기야 셸링의 노벨상 수상 강연은 평화상을 염두에 두고 쓰인 것 같기도 했다. 그의 강연은 "지난 반세기 동안 가장 극적인 사건은 실제로 일어나지 않은 사건이다. 핵무기가 폭

• 셸링은 노벨 경제학상 수상 소식도 뒤늦게 다른 경로를 통해 받았다. 노벨상 위원회가 그의 정확한 전화번호를 몰랐던 까닭에 공개적인 발표 직전에야 그에게 통지되었다. 셸링은 자신의 전화번호가 전화번호부에 있다고 따끔하게 지적했다.

발하지 않아, 우리는 다행스런 60년을 살았다"라고 시작해서, 당연히 그런 결과에 대해 자신의 공로를 자랑하는 것으로 이어졌다.

셸링은 우발적인 핵전쟁의 가능성에 대해 염려한 공로를 인정받을 자격이 충분하다. 1959년 그는 우발적인 핵전쟁 시나리오들을 개략적으로 설명한 글을 한 잡지에 기고했다. 그 글을 읽고, 영화 감독 스탠리 큐브릭이 영감을 받아 제작한 영화가 〈닥터 스트레인지러브〉였다. 셸링은 영화 줄거리를 구성하는 데 조언을 주기도 했다. 1961년 셸링은 백악관 내에 구성된 '사고와 오판과 기습에 의한 전쟁' 위원회의 의장에 임명되었다. 크렘린린과 신속하게 연락을 주고받을 수 있는 신뢰할 만한 수단이 없다는 걸 알고는 무척 놀랐던지 "나는 4,800킬로미터나 떨어져 사시는 어머니에게 생일을 축하하는 인사를 건네려고 직통 전화를 돌릴 수 있지만, 케네디는 흐루쇼프와 접촉하는 방법이 없었다"라고 한탄했다.[22] 셸링은 그 문제를 해결하기 위해 훗날 '핫라인'으로 알려지게 된 것을 설치하라고 케네디를 설득했다. 이 하나의 단순한 조언이 곧바로 실행되었더라면 셸링은 이 책에서 언급된 모든 사상가가 인류에게 남긴 혜택을 모두 합한 것보다 더 큰 혜택을 가져다줄 수 있었을지도 모른다. 그러나 안타깝게도 핫라인은 핵전쟁에 거의 근접했던 쿠바 미사일 위기 후에야 완전히 운영되었다. 정확히 말하면, 핫라인의 필요성을 소련 외교관들에게 납득시키고, 키릴 문자용 특수 전산타자기가 백악관에 설치된 것이 1963년이었다.

셸링의 경제학 이론에 대해 말하자면, 그의 저작에는 게리 베커에게는 없는 현실주의가 있다. 베커처럼 셸링도 차별을 연구했다. 그러나 셸링은 차별이 어떻게 확산되는지에 관심을 기울였다. 어느 날 저녁, 셸링은 간단한 규칙에 따라 흑백의 체커판에서 동전을 이동시키는 놀이를 하고 있었다. 셸링은 동전이 움직이는 패턴을 보고, 모든 주민이 다른 종족 출신인 지역을 피하려고 하는 것만으로도 종족을 기준으로 지역이 완전히 분리될 수 있다는 걸 깨달았다. 이는 겉보기에는 '온건한' 선호성이 극단적인 분열이란 결과를 초래할 수 있다는 것을 의미했다.

셸링은 관심을 다시 전쟁으로 돌렸다. 그러나 이번에는 중독자와의 전쟁이었다. 앞에서 보았듯이, 게리 베커와 그의 추종자들은 우리가 알코올과 니코틴 및 어떤 음식에 중독되는 현상을 그야말로 순진무구한 관점에서 접근했다. 그리고 베커가 말한 '합리적인 중독'이란 쾌락과 건강에 위험한 행동 간의 균형을 신중하게 고려한 행위라고 주장했다. 셸링은 그런 주장에 대해 "그들은 자신들이 무슨 말을 하고 있는지도 모른다"라고 쏘아붙였다.

1980년에 발표한 〈자기통제를 위한 은밀한 전쟁〉이란 논문에서, 셸링은 "담배를 음식물 쓰레기 분쇄기에 던져 넣으며 폐암으로 자식들을 고아로 만드는 위험을 자초하지 않겠다고 맹세하지만, 3시간 후에는 담배를 사려고 늦게까지 문을 열어둔 상점을 찾아다니는 흡연자"를 이해해보려고 애썼다.[23] 비밀을 말하자면, 셸링도 담배를 끊으려고 15년을 고생했다고 한다. 여하튼 셸링은 이 논문에서 중독자가 사적인 전쟁에서 승리하기 위해 사용할 수 있는 '자기통제' 전략들을 개략적으로 설명했다. 지금은 행동경제학자와 행동심리학자에게 익숙한 개념이 되었지만, 당시로서는 혁명적인 전략이었다.

셀링은 우리가 호모 에코노미쿠스처럼 생각하지 않는다고 보았지만, 놀랍게도 그의 경제 이론은 또 다른 형태의 경제 제국주의였다. 다시 말하면, 윤리적인 고려를 시장에서 표현되는 선호성으로 대체하는 또 다른 방법이었다. 그러나 필요는 발명의 어머니이다.

당신의 목숨값은 얼마인가?

소련이 1949년 처음 원자폭탄 실험을 한 직후, 미국 공군은 랜드 연구소에 소련을 선제공격하는 전략을 설계해달라고 요청했다. 랜드 연구소의 분석가들은 폭탄과 폭격기를 다양하게 조합하며 문자 그대로 '최소 비용으로 최대 효과를 내는 방법'을 찾아내려고 40만 가지 이상의 시나리오를 따져보았다. 그들은 미국 공군이 소련 공군을 항공기 숫자에서 압도해야 한다고 결론지었다. 또 핵폭탄을 싣지 않은 값싸고 취약한 프로펠러 비행기를 바람잡이로 이용해서 핵폭탄을 운반하는 폭격기에 대한 공격을 줄여야 한다는 조언도 덧붙였다. 랜드 연구소는 자랑스럽게 생각하며 이런 보고서를 제출했지만, 공군 장성들은 그 보고서를 보고 격분했다.

장성들은 다수가 조종사 출신이었던 까닭에 그 제안을 즉각 거부하며, 랜드 연구소에 분석을 전면적으로 재고하라며 그들을 직설적으로 나무랐다. 랜드 연구소가 여러 전략의 비용을 계산하면서도 인간이라는 비용을 무시한 탓이었다. 즉 공군 요원의 죽음을 계산하지 않은 것이었다. 값싼 항공기를 포함시킨 그들의 전략은 많은 사상자가 발생할 수밖에 없었다. 랜드 연구소가 인간 비용을 빠뜨린 이유는 인간의 목숨값에 대한 내부의 의견이 일치하지 않았기 때문이다. 랜드 연구소의 한 선임 분석가가 인정했듯이 "우리가 아직 계량적으로 처리할 수 없는 변수들이 중요한 분석에서 생략되는 경향"이 있었다.[24] 무엇보다 랜드 연구소의 경제학자들은 인간의 목숨값이 경제학자가 결정해야 할 경제적 문제라는 데도 동의하지 않았다. 조종사의 가치를 달러로 환산하는 게 경제학의 범위를 벗어나는 것이라고 본 것이다. 랜드 연구소의 역할은 달러 비용과 조종사의 죽음을 '효율적'으로 다양하게 조합한 여러 전략을 펜타곤에 제시하는 게 전부였다. 최종적인 균형점을 찾는 것은 펜타곤이나 대통령의 몫이었다. 훈련비 등 조종사에 투자되는 비용이 조종사의 금전적 가치 전체는 아니더라도 적어도 그런 계산을 위한 출발점이었다.

그로부터 거의 10년이 지난 후에야 가능한 해결책이 토머스 셸링의 창의적인 머리에서 나왔다. 셸링은 박사학위 논문을 지도한 학생으로 전직 조종사였던 잭 칼슨Jack Carlson의 연구에서 영감을 받아 인간 목숨의 가치에 대한 논문을 썼다. 셸링은 원래 군사적 의사결정을 연구하고 있었지만, 칼슨의 아이디어를 더 폭넓게 적용할 수 있다는 것을 곧바로 깨달았다. 공군이 한 조종사에게 투자한 금전적 비용으로 조종사의 목숨값을 계산하는 것은 분명히 잘못된 것이었다. 똑같은 이유에서 대부분의 경제학자는 한 시민의 목숨값을 그의 소득으로 계산하는 걸 거북하게 생각했지만, 산업 사고에 대한 보상비를 결정할 때 법원은 피해자의 소득을 기준으로 삼았다. 셸링은 당신의 목숨값을 당신 자신에 대한 가치가 아니라 다른 사람들의 가치로 평가하는 것이 이런 접근법에 내재한 가장 근본적인 문제라고 지적했다. 하지만 셸링도 인정했듯이, 인간 목숨에 대한 가치는 경제학자가 다루기에는 너무도 부담스러운 문제였다. 따라서 셸링은 문제의 방향을 바꾸었다. "삶과 죽음이 관련된 부문에서 우리 모두가 소비자이다. 거의 모두가 생명이 연장되기를 바라고, 그에 따른 비용을 기꺼이 지불하려 할 것이다. 따라서 어떤 시도로 목숨을 구할 가능성이 있는 사람들이 그 시도에 대해 말할 자격 있다는 걸 기억해야 할 것이다."[25]

요컨대 셸링은 목숨 자체의 가치 평가에서, 목숨을 유지하는 시도의 가치 평가(죽음의 위험을 줄이는 시도의 가치 평가)로 문제를 바꾸었다. 또 특별한 집단에 속한 사람들의 생명이 '통계적 생명statistical life'으로 바뀌었다. 식수에 대한 규정이 연간 사망률을 100만분의 1밖에 줄이지 못하지만, 1억 명에 달하는 그 나라의 국민이 전체적으로 혜택을 받는다면, 그 규정은 통계적으로 연간 평균 100명의 목숨을 구하는 것이 된다. 요즘 경제학자들의 기준에서 보면 셸링은 수사적 재능도 있어, 1968년 〈당신이 구하는 목숨이 당신 자신의 목숨일 수 있다〉라는 제목의 기념비적 논문을 발표했다. 그러나 그 제목은 단순히 말장난이 아니었다. 셸링은 사람의 행동으로부터, 죽음의 위험 감소가 그에게 어떤 가치가 있는지 추론해내는 방법을 찾아냈다.

여기에서 미국 공군의 의사결정에 대한 조언을 훌쩍 넘어, 경제학자들이 제국주의적 야심을 품고 강력히 밀고 나갈 수 있는 새로운 전선이 만들어졌다. 정부와 기업은 생명의 손실로 이어지는 여러 대안을 두고 결정해야 할 때가 적지 않다. 예컨대 의료, 환경 보호, 제품 안전 등과 관련해 선택해야 하는 경우이다. 인간 목숨을 금전으로 환산하는 신뢰할 만한 방법이 있다면, 의사결정자들은 그 방법에 따라 인간 목숨을 계산한 후에 역시 금전적으로 계산된 여러 대안의 비용 및 편익과 비교할 것이다. 많은 사람이 이런 사고방식에 강력히 반대하지만, 대부분의 경제학자는 그런 불만을 비합리적인 결벽증, 즉 '고상한 척'하는 본능적인 반응에 불과하다고 생각한다. 자원은 유한하기 때문에 어떻게든 결정을 내려야 한다. 개인이 자동차를 더 안전하게 만들고, 위험한 운동을 즐길 때 필요한 헬멧과 그 밖의 안전 장비를 개발하는 데는 한계가 있다. 정부가 식수를 더 안전하게 만들고, 기업이 약물의 위험한 부작용을 줄이기 위해 투자하는 데도 한계가 있기 마련이다. 이런 한계는 모두 받아들일 만하다. 이런 점에서 셸링의 접근법은 인간의 가치를 소득을 기준으로 평가하는 방법을 크게 개선한 것이었다.

오늘날 셸링의 접근법은 대부분의 정부 영역에 통계적으로 표준화된 생명의 가치를 제공함으로써 많은 국가의 정책 수립에 근간이 되었다. 예컨대 미국에서 통계적 생명의 가치는 약 1,000만 달러(2019년 가격)이며, 법의 규정에 따라 정부기관은 그 생명의 가치를 포함해 금전적 가치를 손익 분석에 반영해 정책을 결정해야 한다.

하지만 통계적 생명의 가치에는 순진한 결벽증 이외에 고려해야 할 것이 더 있다. 예컨대 다음과 같은 사고실험식 논증을 생각해보자. 두 개의 일자리가 있다. 하나는 유해한 화학물질을 취급하거나 전투 현장에 근무하는 경우처럼 업무상 위험이 있어 매년 1만 명 중 한 명이 사망한다는 사실을 제외하면 모든 면에서 동일하다. 교과서적인 자유시장 경제학에 따르면, 추가적인 위험이 따르므로 두 일자리의 임금은 달라야 마땅하다. 위험한 일을 떠맡도록 직원을 설득하려면 고용주가 더 많은 임금을 제안해야 하기 때문에 더 위험한 일자리의 임금이 더 높다. 두 일자리의 '임금 격차'가 1,000달러라고 해보자. 그럼 노동자가 1만분의 1의 사망 위험을 1,000달러로 용인한 것이 된다. 이 위험한 일을 하는 노동자가 1만 명이라면, 고용주가 추가로 지급해야 하는 총임금은 1,000만 달러(1,000달러 × 10,000명)가 되고, 매년 평균적으로 노동자 한 명이 사망한다. 결국 노동자들은 1,000만 달러를 추가로 받는 대가로 하나의 통계적 생명 상실을 단체로 용인하는 것이다.

믿기 힘들겠지만 위의 논증은 단순한 사고실험이 아니라, 셸링의 방법론이기도 하다. 실제로 전 세계의 많은 정부가 정확히 이런 식으로 추론하며, 임금 차이의 추정치를 통해 통계적 생명의 금전적 가치를 결정한다. 그러나 셸링의 방법론에는 기본적인 문제가 있다. 위험의 차이가 있는 여러 일자리를 선택할 때 우리는 훗날 직면하게 될 위험의 가능성과 크기에 대해 거의 모른다는 게 현실이다. 설령 알더라도 제시되는 임금이 그 일자리를 선택하는 유일한 변수일 가능성은 거의 없다. 게다가 위험한 일자리를 선택한 사람이 진심으로 그 일을 선택할 가능성도 무척 낮다. 위험의 여부와 상관없이 가난 때문에 가장 높은 임금을 주는 일자리를 선택했을 수 있다.

우리가 이런 문제들을 제쳐두고 통계적으로 신뢰할 만한 수치가 확인된다고 가정하더라도 셸링의 방법론은 오해의 소지가 있다. 경제학자가 아닌 사람들이 '통계적 생명'에 대한 담론 자체에 오해의 소지가 있다고 불평하면, 경제학자들은 다시 그런 불평을 순전한 결벽증으로 묵살해버린다. 그러나 용어에 오해의 소지가 있는 것은 분명하다. '통계적 생명'이라는 용어는 셸링이 생명 손실과 관련된 정부의 결정을 생명의 위험과 관련된 개인적인 결정과 결부지으려고 도입한 수사적 도구였다. 셸링은 후자를 최적으로 반영하는 행동으로부터 전자의 금전적 가치를 끌어내라고 경제학자들을 설득하기 쉽지 않을 것이라 염려했고, 그 염려는 적중했다.

〈당신이 구하는 목숨이 당신 자신의 목숨일 수 있다〉에 대한 초기 반응은 지극히 적대적이었다. 당시 논란을 불러일으켰던 셸링의 논리적 비약에는 이제 누구도 의문을 제기하지 않으며, '통계적 생명'에 대한 담론은 실제로 목숨을 잃는 사람이 있다는 사실을 얼버무린다. 정부가 비용이 많이 든다는 이유로 식수에 대한 규제를 폐기하기로 결정할 때, 그 결정은 올바른 것일 수 있지만 평균적으로 100명이 목숨을 잃을 수 있다. (확률 법칙에 따른 계산에서도 실제 숫자가 100에 근접할 가능성이 무척 높다는 게 확인된다.) 누가 죽을 거라고 미리 정확히 점찍어 말할 수 없을 뿐이다. 따라서 '통계적 생명'에 대해 언급하는 것보다, 그런 결정으로 "평균 100명이 죽지만 누가 죽을지는 모른다"라고 말하는 편이 더 정직할 것이다. 이쯤에서 "신원미상의 생명을 구하는 데 드는 지출을 줄여야 하는가?"라는 까다로운 문제가 제기된다. 현재 우리는 우물에 떨어진 아이나, 지하에 묻힌 광부들처럼 확인된 생명을 구하는 데 훨씬 더 많은 돈을 쓰고 있다.

지금까지 우리는 우리 사고를 지배하는 다른 형태의 경제 제국주의에 내재한 근본적인 결함을 살펴보았다. 모든 결정에 적절히 적용되는 생명의 단일한 금전적 가치는 있을 수 없다는 것이다. 죽음의 위험이 있는 수많은 상황에서 우리는 다양한 선택을 내린다. 잠재적 피해자들의 연령, 스스로 감수한 위험인가 외부에서 가해지는 위험인가, 죽음의 위험이 100분의 1인가 1만분의 1인가, 위험은 돌이킬 수 없는 것인가 등 타당한 이유에 따라 선택도 달라진다. 법과 도덕적 규범 및 사회적 규범은 이런 다양한 이유를 인정하지만, 경제학자들이 생명의 단일한 금전적 가치를 고집함에 따라 우리는 그 차이를 무시하게 된다. 경제 제국주의자들은 우리에게 일관성을 유지하기 위해서라도 생명의 단일한 금전적 가치를 사용해야 한다고 말한다. 그러나 현실 세계의 삶은 전혀 일관되지 않다. 현실 세계의 삶은 호모 에코노미쿠스로서의 삶이 아니다. 현실 세계의 경제학은 과학이 아니다.

셸링 자신도 일관되지 않았다. 때때로 의견을 바꾸었다. 〈당신이 구하는 목숨이 당신 자신의 목숨일 수 있다〉에서 셸링은 인간이 위험한 일자리를 두고 합리적이고 일관된 선택을 한다고 굳게 믿었다. 그러나 20년 후에 발표한 〈자기통제를 위한 은밀한 전쟁〉에서는 인간의 비합리적이고 일관되지 않은 행동 뒤에 감추어진 동기를 정교하게 분석했고, 잠시 후에 다루겠지만 시장의 범위를 확대할 때 제기되는 문제도 그에 못지않게 정교하게 파악하려 애썼다.

가격은
가치의 척도가 아니다

다시 유아 시장 및 콩팥을 비롯한 장기 시장에 대한 주장으로 돌아가보자. 이 주장은 게리 베커와 그의 시카고 대학 동료들, 예컨대 조지 스티글러와 리처드 포스너의 저작에서 시작되었지만, 오늘날에는 세계 전역에서 지지를 받고 있다. 새로운 시장의 필요성을 주장하는 그들의 요점은 쉽게 요약된다. "당신이 무엇인가를 원하는데 그것을 갖지 못해야 할 이유가 무엇인가?"라는 것이다. 달리 말하면, 이 경제 제국주의자들은 시장이 중요한 형태의 민주주의를 제공하는 수단이라 생각한다. 취향에 대해서는 왈가왈부할 수 없다. 시장은 오페라를 관람하는 것이 레슬링을 구경하는 것보다 더 가치 있다고 말하는 엘리트주의를 배제한다. 시장은 거래를 허용할 것과 허용하지 않을 것에 대해 가치 판단을 내리지 않는다.

하지만 시장 민주주의는 고전적인 민주주의와 같지 않다. 시장 민주주의에서는 1달러가 한 표이지, 한 사람이 한 표가 아니다. 더 큰 구매력을 지닌 부자가 더 큰 발언권을 갖는다. 일반적인 재화와 서비스가 거래되는 대부분의 시장에서 이런 민주주의는 문제가 아닐 수 있다. 그에 대한 문제를 묵인하는 대가로 우리는 시장이 주는 이점을 누린다. 그러나 시장 민주주의가 고전적인 민주주의를 훼손하면 어떻게 해야 하는가?

민주주의의 핵심에는 우리 모두가 평등한 시민이라는 원칙이 있다. 부자들이 원하는 정치적 결과를 얻게 해주는 시장 활동, 예컨대 로비 활동과 줄서기는 평등한 시민권을 명백히 훼손하는 행위이다. 시장은 권리와 의무에서도 평등한 시민이란 원칙을 훼손한다. 예컨대 병역의 의무는 물론이고, 누구라도 요청받으면 형사재판 배심원으로 역할을 다하고, 지역 봉사 활동에 참여하는 게 의무이지만, 부자들은 제외되는 경우가 많다. 경제 제국주의자들은 시민으로서의 의무에 시장 제도를 도입하자는 운동에 앞장섰다. 다시 말하면, 군에 입대하거나 배심원으로 역할을 다하라는 부름을 받으면 경제적 여유가 있는 사람이 다른 사람을 돈으로 사서 대신 그 의무를 수행하게 하자는 것이었다. 한편 시민의 권리에 관해 말하자면, 1987년 베커는 시민권이나 이민권을 최고 입찰자에게 주자고 제안했었다. 2009년 난민이 급증하자 베커가 다시 나섰다. 그때 베커는 상당한 입장료를 지불한 난민에게만 수용소에 들어갈 권리를 주어야 한다고 주장하며, "그래야 그들이 고향에 돌아가면 실제로 신체적 위해를 받는가에 대한 지루한 심리를 피할 수 있을 것"이라고 설명했다.[26]

하지만 평등한 시민권이 지켜져야 시장의 범위를 제한할 근거가 마련되고, 더 나아가 시장 자체가 유지된다. 쌍방이 대략 평등한 조건에서 거래해야 시장이 제대로 작동하며 양쪽 모두에게 이익을 안겨주기 때문이다. 한쪽이 지나치게 가난하고 무력하고 취약하면 시장 거래에서 착취당할 가능성이 크다. 따라서 그런 거래의 금지는 당연시될 수 있다. 예컨대 '아동'의 연령에 대한 정의는 다양하지만, 대부분의 국가에서 아동 노동은 금지되어 있다. 아동은 노동 시장에서 무력한 존재이기 때문이다. 요컨대 아동이 동의하지도 않고 인지하지도 못한 상태에서, 또 어떤 일을 하는지도 제대로 이해하지 못한 상태에서 아동의 노동력이 매매되기 십상이기 때문이다. 또 여성이 지독한 가난 때문에 혹은 아기를 양도한 이후의 기분을 전혀 알지 못하기 때문에 입양아를 찾는 부모에게 뱃속의 아기를 매도하는 계약을 체결할 수 있다. 또 가난에 시달린 아버지가 병든 아들에게 먹일 약을 사려고 갚을 가능성이 없다는 걸 알면서도 터무니없는 고액의 이자율로 돈을 빌릴 수 있다. 이 모든 경우에서 시장이 양쪽 모두에게 이익을 준다고 가정하기 전에 우리는 잠시 생각하는 여유를 가져야 할 것이다. 시장은 자유롭게 진입한 거래만을 인정하는 것이 원칙이기 때문이다. 하지만 현실 세계에서 항상 자유롭게 의사결정이 이루어지는 것은 아니다. 어떤 경우에 자유는 무척 제한적이다. 따라서 시장의 선택이 모든 당사자에게 더 좋은 결과를 가져다준다고 섣불리 추정할 수 없다.

그러나 시장의 금지, 거의 같은 뜻이지만 계약의 무효화를 정당화하려면 얼마나 취약하고 절망적이며 무력해야 하는 것일까? 이런 의문에 간단명료하게 대답하지 못한 것도 시장의 범위를 확대하자는 경제 제국주의자들의 주장이 엄청난 영향을 미친 이유 중 하나이다. 모든 시장이 똑같지는 않다. 페인트 시장과 입양 시장이 같을 수는 없다. 따라서 시장을 이용하지 않는 이유도 상황에 따라 다를 수밖에 없다. 게다가 시대와 지역에 따라서도 상황이 달라진다. 이런 이유에서 노예 시장처럼 어떤 시대에는 용인되던 시장이 다른 시대에는 가증스러운 것이 될 수 있다. 그러나 특정한 시대와 지역에서 특정한 시장의 범위를 제한하는 걸 정당화하기 위해 영원불변한 보편적인 이유가 필요한 것은 아니다. 그런 이유를 요구하는 것은 지나친 것이기도 하다. 사회의 일원으로서 우리는 대부분의 상황에서 시장 민주주의를 받아들일 수 있다. 베커식으로 말하면, 우리는 원하는 것을 자유롭게 구입하며 행복을 생각할 때마다 행복을 극대화할 수 있어야 한다. 그러나 사회의 일원으로서 우리는 행복을 극대화하는 과정에 제한을 두며, 어떤 것은 시장에서 거래되는 것을 금지할 수 있다. 어떤 철학도 보편적이지 않고, 보편적일 수도 없다는 뜻이다.

하지만 이런 제한을 실제로 목청껏 주장하는 것보다 머릿속에서만 생각하는 게 훨씬 쉽다. 예컨대 나에게 콩팥이 필요하고 하나에 2만 파운드를 기꺼이 지불할 의향이 있다고 해보자. 한편 당신은 2만 파운드에 당신의 콩팥을 기꺼이 팔려 한다고 해보자. 이 거래가 성사되면 양쪽 모두에게 좋을 뿐만 아니라 나의 간절한 소망도 이루어진다. 그 결과로 나는 죽음을 면할 수 있다. 고결한 목표를 이루는 데 경제 제국주의가 한몫을 한 듯하다. 하지만 콩팥 매매는 이란을 제외한 모든 국가에서 불법이다. 장기 매매는 미국과 유럽연합 및 세계보건기구에서 명백히 금지한 것이다. 대부분의 국가에서 이식에 사용할 콩팥이 절대적으로 부족하다. 시장 옹호론은 콩팥 매매를 허용하면 공급이 증가할 것이란 가정에 근거하고 있지만, 그 가정이 맞는 것만은 아니다. 7장에서 다시 보겠지만, 전에는 무상으로 공급하던 것에 금전적 보상이 주어진다고 공급이 항상 증가하지는 않는다.

경제 제국주의자들은 이런 대꾸에 잠시도 참지 못하고 즉각 반격을 가하나 그들의 해결책은 냉약관화하나 "나쁜 경우에 넉넉히 가격을 충분히 올리면 공급이 뒤따를 것이므로, 사람들이 콩팥을 공급하도록 유혹할 만한 가격을 계산해내면 된다"라는 것이다. 물론 이 가격을 계산하는 데도 게리 베커가 도움을 주고 나섰다. "장기의 유보가격(소비자가 제품에 대해 지불할 용의가 있는 최대 가격-옮긴이)에는 세 가지 중독적 요소가 고려되어야 한다. 죽음의 위험에 대한 금전적 보상 … 회복에 필요한 시간에 대한 금전적 보상 … 삶의 질이 떨어질 위험에 대한 금전적 보상이다."27 콩팥 가격을 찾아내기 위해(독자의 궁금증을 풀어주자면, 2019년에 약 19,800달러였다), 베커는 환상적인 가정들을 세웠다. 물론 더 위험한 일을 하도록 유도할 때 필요한 추가 임금에 대해 경제학자들이 대체적으로 합의한 숫자를 근거로, 콩팥 이식 수술로 인한 사망 위험의 보상금을 추정한다는 가정도 빠지지 않았다. 그러나 장기 시장을 인정하면서도 추정 금액에 대한 근거가 불확실하다는 이유로 무시된다면, 콩팥의 매매에 대한 토론 방향이 달라진다. 이 경우 "가격이 적절한가?"에 대한 토론이 시작되고, 그런 토론에서는 경제 제국주의자가 절대적으로 유리하다. 전문지식을 지녔다는 이유로 우리에게 자문료를 요구하는 기회를 놓치지 않듯이, 그들은 그럴듯한 숫자를 만들어내는 기법에 통달한 사람들이기 때문이다. 게다가 거의 의식하지 못하는 사이에 토론의 범위가 확대되고, 급기야 정책 토론도 달라지며 "우리가 콩팥값을 감당할 수 있을까?"라는 문제로 넘어간다. 가격이 무척 비싸더라도 사망 후에 콩팥을 기증하도록 사람들을 교육시키는 비용보다는 덜할 것이다. 그럼 여기에서 도덕적인 문제가 남는다. 이렇게 생각하면, 교육이 콩팥 공급을 유도하는 데는 비효율적인 방법이 되기 때문이다.28

가즈오 이시구로의 소설,《나를 보내지 마》에서는 대체 장기를 공급할 목적에서 복제 인간을 키워내는 세계가 그려진다. 장기 시장은 이런 디스토피아와 공통점이 있다. 장기 시장의 주된 효과는 장기를 가난한 사람에게서 부자에게로 재분배하는 것이다. 물론 경제 제국주의자들은 가난한 사람이 자신의 장기를 팔겠다고 '자유의지로 선택하기' 때문에 형편이 더 나아진다고 주장할 것이다. 하지만 세계 전역에서 진행되는 장기 거래를 추적한 한 연구자의 표현을 빌리면, "우리는 가난한 사람들의 장기를 꺼내는 것보다 그들을 돕는 더 나은 방법을 생각해내야 할 것이다."[29]

장기 시장이 우리에게 난해한 도덕적 문제를 제기하는 것은 분명하다. 그러나 경제 제국주의자들과 그들의 괴짜 경제학 추종자들이 내놓는 주장은 아무런 도움이 되지 않는다. 첫째로는 그들은 도덕적 문제를 미루어두며, 도덕적 문제는 경제학에 속하지 않는다고 가정하기 때문이다. 특히《괴짜 경제학》저자들의 표현을 빌리면, "도덕이 우리가 원하는 세계의 모습을 그려낸 것이라면, 경제학은 실제로 세상이 돌아가는 모습을 그려낸 것이다."[30] 둘째로는 경제 제국주의자들이 좁게 제시한 기준, 즉 행복의 극대화도 충족시키지 못하는 시장이 많기 때문이다. 행복이 극대화되려면, 시장이 어떤 재화이든 그것을 가장 소중하게 생각하는 구매자, 즉 최고 입찰자에게 할당해야 한다. 그러나 구매자가 기꺼이 지불하려는 금액이 그에게 진실로 소중한 것을 가리키는 신뢰할 만한 기준은 아니다. 우리는 자신에게 이익이 되는 것을 추구하려 한다. 그러나 행동경제학과 행동심리학에서 입증되었듯이, 우리는 무척 자주 실수를 범한다. 게다가 기꺼이 지불하려는 욕망이 지불 능력에 제한되는 경우도 많다. 이런 이유에서 범세계적으로 말라리아 퇴치보다 주름 방지에 더 많은 돈을 쓰고 있는 것이다. 하지만 말라리아 퇴치가 더 중요하다. 취향을 두고 왈가왈부할 수는 없지만 '필요성'에 대해서는 모두가 대체적으로 동의하기 때문에 말라리아 퇴치가 중요하다는 말은 논란의 여지가 없다. 결국 시장의 아킬레스건은 우리가 옛날부터 알고 있던 사실, 가격은 가치의 정확한 척도가 아니라는 것이다.

바람직한
거래의 조건

가격이 가치의 올바른 척도라는 가정이 우리 머릿속에 깊이 파고들었고, 우리는 이 가정이 불과 한 세대 전의 우리 사고방식과 완전히 동떨어져 있다는 사실을 잊고 지냈다. 고등교육을 예로 들어보자. 여기에서도 과거와의 결정적인 단절을 야기한 것은 게리 베커의 이론이었다. 베커는 오늘날 우리에게 익숙한 '인간 자본'이란 개념을 만들어낸 주역이었다. 요즘에는 자신에게 투자하고, 자신을 마케팅하며, 자신을 금융 자산으로 정의하는 게 조금도 이상하게 들리지 않는다. 이런 생각에서 베커는 홍당무부터 콩꽅까지 모든 것이 그렇듯이, 대학 입학 자격도 최고 입찰자에게 주어져야 한다고 주장했다. 대학 입학 자격을 매매할 때 인간 자본에 기대되는 이익을 누구보다 잠재적 학생이 잘 알고 있다. 따라서 베커는 입학 자격을 경매할 때 사회 전반에서 인간 자본의 이득이 극대화된다고 추론했다.

장기의 매매에 대해서도 그랬듯이, 우리는 공정성을 이유로 이 시장도 반대할 수 있다. 가난한 사람보다 부자가 콩팥에 접근할 가능성이 높듯이, 대학에 입학할 가능성도 높다. 그러나 우리가 불공정성에 대해 개의치 않는다고 가정해보자. 혹은 노르웨이처럼 불평등이 상대적으로 적은 국가에서 살고 있다고 해보자. 그래도 대학 입학 자격을 최고 입찰자에게 판매하는 관습에 대해 여전히 불안할 수 있다. 우리의 이런 불안이 정당한 것일까? 그렇다. 입학 자격의 판매는 대학 교육의 본질에서 벗어나기 때문이다. 물론 대학 교육의 정확한 목적에 대해서는 의견이 다를 수 있지만, 입학 자격은 적합한 능력과 관심과 지식을 지닌 지원자에게 주어져야 한다는 일반적인 합의가 있다. 이것은 교육은 시장에 기초한 가치 판정보다 고유한 내재적 가치가 더 중요하다는 사실을 우리에게 다시 일깨워준다. 능력과 관심과 지식이란 내재적 가치 중 어떤 것도 학생이 입학 자격을 얻기 위해 기꺼이 지불하려는 액수로 측정할 수 없다. 대학 교육을 위해 많은 돈을 지불하는 몇몇 학생은 좋은 학위나 성적을 돈으로 사는 것이라 생각하시겠지만, 그런 생각은 명백히 잘못된 것이다. 최종적인 성적은 돈이 아니라, 학생의 성과라는 내재적 가치로 결정되기 때문이다. 우리가 학생을 선발하고 평가하는 데 시장 가치를 사용한다면, 그에 기반한 교육은 더 이상 교육이 아니다.

그렇다면 시장의 범위를 끝없이 확대할 때 야기되는 문제는 가난한 사람이 부당한 대우를 받는 수준을 넘어서는 게 명백하다. 당신이 지닌

하지 않은데도 시장의 제약을 옹호한다면, 그런 마음은 당신의 이타심에서 비롯된 것이다. 가난한 사람이 원천적으로 배제되지 않도록 당신이 선택의 자유를 포기한 것이기 때문이다. 그러나 취약하고 가난하며 무력한 사람을 보호해야 한다는 명제는 그렇지 않은 사람에게도 도움이 된다는 점에서 흥미롭다. 1912년 타이태닉호가 침몰했을 때,

> 일등실 승객을 위한 구명정은 충분했다. 하지만 삼등실 승객들은 배와 함께 수장되는 수밖에 없었다. 이제는 이런 상황이 용납되지 않는다. 위험을 무릅쓰고 기꺼이 바다에서 살아가지만 안전한 배를 구입할 여유가 없는 사람들에게 구명정이 없는 더 싼 배를 선택할 기회가 박탈되는 것은 아니다. 또 구명정이 있는 객실을 구입할 여유가 없는 사람과 그런 여유가 있는 사람은 같은 배로 여행하지 않아야 한다.[31]

　위의 말에 동의하든 동의하지 않든 여기에는 몇 가지 놀라운 점이 있다. 도덕적 딜레마에 대해 깊이 사색하는 철학자가 아니라 실용주의자이던 토머스 셸링이 이렇게 말했다는 것이 무엇보다 놀랍다. 셸링은 일부 승객이 경제적인 여유가 없더라도 모든 승객이 구명정의 혜택을 누릴 수 있어야 한다는 주장으로 시작한다. 하지만 우리가 그 이상의 부분까지 똑같은 요구를 할 수는 없다고 덧붙인다. 많은 상황에서 손님이 지불하는 돈에 따라 안전 수준이 달라지는 것이 인정된다. 예컨대 어떤 사람은 더 안전하고 더 값비싼 자동차를 구입하지만 그렇지 않는 사람도 있다. 따라서 흥미롭게도 셸링은 우리가 가난한 사람들을 돌봐줄 의무

가 없는 한 가난한 사람에게 덜 안전한 쪽을 선택할 수 있게 해주어야 한다고 제안한다.

이런 제안은 인류라는 동반자를 노골적으로 무시하도록 허용하는 것 같지만, 셸링의 진심은 달랐던 듯하다. 예컨대 당신이 삼등실 승객을 위한 구명정이 없는, 침몰하는 배에 있다고 해보자. 사회가 그런 배의 운항을 허용했더라도 삼등실 승객들은 자신들의 공간을 마련해달라고 항의하거나 간절히 호소할 수 있다. 하지만 구명정마저 침몰하는 걸 막으려면 부자들은 가난한 사람을 구명정 밖으로 밀어내야 할 것이다. 극단적으로 불평등한 사회가 대략 이런 모습일 것이다. 시장 사회에서 양측이 극단적으로 불평등한 조건 하에서 거래한다면, 그 결과가 가난한 사람에게는 끔찍할 것이고 부자에게도 적잖게 괴로울 것이다. 셸링은 실용주의자답게 사회에서 형편이 더 나은 사람들의 자기이익 추구를 인정하면서도 극단적인 불평등을 예방하는 방법을 제안한 것이다. 물론 우리는 더 나은 사회를 향해 나아갈 수 있다. 결국 공통된 인간성을 존중할 때, 당사자들이 거의 평등한 조건에서 거래하는 상황으로 시장을 국한하려는 노력이 가능하다. 달리 말하면, 취약하고 가난하며 무력한 사람이 존중받을 때 바람직한 거래가 가능하다. 그러나 우리가 극단적인 불평등을 해소할 수 없다면, 극단적으로 불평등한 사람들 간의 거래를 용납하는 것보다 그런 시장을 차라리 금지하는 것이 최선일 수 있다.[32]

합리적이고 경제적으로 생각하면 모든 행동이 설명되고 정당화된다는 경제 제국주의자들의 편협한 견해를 비판하며 우리는 먼 길을 달려왔다. 과거에 폰 노이만이 그랬듯이 베껴도 완건한 사회과학을 만들어

보려 시도했지만 결국 실패하고 말았다. 그러나 경제 제국주의의 지속적인 영향을 고려할 때 몇몇 오래된 진실을 되살려야 할 필요가 있다. 시장에서 매매되어야 하는 것을 결정할 때는 경제적 문제만이 아니라 도덕적인 문제도 제기된다. 또한 이 둘의 경계를 명확히 구분하기도 쉽지 않다. 시장은 거래되는 것의 성격을 바꿀 수 있다. 성性 관련 시장에서는 거래되는 것이 명확하지만, 고등교육 시장에서는 그만큼 명확하지는 않다. 물론 가격이 가치의 올바른 척도가 아니다.

그 사이에 경제 제국주의가 초래한 피해는 지금도 계속되고 있다. 2016년 폭스바겐이 디젤 자동차의 배출 가스를 조직적으로 조작했다는 사실이 밝혀졌다. 깨끗한 평판을 누리던 폭스바겐이란 기업에서 들려온 소식이어서 더욱더 충격이었다. 그러나 나쁜 행동에 대한 면허증을 쉽게 구할 수 있을 때 기업이 부정한 짓을 하는 것은 조금도 놀랍지 않다. 범죄가 도덕적으로 잘못된 짓이라는 것을 이해하지 못하는 베커의 사고방식과, 기업의 유일한 책임은 이익을 극대화하는 것이란 프리드먼의 고집을 결합하면 못할 짓이 없다. 앞으로도 얼마나 더 많은 기업계 지도자와 정치인 및 그 밖의 권력자가 경제 제국주의자들로부터 그렇게 들었기 때문이라고 변명할까?

누구에게나
가격이 있다

1911년, 거만한 필라델피아인 프레더릭 윈즐로 테일러[Frederick Winslow Taylor, 1856~1915]가 《과학적 관리법》을 발표했다. 훗날 1970년대를 풍미한 경영 전문가, 피터 드러커[Peter Drucker, 1909~2005]에게 "노동 과학의 아이작 뉴턴"이란 별명을 얻은 테일러는 세계 최초의 경영 컨설턴트였다. 그의 저서는 오늘날 노동자의 효율성을 높이는 주요한 관리 기법이 탄생하는 길을 열었다. 그러나 테일러주의의 시작은 순조롭지 않았다.

매사추세츠의 워터타운 아스널은 미국 육군이 대포 포신용 받침대를 제작하는 공장으로 주로 사용하던 시설이었다. 테일러는 노동자의 생산성을 높이고, 당시 태만이나 게으름을 뜻하는 단어로 쓰이던 '꾀병'을 없앨 수 있는 방법을 찾아달라는 부탁을 받았다. 테일러의 조수는 초시계를 손에 쥐고 공장을 돌아다녔고, 결국 한 노동자에게 제지를 당했다. 1911년 8월 11일 그 노동자가 반항했다는 이유로 해고되자, 모든 노동자가 파업에 돌입했다. 《과학적 관리법》이 출간되고 수개월이 지나자 않은 때였지만, 테일러주의에 저항한 최초의 파업이었다. 그러나 노동조합의 공식적인 지지가 없었던 까닭에 파업은 일주일 만에 끝났고, 테일러가 도입한 시스템은 대부분 그대로 유지되었다.[1] 그리고 테일러는 워터타운 단지에서도 궁극적인 승리를 거두었다. 오늘날 워터타운 아스널은 사무실 단지로 변신했고, 테일러주의로부터 직접적인 영향을 받은 경영학계를 대표하는 잡지 《하버드 비즈니스 리뷰》가 이 건물에 입주해 있기 때문이다.

하지만 그 파업의 여파는 조금 달랐다. 워터타운 아스널의 노동자들은 연방정부의 직원이었기 때문에 의회에 직접 항의할 권리가 있었다. 의회는 노동자들의 요구를 받아들여 그 사건을 조사했다. 그 결과 군 작업장에서 초시계를 사용해 노동자를 감시하는 연방정부의 행위가 금지되었다. 지금의 눈으로 보면, 놀라운 정치적 간섭이었다. 하지만 당시에는 테일러주의를 지지하는 측이나 비판하는 측이나 의회의 결정을 정치적이고 도덕적인 행위로 보았기 때문에, 정치인들의 그런 직접적인 간섭에 누구도 놀라지 않았다.

하지만 테일러는 자신의 '과학적 관리법'이 도덕적으로 중립적이거나 정치와 무관한 것이라 생각하지 않았고, 노동자는 바보 멍텅구리이기 때문에 우월한 지능을 지닌 관리자에게 모든 행동을 통제받아야 한다고 주장했다. 실제로 테일러는 의회 위원회에서 "나는 조금도 주저없이 말할 수 있습니다. 선철을 다루는 학문은 무척 복잡해서, 육체적으로 선철을 다룰 수 있다는 이유로 그 일을 직업으로 선택할 정도로 무관심하고 어리석은 사람은 선철을 다루는 학문을 좀처럼 이해하지 못할 겁니다"

라고 발언할 정도였다.[2]

의회의 조사는 테일러주의가 노동자를 비인간적으로 취급한다고 결론지었다. "과거에는 사람이 먼저였지만 미래에는 시스템이 먼저일 것"이란 공개적인 발언과 더불어 '사회 공학social engineering'과 '사회 통제social control'라는 표현을 사용한 것은 테일러의 대의에 아무런 도움이 되지 않았다.[3] 더구나 당시는 1930년이었고, 평론가들은 테일러의 주장을 파시스트 이데올로기에 비교하기도 했다. 테일러주의는 폭압이란 인식은 1936년 찰리 채플린의 풍자 영화 〈모던 타임스〉에서 완벽하게 묘사되었다.

심리학에도 행동주의가 등장한 데다 1940년대 말에는 인간 행동을 통제하는 데 과학을 적용하려는 시도가 노동 현장 너머까지 확대되었다. 행동주의자들은 보상과 벌을 이용해 동물이 시키는 대로 행동하도록 훈련시키는 실험실 실험을 반복했다. 그들은 똑같은 '당근과 채찍'이란 기법이 인간에게도 적용될 수 있을 거라고 믿었다. 따라서 행동주의자들은 랜드 연구소 같은 싱크탱크의 경제학자와 많은 점에서 유사했다. 그들은 모두 인간 본성을 기계적인 관점에서 접근하며, 보편적 효율성을 띤 유인책을 활용하면 인간의 행동을 조종할 수 있다고 믿었고, 사회 통제를 과학화하려고 애썼으며, 이를 군사적으로 응용하는 방법을 개발했다. 예컨대 대표적인 행동주의자 버러스 스키너Burrhus Skinner, 1904~1990는 미국 해군을 위해 비둘기가 유도하는 미사일을 설계하기도 했다.

테일러서터 스키너노 벗뺚이 ㅡ나시 좋시 낳았다   /가 실험봉 농북

들을 가두어둔 케이지는 훗날 스키너 상자로 알려졌다(스키너는 비둘기에게 탁구를 가르쳤고, 그의 제자들은 돼지에게 진공청소기를 사용하는 법을 가르쳤다). 하지만 스키너는 난방이 되는 밀폐된 유아용 침대를 발명해 갓 태어난 딸에게 실험하기도 했다. 스키너는 그 실험을《레이디스 홈 저널》에 발표했고, 편집자들은 그 논문에 〈상자 속의 아기〉라는 제목을 붙였다. 그때부터 많은 사람이 스키너 상자가 실험용 쥐만이 아니라 아기에게도 사용될 수 있다고 믿게 되었다. 그 유아용 침대는 아기에 무해했지만, 커다란 어항처럼 섬뜩하게 보였다. 스키너를 둘러싼 온갖 논란에도 불구하고 행동주의는 점점 영향력이 커졌고, 1960년대쯤에는 실험 대상이 미로에 갇힌 쥐에서 유아와 정신질환을 앓는 환자로 바뀌었다. 실용성과 폭넓은 적용 가능성을 무기로 행동주의는 점차 정치에도 파고들었다.

그러나 지난 반세기 동안 중대한 변화가 있었다. 요즘 테일러식 관리 기법은 대체로 정당하고 비정치적이며, 인간 본성과도 맞아떨어지는 방식으로 여겨진다. 물론 효율성 향상을 위한 경영학의 주된 기법이기도 하다. 업무 현장 밖에서도 '인센티브'라는 단어가 흔히 들린다. 이 단어의 의미도 도덕적이고 정치적으로 중요한 사회 공학적 도구에서, '동기부여'만을 뜻하는 중립적이고 객관적인 개념으로 변했다. 하지만 테일러가 사회 통제에 대해 말한 것이 옳다면, 그런 변화 과정에 중대한 무엇인가가 사라진 것이 분명하다. 여하튼 인센티브란 누군가에게 다른 상황에서는 선택하지 않았을 무엇인가를 하도록 유도하는 도구이다. 인센티브는 고상한 이유로 사용되더라도 권한 행사를 위한 도구이다.

"너희는 인간의 모습을 하고 있지만 로봇과 다를 바가 없다!"[4] 아마존의 창고에서 물건을 분류하는 직원들에게 관리자는 이렇게 말한다. 그들은 우리가 주문한 물건을 찾으려고 창고 안에서 걷거나 뛰면서 하루를 보낸다. 그들 모두가 작은 위성 항법 장치를 갖고 있다. 그 장치는 해당 물건을 찾아가는 가장 효과적인 동선을 그들에게 알려주는 동시에 그들의 생산성까지 측정한다. 게다가 그들이 잡담하거나 몸단장으로 쓸데없이 시간을 허비하면 업무의 능률을 높이라고 다그치는 문자를 보낸다. 이런 21세기형 테일러주의는 테일러가 주장한 관리법만큼이나 공격적이지만, 그에 대한 반응은 달라졌다. 초시계 금지에 상응하는 현대판 금지는 생각할 수조차 없다.

요즘 정부는 아마존에 직원들의 생산성을 측정하는 것을 금지하는 조치를 내린 적이 없다. 일반적으로 말하면, 과거에는 논란이 되었던 상황에서도 이제 우리는 금전적 인센티브를 받아들이게 되었다. 예컨대 중남미에서 일부 국가는 경제학자들의 조언을 받아들여, 더 좋은 어머니가 되도록 가난한 어머니를 독려하는 '조건부 현금 지원conditional cash transfer' 프로그램을 도입했다. 세부 내용은 국가마다 다르지만, 흡연을 끊고 아이에게 예방주사를 맞히고 아이의 학교 출석률을 높이는 어머니에게 현금이 주어진다. 이런 인센티브 제도는 교육 분야에서도 만연해 있다. 대학들은 기부를 받는 대가로 어떤 강의를 개설하거나, 적어도 추천 도서 목록에 특정한 책을 포함시켜야 한다. 소매업자들은 학교 휴게실에 군것질거리나 음료수 자동 판매기를 설치하는 대가로 학교에 일정한 금액을 지불해야 한다. 학교는 어린 학생들에게 책을 끝까지 읽을 때마다 상금을 주고, 아이들이 지각하면 부모에게 벌금을 부과한다.

우리가 의식하지 못하는 사이에 인센티브에 대한 우리의 생각이 이렇게 변한 이유가 무엇일까? 그 이유는 경제학의 변화와 관계가 있는 듯하다. 자유시장 경제학이 지배적인 위치를 차지한 이후로 많은 경제학자가 인센티브의 열정적인 지지자가 되었다. 예컨대《괴짜 경제학》의 저자들은 "경제학자는 인센티브를 사랑한다. … 경제학자는 적절한 인센티브 프로그램을 설계할 재량권이 주어진다면 세상의 어떤 문제라도 바로잡을 수 있다고 생각한다"라고 열변을 토했다.[5] 대부분의 경제학 교과서는 시장의 장점을 극찬하지만 경제학을 인센티브학이라고 정의하는 경우가 점점 증가하고 있다. 그러나 일상의 삶에서는 시장과 인센티브의 경계가 모호한 경우가 적지 않다.

하지만 자유시장을 누구보다 옹호한 프리드리히 하이에크는 그 경계가 명확하고 중요하다고 생각했다. 하이에크는 직원들에게 동기를 부여하는 방법에 대한 문제가 "공학적 성격"을 띤다고 보았고,[6] 그런 문제에 관심을 갖는 학자는 결국 시장의 자연스러운 질서를 위배하려는 '사회계획자'라고 업신여겼다. 하이에크의 관점에서 보면, 인센티브 제도는 시장을 확대하기보다 시장의 힘에 개입하려는 유해한 형태의 사회 공학이다. 따라서 우리 사회가 자유시장 경제학이나 정치적 우파로 이동한 결과로 두드러지게 나타난 인센티브에 대한 여러 아이디어를 간단히 정리하기는 쉽지 않다.

현대 경제학이 인센티브에 대한 우리 생각에 미친 영향은 더 복잡하다. 수십 년 전부터 경제학자들이 '인센티브'에 대해 언급하는 일이 폭발적으로 늘어났고, '인센티브'는 정치색에서 벗어나 순수히 동기부여를 의미하는 표현으로 여겨지게 되었다. 모든 동기부여를 인센티브로 뭉뚱그리면 일부 경제학자에게 유리하기는 하다. 복잡한 인간 심리를 호모 에코노미쿠스의 일차원적인 동기부여로 축소하는 음흉한 방법이기 때문이다. 따라서 인센티브가 동기부여만은 아니라는 사실을 되새길 필요가 있다. 많은 동기부여가 원뜻을 알아보기 힘들 정도로 왜곡되지 않으면 인센티브로 여겨질 수 없기 때문이다.

가령 내가 죽음을 앞둔 어머니를 돌보고 있다면, 사랑과 책임감과 의무감에 그렇게 하는 것이다. 그러나 그런 동기들이 어머니를 간호할 때 얻는 인센티브라고 말하지는 않는다. 호기심에 어린아이는 새롭고 때로는 위험한 짓을 하지만, 호기심이 그들에게 인센티브라고 말하지는 않는다. 버락 오바마는 흑인 아이들에게 정치에 도전하라는 영감을 주었다. 이 문장에서 누구도 '영감' 대신 '인센티브'라는 단어를 사용하지는 않을 것이다.[7]

뒤에서 살펴보겠지만, 정통 경제학자들의 동기부여 이론theory of motivation이 만연함에 따라, 인센티브 제도가 언제 역효과를 낳는지 전혀 예측할 수 없고, 조직원들을 더 나은 방향으로 일하도록 유도하는 대안적 방법들, 예컨대 조직원들을 설득하고 다른 관점도 존중하는 개방적이고 정직한 시도가 수반되는 대안들을 찾아볼 수 없는 지경에 이르고 말았다.

하지만 그런 경제학자들의 이론은 다음과 같이 간단하게 요약된다. 누구에게나 가격이 있다!

인센티브의
작용과 반작용

파티에서 한 여인을 만난 부유한 유명 인사에 대한 오래된 우스개가 있다. 최초의 형태, 즉 이른바 실화에는 영국 언론계의 거물이자 정치인이던 비버브룩 경과 미국 여배우가 등장한다. 때는 1937년경이었다. 그 이후로 각색된 이야기에서 거물은 조지 버나드 쇼, 그라우초 막스, 윈스턴 처칠 등으로 바뀐다. 여하튼 그들의 대화는 이런 식으로 진행된다.

> 거물:　그래, 1만 파운드면 나랑 하룻밤을 함께 보내겠소?
>
> 여배우: 음….
>
> 거물:　100파운드면 어떻소?
>
> 여배우: 당신 생각엔 내가 어떤 사람인 것 같나요?
>
> 거물:　그 점에 대해선 우리가 이미 합의가 끝났고, 지금은 가격을
> 　　　　두고 흥정하고 있는 거요.

이런 경제학적 동기부여 이론에는 충분한 값을 지불하면 거의 모두가 거의 어떤 것이든 할 수 있다는 뜻만이 아니라, 이보다는 명확하지 않지만 미심쩍기는 똑같은 의미가 함축되어 있다. 충분한 금액이라면 돈은 모든 동기부여를 대신할 수 있기 때문에 대부분의 경제학자가 돈을 모든 동기부여와 교환할 수 있다고 생각한다. 결국 돈은 모든 동기부여를 표현할 수 있는 중립적이며 공통된 도구라는 뜻이다. 이런 해석은 인간

의 동기부여에 대한 일차원적인 그림에 불과하다. 돈은 그저 기존의 동기부여를 강화하거나, 기존에 어떤 동기부여도 없다면 동기부여를 대신하는 것이다. 그러나 돈, 일반적으로 말해서 물질적인 이득과 비용은 중립적일 수 없다. 현실 세계에서 돈에는 정신적인 부담이 동반된다. 선물은 주는 사람의 동기를 어떻게 인식하느냐에 따라 받는 사람에게 고마움이나 원망을 불러일으킬 수 있듯이, 금전이란 당근에도 받는 사람에 따라 다양한 반응이 가능하다.

1993년 초, 스위스 정부는 저준위 방사성 핵폐기물 폐기장의 위치를 결정하는 문제로 고심하고 있었다. 하나의 가능성은 볼펜쉬센 근처에 매립하는 방법이었다. 그곳은 640가구가 사는 작은 마을이었다. 300명이 넘는 주민들이 한 시간가량 진행된 면담에서 폐기장의 설치에 동의하는 대가로 금전적 보상을 받는 것에 대해 어떻게 생각하느냐는 질문을 받았다. 보상 제안을 받자마자, 폐기장 설치에 동의하는 비율이 절반 이상 떨어졌다. 금전적 보상을 거부한 사람들의 83퍼센트가 뇌물을 받을 수 없어 보상을 거절한 것이라고 대답했다.[8] 이스라엘 하이파에서 몇몇 탁아소가 아이를 늦게 데리러 오는 부모에게 벌금을 부과하자, 더 많은 부모가 늦게 오는 사태가 벌어졌다.[9] 스위스 볼펜쉬센 주민들처럼, 하이파의 부모들도 금전적 인센티브를 설득의 수단이 아니라 약속의 준수를 매수하려는 수단으로 보았던 것이다. 지각의 '가격'이 결정되자, 부모들은 벌금을 일종의 요금, 즉 아이를 늦게 데리러 가는 권리를 매수하는 요금으로 여겼다.

이런 승서에 경제학자들은 충격을 받았지만, 금전적 인센티브가 역효과를 낳을 수 있다는 가능성은 심리학에서도 오래전에 확인되었다. 그 결과로 1970년대 초에 스키너의 이론은 많은 부분 폐기되었다. 누군가에 어떤 행동을 유도하기 위해 금전적 인센티브를 도입하면 기존의 내재적 동기intrinsic motivation를 약화하거나 아예 없애버릴 수 있다. 심리학 용어로 표현하면, 내재적 동기가 '밀려나는' 것이다.[10] 내재적 동기에는 도덕적 의무감이나 사명감이 포함된다. 예컨대 의료나 교육과 관련된 직업에 대해 면접에 기반해서 신중하게 연구한 결과를 보면, 우리가 이미 알고 있는 것을 정확하게 재확인할 수 있다. 간호사와 의사 및 교사는 자신의 일에 내재한 중요성에 크게 동기를 부여받는다. 따라서 고용주가 섣불리 금전적 인센티브를 제안하면 그들의 내재적 동기가 약화될 수 있다. 매사추세츠주 보스턴의 소방대장은 소방관들이 월요일과 화요일에 질병을 이유로 결근하는 경우가 많다는 걸 알게 되었다. 소방대장은 병으로 인한 휴가일을 15일로 엄격히 제한함과 동시에 그 이상 결근할 경우에는 임금을 공제하는 벌칙까지 동원했다. 그러자 그해 크리스마스와 신년의 앞뒤로 병가 신청이 10배까지 치솟았다.[11] 내재적 동기가 상대적으로 불명확한 직업에서 이런 반응이 자주 눈에 띈다. 휴렛 패커드의 창업자, 데이비드 패커드David Packard, 1912~1996도 1930년대에 몸담고 일했던 제네럴 일렉트릭에서 목격한 직원들의 태도에 대해 이런 기록을 남긴 적이 있었다. "제네럴 일렉트릭이 공장의 경비를 강화한다며 … 직원들이 훔쳐가지 못하도록 연장통과 부품통을 감시했다. 많은 직원은 그런 노골적인 불신에 반발하며, 기회가 닿을 때마다 연장과 부품을 훔쳤다."[12]

권력의 지나친 사용이 그렇듯이, 금전적 인센티브에도 그 수단을 도입한 사람의 의도와 동기가 담겨 있다. 가령 내가 줄을 당기는 사람의 의도에 따라 이리저리 움직이는 꼭두각시처럼 조종당한다는 기분이 들면 반발하며 협력과 충성, 무급 초과근무 등 이타적인 행동을 거부하게 된다. 앞에서도 보았듯이, 이런 모습은 21세기에 흔히 나타나는 비극적인 현상이다. 사람들이 경제학자들의 냉소적이고 낮은 기대치까지 눈높이를 낮춘 셈이다. 덕분에 '누구에게나 가격이 있다'라는 믿음이 충족된다.

그러나 금전적 인센티브가 항상 나쁜 것은 아니다. 경제학자들이 처음 설계한 의도대로 금전적 인센티브가 작동하는 경우도 있기 때문이다. 2002년 아일랜드는 비닐 쇼핑백에 대한 세금으로 15펜스의 소액을 부과했다. 보름이 지나지 않아, 비닐 쇼핑백의 사용이 94퍼센트가량 줄어들었다. 영국도 아일랜드의 전례를 따라, 2011년부터 소액의 세금을 단계적으로 도입해 비닐 쇼핑백의 사용을 약 80퍼센트까지 떨어뜨렸다.[13] 하지만 이때 금전적 인센티브만 사용된 게 아니라는 것이 중요하다. 영국 정부는 세금을 피하고 싶은 욕망을 자극하는 데 그치지 않고, 영국인의 사회적 의무감에도 호소했다. 버려진 비닐 쇼핑백이 어떻게 강으로 흘러들어 결국 해양 생물에 피해를 주고, 쓰레기 매립지에 던져진 비닐은 분해되는 데 수백 년이 걸린다는 사실이 홍보 활동으로 강조되었다. 또 비닐 쇼핑백에 세금이 부과되기 전에는 환경운동가 및 대부분의 소매상인과 소비자 단체로부터 세금 부과에 대한 지지를 얻어내기 위한 국민적 토론이 있었다.

금전적 인센티브만을 단독으로 사용하면 성공할 가능성이 크게 떨어진다. 영향력을 지닌 사람들이 논리정연한 토론과 설명을 통해 우리를 동참시키려는 노력이 더해지지 않으면, 금전적 인센티브는 두 가지 신호를 보내는 것으로 이해된다. 하나는 돈으로 우리의 순종을 사겠다는 것이므로, 우리에게 요구하는 것이 좋은 것인지 나쁜 것인지 신경쓰지 말라는 신호이다. 여하튼 우리는 돈에 움직이는 용병에 불과하다는 뜻이다. 다른 하나는 어떤 행위를 요구하는 이유를 우리는 충분히 이해하지 못한다는 뜻에서 우리는 어리석은 존재라는 신호이다. 두 신호 모두 우리를 지배하는 힘을 지닌 사람에게 우리가 존중받지 못한다는 의미가 담겨 있다.

하지만 여기에서도 긍정적인 교훈을 찾을 수 있다. 잘못 설계된 인센티브는 역효과를 낳기 십상이지만, 잘못 설계된 인센티브도 신중하게 다루어지고, 표적 집단과 끊임없이 커뮤니케이션하면 긍정적인 효과를 발휘할 수 있다는 것이다. 《괴짜 경제학》과 많은 행동경제학자가 전하려는 메시지는 "인센티브에는 그 수단을 제공하는 사람의 의도와 동기에 대한 신호가 숨겨져 있다"라는 것이다. 경제학자들은 행동이 신호를 보낸다는 이런 생각을 스스럼없이 편하게 받아들인다.

하지만 안타깝게도 문제는 훨씬 더 복잡하다. 인센티브가 의도대로 작동하지 않는 또 다른 이유가 있다. 돈 자체가 문제일 수 있지만, 돈이 없어져도 문제는 남는다. 또 인센티브가 의도대로 효과를 발휘하더라도 인센티브는 여전히 나쁜 아이디어일 수 있다. 이런 경우에 부딪힐 때 경제학자들의 심기가 사나워진다.

유대인 재단사와
헌혈

유대인 재단사에 대한 오래된 우화가 있다. 한 유대인 재단사가 작은 도시에 상점을 열었다. 편견이 심한 지역 토박이들이 작당해 그를 쫓아내기로 결정했다. 그들의 부탁을 받은 불량배들이 그를 위협하고 조롱했다. 하지만 재단사는 불량배들에게 고마워하며 돈까지 주었다. 불량배들은 재단사를 실컷 비웃고는 떠났다. 이튿날에도 불량배들이 돌아와 재단사를 조롱하고 놀렸다. 그러나 재단사는 그들에게 어제만큼 돈을 줄 여유가 없다고 말했다. 불량배들은 투덜거렸지만, 그 돈을 받고 떠났다. 다음 날, 재단사는 불량배들에게 사과하며, 이번에는 한 명에게 1센트밖에 줄 수 없다고 말했다. 불량배들은 그까짓 1센트 때문에 시간을 낭비하지 않을 것이라 말하고 떠난 후, 다시는 돌아오지 않았다.

금전적 인센티브가 어떤 행동에 대해 먼저 존재하던 동기를 밀어내면, 그 동기는 완전히 소멸되거나 사라질 수 있다. 따라서 금전적 인센티브가 차후에 중단되더라도 처음의 행동으로 돌아가지는 않는다. 하이파의 탁아소에서 지각에 대한 벌금이 16주 후에 폐지되었지만, 아이를 늦게 데리러 오는 부모의 수는 벌금이 도입되기 전보다 여전히 높았다.[14] 금전적 인센티브 때문에 아이를 정각에 데리러 가야 한다는 부모의 도덕적 의무감이 오히려 약화된 셈이다.

인센티브가 중단된 이후에도 오랫동안 그 영향이 지속되는 이유는 명확하나, 사람들이 인센티브에 녹여 있던 부정적인 메시지, 예컨대 '너희는 신뢰할 수 없고 능력이 부족하다'라는 메시지를 기억하기 때문이다. 이런 부정적인 메시지가 인센티브에 명확히 수반되지 않더라도 '밀어내기 효과'는 지속될 수 있으며, 이 효과는 인센티브가 중단된 후에도 계속되는 경우가 많다. 그 이유가 무엇일까?

다시 선물에 대해 생각해보면 실마리가 잡힌다. 선물에 대한 반응은 주는 사람의 동기에 따라 달라지는 게 사실이다. 그러나 주는 사람의 천성에도 영향을 받는다. 정통 경제학 이론에 따르면, 받는 사람의 입장에서 최고의 선물은 현금이다. 현금을 선물로 받으면, 원하는 것을 살 수 있기 때문이다.* 하지만 현금을 선물로 주는 경우는 흔하지 않다. 모두가 알고 있듯이, 현금은 선물의 본질에서 벗어나는 것이기 때문이다. 최고의 선물은 주는 사람과 받는 사람의 관계에 대해 무엇인가를 표현하고 축하하는 것이다. 받는 사람의 욕구를 채워준다고 최고의 선물이 되는 것이 아니라는 뜻이다. 최고의 선물은 그 이상이어야 한다. 여하튼 현금 선물을 받으면 많은 사람이 청구서를 처리하거나, 진공청소기를 새로 구입하는 데 그 돈을 써버린다.

현금 선물과 다른 선물은 형태부터 다르다. 그 때문인지 금전적 인센티브는 동일한 가치를 지닌 비금전적 인센티브와 본질적으로 다른 것이라고 인식하는 사람이 많은 듯하다. 인센티브를 제공하는 사람의 동기가 지극히 순수한 경우에도 다를 바가 없다. 이런 인식을 검증하기는 쉽

● 경제학자 조엘 월드포겔(Joel Waldfogel)은 1993년에 발표한 논문 〈크리스마스 선물의 자중손실에 대한 연구〉(이 논문은 가장 권위 있는 경제학 학술지 《아메리칸 이코노믹 리뷰》에 실렸다)를 필두로, 비교적 최근에 발표한 《스크루지노믹스》에서도 현금이 아닌 선물은 낭비라고 주장했다.

지 않다. 우리 인식은 경험을 통해 획득하는 다양한 믿음에 크게 영향을 받기 때문이다. 그러나 최근의 실험에서 확인되었듯이, 어린아이들에게 동전을 보여주고 동전의 기능을 쉽게 설명해주자 아이들이 평범한 일상 활동에서 예전만큼 서로에게 도움을 주지 않았다![15] 사람들은 현재 상황에 적절한 행동을 제시하는 신호에 반응하며, 금전적 형태로 주어지는 당근과 채찍은 사람들이 소비자처럼 생각하며 금전 거래를 할 때와 같은 행동을 하도록 할 가능성이 크다. 우리는 간혹 '윤리적 소비자'로서 행동할 수 있지만, 평균적으로 우리와 판매자의 관계는 대체로 익명성을 띠며 단명하는 편이다. 요컨대 우리가 소비자로서 맺는 관계는 시장 밖의 관계, 즉 공동체와 가족과 직장에서의 관계와는 사뭇 다르다. 경제학자들은 시장의 일회적이고 익명성을 띠는 거래 관계를 오래전부터 찬양해왔다. 거래를 시작할 때 우리는 먼 장래를 생각할 필요가 없이 당장 이익이 되는 걸 선택하면 된다. 또 서로 상대에게 빚을 지지 않는 방향으로 거래함으로써 상대에게 부담스런 의무를 지우지도 않고 책임을 떠안지도 않는다. 그 결과로, 우리가 공동체와 가족과 직장에서 생각하는 경우와 비교하면 소비자로서 생각할 때 도덕성에 크게 연연하지 않는 경향을 띤다. 이는 심리학자들이 '도덕적 이탈'이라 칭하는 현상으로, "윤리의식의 스위치를 끈 상태"를 뜻한다. 단명하고 익명성을 띠는 관계는 우리에게 도덕적으로 행동하도록 자극하는 동정심과 호혜성을 불러일으키지 못한다. 따라서 인센티브로 순전히 돈만 주어진다면, 우리가 상황을 인식하는 방법, 즉 우리가 도덕성을 판단하는 기준틀이 바뀌며 도덕적 이탈의 위험성이 증가한다.

또 다른 이유에서도 인센티브는 우리의 내재적 동기를 밀어낼 수 있다. 이 경우에 인센티브가 중단된 후에도 밀어내기의 유해한 효과는 오랫동안 지속될 수 있다.

이번에도 1968년이 결정적인 전환점이었다. 당시 영국은 자국의 국민보건서비스를 무척 자랑스러워했고, 경제에서는 케인스주의를 추종하며 정부의 간섭을 두려워하지 않았다. 따라서 영국 경제문제연구소Institute of Economic Affairs가 발표한 한 보고서의 결론은 정말 충격적이었다. 혈액을 국가가 관리하면 병원의 점증하는 혈액 수요를 충족시키지 못할 것이란 예측이었다. 따라서 공급을 늘리기 위해서는 피를 제공하는 사람에게 금전적으로 보상을 해야 한다는 제안이 있었다. 그 제안은 지체 없이 거부되었지만, 리처드 티트머스Morris Titmuss, 1907~1973라는 사회학자가 그 제안을 비판하는 관점에서《선물 관계》를 발표했다. 티트머스는 영국과, 여러 주에서 혈액 공급을 위해 다양한 형태의 금전적 인센티브 제도를 운영하는 미국의 혈액 공급 통계를 비교했다. 티트머스가 찾아낸 결과에 따르면, 혈액을 제공하는 사람에게 금전적으로 보상하면 오히려 공급이 감소할 뿐만 아니라 혈액의 품질도 떨어졌다. 매혈하는 사람은 피를 팔지 못할 수 있다는 우려 때문에 자신의 병력을 숨기는 경향이 있었기 때문이다.

노벨 경제학상을 수상한 경제학자 케네스 애로와 로버트 솔로는《선물 관계》를 자세히 검토했다. 그들은 티트머스의 결론에 동의하지 않았고, 금전적 인센티브를 제공함에도 오히려 혈액 공급량이 줄어드는 이유를 알아낼 수 없었다. 다른 경제학자들도 거의 유사한 반응을 보였다.

혈액 값의 지불이 공급 감소로 이어진다는 티트머스의 결론을 뒷받침하는 연구가 최근에 계속 발표되고 있지만, 그런 결론이 교과서적 경제 이론과 일치하지 않는다는 이유로 아직도 적잖은 경제학자가 그 증거에 의문을 제기하고 있다.[16] 하지만 혈액을 제공하는 사람에게 금전적으로 보상하는 실험을 실시한 국가들에서 확인할 수 있듯이, 금전적 보상이 중단되면 혈액 제공이 실험 이전의 수준으로 되돌아가지 않고 더 낮아진다. 내재적 동기의 일부가 영원히 밀려났다는 증거가 아닐 수 없다.

애로와 솔로가 쉽게 동의하지 못한 이유 중 하나는 금전적 인센티브가 잠재적 헌혈자에 보낸 신호 때문이었다. 분명히 금전적 인센티브는 사회적 승인을 뜻하는 신호였고, 훌륭한 행동에 대한 보상이었다. 그런데 왜 금전적 인센티브가 잠재적 헌혈자들을 망설이게 했을까? 티트머스가 보기에 그 이유는 간단했다. 금전적 보상을 받으면 그들이 더 이상 기증자가 아니기 때문이었다. 금전적 보상을 받는 순간 혈액을 파는 사람이 되는 셈이었다. 비록 작은 액수여도 그들의 행위는 선물이 아니라 거래였다. 금전적 보상을 받으면 이타적 행위를 하는 것이 아니었다. 이타적 행위로 고양되는 자긍심은 부분적으로 희생에서 비롯되는 것이다. 하지만 이타적 행위로 금전적 보상을 받는다면 더는 같은 정도의 희생을 했다고 할 수 없다.

이타심과 이타주의자가 되는 것은 별개의 문제이다. 이타적으로 행동하면 자긍심이 높아질 수 있지만, 그런 관대한 마음씨를 다른 사람들에게 이용당하면 정반대로 역효과를 낳을 수 있기 때문이다. 게다가 심리학자의 일반적인 의견에 따르면, 우리는 거의 무의식적인 차원에서 주로 다른 사람을 모방하며 사회적 행동을 배운다(내 말이 믿기지 않으면 주변의 어린아이들을 유심히 관찰해보라). 주변에서 이타적으로 행동하는 사람을 보면 우리는 더 이타적이 된다. 그러나 인센티브는 다른 사람의 동기를 읽어내기 힘들게 만든다는 것이 문제이다. 가령 누군가 혈액을 제공한 후에 금전적 보상을 받는 것을 목격한다면, 나는 그를 이타적인 사람이라 생각하지 않고 돈 때문에 그렇게 행동한 것이라 생각할 수 있다. 따라서 인센티브는 다른 사람의 이타심을 곡해할 가능성을 낳고, 그 때문에 나 자신도 이타적으로 행동할 가능성이 줄어든다. 인센티브를 중단한다고 문제가 사라지는 것은 아니다. 다시 다른 사람을 모방하며 이타적으로 행동하는 법을 배우기 위해서는 인센티브를 없애는 것으로 충분하지 않고, 그가 정말 이타적인 사람이란 실증적인 증거가 필요하게 된다.

요약하면, 현금 제공은 헌혈자에게 이타적이란 자긍심을 높여주기 힘들고, 주변에서도 순수한 이타심에서 현혈을 하는 사람을 목격하기 어려워지기 때문에 헌혈자를 망설이게 할 수 있다. 금전적 보상이 있을 때 우리는 오히려 더 이기적으로 행동하는 방법을 터득하고, 이기적인 태도가 장기적으로 지속될 수 있다. 헌혈자가 순전한 이타심이 아니라, 시민의 의무나 공공심에서 동기를 부여받을 때도 유사한 결과가 적용된다. 금전적 인센티브를 받으면 시민으로서 의무를 다하는 것이란 자긍심을 느끼기 힘들고, 주변 사람들에게서도 공공심을 목격하기가 쉽지 않기 때문이다. 따라서 우리는 더 이기적이 된다.

이타심이나 공공심에서 비롯된 행동은 우리의 자긍심을 높여준다. 일반적으로 말하면, 자긍심에 정말 중요한 것은 행동의 자유, 즉 자율적으로 선택하는 자유이다. 여기에서 인센티브의 도입이 역효과를 낳을 수 있는 또 다른 이유를 찾을 수 있다. 영향력을 행사하는 사람들의 동기가 순수하더라도 우리 행동을 통제하고 조종하려는 것은 분명하다. 인센티브가 자율성에 미치는 역효과에 대해서는 의료부터 코딩까지 숙련된 직업과 직종에서 깊고 넓게 연구되고 있다. 경험이 많은 외과의사와 변호사, 학자와 과학자에 대해 인센티브 제도를 도입하는 걸 강력히 반대하는 주목할 만한 증거가 많다. 인센티브가 전문가적 판단에 따라 행동하는 자유를 방해하고, 해당 직종에서 기대하는 행동 규범과 충돌한다는 것이 결정적인 이유이다. 최근에야 경제학자들은 인센티브가 일부 직종에서 무척 신중하게 사용되어야 한다는 걸 받아들이기 시작했지만, 인센티브 문제가 훨씬 광범위하게 퍼져 있다는 데는 여전히 동의하지 않는다. 또한 보통 사람들은 자신의 자율성을 표현하려고 일하는 게 아니기 때문에 정상적인 경우에는 인센티브가 노동자의 자율성과 충돌하지 않는다고 추정하는 경제학자가 여전히 많다. 노동자는 그저 돈을 벌려고 일한다는 것이다.

청소부와 철학자의
공통점

부커를 만나보자. 부커는 미국의 한 의과대학 부속 병원에서 '관리인'(정확히 말하면 청소부)로 일했다. 그 병원에는 오래전부터 혼수상태에 빠진 젊은 환자가 있었다. 어느 날, 루크는 평소처럼 그 환자의 병실을 청소했다. 그가 청소하는 동안, 환자의 아버지는 담배를 피우려고 병실을 잠시 비웠다. 아버지는 돌아오자마자 루크에게 화를 내며 병실을 청소하라고 소리쳤다. 루크는 한마디도 항의하지 않고 병실을 다시 청소했다. 업무 관행을 조사하던 연구원과의 인터뷰에서 루크는 그 사고를 이렇게 설명했다. "그분 아들의 상황에 대해 조금은 알았어요. … 혼수상태에서 깨어나지 못하고 있었어요. … 아들이 6개월째 혼수상태에 있었던 거예요. 그분은 괜히 짜증이 났을 거예요. 그래서 나는 다시 청소를 했어요. 그렇다고 그분에게 화가 나지는 않았어요. 그분의 심정을 이해할 수 있었거든요."[17]

루크의 설명은 계속되었다. 루크는 청소를 그에게 맡겨진 책무의 일부에 불과한 것으로 보았다. 그는 환자들과 그들의 가족을 편하게 해주고 기분을 북돋워주며, 그들이 말하고 싶을 때 조용히 들어주는 것도 자신의 책무라고 생각했다. 물론 그 어느 것도 루크의 공식적인 직무표에는 쓰여 있지 않았다. 그저 깨끗이 청소하는 역할만이 언급되어 있을 뿐이었다. 루크가 청소에만 집중하도록 독려하기 위해 금전적 인센티브를 도입하면 그 결과가 어떨지 쉽게 상상할 수 있다. 무엇보다 루크의 내재적 동기가 밀려날 가능성이 아주 높다. 루크에게 환자와 그 가족을 도우려는 욕망은 금전적 인센티브와 잠재적 경쟁 관계에 있는 다른 동기일 뿐만 아니라, 그가 자신의 일을 평가하는 중요한 기준점이기 때문이다.

루크의 이야기에서 짐작할 수 있듯이, 자율성과 정체성은 숙련된 직종에서는 물론이고 하찮고 평범하다고 여겨지는 일에서도 중요하다. 대부분의 사람은 돈 때문에 일하는 것처럼 비추어지는 걸 원하지 않는다. 영화 〈워터프론트〉의 말런 브랜도$^{Marlon Brando}$처럼, 우리도 중요한 사람이 되려고 애쓴다. 또 자신을 위해 다른 사람들에게 보일 정체성을 확립해 나아간다. 물론 이런 과정은 직장 밖에서도 계속된다. 우리는 인센티브에 휘둘리지 않고, 자유롭게 선택할 수 있기를 바란다. 인센티브가 점잖고 정중한 방식으로 좋은 목적을 위해 주어지더라도 마찬가지이다.

루크는 병원에서 환자와 그 가족에게 아무것도 아닌 사람이 아니라 중요한 사람이 되고 싶었다. 루크의 철학이면, 철학자들 중에서도 중요한 사람, 예컨대 아이제이아 벌린$^{Isaiah Berlin, 1909~1997}$에게도 인정받았을 것이다. 그러나 청소부와 철학자의 공통점을 보기 전에 우리는 모두가 알지만 언급하지 않는 문제에 맞닥뜨려야 한다. 경제학자들이 인센티브의 역효과 문제를 간단히 해결할 수 있는 비결이 있다고 주장하기 때문이다. 그 역효과가 인센티브의 도입이 보낸 신호 때문이든 인센티브에서 비롯된 도덕적 이탈 혹은 자율성 침해 때문이든 인센티브의 액수를 올리면 해결된다는 게 경제학자들의 해법이다.

스위스의 위대한 극작가, 프리드리히 뒤렌마트$^{Friedrich Dürrenmatt, 1921~1990}$의 《노부인의 방문》에는 노부인 클레어 자하나시안이 등장한다. 젊은 시절, 클레어는 같은 마을에 살던 연인, 알프레드의 아기를 임신한다. 알프레드가 자신이 아이의 아버지인 걸 부정하자 클레어는 소송을 제기한다. 그러나 알프레드는 두 사람을 매수해 거짓말을 하게 사주함으로써 재판에서 승리한다. 오랜 시간이 지난 후, 클레어는 노부인이 되어 고향에 돌아온다. 클레어가 석유업계 거물의 미망인이 되어 돌아왔을 때, 고향은 힘든 시기를 보내고 있었다. 클레어는 마을에 5억 스위스프랑을 기부하고, 주민들에게도 5억 스위스프랑을 나눠주겠다고 말하며, 하나의 조건을 내걸었다. 주민들이 알프레드를 죽여야 한다는 것이다. 시장은 그 제안을 거절하고, 마을 사람들은 큰 충격을 받는다. 그래도 클레어는 기다리겠다고 말한다. 시간이 지남에 따라 마을 사람들은 빚을 얻어 사치품을 구입하기 시작하고, 빚은 점점 쌓여간다. 마침내 그들은 알프레드를 죽이기로 합의한다. 클레어는 '정의를 돈으로 산 것'에 만족하며, 시장에게 수표를 건네고 알프레드의 시신을 갖고 마을을 떠난다.

어쩌면 뒤렌마트의 이야기가 맞는 듯하다. "금전적 인센티브는 정통 경제학이 예측한 방향으로 작동할 수 있다. 단, 그 액수가 충분히 크다면!" 만약 당신이 충분한 돈을 제안하면 사람들이 당신의 뜻대로 행동할 것이란 뜻이다. 현금의 유혹이 성가신 도덕적 양심을 압도할 것이기 때문이다. 결국 누구에게나 가격이 있다. 하지만 인센티브의 확산을 거북하게 생각하는 사람들에게 경제학자들은 대담한 해결책을 제시한다. 인센티브의 역효과 문제를 해결하는 방법은 더 큰 인센티브라고! 금액은 많을수록 더 좋다. 더 오랫동안 더 강하게 밀어붙여야 한다.

그러나 정말 그런 해결책이 효과가 있을까?《노부인의 방문》은 스위스를 무대로 한 픽션이다. 우리에게는 실제 사례가 필요하다. 다시 볼펜쉬센의 강직한 주민들에게로 돌아가보자. 그들은 핵폐기물 처리장을 근처에 설치하는 데 합의하는 조건으로 돈을 받지는 않겠다고 말했다. 당시 면담이 진행되는 동안, 다른 세 곳도 처리장으로 고려되고 있었다.

그러나 1년 후, 스위스 정부는 볼펜쉬센으로 결정했다. 폐기물 처리 회사가 주민들에게 엄청난 보상을 제안한 덕분이었다. 회사는 향후 40년 동안 연간 300만 달러를 지원하겠다고 약속했다. 1994년 7월, 볼펜쉬센은 마을 회의에서 그 제안을 받아들이고, 핵폐기물 처리장을 수용하기로 결정했다.

이렇게 쉽게 끝맺어도 되는 것일까? 인간에게 동기를 부여하는 것을 현실적인 관점에서 더 깊이 이해하려는 모든 노력이 두툼한 돈뭉치에 완전히 수포로 돌아가는 것일까? 잠깐 기다려보자. 너무 성급히 결론짓지는 말자. 두둑한 금전적 인센티브가 사람들로 하여금 무엇인가를 하도록 유도하는 데 너무 비용이 많은 드는 방법인 것은 분명하다. 볼펜쉬센은 640가구만이 거주하는 작은 마을이었다. 따라서 연간 300만 달러면 가구당 4,687달러이고, 그 액수는 볼펜쉬센의 부유한 주민이 받는 월급보다 많았다. 또 300만 달러는 볼펜쉬센이 거두어들이는 연간 총세수의 120퍼센트에 해당하는 금액이었다.

하지만 더 근본적 이유에서도 금전적인 인센티브는 바람직하지 않다. 가령 인센티브가 충분히 높기 때문에 분명히 의도한 효과를 얻을 거라고 해보자. 그렇다고 인센티브가 아무런 문제가 없다는 뜻일까? 그렇다면 인센티브를 사회 통제의 도구로 보았던 테일러의 관점과 괜찮은 인센티브를 구분하는 기준은 무엇일까? 대부분의 경제학자를 비롯해 인센티브 제도를 지지하는 사람들은 첫 번째 질문에 "그렇다"라고 대답할 것이다. 그들은 인센티브에는 자발적인 교환이 전제되므로 인센티브를 도덕적으로 비난할 여지는 없다고 주장한다. 누구도 자신의 뜻에 반해 일하라고 강요받지는 않는다는 것이다. 그러나 이런 주장은 인센티브의 타당성을 역설하는 논증과 모순된다. 우선, 인센티브에는 그나마 선택의 자유가 있다는 이유에서 규제나 강압 같은 다른 형태의 사회 통제보다는 인센티브가 권고된다. 한편으로 인센티브의 성공 여부는 사람들의 행동을 통제할 수 있느냐에 달려 있다. 달리 말하면, 사람들이 인센티브에 대해 예측한 대로 반응하도록 유도할 수 있어야 한다. 결국 인센티브의 논증에는 사람들이 자유를 누리면서도 통제될 수 있어야 한다는 주장이 전제되어 있다.

겉으로 모순되게 보이는 것이 대체로 그렇듯이, 겉과 실제가 다른 경우가 많다. 예컨대 어떤 사람이 다른 상황에서는 하지 않았을 행동을 하도록 쉽게 유도되고, 그에 대한 예측이 맞아떨어지면, 우리는 그가 통제되거나 조종되었다고 말할 수 있다. 물론 이런 상황에서도 그는 다른 식으로도 행동할 수 있을 것이다. 그렇더라도 그가 "자유롭다"라고 말할 사람은 없을 것이다. 진정한 자유에는 피상적인 선택 가능성 이상의 것이 필요하다.

위대한 철학자, 아이제이아 벌린을 통해 자유에 대한 고전적인 분석을 살펴보자. 자유에 대한 벌린의 분석은 개인적인 경험에서 많은 영향을 받았다. 1920년, 당시 11세이던 벌린은 억압과 반유대주의에 내몰린 끝에 가족과 함께 볼셰비키 치하의 러시아를 떠났다. 훗날 벌린은 전체주의 체제에서 자유와 선택이 어떻게 동일시되었는지 적나라하게 고발하며, "전체주의 국가에서 내가 고문의 위협에 친구를 배신한다면 … 그럼에도 나는 선택을 한 것이다. … 따라서 나에게 주어진 유일한 대안은 내가 자유롭게 행동하기에 충분하지 않은 것이다"라고 주장했다.[18] 이런 배경에서 벌린은 자유를 다음과 같이 정의했다.

> '자유'라는 단어의 '적극적' 의미는 자기 자신의 주인이고자 하는 개인의 바람에서 시작된다. 나는 내 삶과 내 결정이 어떤 종류의 외적인 변수에 영향을 받지 않고 내 뜻에 의해서만 이루어지기를 바란다. … 나는 아무것도 아닌 사람이 아니라 중요한 사람이고 싶다. 외부의 결정에 따라 행동하는 사람이 아니라 스스로 결정해서 행동하는 사람, 사물이나 짐승 혹은 인간의 역할을 해내지 못하는 노예처럼 외부적 요인이나 다른 사람의 뜻에 따라 행동하는 사람이 아니라 스스로 방향을 설정해 행동하는 사람이 되고 싶다. … 무엇보다 나는 나 자신을 능동적으로 생각하고 결정하는 사람, 내 선택에 대해 책임지며 내 신념과 목적을 근거로 그 선택을 설명할 수 있는 사람으로 의식하고 싶다.[19]

이런 정의가 지나치게 허세적이라 느껴지면 루크를 생각해보라. 루크도 자신의 직업에 대한 고유한 신념과 목적이 있었다. 루크는 스스로 결정한 방향대로 자신의 신념과 목적을 추구했고, 자신의 선택에 책임졌으며, 자신의 기준에 따라 판단했다.

동기부여에 대한 전통적인 경제 이론이 그리는 인간의 모습은 자유와 자율성이란 우리의 이상을 존중하지 않는다. 내가 예상대로 인센티브에 의해 수송된다면, 내 결정은 "외적인 변수에 영향은 받지 않고 내 뜻에 의해서만" 내려진 것이라 말할 수 없을 것이다. 나는 "스스로 방향을 설정해 행동하는 사람"도 아니다. 이 경우 인센티브 제도는 설계자의 의도대로 효과를 발휘하며 기존의 동기를 밀어내지 않는다고 해도 자유와 자율성에 대한 우리 가치관과 충돌하기 때문에 도덕적으로 잘못된 것이다.

인센티브는 다른 면에서도 도덕적으로 잘못된 것일 수 있다.

가령 판사가 금전적 인센티브의 제안을 받아들여 용의자를 풀어준다면, 그 행위는 뇌물 수수가 되고 명백히 사회에 유해하다. 뇌물 수수로 인해 뇌물을 준 사람과 판사의 형편이 나아졌느냐는 별개의 문제이다. 영화 〈은밀한 유혹〉을 보면 한 억만장자가 행복하게 살아가는 유부녀에게 마음을 빼앗긴다. 그는 그녀가 자신과 하룻밤을 함께 보내면 100만 달러를 주겠다고 그들 부부에게 제안한다. 억만장자는 결코 억압적이지 않고, 그 제안이 착취적인 것도 아니다. 따라서 부부가 그 제안을 받아들이면 자발적인 거래가 된다. 이런 경우를 적절히 표현하려면 '밀어내기'보다 더 강력하고 오래된 단어가 필요하다. 인센티브는 우리를 '타락'시킨다! 인센티브는 인센티브를 제공하는 사람만이 아니라, 인센티브를 받아들이는 사람까지 타락시킬 수 있다. 셰익스피어는 위험한 타락이 어떻게 일어나고, 타락에 저항하는 게 무척 어렵다는 걸 꿰뚫어보았다. 《자에는 자로》에서 앤젤로 판사는 이사벨라에게 하룻밤을 함께 보내면 오빠의 목숨을 구해주겠다고 제안한다. 수련 수녀이던 이사벨라는 그 제안을 거절하며, 자신의 영혼이 영원히 더럽혀지는 것보다 오빠가 한 번 죽는 게 나을 거라고 말한다.

그러나 경제학자들이 설계한 세속적이고 일상적인 인센티브 제도에서 타락만큼 심각한 다른 문제가 일어날 가능성이 있을까? 물론이다. 거짓말은 또 다른 형태의 타락이기 때문이다. 앞에서도 말했듯이, 사람들이 혈액을 제공한 대가로 금전적 보상을 받을 경우, 자신의 병력에 대해 거짓말을 할 가능성이 높아진다. 교사의 급료가 학생들의 시험 성적과 연계되면, 학생들의 수행 평가에 대해 거짓말하는 교사가 증가할 것이다.[20]

물론 금전적 인센티브가 항상 타락을 조장하는 것은 아니다. 그러나 금전적 인센티브가 때로는 좋은 성격의 함양을 방해하는 것은 사실이다. 이런 현상은 게으른 철학자들의 우려만이 아니다. 학교의 주된 목적은 어린 학생들이 좋은 성품을 함양하도록 가르치는 것이다. 우리는 학생들이 올바르게 행동하는 데 그치지 않고, 올바른 이유에서 올바르게 행동하기를 바란다. 또 우리는 아이들이 자제력, 즉 눈앞의 유혹을 이겨내는 힘을 키워가기를 바란다. 하지만 텍사스주 댈러스의 초등학교들은 이제 일곱 살인 어린 학생이 책 한 권을 끝까지 읽어낼 때마다 2달러의 상금을 준다. 독서를 권장할 목적에서 제공되는 현금 인센티브는 자제력을 약화할 위험이 있다. 또 아이들이 즉각적인 즐거움과 즉각적인 고통을 비교하게 된다. 예컨대 어떤 책을 읽는 고통이 현금 인센티브의 즐거움보다 큰지 혹은 작은지를 비교하는 식으로 모든 것을 생각하게 되는 것이다. 게다가 독서를 즐거움이 아니라 '일'이라 생각하기 시작하며, 독서는 그 자체로 가치 없는 일이 되어버린다. 급기야 글을 빨리 깨우치기 위한 수단이 아니라, 돈 자체가 목적이 된다. 따라서 아이들은 금전적 보상을 극대화하는 데 주력하며, 짧고 쉬운 책을 고르고 속임수까지 쓰려 한다. 이런 사고방식이 머릿속에 심어지면, 금전적 인센티브가 중단될 때 아이들이 인센티브와 관련된 노력을 중단한다고 해서 놀라울 것은 없다. 특히 십대 초반의 아이들에게 인센티브로 독서를 권장하는 방법은 그다지 효과가 없다. 더구나 그 어린 녀석들이 이렇게 빈정댄다고 상상해보라. "나한테 돈도 주지 않으면서 책을 읽기를 바라는 거예요?"[21]

자율성이 중요한 이유를 설명해주는 또 다른 증거인 셈이다. 그 자체를 위해서 혹은 내재적인 이유에서 무엇인가를 하는 것과 외적인 인센티브 때문에 무엇인가를 하는 것은 엄연히 다르다. 글을 배우고 싶은 마음에 자율적으로 독서를 선택한 아이들은 이미 읽어낼 수 있는 쉬운 책에 매달리지 않는다. 인센티브에 기댄 독서는 점점 따분해진다. 더구나 당신 자신을 속이고 있다면, 다른 사람들까지 속이려고 수고할 필요가 없다.

기묘한
넛지의 세계

근래에 경제학에서 폭넓게 논의되며 부각된 분야는 행동경제학이었다. 본질적으로 행동경제학은 인간이 실제로 어떻게 행동하는지 연구하려는 분야이다. 이런 점에서 호모 에코노미쿠스 같은 환상을 다루는 정통 경제학과는 뚜렷이 대조된다. 행동경제학은 심리학에서 차용한 개념과 방법론을 사용한다. 특히 두 심리학자, 대니얼 카너먼Daniel Kahneman, 1934~과

아모스 트버스키$^{Amos\ Tversky,\ 1937~1996}$는 우리가 생각하고 선택하는 방법에 대한 정통 경제학적 사고방식을 축출하는 데 누구보다 많은 역할을 해냈다. 행동경제학에서 중요한 개념 중 하나는 카너먼과 트버스키의 '아시아 질병 문제'로 시작되었다.

> 미국에는 흔하지 않은 아시아 질병이 미국에 발병할 경우 600명이 죽게 될 것으로 예상된다고 해보자. 그 질병에 대처할 두 가지 정책이 제안되었다. 정책 A가 채택되면 200명을 구할 수 있고, 정책 B가 채택되면 600명을 구할 확률이 3분의 1이고, 아무도 구하지 못할 확률이 3분의 2이다. 당신이라면 어떤 정책을 선택하겠는가?
>
> 그러나 이번에는 동일한 질병에 대해 두 가지 다른 정책이 제안되었다고 해보자. 정책 C가 채택되면 400명이 죽고, 정책 D가 선택되면 아무도 죽지 않을 확률이 3분의 1이고, 600명이 죽을 확률이 3분의 2이다. 당신이라면 C와 D 중 어떤 정책을 선택하겠는가?[22]

카너먼과 트버스키의 실험 결과에 따르면, 첫 번째 질문에는 대다수가 A를 선택했고, 두 번째 질문에는 대다수가 D를 선택했다. 하지만 두 질문은 근본적으로 똑같다. 또 결과면에서 정책 A와 정책 C는 똑같고, 정책 B는 정책 D와 같다. 선택안을 어떻게 표현하느냐에 따라 사람들의 선택이 달라졌다. 이런 '프레이밍 효과$^{framing\ effect}$'는 결정이 내려지는 다양한 환경에서 흔히 목격되는 현상으로 밝혀졌다. 심리학자에게 프레이밍 효과는 놀라운 것이 아니었다. 선택지를 어떻게 표현하느냐에 따라 우리의 의사결정이 영향을 받는 게 당연하게 여겨지지만, 정통 경제학자들에게 이것은 충격적인 소식이었다. 카너먼과 트버스키의 신중하고 세심한 실험에, 경제학자들은 프레이밍 효과를 인정할 수밖에 없었다. 두 심리학자의 연구는 경제학자들의 인센티브에 대한 생각에도 큰 영향을 주었다.

첫째, 카너먼과 트버스키의 연구 결과에 영향을 받아 경제학자들은 인센티브가 역효과를 낳을 수 있다는 가능성을 순순히 받아들였다. 그 이전까지 인센티브가 역효과를 낳을 가능성과 밀어내기의 증거는 경제학자들에게 큰 골칫거리였다. 인간은 분명 돈에 예측대로 반응한다는 주장만큼 경제학의 기본이 되는 개념을 어떻게 상상할 수 있는가? 하지만 밀어내기의 증거가 너무도 명확해 무시할 수 없게 되자, 그런 행동에 '비합리적'이란 딱지를 붙이는 수밖에 다른 도리가 없었다. 무력한 대응이었지만, '합리성'을 호모 에코노미쿠스의 행동이라고 정의한다면 올바른 대응이었다. 카너먼과 트버스키의 중대한 기여라면, 경제학자들이 과거에 비합리성이라 칭했던 것을 설명한 것이었다. 다시 말하면, 실질적인 '비합리성 이론theory of irrationality'을 개발한 것이었다. 이 이론 덕분에 밀어내기는 당혹스러운 변칙적 현상이라는 오명을 벗고, 이제 인간의 수많은 전형적인 '비합리적' 행동 중 하나가 되었다.

둘째, 일부 경제학자는 카너먼과 트버스키의 프레이밍 효과에서, 인센티브가 때로는 역효과를 낳지만 때로는 그렇지 않은 이유를 찾아냈다. 경제 이론에서는 금전적 가치가 같으면 동일한 인센티브로 여겨지지만, 그런 인센티브가 어떻게 프레이밍되느냐, 즉 어떻게 표현되느냐에 따라 다른 결과를 낳을 수 있다.

셋째, 인센티브가 역효과를 낳는다는 현실을 인정함으로써 정책결정에도 새로운 접근법이 필요하게 되었다. 그러나 새로운 행동경제학이 정책결정 집단에 스며들기 시작했을 때 이상한 일이 벌어졌다. 행동경제학의 핵심적인 교훈은 "인간은 형편없는 결정을 내린다"라는 것이다. 그런데도 행동경제학으로 정책 쇄신을 이루고도 여전히 그 형편없는 인간의 결정들에 의존하여 바람직한 결과를 얻으려 한다. 그야말로 기묘한 '넛지'의 세계가 아닐 수 없다.

넛지는 경제학자 리처드 세일러와 법학자 캐스 선스타인Cass Sunstein이 2009년에 발표한 동명의 책으로 시작되었다. 카너먼과 트버스키가 현실 세계에서 인간은 호모 에코노미쿠스처럼 행동하지 않는다는 걸 입증한 때문이었는지 두 저자는 그들과도 공동으로 작업한 적이 있었다. 행동경제학에 따르면, 인간은 관련된 모든 정보를 심사숙고하고 신중하게 계산하여 최적의 선택을 하지 않고, 경험 법칙과 직관, 충동과 타성에 따라 행동한다. 넛지의 핵심 개념도 여기에서 나온 것이다. 이런 힘에 맞서 싸우지 않고, 그 힘을 적절히 이용해 사람들이 원하는 것을 선택하도록 유도하고 자극해야 한다는 것이다. 처음에 넛지는 일시적인 유행인 것 같았고, 중앙정부 주변에서 어슬렁대며 정책을 꼼꼼히 챙기는 사람들의 머리에서 나온 최신 개념에 불과한 듯했다. 그러나 넛지는 쉽게 사라지지 않았다. 선스타인은 오바마 정부의 백악관에서 일했고, 세일러의 '넛지팀'은 영국에서 캐머런 정부를 도왔다. 이른바 넛지 정책은 현재 130개국에서 활용되고 있다.[23] 그리고 세일러는 2017년 노벨 경제학상을 수상했다.

넛지 지지자들은 거의 언제나 똑같은 정책을 거론하며 넛지 접근법을 설명한다. 바로 퇴직연금 자동 가입 정책인데, 이것이 가장 대표적인 성공 사례이기 때문일 것이다. 퇴직연금은 다른 형태의 퇴직저축에 비해 두 가지 점에서 크게 이득이다. 하나는 세금 우대이고, 다른 하나는 고용주의 기여금이다. 많은 사람에게 퇴직 이후를 대비해 한두 가지의 저축이 필요하지만, 퇴직연금제도에 가입하지 않은 사람이 아직도 많다. 오래전부터 그 원인은 타성이라고 여겨졌다. 무엇을 해야 하고, 얼마를 불입할 것인지 등을 고민하는 것보다 아무것도 하지 않는 것이 더 편하기 때문이다. 특히 그런 결정이 재정적 불안과 노년에 대한 불편한 생각을 야기한다면 더욱더 그렇다. 선스타인과 세일러는 이런 문제와 씨름하는 방법으로 '약간의 비틀기^{tweak}'와 '부드러운 찌르기^{nudge}'를 제안했다. 퇴직연금에 적절한 금액을 불입하지 않거나 아무것도 하지 않는 것이 왜 문제가 되는 것인가? 퇴직연금에 가입하지 않는 것은 여전히 그들의 자유의지이다.

이런 식의 가벼운 비틀기는 거의 모든 선택에 적용된다. 학교와 직장의 구내식당에서 건강에 좋은 음식은 눈에 띄고 맛있게 보이도록 진열하고, 건강에 그다지 도움이 되지 않는 음식은 문자 그대로 보이지 않게 진열해보라. 암스테르담의 스키폴 공항에는 남자 화장실의 모든 소변기에 파리가 그려져 있다. 미지불된 세금을 납부하도록 독촉하는 편지에 근처에 사는 사람들은 거의 모두 세금을 완납했다는 내용을 덧붙이면 효과가 배가된다. 영국의 경제학자들은 에너지 절약을 위해 다락방 단열에 정부 보조금을 지급한 것이 아무런 효과를 거두지 못했다는 보고를 보고 당황했다. 그때 정부의 '넛지팀'이 다락방 단열이 아니라 다락방 정리에 보조금을 지급해보자고 제안했다. 가구당 지급된 총비용이 증가했지만, 다락방 단열의 수요도 크게 증가했다.

당연한 말이지만, 넛지는 당파를 초월해 모든 정치인에게 인기를 끌었다. 법과 규제를 통한 강압이나 금전적 인센티브를 크게 사용하지 않고도 사회적으로 바람직한 결과를 유도해낼 수 있기 때문이다. 하지만 넛지는 인간의 본성과 맞아떨어지고, 선택의 자유를 존중한다.

정확히 말하면, 그렇게 보인다. 넛지와 행동경제학은 여전히 정통 경제학과 많은 개념을 공유하고 있다는 게 큰 골칫거리이다. 카너먼과 트버스키의 저작에서 영향을 받은 행동경제학은 흔히 '어림짐작과 편향 heuristics and biases'에 대한 연구라고 불린다. 이 표현에는 행동경제학의 근본적인 전제가 담겨 있다. 인간의 의사결정은 편향성을 띤다는 것이다. 달리 말하면, 결함이 있다는 뜻이다. 카너먼과 트버스키는 우리가 호모 에코노미쿠스처럼 행동하지 않는다는 것을 반박할 여지가 없이 입증하며 혁명을 일으켰지만, 우리는 호모 에코노미쿠스처럼 행동해야 한다는 정통 경제학의 핵심적인 전제에 아무런 의문을 제기하지 않았다. 달리 말하면, 합리적인 인간의 이상적인 모습이 호모 에코노미쿠스라는 전제를 건드리지 않았다. 넛지의 지지자들도 다르지 않다. 따라서 그들의 접근법에는 이상적인 선택, 즉 흠잡을 데 없이 합리적인 선택은 호모 에코노미쿠스가 취하는 행동이란 전제가 깔려 있다. 호모 에코노미쿠스는 하나의 목적만을 갖는다. 자신의 행복과 안녕을 증진하는 것이 그들의 유일한 목적이다. 따라서 행복을 극대화하는 방법 자체는 호모 에코노미쿠스에게 중요하지 않다. 목적이 수단을 정당화하므로, 자율성은 행복의 근본이어도 무시된다. 선스타인이 주장하듯이 "사람들은 자율성이라 말하지만, 그들의 실제 행위는 행복에 대한 신속하고 직관적인 판단이다."[24] '그들'의 유일한 목적이 행복의 극대화라면, 넛지의 열정적인 지지자들과 행동경제학자들의 글에서 빈번하게 언급되는 '우리'의 역할은 자명하다. 우리, 즉 넛지 전문가들은 윤리적인 가치관과 타협하려고 허덕대거나, '그들'이 실제로 원하는 것이 무엇인지 궁금해할 필요가 없다. 우리, 넛지 사랑꾼들은 그들이 무엇을 원해야만 하는지 이미 알고 있으므로, 그들을 '넛지'하며 그 방향으로 유도하는 데 성공할 수 있다.

여기에서 현실적인 문제는 행동경제학이 엘리트에게도 적용된다는 것이다. 전문가도 우리와 똑같이 인지적 결함에 취약할 수 있기 때문에 '넛징'에 실패할 수 있다. 물론 전문가도 금전적 인센티브를 비롯해 다른 정책 수단을 사용하는 데는 미숙할 수 있다. 이런 점에서 인센티브의 대안으로 넛지가 더 나쁘지는 않은 듯하다. 그런데 금전적 인센티브는 명확히 표현되기 때문에 그런 유혹을 받으면 우리는 경계심을 품을 수 있지만, 넛지는 인식하기가 쉽지 않다. 게다가 속임은 넛지에서 필수적일 수 있다. 넛지는 우리 행동을 은밀히 조종하려는 시도이므로 어느 정도까지는 비밀성에 의존하기 마련이다. 구내식당에서 건강에 좋지 않은 음식을 눈에 띄지 않는 곳에 배치하는 경우를 생각해보라. 이런 예는 은밀한 조종이 상대적으로 무해한 경우에 해당되지만, 일반적으로 넛지는 진실을 말하지 않는 규제 기관과 음흉한 동기를 품은 정치인에 의해 악용될 여지가 많다. 일부 넛지의 '무해함'과 미묘한 분위기 덕분에, 넛지는 전통적인 규제보다 민주적인 관점에서 철저한 검증을 거치지 않는 경우가 많아, 특수 이익단체에 의해 악용될 가능성이 크다.

끝으로, 퇴직연금의 자동 가입 정책('가입'을 기본값을 책정하는 정책)처럼 외견상 무해한 넛지에도 반대할 만한 근거는 얼마든지 있다. 무엇보다 넛지보다 더 좋은 다른 정책들이 나올 수 있기 때문이다. 미국에서는 퇴직연금의 자동 가입으로 퇴직 저축이 줄어들 수 있다는 증거가 이미 적잖게 확인되었다.[25] 미국의 경우, 퇴직연금의 기본 기여금은 약 3퍼센트로 무척 낮게 책정된 편이다. 따라서 다른 권유가 있었더라면 3퍼센트 이상 불입했을 만한 사람도 타성에 젖어 기본 기여금을 고집한다. 그런데 이상하게도 많은 넛지 전문가가 넛지로 직원들의 관심을 퇴직연금으로 돌리면 직원들이 기여금을 '최적' 수준으로 조절할 것이라 추정한다. 요컨대 직원들이 기본값을 고집하지 않을 것이란 추정이지만, 이는 행동경제학자들에게는 믿기 힘든 놀라운 추정이다. 행동경제학자들은 타성의 힘 때문에 결국 우리가 기본값을 고집할 것이라 생각하기 때문이다. 어쨌든 개인적으로 계획을 세우든 세금의 지원을 받는 공적 제도를 이용하든 간에 퇴직 이후를 대비해 충분한 돈을 저축하라고 사람들에게 강요하지 못할 이유가 어디에 있는가?

이번에도 문제의 근원은 타성, 즉 정통 경제학을 고수하려는 넛지 전문가들의 고집이다. 그들은 적절한 넛지가 주어지면 사람들이 호모 에코노미쿠스처럼 행동할 것이라 추정한다. 또 그들은 인간을 두 부류, 즉 우리와 그들로 구분하여 논증을 시작한다. 구체적으로 말하면, 행동과 타성과 경험 법칙의 노예들이 있고, 영리하고 똑똑한 사람들이 있다. 물론 넛지 전문가들은 자신들이 후자에 속한다고 생각한다. 결국 그들은 정통 경제학으로 되돌아가, 정부가 어떤 형태로든 개입하고 강요하는 것은 이미 최적의 상태인 호모 에코노미쿠스의 행동에 변화를 강제하기 때문에 호모 에코노미쿠스에 손해를 입힌다고 주장한다. 한편 넛지 자체는 호모 에코노미쿠스에게 가장 잘하거나 좋아하는 것을 자유롭게 선택하도록 유도하기 때문에 그런 손해를 가하지 않는다고 주장한다. 선스타인과 세일러는 "우리는 지적 수준이 높은 사람들에게 최소한의 비용을 투자하는 반면에 지적 수준이 낮은 사람들을 돕는 정책을 설계해야 한다"라고 결론짓는다.[26] 생색내는 듯한 냄새가 물씬 풍기지만, 넛지를 이보다 더 멋지게 보이게 할 수 있겠는가? 내친김에 질문의 폭을 크게 넓혀보자. 일반적으로 말해서, 인센티브를 바람직한 목적에서 사용하면 어떻겠는가?

당근과 채찍을
넘어

벵갈루루와 라자문드리를 비롯해 인도의 몇몇 도시에서는 때때로 이상한 거리 공연이 펼쳐진다. 한 무리의 드럼 연주자가 주로 사무실 건물 앞에 모여 빠른 속도로 북을 두드린다. 이런 공연은 거의 언제나 1시간 이상 계속된다. 공연이 시작되면 구경꾼들이 모여들어 열정적인 환호로

화답한다. 그러나 연주자들은 구경꾼들에게 금전적 보상을 기대하지 않는다. 그들은 사무실 건물에 입주한 기업들에게 미납한 세금을 하루라도 빨리 납부하라고 독촉한다. 지역 사회에서 탈세자 명단을 공개하고, 그들에게 공개적으로 망신을 주며 세금 납부를 독촉하는 인도식 방법인 셈이다. 다른 방법들이 번번이 실패한 곳에서도 이 방법은 미납된 세금을 회수하는 데 상당한 성공을 거두고 있다.[27]

도덕적 메시지가 수반된 인센티브는 괜찮을 수 있다. 물론 상황과 문화에 따라 인센티브를 설계하는 방법도 달라져야 하지만 공통된 부분들이 있다. 우선 인센티브 설계자들은 상황과 문화를 무시해서는 안 된다. 안타깝게도 '상황의 무시'가 많은 경제학자들의 신조이고, 행동경제학도 그 신조를 물려받았다. 그 이유 중 하나가 '물리학 선망증'이다. 과학자들은 대조 실험을 한다. 따라서 행동경제학자들도 대조 실험을 좋아한다. 대조 실험에 적절한 조건은 현실 세계에 존재하지 않기 때문에 대부분의 행동경제학 연구는 실험실에서 이루어진다.[28] 학생들에게 게임을 하게 하거나 작위적인 상황에 대한 질문에 답하게 하며, 금전적인 인센티브에 어떻게 반응하는지 연구하는 것이다. 그러나 실험실에서 보여주는 행동은 현실 세계에서의 행동과 결코 같을 수 없다.

상황과 문화에 온전히 관심을 두어야 하는 이유는 인센티브가 언제 역효과를 낳고, 언제 예기치 않게 효과를 발휘하는지 파악하기 위해서이다. 금전적 인센티브가 기존의 내재적 동기를 훼손하는 밀어내기의 광범위한 증거를 고려하면, 인센티브에 자극을 받아 사람들이 본래의 내재적 동기와 하나가 되는 '밀려들기crowd-in'는 놀라운 결과일 수 있다.

물론 아이들에게 책을 읽었다고 금전적으로 보상하는 제도는 적잖은 잠재적 결함을 가지고 있다. 그러나 아이들이 책을 거의 읽지 않는 주된 이유가 '또래 압력peer pressure'인 경우가 있다. 이런 환경에서 독서는 멋진 행위가 아니다. 이때 책읽기에 금전적 보상이 주어지면, 책을 읽고 싶은 아이들에게는 또래에게 "돈 때문에 읽는 거야!"라고 변명할 구실을 줄 수 있다. 임신한 여성에게 담배를 끊으면 현금 인센티브를 주는 프로그램에서도 이런 효과를 뒷받침하는 증거가 확인되었다.[29] 임신한 여성들은 연구원들에게 담배를 끊기 어려운 이유 중 하나가 계속 담배를 피우는 또래들의 압력이라고 은밀히 털어놓았다. 현금 인센티브는 그들이 공개적으로 금연할 수 있는 구실이 되었다. 주로 저소득층이던 그들의 집단에서 "나는 돈 때문에 담배를 끊는 거야!"라는 핑계는 자존심을 지켜주는 무기였다.

우리 행동의 도덕적이고 사회적인 의미는 대체로 별다른 오해 없이 해석된다. 임신한 여성과 달리, 헌혈자는 돈에 동기를 부여받았다고 동료에게 말할 가능성은 거의 없다. 설령 진짜 돈 때문에 피를 제공했더라도 그렇게 말하지는 않을 것이다. 윤리의 복잡성과 모호성이 무시되지 않도록 행동경제학자들과 그 밖의 인센티브 설계자들은 임신한 여성과 헌혈자를 구분할 수 있어야 한다. 달리 말하면, 다른 상황에 대한 다른 묘사를 '프레이밍 효과'로 설명하는 수준을 넘어서고, 행복의 극대화가 사람들이 원하는 것이고 사회에 가장 좋은 것이란 등식을 넘어서야 한다는 뜻이다.

인센티브와 상벌을 대조하면 인센티브의 도덕성에 대한 다른 해석을 엿볼 수 있다. 인센티브와 상벌은 크게 다르다. 운동선수에게 올림픽 메달이 인센티브로 주어졌다고는 말하지 않는다. 올림픽 메달은 탁월한 성과에 대한 보상이지 인센티브가 아니기 때문이다. 보상과 벌, 즉 상벌이 금전적인 경우에도 둘 사이에는 차이가 있다. 상금과 벌금 같은 상벌은 '응당'하게 보일 때 힘을 얻는다. 예컨대 법정의 판결로 부과되는 벌금은 동일한 가치의 요금이나 금전적 인센티브보다 영향력이 더 크다. 벌금에는 도덕적 메시지와 공적인 질책이 담겨 있다. 물론 보상과 벌이 일반적인 금전적 인센티브보다 더 공정하고 더 효과적인 경우가 적지 않다. 하지만 보상과 벌은 양측, 즉 주는 쪽과 받는 쪽의 끊임없는 대화를 통해서만 적법성을 얻는다.

그런 대화는 상벌을 판단하는 경우에 더 구체적이겠지만, 넛지나 인센티브 제도가 성공하기 위해서도 대화가 필요하다. 그런 대화는 어떤 모습을 띠어야 할까? 넛지의 경우에는 우리가 무엇인가를 선택할 때 무의식적으로 의존하는 기본값과 경험 법칙을 알려줘야 한다. 그래야 우리가 원하면 넛지의 도움을 받아 경험 법칙을 극복할 수 있기 때문이다. 예를 들어 설명해보자. 미국의 한 공장 구내식당에서 건강에 좋지 않은 음식을 눈에 띄지 않게 배치하는 방법보다, 직원들에게 아침에 출근할 때 구내식당에서 점심 식사를 할 것인지 결정하고 점심 값을 미리 지불하게 했다. 그 이유를 묻는 직원들에게는 미리 결정하는 사람이 점심시간까지 기다리는 사람보다 건강에 좋은 음식을 선택할 가능성이 훨씬 높기 때문이란 대답이 주어졌다. 당신도 나쁜 식습관을 피하고 싶다면 점심 값을 미리 지불해야 한다. 이른바 넛지 효과이다. 하지만 이번에는 사람들에게 의지력을 발휘하도록 유도한 공개적이고 투명한 넛지이다.

어쩌면 원래의 은밀한 넛지가 더 많은 사람에게 건강에 좋은 음식을 먹도록 유도했을 수 있지만, 다른 문제가 있다. 넛지는 '무엇이 효과가 있느냐'는 것만을 생각하지는 않는다. 이 말이 맞고, 모든 넛지 전문가들이 주장하듯이 우리가 의사결정에서 실수하는 경향이 많다는 것도 맞다면, 우리는 논리적으로 "잠재의식에 호소하는 광고처럼 더 은밀하게 작용하며 더 강력하게 조종하는 기법을 사용할 수 있는데 넛지를 만지작대는 이유가 무엇인가?"라는 결론에 이른다. 게다가 우리가 의사결정 과정에서 일반적인 생각만큼 실수를 빈번하게 하는 것도 아니다. 좋은 넛지는 합리성의 결정체라는 호모 에코노미쿠스의 한계를 인정한다. 그렇다! 우리 정신의 운영체계는 호모 에코노미쿠스의 운영체계에서 빈번하게 일탈한다. 그렇다고 그 일탈이 항상 버그^{bug}, 즉 오류는 아니다. 때로는 호모 에코노미쿠스보다 업그레이드된 것일 수 있다.

궁극적으로 민주주의에서는 대화를 중요하게 생각해야 한다. 넛지나 인센티브를 받는 쪽에 있는 사람이 주도권을 쥔 사람, 즉 영향력을 행사하는 사람과 커뮤니케이션하는 수단이 대화이기 때문이다. 받는 쪽에 있는 사람들은 인센티브를 불필요하고 부당한 권력 행사로 생각할 수 있다. 예컨대 아마존 창고에서 물건을 찾는 직원들처럼 집중적인 감시를 받은 노동자는 불만을 갖는 게 당연하다. (테일러 시대의 노동자와 달리, 요즘 노동자들이 의회로부터 도움을 받는다는 것은 꿈에 불과하다.) 따라서 그들은 주도권을 쥔 사람들의 목적이나 목표에 합법적으로 교묘하게 반발할 수 있다. 많은 건강관리 시스템에서 정부나 보험회사는 의사들에게 다양한 형태로 금전적 인센티브를 제시한다. 의사들은 이런 인센티브 제안에 저항할 수 있다. 그들이 환자의 안녕을 극대화하는 데 관심이 없기 때문이 아니라, 인센티브가 환자의 안녕을 해치는 방향으로 치료를 유도하기 때문이다. 게다가 정부와 보험회사가 치료 결정에 대한 모든 책임이 의사에게 있다고 주장할 경우, 정부와 보험회사가 아무런 책임도 지지 않는 권력을 휘두르려고 인센티브 제도를 사용할 수 있다.

18세기 말, 벤저민 프랭클린Benjamin Franklin, 1706~1790이 루이 16세에게 받은 선물인 다이아몬드로 장식된 코담뱃갑을 프랑스에 돌려주었을 때, 미국 의회는 몹시 당황했다. 의회는 그 코담뱃갑이 프랑스에 대한 프랭클린의 태도를 의식하지 못하는 사이에 바꿔놓을 수 있을 거라고 생각했기 때문이었다.[30] 이처럼 인센티브의 달갑지 않은 효과에 대한 우려는 새삼스러운 것이 아니다. 경제학으로부터 새로운 개념이 도입되며 그 걱정은 새로운 형태를 띠게 되었다. 경제학자들이 인센티브에 집중적으로 관심을 쏟기 시작한 것은 기껏해야 수십 년 전이지만,[31] 경제학의 영향은 무척 컸다. 끝으로 그 영향에 대해 간략히 살펴보자.

경제학의 영향력이 커졌기 때문에 금전적 인센티브도 더욱 보편화되었다고 말하고 싶지만, 보편성을 판단하는 기준이 무엇일까? 또 보편성은 무엇을 뜻하는 것일까? 인센티브가 점점 보편화되고 있다고 느껴지는 것은 사실이다. 경제학자들이 일상의 삶에도 인센티브라는 단어를 도입한 것도 원인 중의 하나이다. 게다가 인센티브라는 단어가 지독히 부적절한 상황에서도 거침없이 사용되는 경우가 많다. 하지만 경제학의 심싸 냉향은 우리가 선택하는 인센티브의 종류와, 우리가 인센티브를 정당화하는 방법에 영향을 미친 것이다. 첫째, 경제학자들은 인센티브에도 경제학의 기본 가정을 그대로 적용했다. 따라서 인간은 이기적이며, 이타적이고 윤리적인 동기를 무시한다고 해서 잃는 것은 거의 없다고 가정하고 있다. 이런 가정은 곧바로 '누구에게나 가격이 있다'라는 가정으로 이어졌다. 또 증거를 구하는 원천을 제한함으로써, 예컨대 현실 세계에서의 인터뷰보다 실험실의 실험에 집중함으로써 인간의 다양하고 미묘한 동기를 파악하기가 더 어려워졌다. 둘째, 경제학자들은 인센티브의 성공 여부를 판단할 때 하나의 가치와 하나의 척도, 예컨대 좁게 정의된 개인의 행복이나 안녕만을 고려한다. 또 경제학자들은 도덕적 문제와 관련된 판도라의 상자를 열려고 하지 않는다. 따라서 공정성과 책임, 자율성과 존경 같은 도덕적 가치는 고려 대상에서 배제된다. 판도라의 상자를 닫아두려는 경제학자들의 심정은 충분히 이해되지만, 그 상자를 영원히 닫아둘 수는 없다. 이런 도덕적 가치들은 인센티브가 효과를 발휘하는지, 그 부작용이 유해하지는 않은지를 판단하는 데 중요한 역할을 한다. 셋째, 경제학자들은 모든 인센티브를 거래나 교환으로 보았다. 인센티브를 받는 대신에 당신이 나에게 원하는 것을 한다는 것이다. 또 그 교환은 자발적이기 때문에 한쪽이 더 궁색해지면 교환은 더 이상 진행되지 않는다. 따라서 경제학자들의 주장에 따르면, 인센티브 제도는 양쪽 누구의 행복도 해치지 않는다. 일부 경제학자는 이런 결론을 더 밀고 나가, 인센티브는 비윤리적일 수 없다고도 주장한다. 그들의 이런 주장은 인센티브에 대한 더 이상의 윤리적 평가를 차단하려는 안간힘에 불과하다.

경제학자들의 주장은 인센티브에 대해 명확히 생각하는 우리 능력을 한결같이 심하게 제한한 것이다. 그러나 앞에서 보았듯이, 이런 제한은 뒤집힐 수 있다. 제한적인 경제학적 사고방식을 멀리 밀어놓으면, 효과적이면서도 바람직한 인센티브와 넛지를 개발하는 희망을 되살릴 수 있을 듯하다.

대니얼 카너먼은 일곱 살에 파리에서 살았던 때를 뚜렷이 기억한다. 당시는 나치가 파리를 점령한 때였고, 저녁 6시부터 통행금지였다. 어느 날 저녁, 통행금지 시간을 넘긴 후에 서둘러 귀가하던 카너먼은 나치 친위대 병사를 맞닥뜨리자 겁에 질렸다. 카너먼의 스웨터 안쪽에는 노란 다윗의 별이 감추어 있었고, 나치의 법령은 그 별을 눈에 보이게 달고 다니도록 했기 때문에 더욱더 겁났다. 친위대 병사는 카너먼을 번쩍 들어 껴안고는 다시 내려놓았다. 그러고는 카너먼에게 지갑에서 꺼낸 어린 소년의 사진을 보여주었고, 심지어 약간의 돈까지 주었다. 카너먼은 인간이 무척 복잡하고 예측하기 힘든 동물이라 생각하며 집으로 가는 발길을 재촉했다.[32]

인간은 무척 복잡하고 종잡을 수 없는 존재이다. 사람들이 새로운 인센티브와 넛지에 어떻게 반응하는지 예측하고, 사람들에게 무엇인가를 하도록 유도할 때 제기되는 도덕적이고 정치적 문제를 이해하려는 경제학자들의 노력은 이제야 인간의 복잡성을 해결하기 위한 첫걸음을 뗀 것에 불과하다. 우리는 자율성을 정체성의 근간으로 생각하며 지키려고 헌신한 듯하다. 따라서 우리는 자율성을 방해하는 인센티브에 저항한다. 하지만 그와 동시에 어린아이처럼, 어떤 가부장적 권위체가 우리를 돌보고 우리를 대신해 결정하기를 바란다. 자율성이 우리에게 무엇보다 소중할 때는 자율성을 발휘하지만, 다른 경우에는 의식적으로 의사결정을 포기한다. 이렇게 우리는 간혹 이해할 수 없는 행동을 한다. 버락 오바마는 대통령이었을 때 "나는 결정의 횟수를 줄이려고 애쓴다. 무엇을 먹고, 무엇을 입을지에 대한 결정을 내리고 싶지는 않았다. 내가 내려야 할 다른 결정도 무수히 많기 때문이다"라고 말했다.[33]

그러나 그런 모순을 항상 피할 수 있는 것은 아니다. 우리는 자율성을 원하면서도 현명하고 자애로운 권위자가 우리에게 가장 좋은 것을 보장해주기를 바란다. 이런 상황에서 우리가 할 수 있는 최선은 이런 모순을 열린 자세로 정직하게 직시하는 것이다. 어느 쪽으로 기울어지더라도 우리는 여전히 존중받아야 마땅한 존재라는 것은 작은 위안이 된다. 이런 사실조차 부정하는 인센티브는 필요하지 않다.

불가능한 사건의 가능성

1960년 10월 5일, IBM의 사장, 토머스 존 왓슨 주니어Thomas John Watson Jr., 1914~1993는 콜로라도 스프링스에 있는 북미항공방위사령부NORAD, North American Air Defence Command의 전쟁 상황실에 모습을 드러낸 세 기업인 중 한 명이었다. 벽에 붙은 지도에는 그린란드 툴레 공군 기지의 탄도 미사일 조기 경보 시스템과 연결된 경고 표시기가 있었다. 경고 표시기에 1이 번쩍이면 별일이 아니라는 뜻이지만, 숫자가 높아질수록 상태가 심각하다는 뜻이었다. 기업인들이 지켜보는 가운데 숫자가 높아지기 시작했다. 숫자가 5에 도달하자 상황실이 극도의 긴장감에 휩싸였고, 놀란 기업인들은 상황실에서 떠밀려 나와 가까운 사무실로 안내되었지만 어떤 설명도 없었다. 5는 최고 수준의 경고를 뜻했다. 당시 시베리아로부터 대대적인 미사일 공격이 99.9퍼센트 확실하다고 예측된 상황이었다. 지휘관들은 즉시 상황을 보고하고, 대응책에 관한 즉각적인 지시를 요구했다. 수분 후에는 표적이 된 미국 도시들이 지도에서 지워질 수도 있었다. NORAD의 부사령관은 흐루쇼프의 행방을 물었다. 흐루쇼프가 뉴욕 유엔 건물에 있다는 사실이 확인되었고, 다행히 전면적인 핵보복이 허락되기 전에 소동은 중단되었다. 나중에 밝혀진 바에 따르면, 컴퓨터 시스템이 감지한 전면적인 공격 신호는 노르웨이 위에 떠오르던 달이었다.[1]

우리를 아마겟돈에서 구한 것은 컴퓨터 시스템의 경고에 의문을 제기한 지혜였지, 컴퓨터 프로그램의 강력한 예측력에 대한 무조건적인 신봉이 아니었다. 만약 그렇지 않았더라면, 예컨대 99.9퍼센트라는 극단적인 숫자의 설득력에 우리 모두가 의구심을 갖지 않았다면 어떻게 되었을까?

누구도 의심하지 않는 상황이 며칠 동안 되풀이되며 2008년의 금융위기로 치달았다. 세계 전역의 금융 기관에서 일하는 많은 똑똑한 인재들이 사용하던 컴퓨터 모델은 극단적인 숫자를 쏟아내고 있었지만, 주변에서 나타나는 객관적 현실과는 모순되는 숫자였다. 2007년 8월, 골드만삭스의 재무 담당 최고 책임자이던 데이비드 비니어^{David Viniar}는 《파이낸셜 타임스》에서 "지난 며칠 동안 연속해서 25회의 표준편차 이동이 확인되었다"라고 말했다. 비니어의 말을 쉽게 번역하면, 일부 시장에서 가격 동향이 무척 극단적이었고, 골드만삭스의 예측에 따르면 이것은 결코 일어나지 않아야 하는 현상이란 뜻이었다. '결코 일어나지 않아야 하는 현상'이란 표현은 단순화의 극치였다. 골드만삭스의 모델에 따르면 한 번의 시장 변동이 일어날 수 있지만, 그 가능성이 무척 낮다는 뜻을 함축하고 있었기 때문이다. 말하자면 굳이 표현하기 불가능할 정도로 가능성이 낮다는 뜻이었다. 정말 그럴까? 25회의 표준편차 이동은 빅뱅 이후로 우주의 역사에서 한 번도 일어나기 힘든 사건이다. 또 영국 정부가 운영하는 복권에서 21회 연속으로 1등에 당첨될 확률과 유사하다.[2]

하지만 그런 사건이 한 번만 일어난 게 아니라 며칠 동안 연이어 반복해서 일어났다. 자신들의 모델이 틀렸다는 게 현실적으로 입증되었지만, 골드만삭스를 비롯해 많은 투자 은행은 그 모델을 포기하지 않고, 계속 그 모델에 의존해 여러 종류의 불확실성을 계량화했다. 과거부터 금융 전문가들이 입버릇처럼 말했듯이, 그들도 "이번에는 다르다"라고 생각했을지 모르겠다.

왜 똑똑한 사람들이 경험적 증거와 분명히 충돌하는데도 불확실성을 수적으로 계산한 값을 그렇게 신뢰하는 것일까? 그 이유는 금융 분야에서 일하는 똑똑한 사람들이 경제학의 한 갈래인 현대 금융 이론에 익숙하기 때문이다. 하지만 불확실성의 정도를 숫자로 계량화하려는 시도의 오류는 수십 년 전부터, 정확히 말하면 대니얼 엘즈버그Daniel Ellsberg, 1931~라는 랜드 연구소의 분석가가 1961년에 시행한 실험을 발표한 이후로 경제학에서 폭넓게 논의되었다. 더구나 그 논문이 발표된 시기는 10월의 핵전쟁 위기가 해소된 직후였다. 엘즈버그의 실험은 순전한 불확실성을 숫자, 즉 확률이나 비율로 계량화하려는 시도의 무모함을 정확히 겨냥한 것이었다.

두 개의 상자가 있다고 해보자. 상자 A에는 50개의 붉은 공과 50개의 검은 공이 있고, 상자 B에도 똑같이 100개의 공이 있기만 붉은 공과 검은 공이 어떤 비율로 들어 있는지 모른다. 한 상자에서 공 하나를 무작위로 꺼내야 하지만, 당신이 상자를 선택할 수 있다. 붉은 공을 꺼내면 100달러를 상금으로 받을 수 있다. 당신이라면 어떤 상자를 선택하겠는가?

이 문제를 생각하는 데 많은 시간을 허비할 필요는 없다. 그다지 까다로운 질문이 아니다. 다음 질문도 마찬가지이다.

이번에는 검은 공을 꺼낼 때 100달러를 받는다고 해보자. 두 상자에 아무런 변화가 없다면 어떤 상자를 선택하겠는가?

엘즈버그 실험의 목적은 보통 사람의 사고 능력을 조롱하려는 것이 아니었다. '생각하는 방법'에 대해 경제학자와 의사결정자, 게임 이론가 등 이론 장사꾼들이 영속화하는 지적 정설과 일반적인 생각 간의 간격을 조사하는 것이 그 실험의 목적이었다. 상자 A와 상자 B 중 하나를 선택해야 할 때 대다수의 사람들은 처음에 A를 선택했고, 검은 공을 꺼낼 때 상금을 받는 것으로 바뀐 뒤에도 선택을 바꾸지 않았다. 대부분이 상자 A를 선택하고 그 선택을 고수하는 이유는 쉽게 설명된다. 우리가 어떤 상황에 당면하면 가능성을 알고 싶어 하는 게 인지상정이기 때문이다. 따라서 우리는 불확실한 상자 B보다 상자 A를 선택한다.

그러나 불확실한 상황에서의 지배적인 의사결정 이론에 따르면, 위의 방식으로 생각하고 선택하는 것은 일관되지 않고 혼란스러우며 비합리적인 방법이다. 이 지배적인 이론(경제학에 지적 뿌리를 두고 있지만 지금은 금융부터 전염병까지 많은 분야에서 주된 위치를 차지한 접근법)에 따르면, 불확실한 상황에서 합리적 선택을 하는 유일한 방법은 숫자로 표현된 가능성, 즉 확률로 생각하는 것이다.

확률이 명확한 상황에서 이 주장은 논박의 여지가 없는 듯하다. 예컨대 동전을 던지면 앞면이 나올 확률이 거의 절반이라는 것은 누구나 알고 있다. 그러나 지배적인 이론에 따르면, 확률이 얼마인지 알아낼 도리가 전혀 없는 상황에서도 우리는 '어김없이' 확률적으로 생각해야 한다. 확률을 모르면 만들어내기라도 해야 한다. 합리적인 사람들의 선택을 면밀히 관찰하면, 그들이 만들어내는 확률을 추론해낼 수 있다는 것이다. 따라서 정통 이론, 즉 지배적인 이론에 따르면, 엘즈버그의 실험에서 당신이 처음에 상자 A를 선택한 것은 상자 B보다 상자 A에 붉은 공이 더 많을 것이라 추정했기 때문이다. 달리 말하면, 상자 A에서 붉은 공을 꺼낼 확률이 더 높다고 추정한 것이다. 그럼 당신은 상자 A에는 상자 B보다 검은 공이 적다고 추정한 것이 된다. 따라서 검은 공을 꺼낼 때 상금을 받는 것으로 규칙이 바뀌면 당신의 선택도 상자 B로 바뀌어야 한다. 경제학자들은 누구도 이렇게 생각하지 않는 현실에 크게 당혹했고, 그 때문에 엘즈버그의 실험 결과는 '엘즈버그 패러독스Ellsberg Paradox'라고 불리게 되었다. 뒤에서 다시 보겠지만, 엘즈버그 패러독스는 불확실성에 대한 생각에 중대한 영향을 미쳤다. 골드만삭스의 분석가들과 그들이 신봉한 금융 이론이 그 영향을 진지하게 받아들였다면 세상이 달라졌을 것이다 대니얼 엘즈버그는 애초에 지적 정설에 그처럼 근본적으로 의문을 제기할 의도가 없었을 것이다. 랜드 연구소의 분석가라면 불확실성의 수학적 측정에 의문을 제기하기보다 당연히 그것을 옹호했을 것이기 때문이다. 뛰어난 학교 성적과 초기의 이력을 보면, 엘즈버그는 랜드 연구소에 더할 나위 없이 적합한 인재였다. 그는 하버드 경제학부를 최우등으로 졸업했고, 대학원을 마치고 해병대 중위로 군복무를 끝낸 후에는 시간을 쪼개 랜드 연구소와 하버드를 오가며 연구를 계속했다. 그리고 1964년부터는 펜타곤의 최고위직으로 근무했다. 이렇게 눈부신 이력 때문에도 랜드 연구소와 하버드의 신중하고 보수적인 경제 이론가들이 엘즈버그 패러독스에 담긴 급진적인 의미를 받아들였을 것이라 생각하고 싶겠지만 실제로는 그렇지 않았다.

그랬다. 현실은 달랐다. 미국 기득권층이 보기에 엘즈버그의 이력은 지독히 잘못된 것이었다. 따라서 엘즈버그는 악명 높은 '백악관 배관공 팀White House Plumbers'의 개인적인 표적이 되었다. 그 팀은 훗날 워터게이트 도청 사건을 저지른 닉슨의 보좌관들이었다. 헨리 키신저 국무장관은 공개적으로 그에게 '미국에서 가장 위험한 사람'이란 낙인을 찍었다.● 이런 이유에서 엘즈버그 패러독스가 한 세대 동안 거의 잊힌 것도 그다지 놀랍지는 않다.

● 이 제목으로 엘즈버그를 다룬 영화도 제작되었다.

우리는 그저
모를 뿐이다

확률은 새롭게 고안된 개념이 아니었다. 우리가 미래에 소극적으로 대처할 필요가 없다는 생각, 더 나아가 우리 운명을 지배할 수 있다는 생각은 신에 대한 저항, 불가해한 자연에 대한 거역으로 여겨졌다. 서구 사회에서 확률에 대한 근대적 개념들이 18세기 말에 굳건히 확립된 것은 우연이 아니었다. 계몽주의의 승리로 종교의 장악력이 느슨해진 덕분이었다. 확률적 사고probabilistic thinking는 불확실성에 대한 맹목적 굴종을 넘어섰다고 확신하는 진전을 뜻했다. 다른 많은 것이 그랬듯이, 그 확신도 1914년에 끝났다.

그해 6월 24일 페르디난트 대공이 암살된 사건의 영향은 곧바로 명확히 나타나지는 않았다. 한 달이 지난 후에야 증권시장들은 그 사건에 함축된 의미를 깨달았고, 그에 따른 극심한 공포로 런던과 뉴욕의 증권시장이 7월 31일 문을 닫았다. 그즈음 몇몇 유럽 국가는 이미 전쟁을 선포한 상태였다. 이틀 뒤에는 영란은행 총재가 스코틀랜드 해변에 띄운 요트에서 휴가를 보내며 친구들에게 "전쟁설이 떠돌지만 전쟁이 진짜 일어나지는 않을 거요"라고 말했다.[3] 그러나 이틀 후, 영국은 독일에 전쟁을 선포했다.

놀라운 일이 연이어 일어났다. 제1차 세계대전이 발발하며, 불확실성이 요란하고 시끌벅적하게 다시 살아났다. 학살로 얼룩진 4년이 지난 후, 전쟁이 어떠로 전반적인 분위기는 미래에 대한 불안과 불확실성으로 가득했다. 그때 두 경제학자가 정통적인 확률적 사고에 대한 의구심을 드러냈다. 시카고 대학의 경제학자 프랭크 나이트Frank Knight, 1885~1972는 '측정 가능한 불확실성measurable uncertainty'과 '측정 불가능한 불확실성unmeasurable uncertainty'을 구분했다. 나이트의 분류에 따르면, 운이 승부를 좌우하는 게임, 즉 사건의 상대적인 빈도에 근거해 확률이 계산되는 상황은 측정 가능한 불확실성에 포함되고, 그 밖의 모든 경우는 측정 불가능한 불확실성에 포함된다. 완전히 불확실한 상황에서는 상대적인 빈도에 대한 정보가 우리에게 전혀 제공되지 않기 때문이다. 영국에서는 존 메이너드 케인스가 나이트와 유사한 구분을 시도했지만, 그 구분은 특이하고 논쟁의 여지가 있는 확률 이론을 설명하는 과정에서 시도된 것이었다. 나이트와 케인스 중 누가 먼저 그런 구분을 했느냐는 명확하지 않다. 두 사람 모두 1921년에 발표한 저서에서 이런 구분을 시도했기 때문이다. 여하튼 이런 구분은 훨씬 예전부터 있었던 듯하다. 예컨대 '아자르hasard'와 '포르튀forfuit'라는 두 프랑스어 단어에 그런 차이가 함축되어 있다.* 그러나 나이트와 케인스는 의사결정을 연구하는 경제학자들과 사상가들에게 확률적 사고에는 근본적인 한계가 있다는 걸 다시 일깨워주었다. 우리 삶에는 확률에 대한 정보가 없는 상황이 있기 마련이고, 그런 상황에서는 불확실성이 측정 불가능하다는 것이었다.

• 두 단어는 모두 대략 '우연(chance)'으로 번역될 수 있다. 그러나 hasard는 주사위 게임에서 사용되는 아랍어에서 파생된 것이며, 주사위 게임에서 불확실성은 측정 가능하고 확률적이다. 이 확률적 의미는 훗날 프랑스 수학자 에밀 보렐(Émile Borel, 1871~1956)에 의해 채택되었다. 한편 forfuit는 예견이나 예측하기 불가능한 상태와 관련되므로 측정 불가능한 불확실성에 가깝다.

하지만 오랜 시간이 지나지 않아, 측정 가능한 불확실성과 측정 불가능한 불확실성의 구분은 프랭크 램지Frank Ramsey, 1903~1930라는 귀재鬼才의 〈참과 확률〉이란 논문에 의해 불필요한 것이 되었다.

'르네상스적 교양인Renaissance man'의 원조, 레오나르도 다빈치Leonardo da Vinci는 천재였을 뿐만 아니라, 많은 분야에 천부적 재능을 지닌 박학다식한 사람이었다. 그러나 그 이후로 지식이 축적되며 전문화는 피할 수 없는 것이 되었다. 르네상스적 교양인은 이제 멸절한 상황이라 말할 수 있지만, 프랭크 램지는 최후의 르네상스적 교양인에 가까웠다. 램지는 당시의 천재들과 어울렸고, 그가 지적으로 교류한 사람은 케인스와 루트비히 비트겐슈타인Ludwig Wittgenstein, 1889~1951이었다. 램지는 철학과 경제학과 수학에도 독창적인 시각으로 크게 기여한 까닭에, 케인스와 비트겐슈타인은 램지에게 많은 것을 배웠다. 수학에는 램지 이론Ramsey Theory으로 자신의 이름을 남겼지만, 철학을 예로 들어보자. 비트겐슈타인은 처녀작《논리철학 논고》에서 철학의 주된 문제들을 해결했다는 생각에 철학을 포기하고, 빈 외곽에 있는 초등학교의 교사가 되었다.《논리철학 논고》가 실제로는 모든 문제를 해결한 것이 아니라고 비트겐슈타인을 설득한 사람이 램지였다. 비트겐슈타인은 램지와 함께 연구하기 위해 케임브리지로 돌아갔다. 당시 케임브리지에서 가장 위대한 철학자이던 버트런드 러셀과 함께 작업하기 위한 것이 아니다. 램지가 비트겐슈타인의 《논리철학 논고》를 영어로 번역한 것으로 보아, 램지가 비트겐슈타인을 먼저 알았던 것이 분명하다. 특히 비트겐슈타인의 난해하고 압축적인 독일어 표현을 고려하면《논리철학 논고》는 번역이 불가능하다고 선언한 철학자들이 적지 않았지만, 램지는 케임브리지 타자실에서 그 책을 곧바로 번역하며 속기사에게 받아쓰게 했다. 당시 램지는 겨우 18세였다.

수개월 후, 램지는 확률과 불확실성에 대해 생각하기 시작했다. 램지는 먼저 케인스의 확률 이론을 비판했고, 케인스는 10년 동안 논쟁하며 힘겹게 지켜온 이론을 가열차게 변호했다. 그러나 케인스는 결국 생각을 바꾸었고, 1931년에는 램지의 논문 〈참과 확률〉을 평가한 서평에서 "내가 램지에게 졌다. 내 생각에는 그가 맞다"라고 고백했다. 그러나 어떤 의미에서 때늦은 고백이었다. 램지의 지적 승리는 훨씬 큰 비극에 잊히고 말았다. 1930년 1월, 램지가 일상적인 수술을 받은 뒤 합병증으로 돌연 사망했기 때문이다. 그때 그의 나이는 26세였다.

〈참과 확률〉에서 램지는 확률 이론을 완전히 새로운 방향으로 끌고 갔다. 그는 확률을 과거를 돌아보는 방식, 즉 관찰된 빈도(동전의 앞면이 절반 정도가 나온다)라고 정의하지 않고, 미래를 내다보며 미래의 사건에 대한 믿음의 강도를 계량적으로 측정하는 방법으로 보았다. 가령 내가 어떤 사건이 일어날 게 100퍼센트 확실하다고 믿으면, 나에게 그 사건의 확률이 1이라고 말하는 것과 똑같다. 반면에 내가 어떤 사건이 일어나지 않을 거라고 확신하면, 나에게 그 사건의 확률은 0이다. 두 극단 사이의 모든 믿음도 마찬가지이다. 예컨대 어떤 사건이 일어나지 않을 가능성만큼이나 일어날 가능성이 있다고 내가 믿으면, 나에게 그 사건의 확률은 0.5이다. 램지는 확률로서의 이런 믿음, 즉 '개인적 확률personal probability'이 원칙적으로 어떻게 측정될 수 있는지를 설명해주었다. 램지의 설명에 따르면, 미래의 불확실한 사건이 일어날 것인지 일어나지 않을 것인지에 대한 내기에서 우리가 기꺼이 받아들일 수 있는 최소한의 승률을 찾아내야 한다. 램지의 접근법이 맞다면, 확률이란 개념이 훨씬 중요해지고, 그 적용 범위도 크게 확대된다. 관찰된 빈도에 근거한 확률은 빈번하게 관찰된 사건에 대한 자료가 있어야만 알아낼 수 있다. 그러나 개인적 확률은 그런 제약에서 자유롭고, 원칙적으로 나이트의 '측정 불가능한' 순전한 불확실성, 예컨대 결코 반복되지 않고 단 한 번만 일어나는 사건을 계량화하는 데 사용될 수 있다. 그러나 램지의 접근법은 우리가 개인적인 확률에서 철저히 한결같다고 가정한다. 하지만 엘즈버그가 증명했듯이, 그런 한결같은 일관성은 신용할 수 없다. 사람들이 개인적 확률을 반영해 선택한다고 가정하면 개인적 확률은 일관되지 않을 수 있다는 게 엘즈버그의 실험에서 입증되었다.

하지만 엘즈버그의 연구는 수십 년 동안 잊혔고, 그 사이에 램지의 혁명적인 아이디어는 사회과학의 발전 가능성을 명확히 제시하며 그 시대에 가장 영향력 있던 경제학자, 케인스의 마음을 움직였지만 아무런 변화도 일어나지 않았다. 확률에 대한 램지의 아이디어는 50년 동안 거의 완전히 잊혔다. 그 이유가 무엇이었을까?

램지의 아이디어가 믿음의 철학을 다룬 사후死後 논문에 게재된 것이 가장 큰 이유였다. 경제학자들이나 확률을 사회과학에 응용하는 데 관심이 있던 학자들은 그 논문을 읽지 않았다. 더구나 램지는 세상을 떠난 뒤여서 그 아이디어를 널리 확산시킬 수 없었다. 램지는 진정으로 시대를 앞서간 학자였다. 수학과 경제학과 철학에서 그가 제시한 개념들은 1960년대가 되어서야 사상가들에게 이해되기 시작했다. 1920년대에는 누구도 그의 저작에 담긴 진정한 독창성과 의미를 깨닫지 못했다. 기존의 개념들과 너무 달라 연관성을 찾기도 어려웠다. 램지의 글쓰기 방식도 도움이 되지는 않았다. 수학에서는 버트런드 러셀로부터 파생된 특이한 표기법을 사용했고, 그의 수학적 증명은 축약이 많아 수수께끼에 가까웠다. 한편 철학적인 글에서는 그의 생각을 조심스레 표현해 깊이와 심원함이 없이 가볍고 경박하게 보였다. 비트겐슈타인의 평판은《논리철학 논고》의 기념비적인 마지막 문장 "말할 수 없는 것에 대해서는 침묵해야 한다" 같은 멋진 문장들로 하늘을 찔렀고, 특히 그가 무엇에 대해 말하는지도 모르는 사람들 사이에서 명성이 높았다. 비트겐슈타인의 이 문장을 램지는 "우리는 말할 수 없는 것을 말할 수 없고, 휘파람으로 불 수도 없다"라고 풀어냈다.[4]

케임브리지에서도 소수의 학자만이 확률에 대한 램지의 이론을 이해했지만, 그들의 관심은 당시 케임브리지에서 가르치던 케인스와 비트겐슈타인에게 쏠려 있었다. 확률에 대한 케인스의 견해는 계속 변했다. 1930년대 중반에는 순전하고 측정할 수 없는 불확실성의 실질적인 편재성을 인정하며, 한때 램지의 이론에서 보았던 장점마저 무색하게 만들어버렸다.

> 나는 확실히 알려진 것과 가능성으로만 존재하는 것을 구분하려는 목적에서만 '불확실한 지식'이란 표현을 사용하는 것이 아니다. 이런 의미에서 룰렛 게임은 불확실성의 주제가 아니다. … 유럽 전쟁의 발발 가능성, 20년 후의 구리 가격과 이자율, 새로운 발명품이 진부하게 느

껴지는 때가 불확실하다는 뜻에서 나는 불확실성이란 표현을 사용한

다. … 이런 의문에 대해서는 확률로 계산할 만한 과학적 근거가 없다.

우리는 그저 모를 뿐이다.[5]

케인스가《고용, 이자 및 화폐에 관한 일반이론》에 대한 비판에 대응하기 위해 위의 글을 쓴 때가 1937년이었다. 실질적으로 현대 거시경제학을 탄생시킨《고용, 이자 및 화폐에 관한 일반이론》은 20세기 경제학에서 가장 큰 발전을 이루어낸 책이며, 약 150년 전에 발표된 애덤 스미스의《국부론》이후로 경제학에 가장 크게 기여한 책이기도 하다. 따라서 당연한 말이겠지만, 경제적이고 정치적인 불확실성의 중요성에 대한 케인스의 강조는 크나큰 영향을 미쳤다.

그러나 그 영향이 충분하지는 않았던지 불확실성에 대한 케인스의 견해가 우리 시대의 정통 이론이 되지는 않았다. 그 대신 제2차 세계대전과 그 여파로 사회과학에 대한 새로운 낙관주의가 무르익었다. (아이러니하게도, 케인스 경제학이 국가적 차원에서 경제를 관리하고 측정할 수 있다고 주장함으로써 이런 낙관주의를 부추긴 면이 없지 않다.) 하지만 2장에서 보았듯이, 존 폰 노이만과 오스카 모르겐슈테른이 생각한 사회과학은 케인스의 경제학과 무척 달랐다. 그들은 케인스가 지식이 있는 척하는 사기꾼이고, 경제학은 게임 이론의 엄격한 수학적 기초 위에 근본부터 다시 정립되어야 한다고 생각했다. 따라서 불확실성도 정확한 숫자로 표현되어야 한다고 주장했다. 폰 노이만과 모르겐슈테른은 "우리는 그저 모를 뿐이다" 같은 케인스의 감상적인 생각을 무척 싫어했다.

폰 노이만과 모르겐슈테른은 《게임 이론과 경제 행위》의 재판본에 의사결정 이론을 수학적으로 표현한 부록을 덧붙였다. 그 수학적 표현은 폰 노이만이 봉투의 뒷면에 끄적거린 아이디어에 근거한 것이었다. 폰 노이만과 모르겐슈테른의 이론은 의사결정자가 미래에 있을 모든 관련된 사건의 확률을 알고 있는 것으로 추정한다. 그들은 20년 전에 발표된 램지의 논문을 알지 못했다. 램지의 선구적인 이론이 미국에서 출판물로 소개된 것은 1951년이었다. 그 논문을 읽고 천재를 알아본 케네스 애로의 공이었다. 그다음으로 주요한 역할을 한 사람은 애로가 아니라, 레너드 지미 새비지Leonard Jimmie Savage, 1917~1971라는 수학자였다.*

밀턴 프리드먼은 새비지를 "내가 주저없이 천재라 칭할 수 있는 극소수 중 한 명"이라 묘사했다.[6] 하지만 새비지가 수학자가 된 것은 순전히 우연이었다. 그는 원래 미시간 대학에서 화학공학을 전공했지만, 지독한 근시였던 까닭에 화학 실험실에서 화재를 냈고, 그 때문에 학교에서 쫓겨나고 말았다. 다행히 실험실 작업이 없는 수학으로 전과할 수 있었다. 박사학위를 받은 직후, 새비지의 수학적 재능이 프린스턴에 있던 폰 노이만의 주목을 받았다. 폰 노이만의 권유에 새비지는 확률론과 통계학을 연구하기 시작했다. 1954년 새비지는 폰 노이만의 의사결정 이론

----

* 이름이 뭐가 중요한가? 모두가 그를 '지미'로 알고 있지만, 그 이름은 한 간호사가 그에게 지어준 것이었다. 생모가 그를 낳고는 곧바로 사망해 이름을 지어줄 틈도 없었기 때문이다. 나중에 간호사는 그에게 레너드라는 이름을 지어주었지만, 지미는 출간된 저작물에만 레너드란 이름을 사용했다. 그의 성은 오가셰비츠였지만, 전시에 기밀로 분류된 작업에 참여하면서 새비지로 바꾸었다. http://www.history.mcs.st-and..ac.uk/Biographies/Savage.html을 참조할 것.

을 확대해 개인적 확률을 포함시켰다. 새비지는 자신의 핵심 개념이 램지의 이론과 기본적으로 같다고 강조하며, 램지의 이론이 과거에는 아무런 주목을 받지 못했다고 지적했다. 그러나 그때는 시기가 무르익어 경제학자를 비롯해 유명세를 얻고 싶어 하는 사회과학자들이 폰 노이만과 모르겐슈테른의 새로운 결정 이론을 거부할 수 없는 때였다. 게다가 개인적 확률의 도움을 받으면 불확실한 미래가 언제나 계량화될 수 있었기 때문에 그들은 새비지의 결정 이론이 무한히 적용될 수 있다는 걸 깨달았다.

블랙 스완이
나타나다

이 새로운 결정 이론, 즉 새비지의 논문이 발표된 이후의 새로운 정통 이론이 학계 너머의 세계에 미친 핵심적인 영향은 사람들에게 불확실한 미래에 대한 확률을 계산해내면 그 미래를 '관리'할 수 있다는 믿음을 심어준 것이다. 개인적 확률은 관찰된 빈도에 근거해 계산된 객관적인 확률만큼이나 유효하고 타당하다고 전제함으로써 새비지의 정통 이론에서는 믿음과 사실의 경계가 모호해졌다. 또 새비지의 정통 이론은 케인스의 "우리는 그저 모를 뿐이다"를 그럴듯한 확률 숫자로 교체함으로써 과학적 지식이란 껍질을 뒤집어썼다. 불확실성은 더없이 합리적인 수학적 외사결정을 가로막는 유일한 장애물이고, 나머지는 모두 객관적이고 양적일 때, 계산할 수 없는 것을 계산할 수 있는 것으로 만들려는 통계의 연금술적 충동이 가장 강하다. 특히 사람들이 의사결정의 대가로 많은 돈을 기꺼이 지불하려 할 때, 그런 연금술적 충동은 더욱더 강해진다. 이런 충동은 주식 시장에서 절정에 이른다.

하지만 확률의 선택에는 여전히 문제가 있다. 주식 시장의 출발점은 누가 뭐라 해도 과거의 실적이다. 주가는 변화가 없을 수 없고, 단순한 추세선을 따르지도 않기 때문이다. 다음 단계는 주가 통계의 패턴, 즉 주가 통계가 어떻게 분포되는가를 수학적으로 표현하는 것이다. 일반적으로 마지막 단계는 미래가 과거를 답습할 것이라 가정하는 것이다. 과거 주가의 통계적 분포가 미래에도 유효하다고 가정하면 다양한 종목의 미래 주가를 추론할 수 있고, 그 결과를 바탕으로 최적의 주식 포트폴리오를 선택할 수 있다.

어떤 이유로든 우리는 새비지의 결정 이론이 현실에서는 들어맞지 않는다고 생각할 수 있다.

미래가 과거와 유사할 것이란 가정도 문제이지만, 더 많은 기술적인 어려움도 있다. 그 어려움에 내재한 문제는 단순히 기술적 수준을 넘어서기 때문에 자세한 논의가 필요하다. 여하튼 불확실성에 대한 관습적인 생각의 오류로 인해 재앙이 일어날 가능성은 극히 희박하다는 결론이 나온다. 금융 시장과 기후 변화에 영향을 미치는 오류를 비롯해서, 이런 오류에 근거해 재앙의 가능성은 무차별적으로 무시된다.

불확실성에 대한 관습적인 생각에서 불확실한 현상은 자연에서 흔히 관찰되는 패턴, 즉 종형鐘形 곡선의 모양을 띤다고 가정한다. 이런 분포, 즉 패턴은 무척 자연스럽고 익숙하기 때문에 통계학자들은 이를 정규 분포라고 한다. 예컨대 인간의 키는 정규 분포 곡선을 그린다. 전형적인 키, 즉 평균에 해당하는 키가 있다. 평균보다 키가 크거나 작을수록 평균에서 더 멀어지고, 그 수는 점점 줄어든다. 키를 X축, 사람 수를 Y축에 놓고 이런 관찰의 결과를 그래프로 그리면, 그 곡선은 종 모양과 비슷하다. 유난히 키가 큰 사람이나 유난히 작은 사람은 흔하지 않다는 게 그래프에서도 확인된다. 따라서 평균에서 더욱더 멀어질수록 그런 특별한 키를 가진 사람을 목격할 확률도 급속히 줄어든다. 현재의 세계 인구를 두고 계산해보자. 세계인의 평균 키는 1.67미터이다. 평균보다 10센티미터 더 커서 키가 1.77미터일 확률은 6.3분의 1이다. 20센티미터가 더 커서 키가 1.87미터일 확률은 44분의 1이다. 확률이 눈에 띄게 줄어들었지만, 10센티미터가 증가할 때마다 줄어드는 확률은 7분의 1 미만이다. 하지만 키가 2.17미터인 사람과 2.27미터인 사람을 비교해보면, 확률이 350만분의 1에서 10억분의 1로 줄어든다. 가능성이 286분의 1로 줄어든 셈이다.[7] 종 모양의 끝을 향해 다가갈수록 확률은 '믿기 힘들 정도로 드문 정도'에서 '실질적으로 존재하지 않음'으로 떨어진다. 여기에서 2007년 8월 골드만삭스의 재무 담당 최고 책임자가 언급한 '25회의 표준편차 이동'으로 돌아가보자.

은행 분석가들과 그들의 컴퓨터 모델은 시장 가격도 종형 곡선 분포를 따른다고 가정했다. 표준편차는 종형 곡선의 중앙, 즉 평균으로부터 떨어진 정도를 가리킨다. 25회 표준편차 이동은 이보다 훨씬 멀리 간 것으로, 우주 역사상 한 번도 일어나지 않을 확률이었다. 나중에 보면 세측 가능할 수 있었더라도 당시에는 완전히 예기치 않게 일어나 극단적인 충격을 남기는 이와 같은 사건은 레바논 출신의 수학자로 간혹 헤지펀드 관리자로 일하는 나심 탈레브Nassim Taleb, 1960~에 의해 '블랙 스완Black Swan'이라 불리게 되었다. 그러나 종형 곡선의 가정에 맞추어 생각하면, 블랙 스완은 결코 일어나지 않기 때문에 그 가능성도 무시될 수 있다.

골드만삭스만이 종형 곡선으로 생각한 것은 아니었다. 정통 이론이 금융 분야를 지배하면서 이 이론은 규제 기관으로부터 위험을 판단하는 기준으로 꾸준히 인정받아왔다. 2007년에 시작된 세계 금융 위기에도 은행과 규제 기관은 종형 곡선의 사고방식을 포기하지 않았지만, 그렇다고 그 시기에 닥친 사건들을 예기치 못한 '일회성'으로 일축할 수는 없었다. "우주 역사상 한 번도 일어나지 않을 사건"이 2007년 말에만 연이어 일어난 것이 아니었다. 20년 전, 1987년 10월 19일, 이른바 '블랙 먼데이'라 일컬어진 날, 미국 증권 시장은 30퍼센트가량 폭락했다. 종형 곡선으로 계산할 때 그 사건이 일어날 확률은 100000…(0이 46개)분의 1이었다. 1997년 동아시아 증권 시장에 닥친 위기와 닷컴 버블과 관련된 붕괴도 마찬가지이다. 금융 이론에 따르면 결코 일어나지 않을 사건들이 계속 일어나고 있는 셈이다. 그런데 왜 우리는 그 이론을 계속 신뢰하는 것일까?

우리가 아직 어떤 숫자를 모르지만 그 평균, 즉 대푯값을 추측할 수 있다는 생각은 불안감을 없애주기도 하지만 그만큼 유혹적이기도 하다. 물론 극단적으로 낮거나 극단적으로 높은 숫자를 고려하기 위해서는 일련의 예외적인 이유나 원인이 필요하기 때문에, 그 가능성은 무척 낮다.

이런 '상식'은 종형 곡선의 사고방식과 맞아떨어진다. 또 이런 상식이 통하는 대표적인 두 가지 맥락이 있다. 하나는 자연이다. 자연에서는 중력 같은 내적인 제약이나 시스템적 제약 때문에 극단적 상황이 나타나는 것은 실질적으로 불가능하다. 인간은 생리적인 특성 때문에 누구도 아직까지 키가 3미터에 도달하지 못했고, 150년을 살지 못했다. 결코 우연만이 아니다. 물론 자연의 제약은 자연계 전체에 적용된다. 우리가 진화하는 동안 마주한 위험의 대부분은 자연계에서 비롯된 것이지, 인간 사회가 원인은 아니었다. 따라서 우리는 자연계의 변덕에 대처하는 신뢰할 만한 전략으로 단순화된 종형 곡선의 사고방식을 받아들이도록 진화한 것일 수 있다.

종형 곡선의 사고방식이 유효하게 적용되는 또 하나의 영역은 무작위의 독립된 사건들이 반복되는 경우이다. 현실 세계에서 이런 상황은 운에 좌우되는 게임에서만 나타난다. 동전을 몇 번이고 던지면, 앞면과 뒷면이 똑같은 정도로 나올 가능성이 가장 높다. 뒷면보다 앞면이 한 번 더 나타날 가능성, 혹은 그 반대의 가능성은 아주 조금 더 낮다. 뒷면보다 앞면이 두 번 더 나타날 가능성은 그보다 더 낮다. 18세기 프랑스 수학자 아브라암 드 무아브르Abraham de Moivre, 1667~1754는 이렇게 무작위의 사건이 반복되면 종형 곡선 분포를 만들어낸다는 걸 처음으로 알아냈다.●

● 드 무아브르는 자신의 수명을 예측할 때도 종형 곡선을 사용해야 한다는 걸 몰랐던 모양이다. 그는 건강이 나빠지기 시작하면서 평균 수면 시간이 15분씩 길어지고 있다는 걸 알게 되었다. 그렇게 계산하자 1754년 11월 27일에는 하루에 24시간을 잠자게 된다는 결과를 얻었다. 물론 그의 방법론에는 결함이 있었지만 그의 예측은 정확했다. 그는 그날 세상을 떠났다.

종형 곡선을 엉뚱한 분야에 적용할 때 문제가 시작된다. 여기에서도 지미 새비지가 결정적인 역할을 했다. 루이 바슐리에Louis Bachelier, 1870~1946가 1900년에 금융 시장에서 가격이 철저히 무작위로 움직인다고 암시하는 '투기 이론theory of speculation'을 발표한 적이 있었다. 새비지는 그 논문을 찾아냈고, 그 이론을 영어로 번역해 소개했다. 1960년대 '효율적 시장 가설efficient market hypothesis'이 생겨나며, 바슐리에의 이론은 큰 주목을 받았다. 이 가설은 아직까지 뚜렷한 증거를 찾아내지 못해 아직도 가설에 불과하지만, 여하튼 이 가설에 따르면, 어떤 시기에든 주가와 관련된 모든 정보는 가격에 이미 반영되어 있다. 이 가설이 성립하려면 완전한 자유 시장이 보장되고, 매수자와 매도자가 지극히 합리적이고 모든 정보를 알고 있어야 한다. 관련된 모든 정보가 가격에 이미 반영된 상태라면 주가의 단기적인 움직임은 임의적인 것이고, 많은 독립된 개인의 사고 파는 행위를 반영한다. 한마디로 반복된 동전 던지기와 유사하다. 금융 시장에서 가격이 이렇게 결정된다고 가정하면 종형 곡선은 불확실성을 표현하기에 적합한 도구가 되고, 반복된 동전 던지기의 결과를 표현하는 것과 다를 바가 없다. 1999년 미국에서 뉴딜 시대에 제정된 글래스-스티걸법Glass-Steagall Act(은행의 증권 업무를 금지한 법-옮긴이)이 폐지되며 시작된 은행의 규제 완화는 효율적 시장 가설을 언급하며 정당화되었다. 불확실성을 관리하는 데 컴퓨터 모델을 지나치게 신뢰한 까닭에, 주식의 매도와 매수가 컴퓨터 모델에 따라 자동으로 이루어졌다. 오류를 예방한다는 이유로 인간의 개입은 최대한 배제되었다.

우리가 이런 식의 사고방식을 고집하는 이유 중 하나는 대안의 가능성이다. 종형 곡선에 근거한 분포는 상대적으로 쉬운 수학이고, 극단의 결과로 치달을 위험이 단 하나의 숫자, 즉 표준편차로 실질적으로 측정될 수 있다. 표준편차는 종의 모습이 높고 좁은지, 아니면 낮고 널찍한지를 나타낸다. 극도로 난해한 수학도 대안일 수 있지만 보상이 그다지 크지는 않다. 어려운 수학을 사용한다고 블랙 스완의 위험이 하나의 숫자로 측정될 수는 없다. 요컨대 그런 위험을 어디까지 측정할 수 있느냐에는 내재적인 한계가 있다.

우주의 역사에서
결코 일어나지 않을 사건

리먼 브라더스가 파산한 날, 그 투자 은행의 트레이더이던 커스티 매클러스키_{Kirsty Mcluskey}는 "초강력 대지진이 일어난 것과 같았다"라고 말했다.[8] 맞는 말이었다. 리먼 브라더스를 집어삼킨 금융 위기와 지진의 위험은 똑같이 수학으로 표현될 수 있기 때문이다. 종형 곡선의 끝에는 '결코 일어나지 않는 사건'이 아니라 '멱법칙'이나 결과의 '프랙털 분포'가 있다. 이런 수학적 개념 때문에 걱정할 필요는 없다. 이와 관련된 수학은 박사 학위나 그 이상의 수준이지만, 핵심 개념은 어렵지 않게 이해할 수 있다. 어떤 지역에서 지진 활동은 거의 꾸준하게 일어나지만 강도가 매우 낮아 사람들은 거의 인식하지 못한다. 그런데 간혹 지진 활동이 평소보다 크게 일어나는 경우가 있다. 이때의 지진은 평균적인 지진이 아니다.

따라서 지진의 평균 강도를 구하겠다고 인식하지 못하는 평소의 무수한 지진 활동에 드물게 일어나는 큰 규모의 지진을 합하여 평균을 내는 것은 아무런 정보도 얻지 못하는 어리석은 짓이 될 것이다. 우리가 흔히 '지진'이라 부르는 사태는 무척 드물게 일어나기 때문에 산술 평균은 유용한 숫자가 아니다. 지진 같은 불확실한 현상에는 정상적이거나 자연스런 규모라는 것이 없다는 생각에는 상당히 깊은 뜻이 담겨 있다.

눈송이의 자연스러운 크기는 어느 정도일까? 당신이 직감적으로 어리석은 질문이라 생각했다면, 당신의 직감이 맞은 것이다. 굳이 이 질문에 대답하자면 눈송이의 물리적인 속성이 언급되어야 할 것이다. 그러나 확대경으로 눈송이를 관찰하면 다른 종류의 속성이 발견된다. 눈송이를 어떻게 확대하더라도 눈송이의 결정 구조가 똑같다는 것이다. 이 때문에 눈송이는 물리학자들에게 '척도 불변$^{scale-invariant}$'이라 일컬어진다. 눈송이는 수학자 브누아 망델브로$^{Benoit\ Mandelbrot,\ 1924\sim2010}$가 프랙털이라 칭한 것의 전형적인 예이다. 프랙털은 다양한 크기로 되풀이되기 때문에 자연스럽거나 정상적인 크기가 없는 구조를 뜻한다. 또 다른 예로는 나무가 있다. 나뭇가지의 패턴은 나뭇가지에 달린 잎의 패턴과 유사하고, 또 잎사귀의 잎맥 패턴과도 유사하다. 망델브로는 금융 시장의 가격도 이런 속성을 띤다는 것을 알아냈다. 주가 지수의 흐름을 관찰하는 기간이 수십 년이든 수초에 불과하든 혹은 그 중간 어느 정도의 기간이든 시간의 흐름에 따른 가격 변동을 보여주는 그래프는 거의 똑같다는 것이다. 이러 현상은 지진 활동의 그래프에서도 똑같이 발견된다.

극단적인 결과나 변화를 방지하는 내재적 한계가 없는 것에서 척도 불변성이 확인된다. 인간을 비롯한 동물들의 몸집과 무게 혹은 수명과 달리, 지진의 규모에는 물리적 한계가 없다. 프랙털 분포에는 큰 사건이나 변화가 작은 사건보다 일어날 가능성이 적다는 걸 보여주는 기본적인 관계가 있을 뿐이다. 지진의 규모가 두 배로 커지더라도 규모가 네 배로 커질 가능성은 적다.[9] 그러나 척도 불변성은 이 관계가 항상 유지된다는 걸 뜻한다. 그 관계가 지진의 규모에 따라 변하지 않는다. 비교해서 말하면, 인간의 키와 같은 종형 곡선 현상과 달리, 큰 지진의 가능성은 일정한 속도로 떨어진다. 극단적인 결과라고 그 가능성이 급격히 떨어지지는 않는다. 이런 기술적인 세부사항이 중요하다. 달리 말하면, 프랙털 분포에서는 극단적인 사건이 현실적으로 가능하다는 뜻이다. 가능성이 무척 낮을 뿐이다. 결국 극단적인 사건은 종형 곡선의 양 끝에 존재하는 '우주의 역사에서 결코 일어나지 않을 사건'이 아니다.

다시 금융의 세계로 돌아가자. 연구원들의 일반적인 설명에 따르면, 주가 지수의 움직임이 두 배로 커지는 경우는 있어도 여덟 배가 되는 경우는 극히 드물다. 하지만 이런 설명은 특별히 유용한 정보가 아니다. 이런 정보를 안다고 우리가 주식 시장이 붕괴되는 때를 예측할 수는 없다. 지진에 관련된 정보가 있더라도 지진의 정확한 발생 시점을 예측하지 못하는 것과 다를 바가 없다. 이런 관계는 과거의 자료에 근거한 것이며, 그 관계가 미래에도 유효할 것이라 추정해서는 안 된다. 더 심각한 문제도 있다. 우리가 종형 곡선의 사고방식을 더 이상 사용하지 않더라도 여전히 과거의 자료에 근거해 극단적으로 크고 극단적으로 드문 사건의 개연성을 추정하려 한다는 것이다. 주식 시장의 경우, 우리는 오래 기간 동안 겨우 수차례의 붕괴를 경험했을 뿐이다. 따라서 미래의 붕괴 가능성을 자신 있게 추정할 만한 자료가 축적되지 않은 상황이다. 망델브로의 수학을 주식 시장에 적용해서 얻은 교훈도 모두 부정적이다. 우리가 가장 알고 싶은 시장 변동(큰 변동)의 확률을 계산해낼 수 없고, 수십 년 동안 시장 붕괴가 없다고 그 현상이 결국 종형 곡선 사고방식의 타당성을 입증하는 증거로 받아들일 수 없다는 교훈이다. 소중한 교훈이지만, 증권 중개인이 투자자들에게 설명하며 경력을 쌓아가는 데 반드시 필요한 교훈은 아니다. 종형 곡선의 사고방식에 기초한 계량화된 '위험 관리'라는 환상은 그저 증권회사의 돈벌이 수단에 불과했다.

금융 위기가 닥치기 전까지 위험 관리자들이 사용한 컴퓨터 모델에 따르면, 주택 시장과 희한하게 연계된 다양한 금융 상품이 안전한 투자처였고, 주택 가격이 20퍼센트가량 떨어지는 것은 "우주의 역사에서 한 번도 일어나기 힘든 사건"에 버금가는 확률이었다. 하지만 그 금융 상품을 판매한 사람들은 주택 가격의 20퍼센트 하락이 현실적으로 가능하다는 걸 분명히 알고 있었다. 가능성이 낮지만 "결코 일어나지 않을 사건"은 아니었다.[10] 그들이 이런 사실을 의도적으로 무시했다는 걸 부인하기는 어렵다. 결국 2008년의 금융 위기는 탐욕이 빚어낸 사건이었다.

탐욕은 한층 교묘하게 작용하기도 한다. 당신이 당면한 금융 위험을 측정하고 관리하는 방법을 제시하면 많은 사람이 그 대가를 후하게 내놓을 것이다. 그런데 당신이 '위험'을 재정의함으로써 그런 위업을 이루어낼 수 있다는 걸 사람들이 눈치채지 못하기를 바라야 할 것이다. 위험의 재정의 수법은 해리 마코위츠$^{Harry\ Markowitz,\ 1927~}$로부터 시작되었다. 마코위츠가 시카고 대학의 대학원 학생이었을 때 박사학위 논문의 제목을 상의하려고 지도교수를 기다리며 옆에 있던 증권 중개인과 한담을 나누었다.[11] 그 우연한 대화를 계기로 마코위츠는 종형 곡선의 사고방식을 이용해 1952년 논문을 발표했고, 20년 남짓 후 그 논문은 금융 위험에 대한 정설의 토대가 되었다. 일반인에게 금융 위험의 뜻은 명확하다. 돈을 잃을 가능성을 뜻한다. 요즘의 정설로 인정되는 금융 이론에서 위험은 '변동성^{volatility}'이라고 정의된다. 따라서 변동성이 없는 투자는 위험이 없는 '안전한' 투자이다. 하지만 주가의 완만한 등락이 아래쪽으로 꾸준히 커지고 잦아지면 변동성은 없는 것이지만 결국 돈을 잃게 된다.

물론 은행가와 금융 경제학자 등이 불확실성은 항상 종형 곡선으로 표현될 수 있다고 가정하며 탐욕을 부리고 낙관적으로 생각했다고 결정 이론가와 사상가를 탓할 수는 없다. 그러나 순전한 불확실성을 확률로 바꾸는 것이 최선의 결정을 위한 일종의 연금술이란 생각을 퍼뜨린 책임은 새비지의 추종자들에게 있다. 대니얼 엘즈버그가 부정한 것이 바로 이런 생각이었다.

스노든과
어산지의 선배

어렸을 때 대니얼 엘즈버그는 학문에도 뛰어난 재능을 보였지만 피아노를 배우는 데도 열심이었다. 어머니도 대니얼은 피아니스트로 키우려고 애썼다. 1946년 7월 4일, 당시 15세이던 대니얼은 누이와 부모와 함께 덴버의 파티에 참석하려고 아이오와의 옥수수밭을 지나고 있었다. 전날에도 하루 종일 운전했지만 예약한 호텔에 너무 늦게 도착한 탓에 예약은 취소되고 다른 손님에게 방이 넘어가버렸다. 따라서 그들은 자동차를 미시간 호수의 모래 언덕에 세우고 밤을 보내야 했다. 아버지는 거의 잠을 자지 못한 까닭에 이튿날 아침 출발할 때부터 거의 탈진한 상태였다. 점심 식사를 마친 직후, 아버지는 핸들을 쥔 채 잠들었고 자동차는 담에 충돌하며 어머니와 누이가 즉사하고 말았다.[12] 어머니가 세상을 떠난 후, 피아니스트가 되려는 대니얼의 꿈도 급격히 시들해졌다. 그러나 음악이 그에게 영향을 미쳤던지 하버드에서 해병대로, 다시 하버드를 거쳐 랜드 연구소에서 근무한 그의 이력에서도 알 수 있듯이, 엘즈버그는 군사 전략가라는 좁은 틀에 만족하지 않았다.

젊은 학자로서 하버드에 돌아온 엘즈버그는 경제학보다 베토벤의 피아노 소나타를 학습하며 특별 연구원 시절을 보냈다. 엘즈버그는 음악 이외에도 무엇을 하든 뛰어난 성과를 보였지만, 하버드와 랜드 연구소의 동료들에 비하면 눈에 띄는 괴짜는 아니었다. 대부분의 평가에 따르면, 그는 오만하고 자기중심적이었으며 경박스러운 파티광이었다. 하지만 그는 학문적 성과로 주목받는 법도 알고 있었다. 예컨대 토머스 셸링과 협력해 게임 이론을 핵전략에 적용하는 작업을 공동으로 진행했고, 자신의 한 강의에 '광기의 정치적 이용'이란 도발적인 제목을 붙였으며, 그 강의에서 히틀러는 "확신에 찬 미치광이"였기 때문에 공감범으로 성공했던 것이라고 주장했다.[13] 엘즈버그는 당시 하버드에 재직하던 헨리 키신저에게 그 이론을 설명했고, 훗날 키신저가 닉슨에게 그 이론을 조언했던지 닉슨은 베트남 전쟁에서 이른바 '광인 이론$^{madman theory}$'을 떠벌리고 다녔다.

엘즈버그를 까다롭다고 생각한 사람들도 그의 지적 능력을 칭찬했다. 뛰어난 재능을 지닌 학자들이 그와 함께 작업하는 걸 특권이라 생각할 정도였다. 토머스 셸링은 엘즈버그를 "내가 알고 있는 가장 똑똑한 사람 중 하나"라고 평가했다. 그러나 엘즈버그는 연구를 마무리짓고 논문을 작성하는 데 어려움을 겪는 경우가 많았다. 학문적으로나 다른 이유로 새로운 관심사에 쉽게 빠져들었기 때문이다. 예컨대 그의 관심은 게임 이론에서 수학적 결정 이론의 새로운 분야로 옮겨갔는데, 이 분야에서는 지미 새비지의 논문이 최첨단으로 인정받고 있었다. 결정 이론에서 새롭게 생겨난 정설은 합리성에 대한 추상적인 수학적 가정('공리')으로 시작했다. 그리고 다음 단계에서는 합리적인 의사결정자가 어떤 맥락에서 최초의 믿음에 근거해 어떻게 선택해야 하는가에 대해 연역적으로 추론했다. 이 논리 구조는 거꾸로 적용될 수 있다. 어떤 사람이 어떻게 선택하는가에 대한 사실을 알고 있다면, 그가 합리적이라 가정할 때 그 사실에서 그의 믿음을 추론해낼 수 있다. 예컨대 엘즈버그가 제시한 실험에서 상자 A와 상자 B 중 하나를 선택해야 할 때 어떤 사람이 상자 B를 선택한다면, 그 사실에서 우리는 그가 상자 B에 상금을 주는 색깔의 공이 더 많이 들었다고 믿는다고 추론할 수 있다.

엘즈버그는 1961년에 발표한 획기적인 논문 〈위험과 모호함 그리고 새비지 공리〉에서 '그렇지 않을 가능성'을 주장했다.[14] 그의 실험은 세상에 처음 공개한 그 논문에서, 붉은 공과 검은 공의 비율이 알려지지 않은 상자에서 공 하나를 꺼내라는 요구를 받을 때 사람들은 수치적 개연성을 따지거나, 검은 공과 붉은 공을 선택할 개인적 확률을 계산하지 않는다고 주장했다. 상자 A와 상자 B 중 하나를 선택해야 할 때 사람들은 완전히 불확실한 경우를 피하려고 한다. 달리 말하면, 붉은 공과 검은 공의 비율이 알려진 상자를 선택했다. 이런 선택을 삶에 일반화하면, 우리는 완전한 불확실성을 피하려고 한다. 따라서 다양한 결과들의 상대적 가능성에 대해 전혀 모르는 경우, 우리는 선뜻 결정을 내리지 못하고 망설인다. 물론 결과에 대해 크게 신경 쓰지 않아도 괜찮은 사소한 결정에도 이 원칙이 적용되는 것은 아니다.

하지만 처음부터 정통 결정 이론은 두 가지를 요구했다. 구체적으로 말하면, 사람들이 어떻게 선택해야 하고, 실제로 어떻게 선택하는지를 설명할 수 있어야 한다고 주장했다. 그러나 인간은 합리적이라는 가정이 순환적으로 사용되면서 두 선택이 다를 수 있다는 명백한 가능성이 모호해졌다. 합리적인 사람은 결정 이론에 따라 선택할 것이 분명하고, 결정 이론은 합리적 행동이란 어떤 것인지를 규정하기 때문이다. 이런 교묘한 책략은 비평가들을 궁지를 몰아넣는 데 도움이 되었고, 21세기의 많은 경제학 교과서도 이 문제에 대해 얼버무리는 경향이 많다. 물론 엘즈버그와 새비지 같은 내부자는 결정 이론이 현실 세계에서 실제 행동과 맞아떨어지지 않을 수 있다는 걸 알고 있었다. 실제로 1961년 새비지는 사람들이 결정 이론에 부합하지 않는 선택하는 경우가 적지 않다는 걸 이미 인정한 적이 있었다. 하지만 그것은 결정 이론이 합리적인 사람은 어떻게 행동해야 하는가를 설득력 있게 설명하는가로 논의의 초점도 옮겨간 뒤였다. 따라서 엘즈버그는 자신의 실험으로 보통 사람이 결정 이론에 부합하지 않는 선택을 한다고 입증하더라도 새비지의 정통 이론을 지지하는 학자들이 "그래서 어쩌라고?"라는 식으로 반응할 것이 뻔하다는 걸 알고 있었다.

그래서 엘즈버그는 보통 사람에게 묻지 않고, 새비지 이론의 지지자들, 즉 결정 이론을 연구하는 학자들과 대학원생들에게 자신의 실험에 참가해달라고 부탁했다. 대부분이 그 요구에 응했고, 그들은 확률을 사용하는 결정 이론에 부합하지 않는 방법으로 선택했다. 엘즈버그는 그들이 범한 '오류'를 그들에게 설명하며, 선택을 바꾸겠느냐고 물었다. 하지만 대부분이 자신의 선택을 바꾸지 않았다. 달리 말하면, 원래의 선택을 고수하며 새비지의 이론을 따르지 않았다. 다시 생각하라고 선택을 재고할 기회를 주었을 때도 마찬가지였다. (엘즈버그에 따르면, 새비지도 자신의 이론을 '따르지 않으면서도 부끄러워하지 않는 사람' 중 하나였다. 그러나 엘즈버그의 이런 이야기를 입증해줄 객관적인 증거는 없다.[15]) 그 실험의 교훈은 명백했다. 합리적인 의사결정자라면 불확실성에 직면할 때 확률을 계산해야 한다는 주장은 터무니없게 들린다. 그 주장을 지지하는 사람들도 현실 세계에서는 그 이론을 따르지 않았고, 다시 생각하라고 선택을 재고할 기회가 주어졌을 때도 결정을 바꾸지 않았다고 하지 않는가!

정통 결정 이론을 지지하는 학자들을 실험에 참여시킨 엘즈버그의 전략은 훌륭했다. 그러나 지나치게 훌륭했다. 정통 이론의 지지자들에게 변명할 여지를 주지 않았다. 또 숨을 곳도 주지 않았고, 체면을 지킬 방법도 주지 않았다. 그들에게 남은 것은 하나뿐이었다. 엘즈버그 패러독스를 철저히 무시하는 것이었다. 엘즈버그가 변덕스럽게 이미 다른 곳으로 관심을 돌린 뒤였던 까닭에 그들은 더 쉽게 그 패러독스를 무시할 수 있었다. 〈위험과 모호함 그리고 새비지 공리〉가 발표되었을 때 엘즈버그는 국방부와 백악관의 자문위원이었다. 1961년 그는 전면적인 핵전쟁에 대한 작전 계획 지침서를 작성해 합동참모본부에 보냈다. 따라서 이듬해 그가 쿠바 미사일 위기에 모든 관심을 쏟은 것은 당연했다. 엘즈버그는 학계에 자신의 생각을 널리 알리는 데는 별다른 관심이 없었다. 그는 어떤 형식으로든 베트남 전쟁에 관여했다. 베트남에 군대를 증파하는 계획을 작성한 후에는 사이공에서 2년을 보냈고, 다시 랜드 연구소에 돌아와서는 베트남과 관련된 일급 비밀에 해당하는 중대한 의사결정을 다루었다. 그리고는 그 결정을 실행에 옮겼다.

엘즈버그는 강경파에서 내부 고발자로 변신했다. 랜드 연구소에서 일하며, 미국 정부가 의회의 승인 없이 베트남에서 전쟁을 확대하고, 전쟁의 진짜 목적에 대해 미국 국민을 호도한다고 확신한 때문이었다. 엘즈버그는 7,000쪽에 달하는 자료를 몰래 복사하며 많은 시간을 보냈고, 열세 살이던 아들 로버트를 사무실로 데려가 도움을 받기도 했다. 1971년 자료를 공개하도록 상원 외교위원회 의원들을 설득하는 데 실패하자 엘즈버그는 19개 신문사에 그 자료를 보냈다. 이렇게 '펜타곤 페이퍼Pentagon Papers'로 알려진 극비 문서가 공개된 후, 그는 자수했다. 그는 음모에 가담한 혐의로 115년 형을 받을 운명이었지만, 뜻밖에도 백악관 배관공팀이 그를 구해주었다.

배관공팀은 전직 CIA 요원들로, 닉슨의 친구들의 친구들로 이루어진 팀이었으며, 닉슨의 정적에게 불리한 증거를 수집하기 위해 불법적 방법도 서슴지 않았다. 예컨대 엘즈버그를 치료한 정신 분석 전문의의 진료실에 몰래 잠입하기도 했다. 엘즈버그를 기소한 사건이 정부의 중대한 직권 남용과 불법적인 증거 수집에 근거한 것으로 밝혀지자, 판사는 엘즈버그와 관련된 모든 사건을 기각했다. 덕분에 엘즈버그는 징역살이를 피했지만 국제적인 악명을 얻었다. 그는 줄리언 어산지^{Julian Assange}와 에드워드 스노든^{Edward Snowden}의 선배였던 셈이다. 의사결정 이론가들에게 그렇지 않아도 구실거리가 필요했는데, 엘즈버그에 안겨진 새로운 평판은 엘즈버그 패러독스를 더 오랫동안 묻어버리는 또 다른 구실이 되었다.

다섯 번의
블랙 스완

그 사이에 새비지의 새로운 정통 이론은 종형 곡선의 사고방식과 효율적 시장 가설과 결합되며, 금융 시장에서 불확실성은 완화되거나 완전히 무력화될 수 있다는 이론으로 발전했다. 학계에서 이 이론은 결국 다섯 명의 금융 경제학자에게 노벨상을 안겨주었다. 1990년에는 해리 마코위츠와 그의 연구를 더욱 발전시킨 두 명의 경제학자가, 1997년에는 로버트 머튼^{Robert Merton, 1944~}과 마이런 숄스^{Myron Scholes, 1941~}가 노벨 경제학상을 수상했다. 금융 시장에서 불확실성이 무력화될 수 있다는 이론은 헤지 펀드의 등장과 더불어 정점에 이르렀다. 헤지 펀드가 그 이론을 현실화하겠다고 주장하고 나섰기 때문이다. 머튼과 숄스는 학교에서 가르치던 이론을 직접 실천하겠다며, 헤지 펀드인 롱텀 캐피털 매니지먼트 LTCM, Long-Term Capital Management의 고위 간부로도 일했다. LTCM은 막대한 수익을 올렸지만, 그들의 접근법은 블랙 스완의 가능성을 무시했다. 결국 블랙 스완은 러시아 정부의 채무 불이행과 평가절하의 형태로 찾아왔고, LTCM은 파산하고 말았다. 그해가 1998년으로, 머튼과 숄스가 노벨상을 수상한 이듬해였다.

안타깝게도 불확실성에 대한 정통 이론의 문제점에 대해 눈과 귀를 막았다는 점에서 대부분의 금융 경제학자와 은행가는 공범이다. 최근에만 정통 이론은 중대한 사건만 언급하더라도 1987년의 블랙 먼데이, LTCM의 파산, 닷컴 버블, 2007년에 시작된 금융 위기로 도전을 받았다. 이런 사건이 일어날 때마다 정통 이론은 침묵으로 대응하거나, 그런 사건은 블랙 스완이기 때문에 누구도 예측할 수 없었던 것이란 변명으로 일관했다. 블랙 스완의 가능성을 염두에 두지만, 블랙 스완의 도래를 예측할 가능성은 원천적으로 없기 때문에 예방책의 중요성을 강조하는 방법으로 불확실성에 대해 새롭게 접근하는 사고방식이 필요하다고 인정하지는 않았다.

낡은 정통 이론을 뒤엎는 데 가장 큰 장애물은 불확실성에 직면할 때 우리 지식의 한계를 인정하지 않으려는 고질적인 거부감과, 불확실성을 계량화하겠다는 집요한 고집이다. 이해하기 어렵기만 하고 보상은 보잘것없는 망델브로의 수학보다 종형 곡선 사고방식을 선호하는 데서 비롯되는 문제에 대해서는 이미 앞에서 살펴보았다. 일반화해서 말하면, 불확실성을 하나의 숫자, 즉 확률로 환원할 수 있다는 이론은 단순한 방법으로 안전과 안정을 찾으려 하는 우리 욕망에 부합한다. 하나의 숫자로 표현된 불확실성은 얼마든지 통제할 수 있을 것처럼 보인다. 따라서 우리가 용인할 수 있는 위험의 수준도 선택할 수 있을 것 같은 착각에 빠진다.

우리에게는 운명을 지배하겠다는 욕망과 더불어 그렇게 할 수 있다는 믿음이 있다. 많은 사람이 거의 의식하지 못하지만, 역사의 안정된 패턴이 미래에도 계속될 것이란 뿌리 깊은 믿음도 있다. 이런 믿음은 우리가 대부분의 것을 이야기 형식으로 이해하는 방법과도 관계가 있다. 미래를 현재로부터 잉태되는 이야기로 이해하려는 시도는 문자 그대로 '불확실성의 의미'를 파악함으로써 의혹을 설명으로 대체하려는 것이다. 영국 소설가 에드워드 M. 포스터Edward Morgan Forster는 단순한 사실의 나열("왕이 죽었다. 그 뒤에는 여왕이 죽었다.")을 유기적인 구성, 즉 '플롯'("왕이 죽었다. 그 뒤에는 여왕이 슬픔을 견디지 못하고 죽었다.")과 비교해 보였다. 플롯에는 더 많은 정보가 있지만, 그렇다고 기억하기가 더 어렵지는 않다. 인지적으로 더 효율적이기 때문이다.[16]

하지만 문제가 있다. 대니얼 카너먼과 아모스 트버스키가 그 명확한 증거를 처음으로 제시했다. 아래의 린다 문제는 지금도 그들의 가장 유명한 실험 중 하나로 손꼽힌다.

린다는 31세의 독신 여성이며 쾌활하고 말은 성격이다. 대학에서 철

학을 전공했으며, 학창시절에는 사회 정의와 차별에 대해 관심이 많

았고, 반핵 운동에도 참여했다.

현재는 어느 쪽일 가능성이 높은가?

1. 린다는 은행 창구 직원이다.

2. 린다는 은행 창구 직원이며, 페미니스트 운동에도 적극적이다.[17]

대부분의 사람들은 2번을 선택한다. 그러나 확률적으로는 2번일 확률이 1번보다 낮다. 린다가 페미니스트 운동에 적극적이든 그렇지 않든 1번은 참이기 때문이다. 정보의 부족에 대처하는 방법으로 이야기 형식을 끌어들이는 성향 때문에 우리는 기본적인 확률 법칙을 제대로 활용하지 못한다. 세상을 이야기 형식으로 이해하려는 우리의 성향과 불확실성의 파악에 확률을 사용하려는 우리의 욕망이 결합되면 재앙이 초래될 수 있다는 뜻이다. 하지만 이 문제를 지나치게 과장할 필요는 없다. 보통 사람들은 불확실성에 대처하는 데 도움이 되는 이야기를 끌어들이지만, 전문가들은 이론과 컴퓨터 모델을 도구로 삼아 불확실성에 대처한다. 요컨대 전문가들은 종형 곡선에 따라 낙관적으로 생각하며 어리석은 짓을 저지르지만, 적어도 린다 문제 같은 기본적인 오류에 빠지지는 않는다.

카너먼과 트버스키는 의사들과 그 밖의 훈련된 전문가들을 대상으로 유사한 실험을 했다. 그 실험에서 전문적인 의사결정자들은 다른 이야기, 즉 불확실한 상황에서 의사결정을 할 때 낙관적인 정통 이론을 포기하는 걸 주저한다는 게 명확히 확인되었다. 그 정통 이론은 폰 노이만이

봉투의 뒷면에 끄적거린 메모에서 시작되어, 레너드 지미 새비지를 통한 일련의 개선과 적용을 거쳐 노벨상과 그 밖의 영광으로 이어졌다.

2008년 금융 위기가 닥친 후에 미국 연방제도이사회 의장을 지낸 앨런 그리스펀은 그해 10월 의회에 출석해 이렇게 증언했다.

> 수십 년 전부터 위기 관리와 가격 책정 시스템은 눈부시게 발전했다. … 노벨상도 받았다. … 지난 수십 년을 지배하던 위기 관리 기법이었다. 하지만 그 지적 체계 전체가 지난 해 여름 와르르 무너졌다.

여기까지는 잘못을 인정하는 듯했다.

> … 위기 관리 모델에 입력된 자료가 대체로 지난 20년의 것, 즉 극도로 좋았던 시대의 것이었기 때문이다.[18]

결국 그리스펀은 종형 곡선 사고방식의 타당성과 불확실성의 계량화에 어떤 의문도 제기하지 않았다. 어쩌면 의문을 제기할 수 없었을 것이다. 우리가 지난 20년간의 자료를 사용한 것이 잘못이었다는 진단은 문제를 근본적으로 잘못 이해했다는 증거였다. 과거의 자료로는 블랙 스완의 발생 확률을 확실하게 추정할 수 없다. 블랙 스완은 지극히 드물게 일어나기 때문이다. 금융 시장에서는 물론이고 다른 곳에서도 지극히 드문 사건의 확률은 과거의 빈도로 추정할 수 없다. 그 이유는 그런 사건 자체가 지극히 드물기 때문이다. 논리적으로 생각하면, 뜻밖의 사건은 미리 예측되지 않아야 한다. 따라서 그런 사건의 확률은 추정될 수 없다. 뜻밖의 사건이므로 뜻밖으로 닥쳐야 한다.

블랙 스완의 희귀성도 우리가 확률을 이용해 불확실성을 측정하려고 할 때 블랙 스완이 존재하지 않는 것처럼 행동하는 또 다른 핑곗거리가 된다. 블랙 스완을 무시하며 종형 곡선의 사고방식에 의존하는 사람들이 오랫동안 성공적으로 불확실성을 관리하는 것처럼 보일 수 있다. 게다가 그들이 그런 외형적 성공의 보상도 톡톡히 누리는 듯하다. 하지만 오랜 시간이 지나 결국 블랙 스완이 닥치면, 케인스를 인용하며 "오랜 시간이 지나면 결국 우리 모두가 죽는다"라고 둘러댄다. 다행히 블랙 스완이 없다면 많은 연금을 받으며 퇴직 이후의 삶을 즐길 것이다.

하지만 이런 논증은 말장난처럼 들릴 수 있다. 그런데 위기를 관리한다는 금융인들의 추론에 결함이 있는 데도 그들이 두둑한 보상을 받는 이유가 무엇일까? 앞에서 이미 언급했듯이 여러 이유가 있다. 첫째로는 정통 이론이 노벨상까지 수상하며 지배적인 위치에 오른 까닭에 대안적 견해들은 거의 들리지 않았다는 것이다. 둘째로는 그 대안들이 불확실성을 통제할 수 있다는 위안을 주지 않고, 오히려 우리 지식의 한계를 노골적으로 인정하고 있는 점이다. 상대적으로 명확하지 않은 이유도 있다. 일반적으로 사람들은 성과에 따라 보상을 받지, 성과를 뒷받침한 추론을 이유로 보상을 받지는 않는다. 금융을 비롯해 많은 분야에서 성과는 전적으로 상대적인 것이다. 예컨대 당신과 성과를 두고 다투는 모든 경쟁자가 똑같은 정통적 '위기 관리법'을 사용한다면, 당신도 똑같은 방법을 사용하는 수밖에 없다. 테크놀로지 분야에서 한때 "IBM 제품을 구매해서 해고된 사람은 아무도 없다"라는 말이 떠돌았던 이유도 여기에 있다. 기준이 되는 것을 선택하는 것이 안전하다는 뜻이다. 사태가 잘못 되더라도 경쟁자들이 더 좋아지지는 않는다. 당신도 기준이 되는 과학 적 이론과 모델을 신뢰한 탓이라 변명하면 그만이다. 그럼 체면을 지킬 수 있다. 펀드 매니저들은 이 방법을 '시장의 벤치마킹'이라 칭하고, 케 인스는 '다수를 따르는 행위'라 불렀다.

반면에 정통 이론을 포기한다는 것은 직접 판단하며, 사태가 악화되 거나 경쟁자가 더 좋아지더라도 그에 대한 책임을 떠안겠다는 뜻이 된 다. 하지만 영국의 금융규제위원이 말했듯이 "우리는 자신의 결정을 뒷 받침할 지적 시스템을 갖지 못할 때 훨씬 큰 걱정에 시달린다."[19]

경제학자를 비롯해 정통 이론을 지지하는 학자들은 의사결정자에게 직접 판단하는 책임을 피하는 면허증, 즉 결정 이론에 책임을 떠넘기는 면허증을 주었다. 하지만 미래에 대해 판단한 책임을 면제해주는 결정 이론의 감질나는 힘은 근본적인 오류에서 비롯되는 것이다. 그 오류는 수학적 오류보다 철학적 오류에 가깝기 때문에 정통 결정 이론을 지지 하는 사람들도 눈치채지 못한 듯하다. 개인적 확률을 사용하는 의사결 정 이론은 우리에게 어떻게 선택해야 한다고 말할 수 없다. 수학이란 포 장을 벗겨내면 개인적 확률은 우리가 개인적으로 추정하는 무엇인가의 가능성을 표현한 것에 불과하기 때문이다. 우리의 추정은 잘못될 수 있 기 때문에 그 추정만을 근거로 우리가 선택해야 하는 것을 결정할 수 없 다. 예컨대 흡연이 암의 위험을 증가시킨다고 믿지 않으면 나는 계속 담 배를 피우는 쪽을 선택할 수 있다. 그렇다고 내가 계속 담배를 피워야 한다는 뜻은 아니다. 또 흡연이 암의 위험을 증가시키지 않는다는 믿음에 근거해 계속 흡연하겠다는 결정이 정당화되는 것도 아니다. 그 믿음이 잘못된 것이기 때문이다.[20] 우리가 무엇을 선택해야 하는지 규정하고, 우리가 불확실한 상황에서 내린 특정한 선택을 정당화하는 이론에는 객관적인 기준이 필요하며, 그 기준은 의사결정자에 따라 달라지지 않아야 한다. 달리 말하면, 주관적 믿음에만 근거한 것이어서는 안 된다.

개인적 확률의 선구자인 프랭크 램지는 이런 조건을 잘 알고 있었다. 새비지와 달리, 램지는 개인적 확률이 누군가가 무엇을 선택해야 하는지를 우리에게 말해줄 수 있다고 주장하지 않았다. 램지는 개인적 확률을 개념적 장치, 즉 사람들이 결정하는 선택을 설명하는 도구로 보았다. (엘즈버그의 실험은 이런 생각에도 의혹을 제기했다.)

그러나 새비지와 그의 추종자들은 믿음과 의견도 개인적 확률로 표현되면 객관적 사실과 동일하다고 여겼다. 여기에서 우리는 불확실성에 대한 정통 결정 이론의 숨겨진 오만함을 엿보게 되고, 그 결과 교묘한 자기정당화에 몰두하게 된다. 정통 이론의 오만함은 수학으로 감추어지고, 우리는 자신의 믿음을 언급하며 선택을 정당화한다. 그러나 무엇인가를 믿는다고 그것이 진실이 되는 것은 아니다. 우리는 객관적 사실을 무시한다. 특히 우리가 미래를 알 수 없다는 사실을 무시한다. 현대판 그리스 비극이 아닐 수 없다. 우리는 오만하게 행동하고, 지나치게 자신 있게 행동하며 우연의 신에게 저항한다. 오만은 언제나 응징으로 이어진다. 때로는 그 위험이 세계적인 금융 위기였을 때보다 훨씬 더 클 수 있다.

기후 변화의
가격표

세세한 부분들을 두고 격렬한 토론이 벌어지기는 했지만, 탄소 배출에 대해 과학적으로 한 가지 합의가 이루어졌다. 지금처럼 지속적으로 대기 중으로 탄소가 배출된다면 지구의 평균 기온이 4도가량 높아질 것이란 예측이다. 평균 기온이 상승한다는 합의된 예측에는 극단적인 기온의 변화, 홍수와 가뭄, 사막화와 태풍, 폭풍 해일 등 기후 변화의 복합적인 영향이 크게 부각되지 않는다. 그러나 과학적 합의가 얼마나 중요할까?

2006년 10월 30일, 영국 정부에 제출된 보고서 〈스턴 보고서: 기후 변화의 경제학〉이 위의 질문에 답을 내놓았다. 그것은 내가 아는 한, 지금까지 이 질문에 대한 가장 영향력 있는 대답이다. 〈스턴 보고서〉는 기후 변화를 해결하기 위해 아무런 노력도 기울이지 않으면, 매년 전 세계 GDP의 5~20퍼센트를 비용으로 치러야 할 것이라 주장하며 세계 모든 언론의 주목을 끌었다. 경제학자 니컬러스 스턴Nicholas Stern의 이런 결론은 정교한 경제 모델을 근거로 한 것이어서, 이 보고서에 자극을 받아 많은 경제학자가 유사한 경제 모델을 기초로 연구를 시도했고, 그 결과 "4도의 상승과 관련된 피해는 연간 전세계 GDP의 약 5퍼센트에 해당한다"라는 합의에 이르렀다. 전세계 GDP의 5퍼센트는 엄청나게 큰 금액이며, 정치인과 기업계 지도자 및 권력을 지닌 사람들이 쉽게 기억할 수 있는 편리한 숫자이다. 5퍼센트와 20퍼센트의 차이는 무수히 다른 식으로 조합한 가정과 단순화, 그리고 생략에서 비롯된 것이며, 그런 조합은 궁극적으로 이런 깔끔한 숫자를 얻어내기 위해 반드시 필요한 과정이다.

어디에서 시작해야 하는지 판단하기는 쉽지 않다. 20퍼센트처럼 높은 숫자를 끌어내기 위해서는 과학적으로 충분히 입증되지 않았지만 기후 변화로 야기될 것이라 추정되는 위험까지 고려해야 한다. 따라서 그런 위험에서 예상되는 피해를 금전적 가치로 환산할 때도 어림짐작하는 능력을 발휘해야 한다. 물론 금전적 가치는 모든 피해를 합산하고, 그 총액을 GDP의 백분율로 표현하기 위해 필요하다. 한편 기후 변화의 정도에 대해 순진하고 낙관적으로 생각하며 기후 변화의 잠재적 영향을 부분적으로 무시하면, 5퍼센트라는 상대적으로 낮은 숫자를 얻을 수 있다. 5퍼센트라는 숫자를 끌어내기 위해 무시되는 잠재적 피해를 나열해보면, 북극 영구 동토대의 해빙, 메탄가스의 방출, 화석 연료의 사용에 따른 대기 오염, 해수면 변화에 따른 작은 섬나라와 해안 지역의 침수, 최악의 영향을 입은 지역을 탈출하려는 대규모 이주에서 비롯된 갈등 등이 있다.

5퍼센트이든 20퍼센트이든 하나의 숫자를 끌어내기 위해 고려되는 기후 변화의 영향들 중 절대적으로 확실한 것은 극소수에 불과하다. 따라서 기후 변화로 야기되는 피해의 총가치를 계산하려면, 각각의 불확실한 영향이 지닌 금전적 가치에 그 영향이 발생할 확률을 곱해야 한다. 안타깝게도 가장 중대하다고 여겨지는 영향들의 대다수가 순전히 불확실한 것이다. 따라서 우리는 그 확률을 알지 못하고, 그럴듯한 확률의 범위조차 가늠할 수 없다. 그냥 모른다!

기후 변화로 야기되는 모든 영향의 금전적 가치를 계산하려고 할 때도 신뢰할 만한 숫자를 찾아내기는 똑같이 어렵다. 흔히 가장 중대하다고 여겨지는 영향, 즉 수백만 명의 안타까운 조기 사망을 예로 들어보자. 2002년 세계보건기구는 평균 기온이 1도 미만으로 상승하더라도, 많은 원인이 있겠지만, 특히 더 길어진 폭염, 말라리아와 탈수증으로 매년 약 15만 명이 사망할 것이라고 발표했다. 평균 기온의 변화가 인간의 건강에 미치는 피해가 이처럼 크기 때문에 평균 기온이 4도 상승하면 안타깝게도 매년 50만 명이 사망할 것으로 추정된다.[21]

6장에서 보았듯이, 토머스 셸링은 조기 사망의 예방에 대한 금전적 가치를 계산하는 방법을 경제학에 도입했다. 그 가치는 증가한 위험을 용납하기 위해 사람들이 지불해야 하는 금액에서 얻을 수 있다. 이 계산은 다소 위험하지만 다른 면에서는 똑같은 일자리들의 임금을 비교한 자료를 근거로 이루어진다. 그러나 그 자료의 출처와 상관없이, 사람들이 위험이 증가했다는 것을 용인하며 인정하는 비용과, 위험을 피하기 위해 기꺼이 지불하는 금액은 소득에 따라 다르다는 게 확인된다. 예컨대 부유한 사람보다 가난한 사람이 위험한 일을 더 쉽게 용납하는 이유는 임금이 더 절실하게 필요하기 때문이다. 또 가난한 사람이 위험을 피하는 데 더 적은 비용을 소비하는 이유는 비용으로 사용할 돈이 상대적으로 적기 때문이다.

따라서 토머스 셸링의 계산법에 따르면 부유한 국가보다 가난한 국가에서 조기 사망의 예방에 더 낮은 가치를 부여한다. 달리 말하면, '통계적 생명'의 가치는 부유한 국가보다 가난한 국가에서 더 낮다. 이런 계산은 학자들의 머릿속에서만 이루어진 게 아니다. 셸링의 계산법은 기후변화에 관한 정부간 협의체Intergovernmental Panel on Climate Change에도 영향을 미첫고, 그들은 1995년의 보고서에서 부유한 국가가 잃게 되는 생명값은 150만 달러로 평가한 반면 가난한 국가가 잃게 되는 생명값은 10만 달러로 평가했다.[22]

대부분의 경제학자는 어떤 생명을 상대적으로 높이 평가하는 게 보편적으로 용납되지 않는다는 걸 인정한다. 그러나 경제학자들이 대안으로 채택한 방법도 더 낫지는 않다. 많은 경제 모델이 세계 인구가 고정되어 있다고 가정함으로써 기후 변화에 따른 생명의 잠재적 상실을 무시하기 때문이다. 매년 50만 명의 조기 사망을 가정에서 배제하는 것도 충격적이지만, 경제학자들의 계산에는 훨씬 더 강력한 가정이 숨겨져 있다. 'GDP의 5퍼센트' 같은 최종적인 숫자에 가장 큰 영향을 미치는 가정이다.

그 가정은 기후 변화에 따른 미래의 비용과 편익을 현재의 비용과 편익에 상응하는 숫자로 전환할 때 사용되는 '할인율'이다. 할인율이 적용된다는 것은, 현재의 동일한 영향과 비교할 때 미래의 영향이 낮게 평가된다는 뜻이다. 따라서 어떤 영향이 미래에 더 자주 일어나면 더 많이 할인된다. 할인이 오랜 기간 동안 계속되면 엄청난 결과를 낳는다. 예컨대 표준 할인율을 적용한 표준 경제 모델에서는 향후 200년 동안 세계 총 GDP는 현재 가치로 약 40억 달러에 상응하는 가치가 할인된다. 40억 달러는 토고의 GDP이며, 2019년 현재 세계에서 가장 부자이며 아마존의 설립자인 제프 베조스Jeff Bezos 재산의 2.5퍼센트에 불과하다. 결과적으로, 우리가 향후 상실하는 GDP에 근거해 앞으로 200년 동안 지구의 파괴를 예방하기 위해 지불하는 액수를 계산하면, 제프 베조스 재산의 극히 일부에 불과하다는 것이다. 적어도 장기적인 관점에서 적용하면 할인은 터무니없는 가정이다. 할인이 적용되면 엄청난 재앙까지 이런 식으로 하찮게 보이게 만들 것이기 때문이다.

할인의 역사에도 프랭크 램지가 다시 등장한다. 램지는 할인과 관련된 두 개의 핵심적 주장을 수학적으로 명확히 정의한 최초의 학자였다. 이때 도입된 간결하고 명쾌한 공식, 램지 규칙Ramsey Rule은 오늘날 기후 변화가 미래에 야기할 영향이 경제 모델에서 할인되는 방법에 영감을 주었다. 램지의 첫 번째 주장은 놀라울 정도로 직설적이다. 이른바 '순전한 할인'으로, 미래의 삶은 현재의 삶보다 중요하지 않다는 기본적인 주장이다. 대부분의 철학자와 종교인과 윤리학자는 이 주장이 미래 세대에 대한 노골적인 차별이라는 데 동의할 것이다. 램지는 이런 할인의 정당성을 수학적으로 표현할 수 있었지만, 그 자신도 이 주장이 윤리적으로 변명의 여지가 없다고 인정했다. 따라서 램지였다면 200년간 적용되는 할인의 불합리함도 틀림없이 인정했을 것이다. 오늘날 대부분의 경제학자는 기후 변화의 영향을 계산할 때 램지의 수학적 모델을 경외하지만, 안타깝게도 그의 모델을 오용하는 데 따른 비도덕성에 대한 경고는 철저히 무시한다. 기후 변화가 야기하는 영향을 다루는 대부분의 경제 모델이 미래의 영향을 '순전히 할인함'으로써 변명의 여지가 없이 미래 세대를 차별하고 있다고 해도 과언이 아니다.

할인에 대한 램지의 두 번째 주장은 더 미묘하다. 사람들의 삶이 평균적으로 미래에 더 부유하다면, 돈은 그들에게 조금 덜 중요할 것이다. 지금도 더 부유한 사람에게는 1달러가 덜 소중하지 않은가. 따라서 동일한 금전적 가치가 현재에 미치는 영향에 비교하면, 기후 변화가 미래에 야기하는 영향도 덜 중요할 것이란 결론을 내릴 수 있다. 동일한 금전적 가치가 미래에는 덜 중요할 것이므로, 우리 계산에서 미래의 영향에 주어진 가중치는 축소되어야 한다. 이 주장은 차별을 통해 할인을 정당화하는 주장보다 낫지만, 크게 나은 것은 아니다. 과거에 그랬듯이 경제 성장이 미래에도 지속될 것이고, 따라서 미래 세대가 우리보다 부유할 것이라 가정하지만, 이것은 무모한 가정에 불과하다. 기후 변화가 현재의 경제 성장률이 머나먼 추억거리가 될 정도로 경제 활동을 위협할 가능성이 무시된 가정이기 때문이다.

이는 환경주의자만이 아니라 보험업계 전체가 심각하게 받아들이는 가정이기도 하다. 기후 변화가 이런 식으로 경제 성장에 가하는 위협을 무시하는 것은 기후 변화의 영향에 대한 경제적 평가에서 중대한 실수가 아닐 수 없다. 그 위협을 무시하고 생략하면 수학적 표현이 조금이나마 쉬워지고, 경제학자들이 교과서에서 배웠던 램지의 분석에 경제 모델을 더 가깝게 연결할 수 있다고 변명할 수 있겠지만, 이런 실수는 세계 GDP에서 차지하는 비율로 표현되는 기후 변화의 비용이 줄어든다는 착각을 가져온다. 경제학자가 일반인들의 민주적 검열로부터 경제적 평가를 교묘하게 조작하고 싶다면, 할인율을 이용한 기술적인 속임수가 최적의 방법일 것이다.

그러나 주류 경제학자들 중에도 악랄한 악당이 적잖이 있겠지만, 과학-경제-정치-사회적 불확실성을 GDP의 백분율로 압축해서 표현하는 모델의 한계를 깨닫고는 가슴 아파하는 경제학자가 훨씬 더 많다. 〈스턴 보고서〉를 발표한 후, 니컬러스 스턴은 거의 모든 불확실한 요인들이 모델을 동일한 방향으로 치우치게 한다는 걸 알아냈다. 스턴이 그런 상황을 정리해 주요 과학 학술지에 발표한 논문 제목이 〈위험의 현저한 과소평가를 이미 편협한 과학적 모델에 더하다〉였다. 스턴은 GDP의 백분율로 표시한 숫자에 관심이 집중되는 것에 분노하며, 이런 숫자를 만들어내는 모델에 대한 설명은 692쪽에 달하는 〈스턴 보고서〉에서 30쪽에 불과하다고 지적했다. 나머지는 기후 변화를 생각하는 다양한 방향을 다루고 있다. 하지만 스턴과 대부분의 기후 경제학자도 여전히 이런 모델에 충실하며, 기후 변화가 야기하는 세계 GDP 대비 비용이 더 높게 산출되는 개선된 모델을 기초로 기후 변화에 대한 범세계적인 결정을 내려야 한다고 주장했다.

기후 변화를 줄이기 위한 의미 있는 행동을 기대하는 사람들에게 조언하는 경제학자들의 전략은 우려스럽기만 하다. 더구나 경제학자가 의사결정에서 차지하는 지배적 위치를 고려하면 더욱더 걱정스럽다. 〈스턴 보고서〉의 반응에서 확인되었듯이, GDP의 백분율이 언급되면 기후 변화가 야기하는 피해를 다른 식으로 생각하고 말하는 모든 방법이 묻혀버린다. 정치인과 언론이 기억하기 쉬운 숫자에만 초점을 맞추지 않도록 하려면, 그런 숫자 자체를 만들어내지 말아야 한다. 더 큰 숫자를 얻겠다고 새로운 모델을 사용하는 것도 도움이 되지 않는다.

결국에는 누구도 그 숫자에 크게 신경쓰지 않을 것이기 때문이다.

기후 변화를 방치할 때 예상되는 비용이 세계 GDP의 5퍼센트라는 것도 예상보다 훨씬 높은 수치일 수 있다. 제1차 세계대전과 제2차 세계대전도 세계 GDP에 약간의 손실을 주었을 뿐이다. 전쟁이 없었을 경우에 비교하면, 오히려 제2차 세계대전은 세계 GDP를 끌어올렸던 것으로 추정된다.[23] 여기에 비교하면, 5퍼센트의 감소도 매우 크다. 그러나 이 비교에 담긴 진짜 교훈은 홀로코스트를 비롯해 전례를 찾을 수 없을 만큼 대규모로 이어지는 재앙으로 수천만 명이 목숨을 잃은 것은 GDP의 측정에는 반영되지 않았다는 것이다. 우리 가정에서, 세계적인 재앙의 원인이 전쟁이든 기후 변화이든 간에 그 재앙이 GDP의 측정에 반영되지 않는다는 것은 자명한 사실이다.

평균 기온이 4도 상승할 때의 비용이 세계 GDP의 5퍼센트에서 20퍼센트로 바뀌더라도 기후 변화에 대한 세계적인 토론 방향이 크게 달라지지는 않을 것이다. 범세계적으로 일어나는 거대한 변화를 고려하면, GDP로 표현한 숫자의 한계를 대부분이 직감적으로 알고 있기 때문이다. 겉보기에는 경제 언어가 정치를 지배하고 있지만, 궁극적으로 숫자는 크게 중요하지 않다.

하지만 우리가 정통 이론을 포기한다고 해도 케인스의 추종자들이 맞닥뜨렸던 것과 똑같은 문제를 마주하게 된다. 그들은 순전한 불확실성에 직면했을 때 "우리는 그저 모를 뿐이다"라고 말했다. 그럼 그런 상황에서 어떻게 결정해야 할까? 모든 것을 금전적 가치로 환산해서, 기후 변화를 완화하기 위해 필요한 비용을 기준으로 기후 변화의 총비용을 경제적 관점에서 계산하지 않는다면, 무엇을 기준으로 삼아야 할까?

측정할 수 없어도
측정하라

어떤 위험에는 두 가지 특징이 있어, 그 때문에 그 위험을 해결하기가 훨씬 힘들어진다. 하나는 순전한 불확실성이고, 다른 하나는 재앙의 가능성이다. 달리 말하면, 나쁜 결과이기 때문에 재앙이지만 되돌릴 수 없는 피해나 손실을 야기한다는 점에서 다른 종류의 나쁜 결과이다. 어떤 결정을 하느냐에 따라, 근원적인 시스템과 조직 및 기준들이 완전히 붕괴될 수 있다. 논란의 여지가 있겠지만, 기후 변화와 세계적인 금융 위기에는 이런 두 가지 특징이 있다. 이익에서 비용을 제외한 순이익을 극대화하고, 목적을 위해 수단을 효율적으로 사용해야 한다는 경제학의 전통적인 사고방식은 이런 위험들에 대처하기에 적합하지 않다. 가장 우선시되어야 하는 사항은 재앙을 피하는 것이다. 이익의 극대화와 효율성 추구보다 회복력과 안전이 우선시되어야 한다. 자연에서는 이런 우선순위가 효율성의 정반대, 즉 잉여성redundancy을 통해 추구된다. 인간이 콩팥을 하나가 아니라 둘을 가진 것도 어떤 의미에서는 잉여적이다. 정치와 법에서 이런 사고방식은 사전 예방 원칙precautionary principle과 관계가 있다. 개괄적으로 말하면, 이 원칙은 회복력과 안전과 예방 조치에 초점을 맞춘 실리적인 결정을 권고하며,[24] 우리가 무엇을 모르는지 깨닫고, 더 나아가 미래가 예상을 벗어날 가능성을 깨닫는 것이 중요하다고 역설한다. 냉장고 같은 냉각기에 안성맞춤이라 생각되던 화학물질인 프레온 가스가 지구 온난화의 원인이 될 것이라고 누가 짐작이라도 했겠는가? 위험에 대한 이런 대안적 사고방식들은 각각 선택을 할 때 일어날 수 있는 모든 결과에 가격표를 붙이고 확률을 계산하는 지배적인 정통 이론을 거부한다. 대안적 방법들은 발생할 수 있는 모든 결과에 대한 확률 계산에 매달리지 않고, 그 영향들을 신중하고 세심하게 다차원적으로 평가하는 데 초점을 맞춘다. 우리는 그저 그 확률을 모를 뿐이다. 설령 확률을 알아내더라도 '무엇의 확률'인지 정확히 모른다면 쓸모가 없다. 1914년 여름, 영란은행 총재와 달리, 많은 사람이 전쟁의 발발 가능성을 정확히 예측했다. 그러나 예측이 중요한 것은 아니었다. 그 전쟁이 그때까지는 상상조차 할 수 없던 규모로 전개될 것은 아무도 몰랐기 때문이다.

요컨대 재앙이라 여겨지는 것에 대한 합의가 없으면, 우리는 재앙의 위험을 줄이기 위한 계획을 세울 수 없다. 따라서 "우리에게 가장 중요한 것이 무엇인가?"라고 물어야 한다. 기후 변화의 경우에는 "미래 세대에게 가장 중요한 것이 무엇일까?"라고 물어야 한다. 이 질문은 사회과학의 범위를 넘어선다. 우리도 돈을 옳고 그름의 기준으로 삼는 천박한 수준에서 벗어나야 한다. 전문화된 경제학은 미래 세대를 위한 우리 의무를 깊이 생각하는 데 아무런 도움이 되지 않는다. '미래를 할인한다'라는 이론의 이름만으로도 무엇을 하려는 것인지 충분히 짐작된다. 기기묘묘한 계산은 필요없다. 그런 계산은 미래에 대한 우리의 무관심을 감추기 위한 수단일 뿐이다.

지난 50년 동안 경제학자와 경제 사상은 위험과 가치를 계량화하는 추세에서 중심적 위치를 차지했다. 이런 추세는 경제학을 정치적이고 윤리적인 가정에 근거한 분석 방법이 아니라 물리학과 유사한 중립적 학문으로 재규정하는 과정의 일부였다. 시카고 대학에 있는 사회과학 연구동의 정면에는 "네가 측정할 수 없다면 네가 아는 것은 빈약하고 충분하지 못한 것이다"라는 글귀가 새겨져 있다. 물리학자 켈빈 경Lord Kelvin, 1824~1907이 남긴 말로 알려져 있지만, 정확히 인용한 것은 아니다. 여하튼 이 글귀를 경제학자들은 "그렇다. 숫자에는 결함이 있지만, 숫자가 아예 없는 것보다 적당히 있는 게 낫다"라는 뜻으로 받아들였다. 측정할 수 없는 순전한 불확실성을 강조했다는 점에서 시카고학파 경제학자 중 가장 시카고학파답지 않았던 프랭크 나이트는 상대적으로 덜 낙관적이었다. 그는 그 글귀가 경제학자들에게 "측정할 수 없더라도 어떻게든 측정하라!"고 허락하는 면허증이라 생각했다.[25]

"숫자가 아예 없는 것보다 적당히 있는 게 낫다"라는 말의 문제는 우리가 상관없는 숫자들을 무시하지 못한다는 것이다. 카너먼과 트버스키는 우리의 그런 성향을 '앵커링 효과anchoring effect'로 설명했다. 앵커링 효과에 따르면, 평범한 사람은 물론이고 노련한 의사결정자들도 상관없는 출발점, 즉 닻이 내려진 곳의 영향을 받기 때문에 이미 아무런 관계가 없다는 걸 알고 있는 숫자에서도 영향을 받는다. 예컨대 선고를 내리기 전에 주사위를 굴렸던 독일 판사들은 높은 수가 나오면 더 긴 형량을 선고했다.[26]

확률과 금전적 가치 등 경제와 관련된 숫자에는 자체의 고유한 문제가 있다. 따라서 숫자가 적당히 있는 것보다 아예 없는 편이 더 낫다. 중요한 것은 계량화하기 힘들고 불가능하기 때문에 무시된다. 아인슈타인이 말한 것인지 분명하지는 않지만 "의미있다고 해서 모든 것이 헤아릴 수 있는 것은 아니며, 헤아릴 수 있다고 해서 모든 것이 의미 있는 것은 아니다." 이런 사례는 이미 앞에서 적잖게 보았다. 랜드 연구소는 조종사의 목숨값에 대해 분석가들의 의견이 일치하지 않았다는 이유로 조종사의 상실이란 변수를 아예 무시했다. 게다가 어떤 수가 제시되면, 그 수를 얻은 과정에서 무시된 것들이 깡그리 잊히기 일쑤이다. 따라서 그 수가 조직적으로 편향성을 띤 것일 수 있다는 우려도 잊게 된다. 기후 변화의 비용을 GDP로 추정하는 경우가 대표적인 예이다. 또 위험이 현실화되지 않더라도 위험은 미리 피하는 게 낫기 때문에 나쁜 일이 현실화되는 위험의 가능성을 무시하는 경우도 편향성이 작용한 사례일 수 있다. 더구나 현실화된 좋은 일보다 현실화되지 않은 나쁜 일을 계량화하기가 훨씬 더 어렵기 때문에, 현실화되지 않은 나쁜 일은 무시된다. 이런 이유에서, 위험 부담을 제한하는 규제를 준수하는 일반 은행의 중개인보다 위험을 무릅쓰는 투자 은행의 중개인이 더 많은 보수를 받는 것이다. 계량화를 강박적으로 고집하면 편향성이 무분별한 지경까지 치달을 수 있다.

강박적 계량화에는 또 다른 문제가 있다. 숫자를 만들어내는 과정에서, 우리가 측정하려는 개념이 왜곡되거나 잘못 표현될 수 있기 때문이다. 급기야 원래의 개념이 숫자로 재정의되는 과정에서 완전히 사라질 수도 있다. 해리 마코위츠의 논문을 시작으로, 경제학자들과 금융 전문가들은 위험을 거의 누구도 눈치채지 못하도록 '변동성'이라고 조용히 새롭게 정의했다. 하지만 이 재정의는 지금도 연금부터 보험까지 우리 일상생활의 많은 면에 영향을 주고 있다. 이런 영향은 경제와 관련된 숫자가 지닌 변혁의 힘을 보여주는 일례에 불과하다. 숫자를 결정이나 토론에 도입한다고 중립적이 되는 것은 아니며, 정확성이 향상되는 것도 아니다. 오히려 경제와 관련된 숫자는 윤리적이고 정치적인 쟁점을 전문성이란 안개로 뒤덮으며 모호하게 만들기 때문에 반민주적인 경우가 비일비재하다. 예컨대 그 숫자가 미래의 결정에 대해 필연적으로 편향성을 띠고, 미래 세대의 이익을 무시하는 걸 앞에서 보지 않았는가.

그런 숫자에 대한 신뢰가 무너지고, 우리 자신의 판단에 대한 믿음이 사라지더라도 그 과정은 개별적인 의사결정자에 의해 바닥부터 조금씩 눈에 띄지 않게 진행될 것이다. 이렇게 낙관적으로 생각하는 데는 작은 이유들이 있다.

첫째, 정통 결정 이론은 항상 과학적 우위를 주장하며 정교한 수학적 토대를 자랑삼았다. 그러나 결정 이론이 눈부시게 발전하며 최근에는 대안적 원리들(예를 들어 사전 예방 원칙)도 그럴듯한 수학의 얼굴을 띠기 시작했고, 어느새 남달리 우수한 인재들이 대안적 원리들을 진지하게 받아들이기 시작한 듯하다. 둘째, 판단을 내릴 때 책임이 뒤따른다면 적어도 우리에게 할 일이 생긴다는 뜻이다. 요즘의 컴퓨터는 계산만을 해내는 기계가 아니다. 인공 지능을 지닌 컴퓨터는 자체적으로 사용하는 수학 모델을 수정하고 다시 정의할 수 있다. 인공 지능이 빠르게 확산되고, 인간이 자신의 잉여성에 대해 더 자주 고민하게 되더라도 조심스럽고 머뭇거리지만 인간만의 고유한 질적 판단으로 순전한 불확실성과 윤리적 딜레마에 대처하는 것도 결국에는 매력적으로 보이기 시작할 것이다.

CHAPTER
9

왜
불평등해졌는가?

부유한 국가들에서 불평등이 얼마 전부터 심화되고 있다. 많은 사람이 이런 현상을 문제라고 여기지만 그 중요성에 대해서는 의견이 분분하다. 그러나 여하튼 우리가 불평등 해소를 위해 할 수 있는 일은 많지 않은 듯하다. 게다가 섣부른 치료가 질병 자체보다 더 나쁠 수 있다. 세계화와 새로운 테크놀로지가 만들어낸 경제에서는 고도로 숙련된 능력이나 재능을 지닌 사람은 엄청난 보상을 받을 수 있다. 따라서 불평등은 필연적으로 심화된다. 재분배 조세redistributive taxation를 통해 불평등을 줄이려는 시도는 실패할 가능성이 크다. 초고소득층이 다른 조세 관할권이나 조세 피난처로 쉽게 이주할 수 있기 때문이다. 증세가 부자들을 겨냥한다면 부의 창출이 중단되고, 결국 우리 모두가 더 가난해진다.

위의 논증이 당연하게 들리지만 이상한 점이 있다. 대략 1945년부터 1980년까지 경제학의 정설은 불평등의 심화는 필연적인 것이 아니며, 다양한 정부 정책으로 불평등을 줄일 수 있다는 것이었다. 위의 논증을 이런 과거 경제학의 정설과 뚜렷이 대조된다. 게다가 그 정부 정책들은 성공적이었다고 여겨진다. 1940년대부터 1970년대까지 대부분의 국가에서 불평등이 줄어들었기 때문이다. 요즘의 불평등은 주로 1980년대 이후의 변화에서 기인한 것이다. 미국과 영국에서, 1980년부터 2016년까지 총소득에서 상위 1퍼센트가 차지하는 몫이 2배 이상 증가했다.[1] 상위 1퍼센트의 물질적인 생활 수준은 나머지 99퍼센트와 급속히 멀어졌다. 인플레이션을 고려하면, 미국과 영국에서 하위 90퍼센트의 임금은 25년 동안 거의 오르지 않았다. 개인의 차원에서도 똑같은 추세가 확인된다. 1950년에 세계에서 가장 많은 보수를 받은 최고 경영자는 제너럴 모터스의 찰리 윌슨Charlie Wilson, 1890~1961이었다. 그의 연봉이 586,000달러로, 현재 가치로 환산하면 500만 달러를 조금 넘었다. 그러나 2007년 제너럴 모터스가 최고 경영자에게 지급한 보수는 1,570만 달러로, 대략 과거에 비해 3배가 넘는 금액이었다. 하지만 그해 제너럴 모터스는 390억 달러의 적자를 기록했다. 일반화해서 말하면, 50년 전 미국의 최고 경영자가 평균적으로 받은 보수는 보통 노동자보다 약 20배가 많았다. 하지만 요즘 최고 경영자는 354배를 더 받는다.[2] 요컨대 1945년부터 1980년까지의 기간은 그다지 먼 과거가 아니어서 아직도 기억에 생생하지만, 불평등에 관한 한 그 시대는 화성만큼 멀리 떨어진 것처럼 느껴진다. 대체 무엇이 달라진 것일까?

경제와 정치에서 자유시장을 지지하는 세력이 주류를 차지하는 근본적 변화가 큰 역할을 했다는 데는 이론의 여지가 없다. 마거릿 대처의 표현을 빌리면, "이제 우리는 불평등을 즐겁게 받아들이고, 모두를 위해서라도 유능한 인재에게 보상을 아끼지 않아야 한다."[3] 하지만 이미 몇몇 뛰어난 역사학자가 자세히 분석했듯이, 레이건과 대처가 받아들인 경제 사상 때문에 불평등이 심화되었다는 설명은 결코 완전하지 않다.[4] 그 이유를 이해하려면, 다른 곳으로 눈을 돌려야 한다. 불평등에 대한 일반적인 생각에 지금까지도 엄청난 영향을 미친 경제학자로 시작해보자.

불평등에 대해
말하지 않는 이유

빌프레도 파레토Vilfredo Pareto, 1848~1923는 경제학에 중대한 족적을 남겼지만, 일반 대중에게는 거의 알려지지 않은 경제학자 중 하나이다. 파레토는 경제학사에서 수수께끼 같은 인물이었으며, 삶과 사상을 명확히 분류하기 힘든 냉소주의자였다. 또 상대의 기분에는 아랑곳하지 않는 변덕스럽고 따지기를 좋아하는 귀족이기도 했다. 하지만 그의 사회생활은 조용히 시작된 편이었다. 그는 공학으로 학위를 받은 뒤 피렌체에서 철도 기사로 일했다. 그러나 이탈리아의 파시스트 지도자, 베니토 무솔리니Benito Mussolini, 1883~1945가 이탈리아 총리가 되고 10개월이 지난 1923년 8월에 파레토는 세상을 떠났다. 그 사이에 파시스트들은 파레토의 사상에서 지적 영감을 얻었다며 파레토에게 온갖 명예와 특권을 베풀었지만, 파레토는 대부분의 제안을 거부했다. 철도 기사로 시작해 파시스트의 영웅이 되기까지 삶의 여정에서 파레토는 사회주의와 마르크스주의로 잠시 외도하기 전에는 자유시장과 작은 정부의 확고한 지지자였다. 파레토는 급진적인 민주주의자로 거리 시위에도 참여했고, 언론을 통한 격론에도 빠지지 않았지만, 나중에는 공개적으로 반민주주의자를 자처했다. 경제학자로서는 이론 수학을 이용한 경제 이론에 주력했지만, 그런 경제 이론이 현실과의 관련성이 제한적이라는 걸 깨닫고는 경제 연구마저 따분하게 여겼다.

파레토가 이데올로기에서 이처럼 변덕스러웠던 이유는 개인적 환경에 기인하는 듯하다. 파레토는 급진적 사회 변화를 지지하는 운동에 참여했지만, 그즈음 막대한 재산을 물려받았다. 그 직후에는 아내가 젊은 요리사와 눈이 맞아 그의 곁을 떠났다. 아내의 배신에 대한 복수였는지 막대한 재산을 물려받았기 때문이었는지 몰라도 파레토는 제네바 호수가 굽어보이는 호화 저택으로 이사했다. 그는 그 저택에 빌라 앙고라^{Villa Angora}라는 이름을 붙였고, 한 명의 가정부만을 두고 혼자 살았다. 하지만 그가 인간의 표본이라 생각한 12마리의 순종 앙고라 고양이가 수행단처럼 항상 그의 곁에 있었다.[5] 이런 별세계 같은 곳에서 파레토가 정교하게 다듬은 두 개의 개념이 오늘날 대부분의 경제학자가 불평등에 대해 생각하는 방향을 지배하게 되었다. 다시 말해, 21세기 초에 부유한 국가들에서 심화된 불평등에 대한 정치적 합의, 다시 말해 상당한 규모의 불평등은 필연적이고, 불평등을 줄이기 위한 정책을 수립하기도 어렵다는 합의를 이루어내는 데 가장 큰 영향을 미친 학자는 마르크스나 케인스, 프리드먼이나 하이에크가 아니라 파레토의 유령이었다.

주류 경제학의 기본적인 개념은 효율이다. 어쩌면 효율은 주류 경제학을 떠받치는 유일한 개념일 수 있다. 경제학자가 말하는 효율이란 대체로 '파레토 효율Pareto efficiency'을 줄여 말한 것이다. 공학에서는 투입량을 줄이면서도 산출량을 유지하거나, 투입량은 그대로인데 산출량이 증가하면 시스템이나 공정의 효율이 명백히 증가한 것이다. 어느 쪽이든 비용을 더 들이지 않고 개선을 이루어낸 것이다. 공학을 공부한 파레토는 이 개념을 경제 시스템에 적용했다. 경제에서는 적어도 한 사람은 얻지만 아무도 잃지 않아야 비용을 더 들이지 않는 개선이 가능하다. 경제학자들은 이런 유형의 개선을 '파레토 개선Pareto improvement'이라고 한다. 파레토 효율에 도달하면, 파레토 개선이 더 이상 가능하지 않다. 달리 말하면, 비용을 들이지 않고 모든 이득을 얻은 까닭에 누군가 이득을 취하면 다른 사람의 손해는 피할 수 없다는 뜻이다.

1930년대 이후로 경제학자들에게 파레토 효율이란 개념은 모든 것을 바꿔놓을 수 있는 무기였다. 실제로 파레토 효율은 자본주의의 승자와 패자, 즉 자본주의의 과실을 어떻게 분배할 것인가에 대한 토론과 정치색을 띠던 거북한 토론을 효율성에 대한 과학적 논쟁으로 바꿔놓았다. 적어도 한 사람은 얻고 누구도 잃지 않는 파레토 개선이 있어야, 제조 공정에서 공학적 효율성의 개선만큼 객관적이고 확실한 개선을 이루었다고 할 수 있었다. 파레토 개선을 넘어서면 어떤 것도 객관적이고 '과학적'이라고 말할 수 없다. 다른 모든 변화에는 승자와 패자가 있다. 따라서 모든 것을 고려해 변화가 좋은 것인지 아닌지를 결정할 때도 '비과학적'인 가치 판단이 개입되기 마련이다. 달리 말하면, 도덕성을 기준으로 이득과 손실을 가늠하기 십상이란 뜻이다. 제2차 세계대전 이후로 과학으로서의 경제학이란 자아상이 지배적인 위치에 올라서자, 경제학에 가치 판단이 들어설 자리가 없어졌다. 게다가 경제학자들은 정부 정책의 변화로 생겨난 승자와 패자에 관심을 기울이지 않을 구실, 즉 경제를 더넓은 눈으로 보지 않는 이유를 파레토의 이론들에서 편하게 찾아냈다. 달리 말하면, 정부 정책이 불평등에 미친 영향은 거의 무시되었다. 경제학자들은 파레토 개선을 찾아내면 그것으로 끝이었다. 말하자면 "경제학은 더 이상 할 게 없다!"라는 뜻이었다. 이런 관점이 수세대 동안 경제학 교과서를 통해 현재까지 전해졌다. 요즘의 토론에서도 불평등의 심화가 옳은지 그른지는 '견해의 문제'에 불과하다는 주장 뒤에는 파레토의 유령이 어른거린다. 정부와 기업계가 진지하고 정치적으로 공정하게 정책을 분석하려면 공정이나 공평 혹은 불평등이 아니라 효율에 초점을 맞추어야 한다는 주장에서도 파레토의 유령이 느껴진다.

정통 경제학자들은 파레토의 영향을 받았는지 이상하게도 불평등에 대해 언급하기를 꺼린다. 따라서 애덤 스미스부터 존 메이너드 케인스까지 다른 경제학자들이 불평등을 어떻게 보았는지도 거의 언급하지 않고, 파레토의 저작도 무시된다. 경제학 교과서들은 입이 닳도록 파레토 효율을 거론하지만 불평등에 대한 파레토의 이론을 언급조차 하지 않는다.

불평등에 대한 파레토의 이론은 대단히 뛰어났다. 파레토는 지리적으로 멀리 떨어진 페루에서, 시기적으로는 1454년 스위스 바젤의 세무 기록까지, 소득과 재산에 관련된 자료를 최대한 수집해 면밀히 분석한 끝에 어느 시대에나 모든 국가에서 소득과 재산의 분배는 '높은 불평등'이란 동일한 패턴을 따른다는 결론을 끌어냈다. 파레토는 이탈리아를 가장 먼저 분석하며, 이탈리아 토지의 80퍼센트를 상위 20퍼센트가 소유한다고 지적했다. 이 연구가 오늘날 모두에게 잘 알려진 '80/20 법칙'의 기원이다. 파레토는 소득이나 재산의 분배에 깊이 감추어진 일반적인 패턴을 찾아냈다. 모든 구성원의 소득이나 재산을 가장 가난한 사람부터 시작해 가장 부유한 사람까지 순서대로 늘어놓으면 소득이나 재산이 완만하게 증가하거나 반듯한 선을 따르지 않는다는 것이다. 정확히 말하면, 소득선이 처음에는 거의 올라가지 않고, 국민 대다수를 차지하는 부분에서는 상대적으로 약간 올라가지만, 상위 1퍼센트에 이르면 급격히 치솟는다. 앞 장에서 말했듯이, 사람들은 모든 것의 분포가 종형 곡선 형태를 띤다고 생각하는 경향이 있다. 이번에는 지극히 부유한 사람(혹은 지독히 가난한 사람)과 다수를 차지하는 중간층 사이의 차이를 보여주는 불평등 패턴도 종형 곡선 형태를 띤다고 결론지으면, 불평등에 대한 핵심적 사실을 간과하게 된다. 불평등이 최상위에서 멈추지 않는다는 것이다.

파레토 시대에는 알려져 있지 않았지만, 앞 장에서 언급한 수학적 언어로 표현하면 소득과 재산이 '척도 불변 분포'를 따른다는 것을 파레토는 알아냈다. 다시 말해, 척도와 관계없이 불평등 패턴이 동일하다는 것이다. 2010년 말, 미국에서는 상위 1퍼센트가 총소득의 20퍼센트를 차지했다. 파레토의 척도 불변 개념에 따르면, 그 1퍼센트 내에서도 똑같은 패턴의 불평등이 존재한다. 파레토의 결론이 옳았다. 오늘날 미국에서는 상위 1퍼센트 내의 상위 1퍼센트, 즉 상위 0.01퍼센트가 상위 1퍼센트의 총소득 중 20퍼센트를 차지한다. 달리 말하면, 부자도 똑같은 부자가 아니라는 뜻이다. 백만장자들 사이에도 상당한 정도의 불평등이 있고, 억만장자들 사이에도 똑같은 정도의 불평등이 있다는 뜻이다. 비유해서 말하면, 인형 속에 인형이 들어 있는 러시아 인형과 유사하다.[6] 미국 500대 기업의 최고 경영자들도 엄청난 보수를 받지만, 최근 수년 동안 미국 25대 헤지 펀드 경영자들은 그 500명의 최고 경영자가 받은 보수를 모두 합한 액수보다 더 많은 돈을 벌었다.[7]

불평등 패턴에 대한 파레토의 결론은 옳았지만, 그 이유에 대한 설명은 논란을 불러일으켰다. 파레토의 설명에 따르면, 시대와 공간에 관계없이 동일한 불평등 패턴은 능력과 재능에서 인간의 선천적인 차이를 보여주는 증거였다. 소득과 재산의 불평등은 능력과 재능의 불평등에서 기인하는 필연적인 결과라는 뜻이다. 또 파레토는 민주사회가 이런 불평등을 개선하거나, 우월한 사람이 더 높은 위치에 올라서려는 자연스런 성향을 제한하려 한다면 침체와 쇠락의 위험을 맞게 된다고도 주장했다.

파레토는 "우리 몸에서 독소를 제거하지 않으면 몸이 급속히 약해지듯이 사회도 마찬가지"라고 믿었다.[8] 이런 주장은 지배자 민족이란 환상에 사로잡힌 무솔리니에게 너무도 매혹적으로 들렸을 것이다. 이런 파레토의 세계관은 21세기의 주류 의견과 아무런 관계도 없어 보인다. 하지만 세상에는 예외적으로 뛰어난 사람이 있으며 그런 사람들은 자신이 창출해낸 부의 대부분을 차지할 자격이 있다는 생각에는 여전히 파레토의 주장이 살아 있는 듯하다. 부를 창출하는 소수에게 부가 집중되는 현상에 저항하려는 시도는 아무런 소용이 없고, 오히려 사회 전반에 손해가 된다는 주장이 적지 않다. 이런 주장도 불평등에 대해 거의 언급하지 않는 또 다른 이유이다.

요즘의 연구에서도 결론은 본질적으로 똑같다. 불평등의 심화는 자연스럽고 불가피한 현상이라는 것이다. 세계화와 새로운 테크놀로지에 대한 경제적 논증에서도 이런 결론은 타당하게 들린다. 세계화는 대부분의 재화와 서비스가 세계 시장에서 거래될 수 있다는 뜻이다. 그처럼 큰 시장에 재화나 서비스를 공급하면 더 많은 이익을 거둘 수 있다. 따라서 그런 공급망에 당신의 재능이 필수적이라면 당신은 훨씬 큰 보상을 기대할 수 있다. 또한 새로운 테크놀로지를 최대한 활용하는 능력을 지닌 직원이 상대적으로 많은 소득을 얻는 것은 사실이다. 따라서 대학 졸업생의 소득이 평균 소득보다 더 빨리 증가할 것이란 예상이 가능하다.

하지만 이런 설명들이 익숙하다고 해도 현실에 부합하지는 않는다. 오히려 파레토가 확인한 패턴, 즉 집단 내에서도 불평등이 심화되는 패턴이 확인된다. 소수의 졸업생은 소득이 엄청나게 증가했지만, 대다수 졸업생의 소득은 평균 소득보다 더 빨리 증가하지는 않았다. 물론 그 대다수 졸업생도 경제에서 고도로 숙련된 노동자 집단에 포함된다.[9] 결국 불평등 심화의 원인은 세계화와 새로운 테크놀로지 덕분에 고도로 숙련된 노동자들의 보상이 크게 상승했기 때문이 아니라, 그들 중 극히 일부에게 보상이 집중되었기 때문이다.

세계화된 경제에서 불평등 심화가 불가피하다는 주장을 반박하는 결정적인 증거가 있다. 1980년 이후로 미국과 영국을 비롯한 일부 국가에서는 불평등이 크게 심화되었기만, 캐나다와 일본, 이탈리아 같은 국가에는 그 증가 폭이 훨씬 적었다. 심지어 프랑스와 벨기에, 헝가리에서는 불평등 격차가 변하지 않거나 줄어들었다.[10] 따라서 불평등 심화는 불가피한 것이 아니다. 한 국가에서 불평등 정도는 장기적인 세계 경제 요인에 의해서만 결정되는 게 아니다. 방금 보았듯이, 부유한 국가들이 유사한 요인들에 영향을 받았지만 불평등의 심화 정도는 각각 다르지 않았는가. 그 국가들이 공통된 경제 상황을 겪었다는 사실을 고려하면, 그 차이는 비경제적 요인에서 비롯되었을 가능성이 크다. 여기에서 우리는 불평등 심화에 대해 자주 듣던 정치적 설명으로 되돌아가게 된다. 레이건과 대처의 당선으로 정치와 경제에서 주류 사상이 크게 바뀌며 불평등이 심화되었다는 설명이다. 이 설명이 현실에 부합한다는 것은 부인할 수 없다. 선진국 경제에서 1945년 이후로 불평등 격차가 가장 크게 벌어진 국가는 미국과 영국이었고, 그 현상은 1980년부터 두드러지게 나타났다.

정치의 변화가 엄청난 파급력을 갖는 듯하지만, 그것만으로 모든 것이 설명되지는 않는다. 정치의 변화는 그야말로 상의하달이다. 달리 말하면, 정치인과 엘리트 계급이 우리에게 행하는 것이다. 이쯤에서 불평등의 심화가 불가피하다는 생각이 편의적인 신화, 즉 우리에게 다른 가능성에 대해 생각하는 수고를 덜어주는 것처럼 보이기 시작한다. 선거와 일상의 결정을 통해 우리는 불평등의 심화를 지지했거나 적어도 묵인해왔다. 결국 불평등이 심화되고 있다는 걸 우리가 알고 있었다는 뜻이다. 영국과 미국에서 실시된 여러 조사에서 일관되게 확인되듯이, 우리는 현재의 불평등 수준만이 아니라 최근에 더 심화된 수준까지 과소

평가하고 있다.[11] 그러나 무지함만을 탓할 수는 없다. 최근의 조사에서는 사고방식의 변화도 확인되었기 때문이다. 불평등의 심화가 과거보다 용인되는 분위기로 바뀐 것이다. 적어도 과거보다 더 쉽게 불평등을 용납할 수 있게 되었다. 특히 빈곤층에 속하지 않는 사람들의 사고방식이 그렇게 바뀌었다.[12]

우리 사고방식이 불평등을 용납하지 않는 쪽으로 확실히 돌아서지 않는다면 미래에도 불평등 격차가 줄어들 가능성은 거의 없다. 특히 시장에서 많은 보수를 받는 사람이 반드시 그만큼의 자격이 있는 것은 아니며, 그들이 납부하는 세금이 그들의 적법한 몫에서 떼어내는 것은 아니라는 것도 인정할 필요가 있다. 이런 의문의 제기가 헤지 펀드 경영자에게 적용될 때는 쉽게 인정되지만, 모험적인 기업가에 적용될 때는 인정하기가 쉽지 않고, 더구나 당신과 나에게 적용될 때는 더더욱 인정하기 힘들다. 이제 당신과 나를 돌이켜볼 때이지만, 빌 게이츠Bill Gates로 시작해보자.

신화는
없다

《이코노미스트》는 "예부터 어떤 사회에나 항상 엘리트 계급이 있었다. … 지난 세기에 일어난 큰 변화라면, 엘리트 계급이 능력이 뛰어나고 세계화된 사람이라는 것이다. 이제 선진 국가에서 가장 부유한 사람은 귀족이 아니라 빌 게이츠 같은 기업가이다"라고 보도했다.[13] 빌 게이츠는 '세계 최고의 부자'라고도 일컬어지지만 멋진 남자인 듯하기도 하다. 자선 활동에도 열심인 게이츠는 자신의 뛰어난 재능을 활용하고 땀 흘려 일한 덕분에 큰 성공을 이루어낸 사람의 표본인 듯하다. 하지만 그의 성공을 더 자세히 들여다보면, 외부에 알려진 만큼 영웅적인 이야기는 아니다.[14] 그는 집안이 부유했던 까닭에 시애틀에 있는 사립학교인 레이크사이드에 다녔다. 1960년대 말 세계에서 극소수의 학교에만 있던 컴퓨터가 그 학교에 있었다. 따라서 게이츠는 일찍부터 컴퓨터에 빠졌다. 몇 번의 행운을 더 누린 뒤, 게이츠는 하버드를 자퇴하고, 역시 레이크사이드에서 그와 함께 컴퓨터에 빠져 있던 친구와 함께 마이크로소프트를 세웠다. 1970년 말, 사무용 컴퓨터의 주된 운영체제는 CP/M^{Control Program for Microcomputers}이었다. 마이크로소프트의 주된 사업은 CP/M에서 작동하는 소프트웨어를 제작해 판매하는 것이었다.

그즈음 IBM은 사무용 컴퓨터를 시장에 본격적으로 판매하기를 바랐고, 따라서 그에 적합한 운영체제가 필요했다. 당시 IBM이 컴퓨터 산업계에서 차지하는 위상은 그 회사의 메인 프레임 컴퓨터의 거대한 크기만큼이나 대단했다. CP/M이 시장을 주도하고 있었지만, CP/M을 개발한 게리 킬달^{Gary Kildall, 1942~1994}은 경쟁자들보다 앞서서 다중작업이 가능한 운영체제를 이미 개발해두고 있었다. 하지만 지금까지도 알 수 없는 이유로 IBM은 CP/M의 사용권을 사겠다며 킬달이 아니라 게이츠에게 접근했다. 게이츠는 CP/M의 특허가 자신에게 있지 않다며, 킬달에게 알아봐야 한다고 IBM에 말했다. 하지만 어떤 이유인지 몰라도 게이츠는 결국 IBM과 중대한 계약을 맺었고, CP/M을 개조한 운영체제를 서둘러 구입해 IBM에 팔았다. 게이츠가 그 거래에 성공한 정확한 이유는 아직도 불분명하다. 하기야 킬달의 모험가적 이미지는 IBM의 기업 문화에 어울리지 않았다. 한편 IBM의 최고 경영자는 빌 게이츠의 어머니와 친근한 사이였던 까닭에 마이크로소프트와 계약했다는 소식을 듣고 기쁜 표정을 감추지 않았다고 전해진다. 하지만 IBM과 마이크로소프트가 다중작업을 처리할 수 있는 운영체제를 도입한 것은 수년 뒤였다.

우리는 영웅 이야기를 좋아한다. 부의 축적에 대한 이야기도 다를 바가 없다. 우리는 지식의 중대한 진전을 역경에 맞선 굳은 결의와 천재성의 산물로 보고 싶어 한다. 하지만 역사는 운이 억세게 좋은 천재들로 넘쳐난다. 알렉산더 그레이엄 벨^{Alexander Graham Bell, 1847~1922}은 전화를 최초로 발명한 사람으로 인정받았지만, 안토니오 메우치^{Antonio Meucci, 1808~1889}가 수년이나 앞서 성공적으로 전화기를 발명한 듯하다. 메우치는 벨보다 5년 앞선 1871년에 특허 의향서를 제출했다. 하지만 역사책에는 전화의 발명가로 알렉산더 그레이엄 벨의 이름만이 등장한다. 메우치가 갱신 수수료 10달러를 납부하지 못해 1874년 의향서의 유효 기간이 소멸되었기 때문이다.[15]

빌 게이츠는 운만 좋았던 것이 아니다. 그의 성공은 찰스 배비지^{Charles Babbage, 1791~1871}를 필두로 다른 사람들의 업적에 크게 도움을 받았다. 애플도 1984년 맥킨토시 컴퓨터를 출시하며 마우스를 도입해 갈채를 받고 커다란 호응을 얻었지만, 컴퓨터용 마우스는 더글러스 엥겔바트^{Douglas Engelbart, 1925~2013}와 빌 잉글리시^{Bill English, 1961~}가 미국 공군으로부터 연구비

를 받아 1960년대 초에 처음 발명한 것이었다.● 널리 알려진 신화에서
는 한 사람만이 새로운 제품이나 발명 혹은 위대한 발전과 밀접한 관계
가 있지만, 그런 이야기는 그야말로 '신화', 즉 허무맹랑한 이야기이다.
한 사람이 기여한 몫을 알아내려는 노력은 헛된 수고로 끝나기 마련이
다. 핵심적인 지혜를 정확하게 깨달았던 한 천재가 세상을 변화시켰다
는 영웅 신화보다는 지적인 겸양의 고백이 오히려 사실에 더 가까울 것
이다. 아이작 뉴턴Isaac Newton, 1643~1727은 경쟁자이던 로버트 훅Robert Hooke,
1635~1703에게 "당신은 이미 많은 업적을 보이셨습니다. … 제가 더 멀리
내다보려면 거인의 어깨 위에 올라서야 할 겁니다"라는 편지를 보냈다
고 하지 않는가.

관점을 개인에서 경제 전체로 옮겨도 성공을 위해서는 타인의 도움이
필요하다는 논점은 여전히 유효하다. 경제 성장의 근원을 추적해보면,
대부분의 경우 그 원인은 노동 생산성의 증가도 아니고 투자도 아니다.
노벨 경제학상을 수상한 로버트 솔로와 허버트 사이먼Herbert Simon, 1916~2001
은 이론적으로 다른 관점에서 출발했지만 똑같은 결론, 즉 대부분의 성
장은 지식의 발전이 경제에 미친 영향에서 비롯된 것이란 결론에 도달
했다. 역시 노벨 경제학상을 수상한 조지 애컬로프George Akerlof, 1940~도 "우
리의 한계 생산물은 우리의 것만이 아니다. … 한계 생산물은 가난했던
석기시대부터 풍요로운 21세기까지 우리가 학습한 과정이 축적된 결과

● 엥겔바트는 마우스에서 상당한 몫의 특허권을 갖고 있었지만, 1987년 그 특허권의 소멸을 허락하
며 특허 사용료를 받지 않았다.

물이다"라고 강조했다.[16]

영웅 신화가 없다면, 위의 주장은 너무도 명백해서 굳이 언급할 필요가 없는 듯하다. 하지만 전통적인 임금 결정 이론에서는 한 사람의 '한계 생산물'(임금이 생산량에 추가로 기여하는 몫)을 깔끔하게 따로 떼어낼 수 있다고 가정한다. 이런 가정을 근거로, 모든 개인의 소득은 한계 생산물의 직접적인 결과라고도 주장한다. 달리 말하면, 당신의 임금은 당신의 기여를 반영한 것이란 뜻이다. 당신은 받을 자격이 있는 만큼 받는 것이고, 당신은 받는 만큼의 가치가 있다는 뜻이기도 하다. 이 한계 생산성 이론에 처음 영감을 주었던 정치 환경은 산업혁명의 여파로 가난한 하층계급이 대거 형성되고, 노동자가 착취당하고 있다는 마르크스와 엥겔스의 비판이 고조되던 때였다.[17] 한계 생산성 이론은 관리자의 높은 임금에 비해 노동자의 낮은 급여를 정당화하려던 시대의 요구를 충족시켜 주었다. 그로부터 150년이 지난 지금까지도 경제학 교과서가 이 이론을 옹호하고 있다는 게 놀랍기만 하다.

그 이유가 무엇일까? 한계 생산성 이론이 틀렸다는 걸 입증하기가 무척 어렵다는 것도 많은 이유 중 하나이다. 당신의 기여가 과거로부터 물려받은 지식이란 공통된 재산과 아무런 관계가 없다고 가정하더라도 오늘날 완전히 고립된 상황에서 일하는 사람은 거의 없다. 따라서 당신의 업무에서 생산되는 부가가치를 따로 계산하기는 어렵다. 대기업의 최고 경영자가 이익을 크게 향상시키는 데 상당한 역할을 했다고 해도 어느 정도가 순전히 그의 몫일까? 반대의 경우도 마찬가지여서, 어떤 생산에서 다른 사람들이 많이 더 크고 증명히는 것 역시 어렵다. 한계 생산성

이론이 이렇게 동어 반복에 빠져들면, 틀렸다는 것을 입증하는 게 거의 불가능해진다. 드물지만 어떤 사람의 개별적인 기여가 확인되는 경우에 그 이론이 틀렸다는 걸 입증하기가 가장 쉽다(예컨대 혼자 활동하는 공연자나 운동선수를 생각해보라.) 그런데 그 개별적인 기여의 가치를 측정하는 유일한 방법은 관객이나 소비자가 그의 공연을 보려고 기꺼이 지불하려는 돈으로 환산하는 것이다. 그럼 한계 생산성 논증은 결국 "당신의 보수에는 다른 사람들이 당신에게 지불하려는 금액이 반영된 것이므로 당신의 보수는 정당화된다"라고 요약할 수 있다. 달리 말하면, 당신의 보수는 당신이 받아야 하는 가치를 반영하고 있기 때문에 타당한 것이란 뜻이 된다.

악의가 개입되는 않은 의미 해석인 듯하지만 실제로는 그렇지 않다. 누군가의 노동이 창출한 가치를 측정하는 유일한 방법이 그 노동에 대가를 지불하려는 소비자의 의향이라면, 재화와 서비스의 본질적인 비시장적 가치를 무시하는 것이 된다. 따라서 은행장이 최고의 신경외과 의사보다 높은 보수를 받고, 상위 1퍼센트를 대신해 개를 산책시키는 사람이 초등학교 교사보다 더 많은 임금을 받는 게 정당화될 수 있다.

물론 "당신은 받을 자격이 있는 만큼 받는 것이고, 당신은 받는 만큼의 가치가 있다"라는, 많은 사람들에게 만연한 생각 뒤에는 한계 생산성 이론만이 있는 것은 아니다. 우리가 영웅 신화를 믿더라도 영웅 신화는 극소수의 턱없이 높은 보수를 정당화할 수 있을 뿐, 우리 모두의 보수를 정당화해주지는 않는다. 따라서 더 깊이 파고들어야 한다.

너는 그만한
가치가 있으니까

불평등을 옹호하는 모든 주장은 당신의 자아에 "당신은 특별하고 남다른 사람입니다. 그러므로 당신은 다릅니다. 그러므로 우리 모두가 다릅니다. 그러므로 불평등은 자연스러운 현상입니다"라고 직접 호소하는 것인지 모른다. 혹은 당신의 남다름은 당신의 재능과 근면함으로 드러난다고 말하고 싶은 것일 수도 있다. 그래야 겉보기에 비슷한 자격을 지닌 동료보다 더 나은 직장에서 더 많은 보수를 받는 이유가 정당화되기 때문이다. 혹은 당신이 현재의 위치에 올라서기 위해 열심히 노력했기 때문에 지금의 보수를 받을 자격이 있다고 말하는 것일 수도 있다. 우리가 최근에 불평등 해소를 위해 별다른 노력을 기울이지 않은 결정적인 이유가 마침내 드러나는 듯하다. 결국 당신은 성공에서 행운의 역할을 과소평가하고 있는 것이다. 물론 성공하기 위해서는 오랜 기간 동안의 꾸준한 노력이 필요하다. 하지만 우리가 최선을 다하려는 노력을 방해하는 불운이 닥칠 가능성을 머릿속에서 떨치지 못하면 그렇게 높은 강도로 꾸준히 노력하기 쉽지 않다. 따라서 우리는 운의 역할을 최소화하거나 무시하는 이야기를 좋아한다. 부모는 자식에게 열심히 노력하면 거의 모든 목표를 이루어낼 수 있다고 가르친다. 이런 가르침은 거짓말이지만, 그럴듯한 변명거리가 있다. 최선을 다하지 않으면 목표에 도달할 수 없는 것은 분명하기 때문이다. 맨손으로 기업을 일으킨 기업가들도 처음 시작했을 때의 무모한 낙관주의를 떠올리며 헛웃음을 짓는 경우가 많다. 사업을 시작할 때 위험과 장애물을 현실적으로 의식했더라면 시작조차 못했을 것이라 회고했다. 일반적으로 많은 경쟁적 상황에서 성공하려면 상당한 정도의 자기기만, 자신의 노력이 만들어낼 수 있는 차이에 대한 과대평가, 행운의 역할에 대한 과소평가가 필요한지도 모르겠다.[18]

내 성공의 뒤에 감추어진 행운의 역할을 무시하면 나 자신이 자랑스럽게 느껴지고, 나는 현재의 성공에 따른 보상을 누릴 자격이 있다고 생각하기가 편해진다. 이런 요인들은 성공할 가능성이 거의 없는 상황에서도 유효하게 작용한다. 복권 당첨자들은 당첨 번호를 알아내기 위해 정교한 기법을 사용했다고 거의 이구동성으로 말한다. 주식 투자자들을 상대로 한 조사에서도 밝혀졌듯이, 그들은 성공한 투자는 자신들의 훌륭한 판단 덕분이고 실패한 투자는 운이 나빴던 것이라고 생각한다. 물론 높은 보수를 받는 사람들도 그 높은 보수를 재능과 근면의 응당한 결과라고 여긴다.

"당신은 받는 만큼의 가치가 있다"라는 굳건한 믿음, 그리고 그와 관련된 믿음은 주변의 시선을 의식하는 거북함을 뛰어넘어 당신이 높은 임금이나 많은 재산을 가질 자격이 있음을 도덕적으로 정당화해준다. 고소득자는 성공하기 위해 정말 열심히 일했고 많은 장애를 극복해야 했다는 걸 알기 때문에 정말 그런 자격이 있다고 생각할 수 있다.

하지만 안타깝게도 우리 기억이 농간을 부리며, 우리가 걸어온 성공 과정에 대한 이야기를 조직적으로 비틀어버린다. 이것을 가능하게 하는 가장 큰 요인은 '가용성 어림법availability heuristic'이다. 가용성 어림법은 카너먼과 트버스키의 통찰력이 찾아낸 또 하나의 성과이다. 예컨대 영어 사용자에게 K로 시작되는 단어가 많을까, 아니면 K가 세 번째에 있는 단어가 많을까 물어보면, 대부분이 전자를 선택한다. 실제로는 후자가 더 많다. 하지만 K로 시작되는 단어는 예를 생각해내기가 더 쉽기 때문에 우리 머리에서 '가용성'이 더 높다. 가용성 어림법은 쉽게 떠올릴 수 있는 사례에 큰 가중치를 부여함으로써 우리 판단을 왜곡하는 머릿속의 지름길이다. 모든 고소득자는 밤새 일하거나 주말에도 일하며 예외적으로 열심히 일했던 경우를 뚜렷이 기억하고 있기 마련이다. 저소득자들도 똑같은 정도로 열심히 일한 사례가 많겠지만, 그들은 그때를 쉽게 기억해내지 못한다. 또 우리는 편안한 상황에서 일하던 때보다 과거에 극복해야 했던 역경과 장애를 더 쉽게 기억에 떠올린다. 편안했던 때는 한 단어나 하나의 이미지로 요약하기도 쉽지 않다. 반면 일을 시작할 때 맞바람이 부는 경우는 무시하기 어렵기 때문에 기억하기도 쉽다(오토바이를 탔다고 상상해보라). 오토바이를 탈 때도 순풍이 불었던 경우는 기억에 잘 남지 않는다.[19]

그러나 궁금증이 남는다. "당신은 받는 만큼의 가치가 있다"라는 믿음이나 관련된 믿음이 심리적인 것이어서 보편성을 띤다면, 왜 이런 믿음에 대한 지지도가 나라마다 큰 차이가 있을까? 게다가 이런 믿음을 반박하는 뚜렷한 증거가 있는 국가에서 이런 믿음이 더 팽배한 이유는 무엇일까?

"당신은 받는 만큼의 가치가 있다"라는 믿음은 상충되는 증거가 가장 뚜렷한 국가, 즉 미국에서 가장 팽배한 듯하다.[20] 태도 조사attitude survey에서 일관되게 보여주듯이, 미국보다 유럽에서 행운이 소득의 주된 결정 요인이고, 가난한 사람은 가난에서 벗어나기 힘들다고 믿는 사람의 비율이 대략 두 배 정도 높다. 반면에 가난한 사람은 게으르고 의지력이 부족하며, 근면하게 일하면 결국 질적으로 더 나은 삶을 살 수 있다고 믿는 사람의 비율은 유럽보다 미국에서 두 배나 더 높다. 하지만 실제로 하위 20퍼센트의 가난한 사람은 미국과 유럽에서 거의 똑같은 시간을 일한다. 더구나 경제적 기회와 계층 간 이동은 유럽보다 미국에서 더 제한적이다. 미국에서는 한 개인의 소득은 경제적 배경(부모의 소득)을 반영할 가능성이 상대적으로 높다. 따라서 평균적으로 유럽보다 미국에서 부모의 소득과 자식의 소득 간의 상관관계가 높다. 미국에서는 그 상관관계가 0.5로, 부모의 키와 자식의 키의 상관관계와 비슷하다.[21] 미국의 경우, 가난한 부모 밑에서 자란 자식이 가난을 벗어나지 못할 확률과 부모의 키가 크면 자식도 키가 클 확률이 엇비슷하다는 뜻이다. 반복된 연구에서 확인되듯이, 많은 미국인이 이런 객관적 사실을 모르기 때문에 사회적 이동에 대한 인식이 항상 지나치게 낙관적으로 나타나는 듯하다.

평균적으로 미국보다 유럽 국가의 조세 제도가 재분배 효과가 더 크고, 가난한 사람을 위한 복지 혜택도 더 크다. 따라서 유럽에서는 과세와 복지 혜택이 시행된 후에는 불평등 격차가 조금이나마 줄어든다. 많은 사람이 이런 결과가 미국과 유럽의 다른 사고방식에서 비롯되는 것이라고 해석한다. 그러나 인과관계는 정반대로 작용하며, "당신은 받는 만큼의 가치가 있다"라는 믿음이 불평등에 의해 더욱 공고해지는 듯하다. 심리학자의 주장이 맞다면, 우리는 동기가 부여된 믿음을 지킨다. 쉽게 말하면, 우리가 어떤 믿음을 간직하겠다고 선택하는 이유는 그 믿음이 어떤 형태로든 도움을 주거나 심리학적 욕구를 충족시켜주기 때문이다. 복지 혜택도 변변찮고 세후 불평등 지수도 높다는 것을 고려하면, 미국에서는 가난하면 좋을 것이 없다. 따라서 "당신은 받을 자격이 있는 만큼 받는 것이고, 당신은 받는 만큼의 가치가 있다"라고 믿어야 할 필요성이 유럽보다 미국에서 더 클 수밖에 없다. 이런 믿음은 우리에게 가난을 벗어나기 위해 열심히 일해야 한다는 동기를 부여하는 데 큰 역할을 한다. 또 이런 믿음은 길거리에서 동냥하는 노숙자를 무시하고 경멸하는 행동에 대한 죄책감을 완화하는 데도 도움을 준다.

이런 현상이 미국만의 문제는 아니다. 영국도 상대적으로 불평등 지수가 높고, 경제사회적인 이동이 낮다는 점에서 다른 유럽 국가들과 확연히 다르다. 이런 현상은 최근의 역사에서 인과관계가 명확히 드러난다. 1979년 마거릿 대처가 수상이 된 이후로 불평등 지수가 크게 높아졌고, 불평등이 심화된 후, 영국인의 태도가 바뀌었다. 복지 혜택은 가난한 사람을 나태하게 만들고, 유능한 사람에게 동기를 부여하려면 고소득을 보장해야 한다고 확신하는 사람이 많아진 것이다. 하지만 계층 간 이동성은 줄어들었다. 오늘날 영국에서 자녀의 소득은 부모의 소득과 상관관계가 높다. 이것은 세계 전역에서 확인되고 되풀이되는 현상이다. 불평등 지수가 높은 국가는 계층 간의 이동이 저조한 국가이고, 반대로 불평등 지수가 낮은 국가는 계층 간의 이동이 활발한 국가이다. 경제학에서는 이런 관계를 보여주는 그래프를 '위대한 개츠비 곡선Great Gatsby curve'이라고 한다."

누구나 부자가 될 수 있는 희망을 주는 아메리칸 드림과 그 밖의 유사한 이야기가 사실이라면, 우리는 정반대의 관계를 기대하게 된다. 계층 간 이동이 빈번한 까닭에 높은 불평등 지수도 용납되는 관계이다. 하지만 우리 주변의 현상은 무척 다르고, 대처 전략은 그 이상이다. 사람들이 불평등을 공정한 것이라 자위하며 높은 불평등에 대처한다는 뜻이다. 사회가 워낙 불평하기 때문에 불평등을 정당화하는 이야기가 받아들여지는 것이지 그 반대가 아니다. 따라서 불평등은 자체적으로 영속화될 수 있다. 우리는 불평등에 저항하거나 반항하지 않고 그저 대처할 뿐이다. 이런 까닭에 사람들은 《공산당 선언》보다 자기계발서를 더 많이 읽는다. 불평등이 다른 의미에서도 영속화되고 있는 셈이다.

부자를 위한
사회주의

앞에서 보았듯이, 불평등 심화의 주된 원인은 최상층계급의 변화에 있다. 하위 99퍼센트와 비교했을 때에나 GDP의 비율에서 상위 1퍼센트에게 주어진 보상이 크게 증가했다. 그 이유가 무엇이었을까? 이미 몇몇 대답은 타당하지 않다는 게 앞에서 입증되었다. 세계 경제 요인이나 새로운 테크놀로지가 원인은 아니다. 한계 생산성 이론을 동원한 설명도 잘못된 것이거나 유의어 반복에 불과하다. 이 질문의 대답은 단순하면서도 충격적이다. 상위 1퍼센트가 더 많이 갖겠다고 스스로 결정했기 때문에 단순하고, 적어도 초기에는 우리가 그들에게 더 많이 가지라고 권했기 때문에 충격적이다.

이런 터무니없는 권유는 상식에 어긋난다. 하지만 그 기원이 경제 이론에 있다고 말하면 고개가 끄덕여질지도 모르겠다. 경제학 교과서에 따르면, 자본주의가 성공하기 위한 전제 조건은 기업이 이윤의 극대화를 추구하는 것이다. 그러나 이윤의 극대화는 현실적으로 불가능하다. 이윤은 전통적으로 주주에게 분배되어야 하지만, 최고 경영자를 비롯해 결정을 내리는 고위 간부들은 자신의 연봉이나 위상을 높이는 데 주력하기 때문이다. 경제학자들은 기업이 이윤의 극대화라는 교과서적 '이상'을 좋아하게 만드는 방법으로 '최적 계약optimal contract'을 제안했다. 고위 간부에게 상대적으로 수수한 기본 연봉을 보장하고, 이익 여하에 따라 상당한 보너스를 받을 기회를 더불어 제공하라는 것이었다(물론 주가를 끌어올려 투자 요인을 높이는 성과를 거둔 경우에도 마찬가지였다). 이런 '성과급' 계약을 맺으면 최고 경영자와 고위 간부들은 훨씬 더 많은 보수를 받을 수 있고, 기업은 더 효율적으로 운영되므로 경제 전체에도 유익하다는 게 경제학자들의 주장이었다. 1990년 성과급 제도의 효율성을 누구보다 극찬하던 두 경제학자, 마이클 젠슨Michael Jensen, 1939~과 케빈 머피Kevin Murphy, 1956~는《하버드 비즈니스 리뷰》에 발표한 글에서 "최고 경영자에 대한 현재 수준의 보상이 가장 뛰어나고 똑똑한 사람을 기업 경영에 끌어들이기에 충분한가? 우리 대답은 '아닌 것 같다'이다"라고 썼다.[23]

젠슨과 머피의 글은 엄청난 영향을 미쳤다. 다른 경제학자들도 그랬지만 그들도 기업의 탐욕을 가리는 데 일조한 셈이다. 1990년 이후로

15년 동안 미국 500대 기업의 최고 경영자가 받은 총보수는 평균 3배를 상회했다(인플레이션을 반영한 후). 2004년 젠슨과 머피는 최고 경영자가 더 많은 보수를 받아야 한다던 과거의 의견에 대해 논평하며, "지금이라면 젠슨과 머피가 그렇게 대답하지 않을 것"이라고 과거의 주장을 철회했다.[24]

물론 뒤늦게야 깨달은 것이지만, 최고 경영자에게 높은 보수를 주어야 한다는 논증의 결함은 너무도 명백한 듯하다. 첫째, 이익의 증가가 전적으로 최고 경영자와 고위 경영진 때문이라고 가정한 것이다. 둘째, 이익이 증가하면 경제 구성원 모두에게 장기적으로 더 낫다고 가정한 것이다. 그러나 성과급 계약에 내재한 문제에 비교하면, 앞에서 말한 두 개의 가정은 무시해도 상관없을 정도이다. 성과급 계약은 예나 지금이나 최고 경영자와 고위 경영진에 유리하다.

그 주요 원인을 찾아내는 것은 그다지 어렵지 않다. 성과급 계약이 이사회에서 결정되기 때문이다. 젠슨과 머피가 뒤늦게 깨달았듯이 "최고 경영자가 이사진의 대부분을 선발한다. … 이사들은 최고 경영자가 원하는 대로 해준다. 일반적으로 최고 경영자가 이사회의 의제를 결정한다. 이사들이 회사로부터 받는 모든 정보는 사실상 최고 경영자가 직접 전달하는 것이거나 최고 경영자를 거쳐 전해지는 것이다."[25] 세계에서 가장 성공한 투자자, 억만장자 워런 버핏Warren Buffett, 1930~의 관점에서 보면, 그 결과는 "최고 경영자의 보수에 관한 한, 투자자들을 속인 짓이다." 성과급의 운명은 처음 고안한 사람들, 즉 '최적 계약'이란 개념을 만든 경제 이론가들에게로 결국 되돌아갔다. 벵트 홀름스트룀Bengt Holmström,

1949~은 최적 계약 이론을 정립한 공로로 최근에 노벨 경제학상을 수상했지만, 수락 연설을 통해 젠슨과 머피처럼 의견이 바뀌었다며 다음과 같이 고백했다. "시장을 기업 내에 도입하는 것은 무척 잘못된 판단이다. 내가 초기에 제대로 이해하지 못하고 기업 내에도 시장과 유사한 인센티브가 필요하다고 주장했지만 지금 생각하면 잘못 판단한 것이다."[26]

뒤늦게라도 깨달아 다행이지만, 상위 1퍼센트의 더 부자가 되려는 기발한 노력은 이제 다른 곳으로 옮겨갔다. 그 대부분의 노력이 경제 활동과 관련된 규칙을 그들에게 유리한 방향으로 고치는 데 집중되고 있다. 경제학자들은 그런 노력을 '지대 추구rent-seeking'라고 한다. '지대 추구'는 소득과 재산과 자원을 당신에게 유리하도록 재분배하려는 목적에서 취하는 모든 행위를 가리킨다. 따라서 부를 창출하거나 경제와 사회에 가치를 더하는 대부분의 경제 활동과 대조된다. 지대 추구의 유일한 목적은 더 큰 파이 조각을 차지하는 것이다. 모두를 위해 파이 자체를 키우는 데는 관심이 없다. 어떤 이유로도 정당화되지 않지만, 지대 추구자에게는 상당한 이익을 안겨줄 것이 분명한 규칙이나 규정이 암암리에 만들어진다면, 그것은 지대 추구자가 활동하고 있다는 확실한 증거라 할 수 있다. 예컨대 많은 국가에서 정부가 통제하고 지원하는 의료 시스템은 이상하게도 제약회사나 의료기기 제작회사에게 더 낮은 가격을 받아내려고 협상하지 않는다. 따라서 미국에서는 거의 알려지지 않은 법규가 제약회사들에게 매년 500억 달러 이상을 거저 건네주고 있다.[27] 그러나 지대 추구자가 가장 좋아하는 놀이터는 금융 분야인 듯하다. 월스트리트의 주된 규제 기관인 증권거래위원회의 건 위장은 "월스트리트의 로비스트들은 사소한 위협거리라도 생기면 지체 없이 활동을 개시하며 그 위협거리를 없애려고 노력했다. 개인 투자자들은 워싱턴에 자신들의 의견을 대신해줄 조직이 없는 까닭에 무엇에 얻어맞았는지조차 몰랐다"라고 말하지 않았던가.[28] 이 말에 담긴 교훈은 명확하며, 요즘의 광범위한 연구에서도 뒷받침된다. 큰부자가 더 큰부자가 되기 때문에 그들은 선거 운동 기금부터 특정한 규칙과 규정에 대한 로비 활동까지 정치 과정 전체에 더 큰 영향을 미친다는 교훈이다. 그 결과 그들을 돕기 위한 비효율적이고 낭비적인 정책이 수립된다.[29] 좌익 평론가들은 이런 현상을 '부자를 위한 사회주의socialism for the rich'라고 부른다. 워런 버핏조차 이런 현상에 동의하며 "지난 20년 동안 계급전쟁이 벌어졌고, 내가 속한 계급이 승리했다"라고 말했다.

앞에서 보았듯이, 불평등은 심화되기 시작하면 자체적으로 영속화되는 경향을 띤다. 사람들의 사고방식이 불평등을 수용하며 정당화하는 쪽으로 변해가기 때문이다. 여기에서도 역학 관계가 눈에 띈다. 경제학자들이 성과급 계약을 선전하며 사람들을 자극하기 시작하면, 불평등이 더 큰 불평등을 낳는 악순환이 뒤따른다. 상위 1퍼센트는 더 부유해지기 때문에 더 부자가 되겠다는 자극을 받고, 그럴 만한 능력도 가지고 있다. 그리하여 더 부자가 되는 데 성공하면 모든 순환이 다시 시작된다.

그러나 가장 큰 불평등 심화는 세금에서 이런 과정을 통해 일어난다. 소득세가 감세되면 고소득자가 얻는 것이 가장 많다. 게다가 감세를 위해 정치인들에게 로비하는 자금까지 아낄 수 있다. 감세가 확정되면 고소득자는 세금을 공제한 후의 소득이 더 커지기 때문에 보수를 인상하려는 욕구가 더 강해진다.

이런 추론이 옳다는 증거도 있다. 지난 50년 동안 상위 1퍼센트의 세전 소득이 최소한으로 인상된 국가는 고소득자에게 높은 소득세율을 유지하며 감세를 최소한으로 허용한 국가이기도 했다. 반대로 상위 1퍼센트의 세전 소득이 가장 많이 인상된 국가는 고소득자에게 가장 큰 감세를 허용한 국가이기도 했다.[30] 후자에 어떤 국가가 속했는지는 구태여 언급할 필요가 없을 정도이다. 1979년 이후로 거의 모든 선진국에서 최고 소득세율이 낮아졌지만, 가장 먼저 가장 큰 폭으로 최고 소득세율을 낮춘 국가는 영국과 미국이었다.[31] 1979년 대처 수상은 영국의 최고 세율을 83퍼센트에서 60퍼센트로 낮추었고, 1988년에는 40퍼센트까지 더 낮추었다. 레이건 정부는 1981년 미국의 최고 세율을 70퍼센트에서 28퍼센트로 낮추었다. 지금은 최고 세율이 약간 더 높아졌지만(미국에서는 35퍼센트, 영국에서는 45퍼센트), 숫자를 굳이 언급하는 이유는 최고 세율이 미국에서는 평균 75퍼센트, 영국에서는 더 높았던 전후 시기와 비교하면 턱없이 낮아졌기 때문이다. 당시 사람들이 세상을 다른 시각으로 보았다는 증거는 제2차 세계대전에 참전한 전쟁 영웅이자 연합군 총사령관이던 드와이트 아이젠하워 대통령에게서 찾을 수 있다. 아이젠하워 시대에 미국의 최고 소득세율은 91퍼센트까지 치솟았다. 아이젠하워는 부자에게 높은 세금을 부과해야 한다는 게 신념인 듯했다. 형에게 보낸 사적인 편지에서 그는 뉴딜 정책에 전반적으로 동의하며 사회보장 제도와 실업수당에 필요한 자금의 일부를 소득세로 해결해야 한다고 말했다. 아이젠하워는 소득세 인상에 반대하는 사람들을 "테시스 배만장자, 다른 지역의 정치인과 사업가"라고 적시하며 "그들의 수는 무시할 정도이고, 그들은 어리석은 사람들이다"라고 덧붙였다.[32]

레이건과 대처는 밀턴 프리드먼의 통화주의 거시경제학에 입각한 경제 정책으로 혁명적 변화를 시도했다. 그중 일부는 나중에 폐기되었지만, 미시경제학에서 잉태한 핵심 정책 이념은 지금도 폭넓게 받아들여지며 이제는 '상식'으로까지 여겨지게 되었다. "세금은 경제 활동을 위축시킨다. 특히 소득세는 노동 의욕을 꺾는다"라는 것이다. 이런 이념은 경제 이론에서 새로운 것이 아니었다. 오히려 과거의 여러 개념이 적절한 시기에 적절한 곳에서 새로운 형태로 멋지게 압축된 것이었다. 그 새로운 이념은 격변의 1970년대에 경제학계의 과세 제도에 대한 토론 방향을 바꿔놓았고, 모두를 위한 밝고 풍요로운 미래를 약속하려면 누가 무엇을 가져야 하는가에 대한 끝없는 논쟁으로 이어졌다. '모두를 위한' 이란 구절이 중요했다. 승자와 패자가 동시에 생기는 조세 정책이 아니라 승자만이 있는 조세 정책이 필요했다. 그 기본적인 개념을 설명하는 데는 냅킨 뒷면이면 충분했다.

래퍼 곡선과
낙수 효과

1974년 12월 어느 날 저녁, 야심찬 젊은 보수주의자들이 오찬을 위해 워싱턴 DC의 투 콘티넨츠 식당에 모였다. 《월스트리트 저널》의 편집자이던 주드 와니스키[Jude Wanniski, 1936~2005] 이외에 시카고 대학 경제학자 아서 래퍼[Arthur Laffer, 1940~], 당시 제럴드 포드 대통령의 수석 보좌관이던 도널드 럼스펠드[Donald Rumsfeld, 1932~], 당시 럼스펠트의 부관으로 래퍼의 예일 대학 동창이던 딕 체니[Dick Cheney, 1941~]가 그 모임에 참석했다.[33] 래퍼는 포드 대통령이 얼마 전에 실시한 증세 정책을 비판하며, 세율을 100퍼센트로 올리면 누구도 일하려고 하지 않을 것이기 때문에 세수가 증가하지 않아 0퍼센트의 세율과 다를 바가 없을 것이라 지적했다. 논리적으로 보면, 두 극단 사이에 세수를 극대화할 수 있는 세율이 있어야 한다. 래퍼는 당시 자신이 어떻게 행동했는지 기억하지 못하겠지만, 느닷없이 냅킨을 집어 곡선 하나를 그렸다. 세율과 세수의 관계를 보여주는 곡선이었다.* 이른바 '래퍼 곡선[Laffer curve]'과 '낙수 경제[trickle down economics]'가 탄생하는 순간이었다. 럼스펠드와 체니에게 깊은 인상을 주었던 이 곡선의 핵심 개념은, 세율이 100퍼센트 이하로 낮아지면 세수가 점진적으로 증가하듯이 세율을 낮추어도 세수가 증가할 수 있다는 것이었다. 달리 말하면, 감세하면 승자만 있지 패자는 없다는 뜻이었다.

그러나 '가능성'이 '현실성'을 뜻하지는 않는다. 감세가 세수를 증가시킬 수 있다는 논리적 가능성을 뒷받침하는 실증적인 증거는 없었다. 6년 후 정권을 잡은 레이건 정부가 고용한 경제학자들도 그 주장을 뒷받침할 증거를 찾아내려고 안간힘을 다했다. 하지만 영원한 낙관주의자이

● 이때 사용되었다는 냅킨을 www.polyconomics.com/galley/napkin003.jpg에서 볼 수 있다. 하지만 래퍼는 당시 자신의 행동을 기억하지 못했기 때문에 그 그림은 주변의 요구로 나중에 그려진 것으로 추정된다. 특히 9월이라고 쓰인 것도 와니스키가 기록한 12월이 오찬과 맞아떨어지지 않는다.

던 레이건에게 감세 정책은 물리치기 힘든 유혹이었다. 따라서 레이건은 보좌관들의 조언을 무시하고, "감세로 기업가 정신을 되살리면 전문가들이 생각한 것보다 더 많은 세수를 틀림없이 거둘 수 있을 것"이라고 확신했다.[34]

대중에게 영합하던 낙관주의자가 조바심을 내며 경제 전문가와 손잡는 게 40년 후에도 여전히 효과가 있었던지 래퍼도 도널드 트럼프^{Donald Trump, 1946~}의 선거 참모로 발탁되었다.[35]

소득세 감세로 세수를 끌어올리려면, 세후 소득이 더 높아진다는 것이 동기부여가 되어 노동자가 더 많이 일해야 한다. 그러면 세율이 떨어지더라도 더 많은 세수를 걷을 수 있을 정도로 GDP와 소득이 충분히 증가할 수 있다. 당시 감세가 없었더라면 미국 경제가 어떻게 되었을지에 대한 의견이 제각각이기 때문에 레이건의 과감한 감세 정책이 거둔 효과에 대해서는 지금도 의견이 분분하지만, 낙수 경제에 동조하는 학자들도 감세가 GDP에 미친 영향은 미미했고, 감세가 세수에 미친 부정적 영향을 상쇄하기에는 충분하지 않았다고 인정했다. 그러나 래퍼 곡선은 경제학자들에게 "0퍼센트와 100퍼센트 사이에 세수를 극대화할 수 있는 최고 세율이 틀림없이 존재한다"라는 사실을 상기시켜주었다. 그 마법의 수를 찾아내는 것은 다른 문제로, 그 숫자를 찾아내기 위한 연구는 지금도 계속되고 있다. 그 연구의 현황을 개략적으로 살펴볼 필요가 있다. 부자에 대한 세율을 높임으로써 불평등을 조금이라도 해소하려는 시도가 번번이 거부되고 있기 때문이다. 예컨대 2013년 영국 재무장관, 조지 오즈번^{George Osborne, 1971~}은 소득세의 최고 세율을 50퍼센트에서 45퍼센트로 낮추며, 감세로 세수가 줄어들더라도 그 규모는 미미할 것이라 주장했다. 오즈번의 주장은 영국의 경우 세수를 극대화하는 최고 세율이 40퍼센트 안팎이라는 경제적 분석에 근거한 것이었다.

하지만 그런 숫자를 끌어내는 데 참여한 대다수 경제학자가 인정하듯이, 그 숫자와 관련된 가정들은 한결같이 불안정하다.[36] 감세로 세후 소득이 올라가면 거기에 동기를 부여받아 노동자들이 더 많이 일할 것이란 근원적인 가정으로 시작해보자. 가정 자체는 그럴듯하게 들리지만, 실질적으로 그 효과는 아주 미미할 가능성이 크다. 소득세가 내리고 많은 사람이 더 많이 일하기를 원한다고 해도 그렇게 할 수가 없다. 초과 근무할 기회가 거의 없거나, 유급 노동 시간을 늘릴 수 있는 가능성도 없다. 그렇다고 근무 시간에 더 열심히 일한다고 더 많은 보수를 받는 것도 아니다. 그런 기회가 있는 사람도 더 많이 일하거나 더 열심히 일할 것이라고 장담할 수 없다. 오히려 그들은 일을 덜 하려고 할지도 모른다. 세후 소득이 올라가면 적은 시간을 일해도 과거의 소득 수준을 유지할 수 있어, 물질적인 생활 수준에 아무런 영향도 받지 않기 때문이다. 따라서 소득세를 낮추면 더 많이 일하며 생산적인 경제 활동을 증대할 것이란 일반적인 가설은 상식에서나 경제 이론에서는 근거가 희박하다.

오즈번의 주장에는 경제학자들에게 많이 알려지지 않은 더 큰 문제가 있다. 상위 1퍼센트가 소득세 감세로 동기를 부여받아 더 벌려고 할 경우, 그들의 더 높아진 소득도 생산적인 경제 활동의 증가를 반영한다고 가정한다는 것이다. 달리 말하면, 파이가 점점 더 커진다는 뜻이다. 그러나 프랑스 경제학자 토마 피케티Thomas Piketty, 1971~를 비롯해 일부 경제학자는 1980년대 감세 이후로 최고 경영자 및 최고 경영진의 행태를 분석한 끝에 이런 가정이 맞지 않다는 걸 보여주었다. 오히려 그들은 자신들의 보수를 올린 만큼 주주의 몫을 줄였고, 그 결과로 정부의 몫인 배당세도 줄었다. 결국 부자들은 파이를 더 키운 것이 아니라 자신들에게 유리하도록 파이를 재분배한 것에 불과했다. 피케티와 동료들의 주장에 따르면, 세수를 극대화하는 소득세율은 83퍼센트 안팎이다.[37]

지난 40년 동안 부자들을 위한 소득세 감세는 처음에는 경제적 주장들로 뒷받침되었다. 특히 래퍼의 그럴듯한 주장이 정치인들에게 받아들여졌다. 그러나 경제학자들에게 래퍼의 주장은 익숙하면서도 변변찮은 것이었다. 특히 현대 경제학은 감세의 장점을 입증하는 이론이나 증거를 제시한 적이 없었다. 감세를 주장하는 이론이나 증거 모두 애매모호할 뿐이다. 정치인들이 이 진실을 여전히 무시할 수 있다는 것은 부자들에게 높은 세율을 부과하는 것을 광범위하게 반대하는 이유가 결국 경제학 너머에 있다는 증거라고 할 수 있다.

4년 후에 오즈번 장관의 주도로 다시 최고 소득세율은 45퍼센트로 낮아졌지만, 영국 정부가 2009년 최고 소득세율을 50퍼센트로 올렸을 때 뮤지컬 작곡가로 영국 최대 부호 중 한 명이던 앤드루 로이드 웨버[Andrew Lloyd Webber, 1948~]는 "바다에서 강풍과 싸우며 용감무쌍하게 항해하며 부를 창출하는 사람들이 가장 피하고 싶은 것이 소말리아 해적식의 급습이다"라며 불만을 터뜨렸다.[38] 한편 미국에서는 사모펀드 회사 블랙스톤의 최고 경영자 스티븐 슈워츠먼[Stephen Schwarzman, 1947~]이 자신에게 크게 혜택을 안겨주던 특별 조세 감면 조항의 폐지 제안을 독일군의 폴란드 침공

에 비유했다.[39]

많은 사람이 엄청나게 부유한 사람들의 칭얼대는 불만을 조롱하고 비웃지만, 그런 불만의 뒤에 감추어진 근본적인 이념에는 대부분 아무런 생각도 없이 동의한다. "소득세는 땀 흘려 일한 사람이 적법하게 얻은 소득에서 떼어가는 일종의 도적질이다. 따라서 세금은 좋게 보아도 필요악이므로 가능하면 최소화되어야 한다"라는 생각이 바로 그것이다. 이런 이유로 피케티가 제안한 83퍼센트의 최고 세율은 받아들일 수 없는 것이 된다. '세금은 절도'라는 생각을 중심으로 발달한 문화 생태계가 오늘날 '납세자 돈의 지출'에 대해 운운하는 정치인들의 발언이나, '세금 해방일Tax Freedom Day'을 자축하는 사람들의 모습에서 확연히 눈에 띈다. 이런 현상은 단순히 포퓰리즘으로 폄하할 것이 아니다. 조세 경제학자, 회계사와 변호사는 '조세 부담'이라는 표현을 자주 사용한다. 당신이 '조세 부담'을 중립적 표현이라 생각한다면, 일관성을 지키기 위해서라도 '공공 지출'을 '공공의 이익'으로 대체하는 것에 기꺼이 동의할 수 있어야 한다.

그러나 세전 소득이 당신의 소유라는 생각은 잘못된 것이다. 먼저, 과세 전에는 누구도 소유권을 주장할 수 없다. 과세로부터 자유로운 소유권은 없다. 소유권은 법적 권리이다. 경찰과 법원 등 다양한 제도적 기관들이 제대로 기능하려면 법이 필요하다. 이런 기관들은 세금을 통해 재정을 지원받는다. 세금과 소유권은 실질적으로 동시에 생겨났다. 현대 사회에서는 둘 중 하나만 존재할 수는 없다. 그런데도 우리가 세금과 재산권의 내재적인 상호의존성을 간혹 간과하는 이유는 간단하다. 개별적인 존재로서는 누구나 그 상호의존성을 벗어나는 환상을 꿈꿀 수 있기 때문이다. 물론 개인은 세전 소득을 모두 차지하고, 그 소득에 대한 완전한 소유권을 주장할 수 있다. 하지만 조건이 필요하다. 다른 사람들은 세금을 충실히 납부하며 그런 권리들을 집행하는 시스템을 유지한다는 조건이다.

하지만 국가의 유일한 기능이 경찰 같은 법적 기관을 유지하며 사적 소유권을 보호하는 것이라면, 세율이 무척 낮아도 괜찮을 듯하다. 그러면 부자에 대한 추가 과세는 일종의 절도 행위로 해석될 수 있다.

이런 해석에는 소득은 사적인 시장 경제에서 땀 흘려 번 것이고, 소유권은 소득을 근거로 만들어진 것이므로 정부는 이 권리들이 유지되도록 최소한으로 개입해야 한다는 생각이 담겨 있다. 많은 경제학 교과서에서 국가는 시장에 더해진 부가물로 묘사된다. 하지만 이런 묘사도 헛된 공상이다. 현대 세계에서 모든 경제 활동에는 정부의 영향이 반영된다. 시장은 정부에 의해 '필연적으로' 규정되고 형성된다. 정부가 존재하기 전에는 벌어들이는 소득이란 것도 없었다. 내 소득에는 내가 받은 교육이 부분적으로 반영된다. 또 내가 태어난 상황과 그 이후의 건강에는 전반적인 의료 수준이 반영된다. 의료가 전적으로 '민간'에서 제공되더라도 의료 수준은 의사와 간호사의 교육, 의약품과 의료기기의 영향을 받는다. 다른 모든 재화와 서비스가 그렇듯이, 의료와 관련된 항목들도 교통망과 통신 시스템, 에너지 공급, 지적 재산권처럼 복잡한 문제와 관련된 법적 체계, 주식이 거래되는 공식적인 시장, 국경을 초월하는 사법권 등 사회경제적인 기반 시설의 영향을 받는다. 앤드루 로이드 웨버의 재산도 그가 작곡한 음악의 저작권 기간을 정부가 어떻게 결정하느냐에 영향을 받는다. 요컨대 정부의 역할로 가능해진 것이나 정부의 역할에 영향을 받는 것으로부터 '당신의 것'을 따로 떼어놓는 것은 불가능하다는 뜻이다.[40]

앞에서 우리는 성공을 혼자만의 업적이라 생각하며 과거 세대와 현재 동료들과 정부의 기여를 무시하는 것은 자기중심적인 독선이라고 말했다. 세금을 절도라 규정하는 것도 이런 자기중심적 성향에서 비롯된 것이다. 정부의 역할을 과소평가하면, 똑똑하고 근면한 당신이 쓸모없는 정부에 높은 세금을 납부하며 견디는 것은 좋은 것이 아니라는 믿음으로 이어진다. 당신에게는 저세율 사회와 작은 정부가 더 낫다. 이런 이유에서 부자들이 고국을 떠나 저세율 국가로 이주할 것이란 주장이 떠돈다. 하지만 실제로 국적을 옮기는 부자는 극소수에 불과하다.[41] 워런 버핏의 사고실험에서 더 확실한 대답을 얻을 수 있다.

> 자궁에 일란성 쌍둥이가 있다고 상상해보라. … 요정이 쌍둥이를 찾아가 묻는다. "너희 중 한 명은 미국에서 태어날 것이고, 다른 한 명은 방글라데시에서 태어날 것이다. 방글라데시에서 태어나 자란 사람은 세금을 전혀 납부하지 않을 것이다. 미국에서 태어날 수 있다면 너희는 향후 수입 중 몇 퍼센트를 내놓겠느냐?" … "나 혼자 다 했다!"라고 말하는 사람들에게 꼭 말해주고 싶은 것이 있다. … 쌍둥이 둘 모두 방글라데시보다 미국에서 태어나는 데 더 많은 돈을 걸었다.[42]

룸펜 프롤레타리아트의
복수

룸펜 프롤레타리아트^{Lumpenproletariat}는 최하층 계급을 가리키는 마르크스의 용어이다. 이들은 사회에서 소외된 극빈층으로, 안정된 일자리나 소득이 있더라도 보잘것없는 수준이다. 또 그들을 돕고 싶다고 주장하는 정치 지도자에게 속아 그를 지지하지만, 실제로는 아무런 도움을 받지 못한다. (도널드 트럼프가 승리한 뒤, 미국에서는 '트럼펜 프롤레타리아트'라는 단어가 온라인에서 떠돌았다.) 하지만 룸펜(트럼펜) 프롤레타리아트는 겉보기보다 강한 힘을 갖고 있다. 세계 전역에서, 기업의 규모를 막론하고 고용주는 미숙련 노동자에게 최소한의 임금을 지급하는 게 이익을 늘리는 가장 쉬운 방법이라 생각한다. 여하튼 직원들이 회사를 그만두는 걸 예방할 수 있는 수준까지만 임금을 지급하는 게 고용주에게는 가장 이익이다. 전통적인 경제 이론은 노동자를 일종의 기계라 생각하고, 노동을 생산 과정에 투입되는 하나의 요소로만 취급하기 때문에 이런 전략에 전적으로 동의했다. 이렇게 인간을 기계라 생각하는 기계론적 관점은 프레더릭 테일러와 초기 행동 심리학자들을 통해 경제학 너머까지 확산되었다. 그러나 인간은 복수하는 동물이다.

인간은 최소한의 임금을 받고 있다는 걸 알게 되면 반작용으로 최대한 적게 일할 것이다. 출처가 불분명하지만 소련의 한 공장에서 일하던 노동자가 "그들은 우리에게 임금을 주는 척하고, 우리는 일하는 척한다"라고 말했다고 하지 않는가. 물론 이 독백이 혹사당하는 노동자들의 감추어진 힘에 대한 마르크스주의자나 공산주의자의 주장은 아니다. 소련의 공장은 그 힘을 인정하지 않았기 때문에 지극히 비효율적이었다. 현대 경제학자들 중에서 이렇게 주장한 선구자는 마르크스주의자들이 아니라, 노벨상을 수상한 두 명의 경제학자, 조지 애컬로프와 조지프 스티글리츠Joseph Stiglitz, 1943~, 그리고 훗날 미국 연방제도이사회 의장에 오른 재닛 옐런Janet Yellen, 1946~이다. 그들은 기업이 노동자에게 다른 곳으로 일자리를 찾아가는 걸 예방할 수 있는, 최저 수준보다 더 높은 임금을 줄 때 이익이 증가한다는 걸 입증해냈다. 또 기업이 상당히 높은 '능률급efficiency wage'을 지급하면, 노동자가 동기를 부여받아 최선을 다하기 때문에 효율성과 생산성이 극대화된다는 것도 알아냈다. 노동자가 고용주에게 가치 있는 존재로 존중받고 있다고 느끼면 최선을 다하고, 다른 곳에서는 임금을 덜 받을 가능성도 있기 때문에 지금의 일자리를 지키고 싶어 한다.

능률급은 불평등에 대한 생각에 중대한 영향을 미친다. 세전 소득에서 불평등이 심화된 이유가 노동자에게 최저 임금을 지급했기 때문이라면, 이런 불평등이 생산성과 이익에 미치는 부정적 효과는 경제 전반에도 해롭다. 파이의 크기가 줄어들기 때문이다. 이런 불평등은 가난한 사람과 미숙련 노동자를 더 불행하게 만들며, 다른 사람들까지 호된 대가를 치르게 만든다.

노동자에게 능률급 이하로 지급함으로써 생산성이 저하될 때만 불평등이 심화되며 중간소득 계층과 그 이상의 계층에도 희생을 요구하게 되는 것이 아니다. 불평등에서 야기되는 다양한 사회적 비용을 고려하지 않더라도, 경제학적으로 좁은 개념으로 보아도 불평등 심화가 큰 희생은 가져오게 되는, 중요하지만 거의 논의되지 않는 이유들이 있다.

앞에서 보았듯이, 상위 1퍼센트의 소득이 치솟은 이유는 그들이 경제적으로 이루어낸 성과 때문이 아니다. 그들이 움켜쥔 정치경제적인 권력과, 사람들이 불평등에 대해 생각하는 방식이 변했기 때문이다. 상위 1퍼센트가 받는 보상과 그들이 이룬 성과 사이에 간격이 커지면 경제 전반에 큰 부담이 된다. 엄청난 보수만을 직접 비용으로 처리하는 경우보다 부담이 훨씬 더 크다. 금융 분야에서 그 비용이 가장 명확히 드러난다. 금융 분야에 상위 1퍼센트에 속한 사람이 가장 많고, 0.1퍼센트에 속한 사람은 더욱더 많다. 외부의 평론가만이 아니라, 금융 분야에 호의적인 내부자도 인정하는 비용이 상당하다. 여러 국가의 중앙은행장들이 역설했듯이, 부정한 성과급 지급 계약이 금융 시장에서 지나친 투기와 위험 감수를 조장함으로써 은행의 긴급 구제 및 경제 전반에 피해를 입힐 가능성이 높아졌다.[43] 부정한 계약은 성과급을 낮추지만, "앞면이 나오면 내가 이기고 뒷면이 나오면 네가 진다"라는 속임수로 가득하다. 성공하면 큰 몫을 떼어가지만 실패할 경우에는 피해액을 한푼도 책임지지 않는다는 계약이다.

금융 분야가 과도한 보수를 제시하기 때문에 뛰어난 인재들이 금융계에 지나치게 몰리는 것도 중대한 문제이다. 다른 분야에서 일하면 경제적으로 더 크게 기여할 인재가 금융계에 달려들기 때문이다. 그야말로 소중한 인적 자원의 낭비가 아닐 수 없다. 게다가 파이를 키우기보다 파이의 재분배에만 몰두하며 더 많은 보수를 얻기 위해 낭비되는 자원도 있다. 달리 말하면, 지대 추구가 더 빈번해진다. 낭비되는 자원의 규모는 전통적인 지대 추구 행위, 즉 로비 활동을 통해 대략적으로 추정할 수 있는데, 미국에서는 2011년에만 30억 달러 이상이 로비 활동에 쓰였다.[44]

소득 분포에서 반대편으로 눈을 돌리면, 가난은 가난한 사람만의 비극이 아니다. 가난은 경제면에서도 생산 능력의 끔찍한 낭비이다. 가난한 사람은 장기 신용을 얻기가 힘들다. 따라서 더 나은 삶을 위해 필요한 교육과 훈련을 받을 형편이 안 된다. 사업 아이디어를 개발하기에 충분한 돈을 빌리기도 힘들다. 창업은 누구에게나 위험이 따르지만, 국가에서 지원하는 안전망을 거의 갖추지 못한 사람이나 실패할 경우에 보호막이 되어줄 가족의 지원도 없는 사람에게는 특히 위험하다. 가난이 경제적 낭비이고, 가난과 불평등의 심화가 최근에 많은 국가에서 나타나는 낮은 경제 성장에도 부분적인 책임이 있다는 증거가 점점 쌓여가고 있다.[45] 그 이유는 쉽게 설명된다. 최하층의 실질 임금이 정체되자 재화와 서비스에 대한 빈곤층의 수요도 필연적으로 정체되어, 경제 성장에 악영향을 주었기 때문이다. (빈곤층이 부유층보다 소득에서 더 많은 부분을 소비하기 때문에 빈곤층의 소비 감소가 부유층의 소비 증가로 상쇄되지 않는다. 따라서 돈이 빈곤층에서 부유층으로 이동하면 전체적인 소비는 감소한다.)

여기에서 불평등을 줄이기 위한 구체적인 정책들을 자세히 다룰 수는 없다. 지금까지 우리는 "최고 소득세율을 인상하면 세수가 증가하며 세후 소득의 불평등을 줄이는 직접적인 효과를 기대할 수 있다"라는 주요한 정책의 핵심적인 면을 간략히 살펴보았다. 더 깊이 들어가고 싶은 독자가 있다면, 불평등한 사회는 대체로 높은 경제 성장률보다 낮은 성장률과 관계가 있다고 주장하는 경제학자들에게 눈을 돌려보기 바란다 또 부유층에 대한 증세가 경제 성장을 해치지 않고, 인재의 해외 유출로도 이어지지 않는다고 주장하는 경제학자들, 복지비 지출을 확대하는 재분배 정책이 글로벌 경쟁에 직면한 경제에서는 바람직하고 현실적일 수 있다고 주장하는 경제학자들에게도 관심을 가져보기 바란다.[46]

그러나 이 모든 주장이 옳지만 핵심을 놓치고 있다. 불평등을 줄이려는 진지한 노력을 방해하는 중대한 경제적 장애물은 기본적인 이기심일 수 있다. 우리 경제에는 평균보다 훨씬 더 부유하지만 상위 1퍼센트보다는 가난한 집단이 있다. 그 집단은 규모도 크고 정치적으로도 영향력이 있다. 그 집단을 '부유한 중산 계급'이라고 하자. 그들은 최근의 불평등 심화로 손해를 보고 있다고 막연히 생각하고(앞에서 보았듯이, 이런 생각이 맞기는 하다), 증세와 재분배 정책으로 곤경에 빠졌다고 불만을 터뜨리지만 그 생각은 잘못된 것이다.

평균 이상의 소득을 얻는 사람들은 대체로 소득의 상당 부분을 '비전형적' 재화와 서비스에 소비한다. 그런 재화와 서비스에는 색다른 특징이 있다. 공급이 실질적으로 고정되거나, 증가하더라도 극히 드물게만 증가한다. 공급이 고정된 대표적인 재화(독창성을 띤 예술 작품과 가구, 특정 연도에 생산된 자동차와 포도주) 자체는 우리의 관심사가 아니다. 부유한 중산 계급 중에서도 극소수만이 그런 재화에 소득의 많은 부분을 소비하기 때문이다. 그러나 우리는 소득의 많은 부분을 주택에 소비한다. 그런데 주택도 본질적으로는 공급이 부족하다. 양식과 특징을 새로운 건물에 똑같이 재현하는 게 가능하지 않고, 위치는 그 자체로 희소성을 띠기 때문이다. 도심 근처에서 편하게 살거나 멋진 공원을 굽어보며 살 수 있는 사람, 또 자식을 가장 좋은 학교에 보낼 수 있는 사람은 제한적일 수밖에 없다. 특히 후자의 희소성은 물리적인 것이 아니라 사회적인 것이다. 따라서 우리는 역시 희소한 다른 재화를 찾아나선다. 그런 재화의 가치는 희소성에서 비롯된다. 구찌 핸드백과 페라리 스포츠카 같은 최고급 상표는 희소성으로 소비자의 마음을 사로잡고, 그것을 소유한 이들에게 남다른 재력이나 취향을 과시하게 해준다. 부유한 중산 계급은 이런 상품에도 적잖은 소득을 지출한다. 그들은 교육, 특히 엘리트 교육과 석사학위에 더 많은 돈을 투자한다. 좋은 교육과 학위는 희소한 까닭에 인력 시장에서 경쟁자를 앞설 수 있게 해준다. 경제학자들은 이 모든 것을 '위치재positional goods'라고 한다. 공급이 제한된 까닭에 그 재화를 구매하려면 다른 사람보다 더 높은 값을 제시해야 하기 때문이다. 요컨대 절대 소득이 아니라, 소득 분포에서의 상대적 위치에 따라 구매력이 좌우된다는 뜻이다.

따라서 더 높은 소득 계급에 대한 중산 계급의 불만은 일부 평론가의 지적처럼 부러움이 아니라, 자녀를 더 좋은 학교에 입학시키는 경쟁에서 뒤처질 수 있다는 위치의 불안감이 원인일 수 있다. 물론 이런 불만도 불합리한 것이지만 개인의 현상에 그치지 않고 집단적 현상을 띤다(2장 죄수의 딜레마를 참조하라). 예컨대 당신이 경기장 관중석에서 시야를 확보하려고(상대적 위치를 개선하려고) 일어선다면, 그것은 개인적으로는 합리적인 행동이다. 그러나 모두가 뒤따라 일어서면 모두의 상황이 더 나빠진다. 마찬가지로 우리는 무한한 생존 경쟁에 내몰린 채 더 좋은 학교에 입학하고 괜찮은 집을 구입하려고 경쟁한다. 모두의 소득이 올라가

더라도 누가 어떤 집을 차지하느냐는 문제는 변하지 않는다. 집값도 올라가서 똑같은 집을 구입하는 데 더 많은 돈을 지불해야 하기 때문이다. 경기장의 관객이 모두 일어선 경우와 다를 바가 없다. 그러나 모두가 더 많은 세금을 납부하면 정반대의 현상이 벌어진다. 역시 누가 어떤 집을 차지하느냐는 문제가 변하지는 않지만, 세후 소득이 떨어지므로 모두가 관람석에 앉아 있는 것이 된다.[47] 따라서 더 많은 세금을 납부한다고 물질적인 생활 수준이 떨어지는 것은 아니다. 다른 사람도 똑같이 세금을 더 납부하면 당신의 상대적 위치는 변하지 않는다. 따라서 당신이 위치재에 접근할 수 있는 가능성도 변하지 않는다.[48]

물론 위의 주장에도 한계와 예외가 있다. 이 주장은 상대적으로 가난한 계층에 대한 증세에는 적용되지 않는다. 그들은 소득의 많은 부분을 위치재보다 필수품에 지출하기 때문이다. 한편 지금까지의 논의를 더 확대해보자. 부유층에 더 많은 세금을 부과하면 세수가 증가한다. 그러면 정부의 지출로 혜택을 보는 계층이 증가할 것이고, 따라서 가난한 사람들의 생활 수준이 조금이나마 나아질 수 있다. 이상하게도 많은 경제적 논증이 이런 혜택을 간과한다. 소득세가 올라가면 세후 소득이 줄어들기 때문에 노동으로 얻는 이익이 줄어든다는 것이 경제학 교과서의 전형적인 주장이다. 그러나 정부 지출의 증가로부터 얻을 수 있는 이익은 어떻게 계산할 것인가? 그 혜택을 무시한다면 불합리한 결정이 아닐 수 없다. 누군가 소득의 일부를 개인 연금에 붓는다고 해서 그가 노동으로 얻는 이익이 줄었다고 말하지는 않는다. 그러나 그가 똑같은 액수를 공적 연금에 불입하고, 정부가 소득세를 높여 공적 연금을 지원한다면,

경제학자들은 세금이 올랐다는 이유로 노동에서 얻는 이익이 줄었다고 주장한다.

여기에서 문제가 복잡해진다. 하지만 한 가지는 분명하다. 사람들이 증세에 대해 생각하고 반응하는 일반적인 태도에 대한 경제학자들의 주장이 지나치게 편향성을 띤다는 것이다. 정부 지출에 낭비적인 요소가 있다고 지적한 공공선택이론가의 추정과 정확히 맞아떨어지는 편향성이다(4장 참조). 정치 토론도 조세 경제학적 논리를 되풀이하는 경우가 많다. 감세를 지지하는 쪽은 정부가 지원하는 서비스를 개인적으로 대체하려면 개개인의 지출이 늘어나지만, 그 부분에 대해서는 모른 체한다. 따라서 개인의 지출 증가와 관련된 까닭에 반드시 감축되어야 할 정부 지원 서비스에도 눈을 감는다. 아이러니하지만, 이런 선택적 외면 selective blindness은 기반 시설이 노후화되며 낮은 세금으로 가능해진 개인적 사치를 즐길 수 없는 사회로 이어진다. 구체적으로 말하면, 미국에서 높은 세율의 타당성을 주장하는 한 경제학자가 부유층을 겨냥한 사례를 제시하며 말했듯이 "당신이 얼마나 부자이든 간에 구멍이 숭숭 뚫린 도로에서 333,000달러짜리 페라리 베를리네타를 운전하는 것보다 잘 관리된 고속도로에서 15만 달러짜리 포르셰 911 터보를 운전하는 게 더 낫지 않겠는가!"[49] 논점은 분명하다. 부자가 자신의 생활 수준에만 관심을 두더라도 감세를 환영해서는 안 된다는 것이다. 감세로 인해 공공 서비스가 악화되면 그들의 삶도 질적으로 떨어지기 때문이다. 하지만….

문제는 경제가 아니야, 멍청아!

현재 상대적으로 부유한 국가에서 목격된 불평등 현상은 되돌릴 수 없는 시장 원리보다, 정부가 내린 결정의 탓이 더 크다. 정부의 결정은 바뀔 수 있다. 우리는 이미 자동화와 인공 지능의 시대에 들어섰고, 일부에서는 그 시대에 들어선 까닭에 불평등의 심화는 피할 수 없다고 주장한다. 로봇을 설계하는 괴짜들과 로봇을 소유하는 0.01퍼센트는 엄청난 부자가 되겠지만, 나머지는 일자리를 빼앗길 것이다. 하지만 앞에서 보았듯이, 그런 불평등한 결과에 관련해 미리 예정된 것은 아무것도 없다. 우리는 테크놀로지의 변화 방향을 조절할 수 있다. 간호, 여가와 오락 등 고용이 확대되는 영역에서 인간의 대체할 수 없는 역할을 인정하며 인간 노동력을 활용하는 혁신을 독려하는 것도 그 방법 중 하나일 것이다.

하지만 불평등을 통제하려는 노력도 포기해서는 안 된다. 불평등의 감소는 정부 정책과 사회 전반의 주된 목표가 되어야 한다. 경제 정책에서 불평등의 감소는 부록처럼 덧붙이는 것이 아니라, 효율성과 경제 성장과 어깨를 나란히 하는 핵심적인 목표가 되어야 한다. 달리 말하면, 정부의 모든 부문에서 정책을 결정할 때 불평등이란 변수를 명시적으로 고려해야 한다는 뜻이다. 이런 시도가 미지의 세계에 발을 들여놓는 것은 아니다. 불평등을 줄이기 위한 정교한 정책들이 이미 자세히 연구되고 제안된 적이 있다.[50] 끝으로, 불평등을 줄이기 위한 노력을 정부에게만 맡겨 두어서는 안 된다. 불평등의 영향을 정확히 인식하는 것도 소비자로서 또 고용주나 고용인으로서 우리가 선택할 때 도움을 받을 수 있다.

여기에서 보았듯이, 우리를 착각에 빠뜨리며 불평등이 고착되어 영속되도록 조장하는 것은 도덕심이지 경제가 아니다. 위대한 경제학자 존 케네스 갤브레이스John Kenneth Galbraith, 1908~2006는 이 문제를 깔끔하게 정리해주었다. "도덕 철학에서 가장 오래된 난제 중 하나는 … 이기심의 도덕적 우월성을 정당화하는 방법을 찾는 것이다. 이 과정에는 항상 상당수의 내적 모순과 소수의 불합리성까지 끼어든다. 따라서 부자들이 가난한 사람에게 결여된 인격 형성의 가치를 추구한다."[51]

이런 태도가 더 고착화될지도 모른다는 두려움을 떨칠 수 없는 마지막 이유가 있다. 높은 경제적 불평등은 사회 분열의 원인으로 작용하며 공동체를 여러 조각으로 갈라놓고, 빈부의 차이에 따라 거주 지역마저 구분한다. 런던에 새롭게 조성된 많은 아파트 단지에는 두 곳에 입구가 있다. 하나는 부유층을 위해 호화롭게 지어진 아파트 건물들로 이어지는 정문이고, 다른 하나는 상대적으로 평범하게 지어진 아파트에 거주하는 주민을 위한 옆문이나 뒷문이다. 경제적 상황과 생활 조건이 다른 사람들이 뒤섞여 사는 경우가 점점 줄어든다. 따라서 불평등은 과거에 비해 눈에 띄지 않고 쉽게 잊힐 수 있다. 부자와 가난한 사람이 뒤섞이는 경우가 줄어들면, 둘의 차이에 대한 근거 없는 신화가 되살아나고 확산될 가능성이 크다.

아이러니하게도 미래 세대에 큰 영향을 미칠 정도로 불평등이 이미 심화되었다는 것에서 희망의 불씨를 찾을 수 있다. "당신은 받을 자격이 있는 만큼 받는 것이다"라는 순수하기 그지없는 믿음과 그와 관련된 믿음을 신봉하는 사람들도 가난하게 태어나는 것은 어린아이의 잘못이 아니라는 걸 인정한다. 앞에서 언급한 '위대한 개츠비 곡선'처럼, 가난하게 태어난 사람은 가난을 벗어나지 못할 확률이 높다는 걸 보여주는 증거에 대한 인식이 점점 높아지고 있다. 과거 세대로부터 배운 지식도 넓은 의미의 유산이고, 가난한 국가보다 부유한 국가에서 태어나는 것도 행운이다. 따라서 행운과 유산의 역할을 폭넓게 받아들일 때 우리는 과세에 함축된 의미를 직시할 수 있다. 역사관도 정치권에서 과세를 떳떳하게 옹호하는 걸 이해하는 데 도움이 된다. 존 스튜어트 밀부터 토머스 페인^{Thomas Paine, 1737~1809}까지 많은 사상가가 표현 방식이 달랐을 뿐, 우리가 더 부유해지면 증가한 부의 일부는 사회에서 비롯된 것이므로 세금이란 형태로 사회에 환원되어야 한다고 역설했다. 세금은 당신의 돈을 빼앗는 것이 아니다. 교육부터 도로 건설, 과거 세대로부터 물려받은 지식까지 사회적인 부로 얻은 혜택을 사회에 되갚는 것이다.[52]

하지만 자기 집착이 강한 부자들이 항상 우리 주변에 있을 것이다. 갤브레이스가 말했듯이, 그들은 진부한 도덕심을 입버릇처럼 들먹일 것이다. 그런 푸념이 그들에게 도움이 되는 것은 아니다. 한 억만장자의 호화 요트에서 열린 파티에 참석한 두 작가가 당시를 회상하며 이런 대화를 주고받았다. 커트 보니것^{Kurt Vonnegut, 1922~2007}이 조지프 헬러를 돌아보며, 헬러가 《캐치 22》(1,000만 부가 넘게 팔렸다)로 번 돈보다 그들을 요트에 초청한 헤지 펀드 경영자가 하루에 버는 돈이 더 많다고 말하자, 헬러는 "그럴 거야. 하지만 그가 결코 갖지 못할 것을 나는 갖고 있지. 충분한 돈을!"이라고 대답했다.

평등의
경제학을 위하여

우리와 경제학의 관계는 혼란스럽고 뒤숭숭하다. 우리 생각에 경제학을 조롱하기는 누워서 떡 먹기보다 쉽다. 경제 예측이 철저히 틀린 것으로 드러났다는 기사나 경제학자가 제시한 방향대로 경제 정책이 진행되지 않는다는 기사를 뉴스 보도에서 찾기는 그다지 어렵지 않다. 하지만 이 책에서 보았듯이, 최근의 역사는 경제학자들의 이론에 큰 영향을 받았다. 한때 논란이 되었던 '경제학적' 사고방식이 일상생활에 깊숙이 스며들었다. 우리와 경제학의 관계는 그야말로 '애증의 관계'이다.

또한 경제학과 우리는 무척 불평등한 관계이기도 하다. 많은 경제학자가 자신을 국외자, 사회의 과학적 관찰자라 생각하며, 마치 확대경을 통해 으깨진 딱정벌레를 오만하고 무관심한 눈빛으로 뜯어보던 찰스 다윈처럼 평범한 일반인을 얕보는 경향이 있다. 심지어 일반인을 바보로 생각한다고 공개적으로 인정하는 경제학자도 적지 않다. 예컨대 MIT의 경제학자 조너선 그루버Jonathan Gruber, 1965~는 최근에 제정된 의료법이

"미국 유권자의 우둔함을 고려해" 누구도 이해하지 못하도록 의도적으로 "지극히 고통스럽게" 작성되었다고 주장했다.[1] 영국의 한 경제학자도 일반 대중을 겨냥해 "10가지 경제학적 사고방식"을 다룬 책에서, "상식과 경제학이 충돌하는 곳에서는 상식이 틀린 것"이라 결론지었다.[2] 자유의지론을 표방하는 경제학자 브라이언 캐플런$^{Bryan\ Caplan,\ 1971\sim}$은 더 멀리 나아갔다. 그는 《합리적 유권자라는 신화》에서 경제학적으로 생각하지 않는 사람들은 "반시장적인 편견, 반외세적인 편견, 일자리 창출이란 편견, 비관주의적인 편견"으로 끊임없이 고통받는다고 주장했다.[3] 캐플런은 경제학 개론 강의를 듣는 학부생들에게는 경제학 교과서의 가설과 한계에 대해 가르치지 않아야 한다고도 주장했다. 또한 경제학 교수들에게는 학생들에게 "내가 맞다. 강의실 밖의 사람들이 틀렸다. 여러분은 그들처럼 되고 싶지 않겠지?"라고 윽박질러야 한다고 조언했다.[4]

캐플런의 주장이 극단적이지만, 많은 주류 경제학자가 일반 대중에게 기본적인 경제 원리를 가르치려고 수십 년 동안 최선을 다했는데도 그들이 아무것도 배우지 못한 듯한 결과에 좌절하는 것은 사실이다. 그들이 가장 역점을 두고 가르치려던 원칙은 "자유무역이 보호주의보다 낫다"라는 것이다. 블로그를 잠시만 둘러보아도 자유무역의 이점을 제대로 이해하지 못하는 일반 대중에 대해 불만을 터뜨리는 경제학자들의 진지한 글을 얼마든지 찾을 수 있다. 경제학자들은 '언론'이나 경제 이론을 의도적으로 왜곡하는 정치적 목적을 탓하며 대중의 그런 무지를 안타까워한다. 최근에야 소수의 경제학자가 다른 관점에서 설명을 하기 시작했다. 일반 대중도 자유무역 등에 대한 경제학자들의 견해를 정확히 이해하고 있지만, 많은 이유에서 그 견해에 동의하지 않는다. 간단히 말하면, 주류 경제학자가 당연시하는 가정과 이론을 많은 사람이 알면서도 거부하는 것이다.[5]

물론, 많은 분야에서 노골적으로 드러내지 않을 뿐이지 학자와 전문가는 일반 대중의 의견을 은밀히 무시한다. 그러나 경제학자는 다른 분야 전문가와 학자의 의견에도 거의 관심을 두지 않는다는 것이 특징이다. 앞에서 우리는 경제 제국주의의 많은 사례를 보았다. 그 사례를 보면, 경제와 아무런 관계도 없는 삶의 영역과 학문적 주제가 경제 사상에 지배되고 있었다. 게다가 그 관계가 거의 언제나 일방적이다. 현대 주류 경제학은 관련 학문들, 예컨대 법학과 심리학, 사회학과 역사학으로부터 배우는 것이 거의 없었다.

하버드의 경제학자 에드워드 라저어Edward Lazear, 1948~는 가장 권위 있는 경제학 학술지 중 하나에 발표한 논문 〈경제 제국주의〉에서 다른 사회과학과 달리 경제학은 '진정한 과학'이기 때문에 다른 학문을 점령하는 식민화 전략에 성공한 것이라 설명했다.[6] 경제학이 다른 학문보다 우월하다는 경제학자들의 남다른 믿음은 미국 학계의 경제학자, 역사학자와 심리학자, 사회학자와 정치학자, 경영대학원 교수를 대상으로 한 조사에서도 드러났다. 전공을 막론하고 대부분의 학자가 '학제간 지식interdisciplinary knowledge'이 단일 학문에서 얻는 지식보다 낫다고 생각했지만, 경제학자의 의견만이 유일하게 달랐다.[7] 따라서 경제학자는 상대적으로 배타적이다. 다른 학문을 연구하는 학자에 비해 경제학자는 다른 학문의 연구를 인용하는 빈도가 낮다.[8]

이제 우리에게는 경제학과의 새로운 관계가 필요하다. 더 평등하고 더 개방적인 관계, 일방적인 굴종에서 벗어나 자유롭게 의문을 제기하는 관계가 필요하다. 가치와 도덕심에 대한 우리의 생각을 개조하는 데 일조한 경제학의 정설들, 특히 앞에서 다루었던 정설들에 의문을 제기할 수 있어야 한다. 그러나 그 새로운 관계를 더 깊이 살펴보기 전에, 경제학자들이 비판을 받을 때마다 기계적으로 내뱉는 "지금 생각은 그때와 다르다. 경제학은 계속 변한다"라는 대답을 먼저 분석해봐야 한다. 경제학자들은 두 가지 이유를 지적하며, 경제학에서 과거의 문제들이 이제 해결되었다고 주장한다. 첫 번째 이유는 자료 혁명이다. 그 결과로 경제학은 이제 이론의 굴레에서 벗어나 계량화된 자료를 근거로 한 실증적인 연구가 가능해졌다는 것이다. 두 번째 이유는 경제 이론이 한층 현실화된 것이다. 특히 행동경제학에서 제시한 인간 행동 모형은 현실에 상당히 가깝다.

경제학의 이런 변명은 어디에나 등장하기 때문에 깊은 논의가 필요하다. 경제학자들이 과거의 문제를 아직 해결하지 못했다는 걸 인정하면, 우리와 경제학의 새로운 관계를 정립하기가 훨씬 쉬워질 것이다.

먼저 첫 번째 이유인 '자료 혁명'에 대해 살펴보자. 순수한 경제 이론이 현실 세계와 동떨어져 있고, 과거에 비해 학계의 경제학자들에게 영향력을 갖지 못한 것이 사실이다. 게다가 '빅 데이터'를 비롯해 정보 테크놀로지의 발달로, 불가능하던 경제 이론에 대한 검증이 가능하게 되었다. 따라서 최근에는 경험적 증거에 기초한 경제학 연구가 흔해졌다.

하지만 경제학자들은 복잡한 현실을 다루며 '손을 더럽히는 것'을 꺼린다. 따라서 요즘 대부분의 경제학자는 한 가지 유형의 경험적 증거, 즉 연구실을 떠나지 않고도 손에 넣을 수 있는 대규모 통계 데이터 세트만을 주로 사용한다. 노벨 경제학상 수상자 로버트 실러^{Robert Shiller, 1946~}는 이런 문제를 "자료 수집은 시시한 사람이나 하는 짓이란 사고방식"에서 비롯된 것이라고 지적했다.[9] 주류 경제학이 '물리학 선망증'에 사로잡혀 1960년대 이후로 수학적 모델에 의해 지배되기 이전의 경제학자들은 사례 연구와 인터뷰를 포함한 다양한 증거를 기초로 삼았다. 따라서 연구실을 나가 현실 경제에서 많은 사람을 만나 대화를 나누어야 했다.

편협한 증거에 기초한 현대 경제학의 이런 문제를 우리가 무시하더라도 역사학자들이 현대 경제학에서 실증적 연구가 1950년대에 비해 크게 줄었다는 걸 증명해 보였다.[10] 따라서 경제학자들이 주장하는 '자료 혁명'은 오해의 소지가 있다. 1940년대 이후로 실증 연구는 영구히 계속되어야 하는 혁명 중 하나였다. 달리 말하면, 가용한 경제적 자료의 규모와 범위가 꾸준히 증가하고 있으므로 경제학자들이 경제학 연구에서 새로운 자료를 사용하지 않는 것에 대해 끝없이 항의해야 한다. 최근의 정보 테크놀로지에서 진정한 혁명이라면, 정보 테크놀로지가 자칭 '과학'이라는 경제학과 진짜 과학인 물리학과 생물학에 미친 영향이 확연히 다르다는 사실이 드러난 것이다. 정보 테크놀로지 혁명으로 물리학과 생물학에서 더 많은 실증적 연구만이 가능해진 것은 아니었다. 이론을 검증하는 방법이 달라졌고, 그에 자극을 받아 다른 유형의 이론이 발달했다. 하지만 경제학에서는 유사한 변화가 없었다. 오래전부터 대부분이 경제

학자가 사용하던 이론의 핵심적인 기준틀이 전혀 바뀌지 않았다.[11]

하지만 강조하고 싶은 것이 있다. 경제 이론이 자료를 통한 포괄적 검증을 받는다고 해서, 자료에 부합되는 않는 이론은 무조건 폐기되어야 한다는 것은 아니다. 하지만 호모 에코노미쿠스라는 이미지, 즉 무엇인가를 '최적화'하는 것처럼 행동하는 계산적인 개인이란 이미지가 지금도 큰 영향을 미치고 있다. 검증 대상인 이론은 나중에 예외를 인정하더라도 거의 언제나 이런 최적화된 행동을 규범, 즉 출발점으로 삼는다. 이런 전제는 자료에 제기되는 의문만이 아니라, 자료에서 얻은 답을 해석하는 방법에도 영향을 미친다.

이 책에서 우리는 경제 이론 자체와 수학적으로 표현된 경제 이론이 우리의 사고방식에 어떤 영향을 미쳤는지 보았다. 적어도 두 명의 노벨 경제학상 수상자가 이 문제를 지적했다. 폴 크루그먼Paul Krugman, 1953~은 "우리는 형식화할 수 없는 것을 보지 않는다"라고 말했다.[12] 조지 애컬로프도 비슷한 논지에서, 경제학적 분석이 연구 논문 형식으로 작성되지 않으면 무시되고, 그 분석이 수학적인 경우에만 연구 논문 형식으로 인정받는다고 한탄했다. "내가 무엇보다 걱정하는 것은 우리가 보지 않는다는 것이다. … 분석되지 않으면 논문이 되지 않는 것이다. … 그것이 논문이 되지 못하는 이유는 경제학에서 논문에게 요구하는 형식을 갖추지 못했기 때문이다. … 이런 공백이 존재한다는 것을 우리 모두가 알고 있다."[13]

공정하게 말하면, 일부 경제학자는 더 급진적이었다. 그들은 자료를 기초로 이론을 검증하는 데 그치지 않았다. 그들은 검증을 통과하지 못한 이론들을 완전히 폐기했다. 이것이 요즘 경제학 연구에서 가장 뜨거운 추세이며, 약화될 조짐이 전혀 보이지 않는다. 이 경제학자들은 '자료광'이다. 그들의 주된 방법론은 '자연 실험'과 똑같다. 현실 세계에서 하나의 중대한 차이를 제외하고 모든 관련 부분에서 똑같은 두 상황을 찾아내고, 그 결과를 비교함으로써 그 차이의 효과를 관찰하고 분석하는 방법이다.

예컨대 군복무가 훗날의 소득에 영향을 주는지에 대한 문제를 생각해 보자. 군대에 복무한 사람의 소득과 그렇지 않은 사람의 소득만을 비교해서는 안 된다. 군복무의 유무를 제외하면 두 집단의 구성원들은 공통분모가 없기 때문이다. 학력이 낮은 사람이 군복무에 관심을 가질 가능성이 크다. 그럼 훗날 그들의 낮은 소득은 군복무보다 낮은 학력 때문이라 할 수 있다. 학력이 낮으면 높은 연봉의 일자리를 구하기 힘들기 때문이다. 그러나 선구적인 자료광 중 하나인 조슈아 앵그리스트^{Joshua Angrist,} ^{1960~}는 이런 문제를 피하기 위해 완벽한 '자연 실험'을 찾아냈다. 앵그리스트는 베트남 전쟁에 참전할 미국 남성을 징집하기 위해 사용한 '무작위 과정'을 도입했다. 실제로 군대에 다녀온 사람은 훗날 소득이 더 낮았다.[14] 자연 실험은 경제학 연구 전반에서 폭발적으로 증가하며, 특히 낙태법을 수정하면 수십 년 후에 범죄율이 달라질 것이고, 폭스 뉴스를 시청하는 미국 시민은 공화당에 투표할 가능성이 더 높다는 걸 입증해냈다고 주장한다.[15]

방법론으로서 자연 실험이 보여주는 외적인 힘을 고려하면, 자연 실험이 폭발적인 인기를 끄는 이유가 쉽게 설명된다. 자연 실험의 결론은 아무런 제약도 없이 힘들이지 않고 끌어낼 수 있는 것처럼 보인다. 달리 말하면, 그 결론을 뒷받침하기 위한 이론이 필요없다는 뜻이다. 또 경제학자들과 달리, 인간은 모든 것을 최적화하려고 한다거나 합리적인 동물이라는 가정도 세우지 않는다. 안타깝게도 그렇게 쉽게 얻어지는 지식은 거의 없다. 유효한 자연 실험을 위해 무엇보다 중요한 무작위화 randomization는 그다지 무작위적이지 않은 것으로 드러났다. 예컨대 베트남 전쟁에 파견할 대상의 징집 여부를 결정하기 위해 각 남성에게 무작위로 임의의 숫자가 부여되었고, 숫자가 낮을수록 징집될 확률이 높았다. 그러나 당시 고용주들은 그 사실을 알고 있었고, 따라서 낮은 숫자를 받은 직원을 훈련시키는 데 열중하지 않았다. 결국 직업 훈련을 받지 못한 까닭에 그들은 제대 후에 보수가 낮은 일자리를 구할 수밖에 없었을 것이다.[16]

자연 실험이 제공하는 '증거'에도 의혹이 없지는 않다. 선도적인 경제학 학술지에 실린 통계적 유의성 검증이 지난 수년 동안 특히 통계학자들에게 호된 비판을 받았다.[17] 중요한 과학적 기준인 '반복 가능성'이 충족되지 않은 경우가 많았기 때문이다. 다시 말해, 학술지에 발표된 실증적 연구가 다른 연구자들에 의해서는 재현되지 않았다. 이른바 자료 혁명이 논란의 여지가 없는 자료 중심의 새로운 경제적 지식이 아니라, 자료로 증명할 수 있는 것에 대한 뜨거운 논쟁으로 이어졌다.

경제학이 더 나은 방향으로 변해가고 있다는 걸 보여주려고 거론되는 자료광들의 연구에는 통계학적 논란 이외에도 한층 근본적인 문제가 있다. 그들의 연구는 경제학을 아예 무시하고 있다. 자료광들이 경제 이론을 배제하는 순간, 뚜렷이 '경제학적' 내용이라 할 만한 것이 남지 않는다. 그들의 연구는 통계적 분석에 불과할 뿐, 그 이상도 그 이하도 아니다. 경제학을 배제한 것에서도 자료광들의 관심사가 여실히 드러난다. 낙태법이 향후의 범죄율에 미칠 영향은 흥미롭고 중요하지만, 그에 대한 연구가 경제학에 적합한 주제는 아닌 듯하다. 많은 경제학자가 개인적으로 이런 평가에 동의한다. 하지만 지난 50년 동안 주류 경제학자가 꾸준히 자신들을 사회과학자로 재분류하며, 경제가 작동하는 방법을 아는 수준을 뛰어넘는 광범위한 전문 지식을 자랑해왔다. 따라서 자료광들의 연구는 분명히 경제학에 속하지 않지만, 요즘 경제학자들은 자료광들의 연구를 경제학이 아니라고 공개적으로 비판하기가 쉽지 않다.

애증의
경제학

외부에서 보면, 경제학은 혼란스럽다. 경제학자들은 호모 에코노미쿠스가 주인공인 경제 이론을 근거로 현실 세계를 예측한다. 적어도 우리는 그렇게 배웠다. 하지만 호모 에코노미쿠스가 실제 인간의 행동에 대해 말하는 걸 어떻게 믿을 수 있을까?

　요즘 경제학자들은 행동경제학으로 이 의문에 답한다. 경제학이 현실 세계에 가까워졌다는 증거가 바로 행동경제학이란 주장이 자주 들린다. 엄격히 말하면, 행동경제학은 작은 변화에 불과하다. 행동경제학에서 말하는 '사람'은 여전히 현실 세계의 인간과 전혀 닮지 않았다. 그 '사람'도 호모 에코노미쿠스만큼이나 로봇처럼 행동하지만 실수도 많다. 본질적으로, 행동경제학이 말하는 인간은 '오류'가 있는 호모 에코노미쿠스에 불과하다. 행동경제학의 오류를 범하는 로봇도 호모 에코노미쿠스처럼 예측 가능하며, "예상의 범위 내에서 비합리적"이다.[18] 그러나 진짜 인간은 진심으로 선택할 수 있기 때문에, 달리 말하면 환경에 의해 미리 결정된 선택을 하지 않기 때문에 쉽게 예측되지 않는다.

행동경제학은 주류 경제학에 내재한 윤리적 문제에도 해답을 제시하지 못한다. 넛지에 대해 이야기하며 보았듯이, 행동경제학은 미심쩍은 윤리적 가정과, 그에 따른 정책 조언의 결과를 모른 척한다. 행동경제학에 내재한 메시지는 "일반 대중은 어리석다"라는 넛지의 메시지와 똑같다. 이 메시지는 경제학자와 대중의 발전적 관계를 위한 바람직한 토대가 될 수 없다. 오히려 많은 점에서 그 반대이다. 사람들은 주류 경제학이 가정하는 것보다 훨씬 현명하다. 계산 능력에서는 우리가 호모 에코노미쿠스보다 열등할 수 있겠지만, 우리에게는 다른 재주가 있다. 컴퓨터와 호모 에코노미쿠스는 자료가 있어야 작동한다. 자료가 부족한 상황에서는 입을 다물어버린다. 8장에서 보았듯이, 현실 세계의 인간은 극도로 불확실한 상황에서도 많은 결정을 내려야 한다. 따라서 확률 정보에 의존해 계산적으로만 접근하는 게 불가능하다. 그런 상황에 마주하면 우리는 이야기를 꾸며낸다. 예컨대 의학이나 금융의 세계에서 일하는 사람, 자연재해 계획을 수립해야 하는 사람을 비롯해 여전히 불확실한 상황에서 중대한 결정을 내려야 하는 사람이면 누구나 시나리오 플래닝scenario planning이 중요하다는 데 동의할 것이다. 미래의 가능한 시나리오는 결국 우리가 꾸며낸 이야기이다. 새롭고 낯선 미래를 생각해내려면 '상상력'이 필요하다. 따라서 시나리오 플래닝에는 호모 에코노미쿠스보다 인간이 필요하다.

경제학과 일반 대중의 관계가 더 동등해지려면, 경제학이 더 완전하고 현실적인 모습의 인간을 받아들여야 한다. 달리 말하면, 낡은 사무용 컴퓨터보다 우리에게 더 많은 능력이 있다는 걸 인정해야 한다. 그러나 그런 인정도 시작에 불과하다. 우리와 경제학(경제학자)의 관계를 초기 상태로 되돌릴 필요가 있다. 경제학과 경제학자를 새로운 관점에서 보기 위해서는 다음과 같은 기본 원칙이 필요하다.

1. 경제학자는 경제학과 떼어놓고 생각할 수 없다

경제학자가 사회를 초월한 과학자라는 자아상을 고수하며, 딱정벌레를 관찰하는 찰스 다윈처럼 우리를 굽어본다면 동등한 관계는 불가능하다. 그 비유도 잘못된 것이다. 딱정벌레는 자신이 과학적으로 어떻게 이론화되느냐에 따라 행동을 바꾸지 않지만, 우리는 경제 사상과 이론에 영향을 받아 행동을 바꿀 수 있기 때문이다. 또 일기예보는 날씨에게 영향을 주지 못하지만, 경제 예측은 경제를 움직인다. 경제학자들은 경제학이 물리학이나 화학과 유사한 과학이라 홍보한다. 그들이 제대로 전달하지 못할 뿐이지 경제학은 객관적이고 공정한 관점에서 이해되는 학문이라는 걸 은연중에 알리려는 것이다. 하지만 이런 홍보는 쉽게 역효과를 낳을 수 있는 위험한 전략이다. 예컨대 경제학이 과학으로 소개되면, 사람들은 경제 예측을 진지하게 받아들일 가능성이 더 커진다. 그 예측이 부정확한 것으로 드러나면 경제학의 신뢰성에 크게 의문이 제기된다. 그렇게 되면, 경제학은 '과학'이라는 홍보가 대중에게 경제학의 위상을 높이기는커녕 오히려 악영향을 줄 수 있다.

경제학자들과 그들의 이론이 경제학의 경계를 넘지 말고 내부에 머물러야 한다는 지적은 새삼스러운 것이 아니다. 경제 사상가의 고전적인 입문서인 로버트 하일브로너Robert Heilbroner, 1919~2005의 《세속의 철학자들》은 수백만 부가 팔렸으며, 출간된 지 거의 70년이 지났지만 아직도 팔리고 있다. 하일브로너가 애덤 스미스와 카를 마르크스, 존 메이너드 케인스 등 과거의 위대한 경제학자를 다루며 설득력 있게 설명한 핵심 주장에 따르면, 자본주의의 발전은 경제 이론의 발전과 분리될 수 없다. 그 인과관계는 쌍방향 관계이다. 자본주의는 위대한 경제학자들의 사상에서 잉태되었지만, 결국에는 위대한 경제학자들의 사고방식에 영향을 미쳤다. 이제 경제학자는 자신이 연구하는 경제와 사회 너머에 존재하는 '외부자'라는 환상을 버려야 한다.

2. 경제학에는 '사실'이 거의 없다

경제학자들은 과학자를 자처하고, 다른 사람들에게도 과학자로 보이는 것에 집착한 나머지, 경제학에서 자주 언급되는 정치적이고 윤리적인 개념까지 부인한다. 많은 경제학자가 케인스가 동료 학자에게 보낸 편지에서 즐겨 인용하는 구절이 있다. "경제학은 현대 세계와 관련된 대표적인 현상을 선택하는 기술과 더불어 그 현상에 대해 생각하는 과학이다."[19] 그러나 케인스가 그 편지를 어떻게 결론지었는지는 철저히 무시된다. "경제학은 기본적으로 도덕학이지 자연 과학이 아니다. 다시 말하면, 경제학은 내적 성찰과 가치 판단을 사용한다."

경제학에는 윤리적 가정과 가치 판단이 다양한 방식으로, 때로는 은밀하게 숨겨져 있다. 현대 정통 경제학의 윤리적 입장은 두 가지 핵심 개념으로 압축될 수 있다. 첫째, 시장 거래는 일종의 도덕 표백제로 작용하기 때문에 거래의 결과는 흠결이 없이 하얀 것보다 윤리적으로 더 하얗게 된다. 자발적으로 거래하는 양측은 거래 후에 더 좋아지며 정의와 공정, 책임과 착취 등에 대한 걱정을 씻어낸다. 요컨대 양측이 더 좋아지지 않는 거래는 애초부터 일어나지 않는다. 둘째, 가치 판단이 필요하면 시장 거래가 그 답을 제공한다. 그 답은 "어떤 것이든 사람들이 기꺼이 지불하려는 정도의 가치를 갖는다"라는 것이다.

많은 경제학자가 정치적이고 윤리적인 판단이 경제학에 상당한 영향을 미친다는 걸 인정하면서도 "어떤 재화의 가격이 오르면 그에 대한 수요는 줄어든다"라는 수요 법칙 같은 몇몇 핵심 원리는 객관적이고 가치 중립적이라고 주장한다. 그러나 물리학 법칙과 달리, 경제 법칙들이 근거로 삼을 만한 객관적인 사실이 경제학에는 거의 없다. 특정한 시간과 공간을 명시하더라도 대부분의 재화와 서비스는 하나의 가격을 갖지 않는다. 겉보기에는 객관적인 측정 과정도 엄격히 따져보면, 재화의 가격을 결정할 목적에서 어떤 재화가 다른 재화와 얼마나 '똑같으냐'에 대한 일련의 주관적 판단에 불과하다. 게다가 가공되지 않은 많은 경제 자료가 경제학자들의 충고에 맞추기 위해 만들어지기도 한다. 이자율 변동이 발표되는 경우를 생각해보라. 또 파생상품처럼 복잡한 금융 상품의 경우에는 이론과 관찰되는 자료의 '과학적' 관계가 뒤집힌다. 따라서 관찰된 시장 가격과 경제 이론상의 가격이 다르면, 전자가 조정되어 후자에 맞추어진다.[20]

결국 대부분의 경제 수치는 경제학자가 어떤 식으로든 만들어낸 것이지, 뉴턴 역학의 변수처럼 현실 세계에서 관찰된 것이 아니다. 경제학은 외부에서 경제를 관찰하고 분석하기 위한 중립적인 개념과 도구가 아니라는 게 여기에서 다시 확인된다. 경제학은 경제 내에서 운영되며 경제에 영향을 미치고 경제를 꾸려가는 학문이다.

3. 경제와 우리는 떼어놓고 생각할 수 없다

경제학자이든 아니든 경제 이론과 경제가 우리 영향권 밖에 있다고 주장하는 사람을 경계해야 한다. 우리는 자연계를 지배하는 법칙과 힘을 제어할 수 없다. 이런 이유에서도 경제는 자연계와 다르다. 그렇다고 경제가 하나의 획일적인 돌덩어리는 아니다.

우리의 일상적인 사고방식에 파괴적인 경제 사상이 깊이 스며든 것은 사실이지만, 그런 변화는 비교적 최근에 시작된 것이다. 당연시되는 미묘한 이념에서 벗어나는 게 때로는 불가능해 보이지만, 세상을 다른 시각에서 보던 방법은 아직 우리 기억 속에 살아 있다. 우리에게는 상상을 초월하는 힘과 능력이 있다. 경제는 수많은 사람이 행하는 선택과 행위의 합이다. 따라서 경제의 미래는 우리 손안에 있다. 우리가 원하는 경제

형태를 우리가 선택할 수 있다. 그렇지만 전문가의 조언이 필요한 것은 사실이다.

겸손한 경제학자를
기다리며

이쯤에서 우리는 중요한 질문을 제기하게 된다. 우리는 경제학과 경제학자에게 무엇을 요구해야 하는가?

첫째, 경제학자는 더 쉽게 소통하고, 어떤 결정을 내리면 그 이유까지 설명하는 배려가 있어야 한다. '경제학자와 더 많은 대중과의 소통'이란 말에서, 전문용어를 사용하고 문장마다 가정을 덧붙이며 복잡한 이론을 설명하려고 진땀을 흘리는 학자를 풍자하는 만평을 떠올릴 수 있다. 하지만 요즘에는 정반대의 현상이 무척 흔해졌다. 경제학자들이 공개 토론회에 참석해 자신의 의견을 명확하고 자신 있게 표명하며 논리적인 논증으로 뒷받침한다. 그런데 여기에서 무엇이 문제라는 것일까?

문제는 경제학자들이 자신의 주장에서 중요한 부분을 설명하지 않는다는 것이다. 구체적으로 말하면, "경제 이론에서 입증되듯이", "통계적 관계에서 증명되었듯이" 등 내용을 전혀 알 수 없는 표현이 시시때때로 사용된다. 물론 우리를 속이려고 이런 표현을 사용하는 것은 아니지만, 이는 관련된 이론이나 통계가 너무 복잡해서 경제학자가 아니면 이해하기 어렵다는 경제학자의 선입견이 반영된 표현이다. 그러나 학부으로서의 경제학에서는 이론이 복잡하고 난해해야 높은 평가를 받는 것도 사실이다. 따라서 경제학자는 복잡한 개념을 쉽게 설명하려고 노력해야 할 이유가 없다. 게다가 복잡한 것에 대해 뒤틀린 시각을 갖는 경우도 적지 않다. 앞에서 보았듯이, 많은 경제학자가 행동경제학을 호모 에코노미쿠스의 교과서적 수학 모델로부터 일탈한 사례들이라 생각한다. 이런 시각에서 보면, 우리가 그 수학 모델을 이미 알고 있는 경우에만 행동경제학을 이해할 수 있다. 게다가 일탈한 사례들을 수학 모델에 적용하려면 더 복잡한 수학까지 알아야 한다. 그 때문에 행동경제학을 떠받치는 간단한 개념들이 너무 복잡해져 일반 대중에게 설명하기 힘들어진다는 것이다.

이유가 무엇이든 간에 경제학자들은 더 열심히 소통하려고 노력해야 한다. 우리가 그들의 분석에 주의를 기울여주기를 바란다면, 우리가 그들의 분석을 신뢰할 수 있어야 하지 않겠는가. 그렇게 하려면 누구라도 이해할 수 있게 글을 써야 한다. "X가 입증되었다"라며 경제학 논증에서 중대한 진전을 이루었다는 말을 들으면 우리는 가르침을 받는 듯한 기분이 들어, 그 주장을 완전히 무시하고 싶어진다.

경제학자들의 대외적인 조언이나 제안이 때로는 지나치게 단순화되어 속뜻과 위험이 언급되지 않는 것도 적잖은 문제이다.

자유무역과 보호주의를 예로 들어보자. 하버드의 경제학자 대니 로드릭Dani Rodrik, 1957~이 인정하듯이, 많은 경제학자가 자유무역을 지나치게 단순화하며 옹호한 것에 죄책감을 느꼈다. 로드릭의 연구에 따르면, 대부분의 경제학자가 "자유무역인가 보호주의인가?"라는 질문의 정답은 "상황에 따라 다르다!"라는 걸 잘 알고 있다. 그런데도 경제학자가 독단적으로 발언하는 이유는 "경제학을 빛내는 보석들 … 시장 효율성, 보이지 않는 손 등을 더럽혀지지 않은 형태로 보여주려는 열정, 또 자기본위적인 야만인들, 즉 보호주의자들로부터 그 보석들을 지키려는 열정에 있다. … 엄격히 말하면, 자유시장에 대한 열의를 거침없이 쏟아내는 경제학자들은 자신의 학문에 진실한 사람이 아니다."[21] 경제 이론이 전적으로 자유시장을 정당화하는 것은 아니라는 로드릭의 지적은 옳다. 따라서 자유시장은 일부 경제학자의 정치적 이데올로기에서 비롯된 것이다. 그러나 경제학자가 개인적으로는 다양한 의견을 품고 있지만, 일반 대중을 혼란스럽게 하지 않겠다는 마음을 단순화하여 대외적으로는 자유시장을 지지한다면 아무런 소용이 없다. 이런 단순화 전략이 편향성을 띤다면 더욱더 문제이다. 실제로 자유시장을 옹호하는 경제학자보다 자유시장을 거부하는 경제학자가 훨씬 더 많지 않은가.

게다가 단순화 전략은 역효과를 낳기 일쑤이다. 경제학자들이 우리의 신뢰를 다시 얻고 싶다면, 자신들의 지적 한계를 철저히 인정해야 한다. 예컨대 경제 정책들의 목표는 서로 충돌하기 마련이다. 따라서 우리가 각 정책에 부여하는 우선순위에 따라 정책이 선택되기 때문에 그 선택이 절대적인 경우는 극히 드물다. (외국과의 경쟁으로 실업률이 올라가더라도 GDP를 끌어올리기 위해 관세 장벽을 없애야 할까? 어느 쪽을 더 중요하게 판단하느냐에 따라 경제 정책이 결정된다.) 요컨대 경제학자가 독선적으로 단순화한 주장을 내뱉으면, 우리는 귀를 닫아야 한다.

둘째, 경제학자는 자신의 정치적이고 윤리적인 판단을 솔직하고 명확히 밝혀야 한다. 그래야 우리가 그의 의견에 동의하지 않을 때 동등한 조건에서 논쟁할 수 있기 때문이다. 앞에서 우리는 경제학자들이 자신의 주장에 내재한 정치적이고 윤리적인 견해에 침묵한다는 걸 보았다. 그 주된 이유 중 하나는 과학적으로 보이고 싶은 경제학자들의 욕심이다. 더 노골적으로 말하면 경제학자들이 그런 문제를 언급하는 걸 거북하게 생각하기 때문이며, 그런 마음은 충분히 이해가 된다. 경제학자들은 수학적으로 훈련받은 까닭에 정확함을 최우선으로 삼지만, 후생 경제학의 기본 원칙 같은 윤리적 판단을 언급해야 할 경우에는 그들이 세상 물정에 어두워 그들의 발언이 모호하고 부정확해질 수 있기 때문이다.●

안타깝게도 약간은 악의적인 설명도 있다. 연구비 지원 등을 이유로 자신의 정치적 성향을 애써 감추려는 경제학자가 적지 않다는 것이다.

외부자만이 그렇게 빈정대는 것은 아니다. 주류 경제학자들도 개인의 블로그에서 혹은 자신의 속내를 솔직히 털어놓을 수 있는 시간에 인정하듯이, 금융 위기가 닥치기 수년 전부터 시작된 금융 분야의 규제 완화를 비판하지 못한 이유는 "밥을 먹여주는 손을 물지 못하겠다는 자책감", 즉 은혜를 원수로 갚을 수 없다는 부담감이었다.[22] 82명의 경제학자가 금융 분야의 규제를 강화하려는 2010년 도드-프랭크법Dodd-Frank Act과

● 예컨대 대부분의 경제학자는 교과서에 배운 대로 파레토 효율을 "다른 사람이 더 가난해지지 않고는 누구도 더 부유해질 수 없다"라고 정확히 자신 있게 정의한다. 그러나 그 정의는 잘못된 것이다. 파레토 효율은 사람들에게 원하는 걸 주는 데 초점을 맞춘다. 그렇게 선호성을 채워준다고 반드시 그가 더 부유해지는 것은 아니다. 심리학자들은 오래전부터 알고 있었지만, 우리는 목표를 추구할 때 시시때때로 실수를 범하고, 정보가 부족한 까닭에 최적의 방법으로 목표를 성취하는 방법을 모른다. 교과서는 이런 문제가 없다는 가정 하에서 파레토 효율을 정의한 것이다.

관련된 의회 청문회에 참석해 그들 중 3분의 1이 규제로 인해 타격을 입을 기업들로부터 받은 자문료를 신고하지 않았다고 증언했다.[23] 권위 있는 학술지에 논문을 발표하는 경제학자들이 이해 충돌에 지나치게 무심하다는 명백한 증거도 있다. 하기야 금융 경제학자들이 금융계에 자문 역할을 하고 있다는 게 밝혀지면 얼마나 부끄럽겠는가![24] 또한 승객과 운전자를 연결하는 플랫폼에 대한 실증적 연구가 우버의 지원을 받은 경제학자들이 주도하고, 우버가 선택하고 제공한 자료를 사용하는 것도 우연은 아니다.[25]

각 직업에서 이런 행동을 규제하는 행동 강령, 예컨대 직업 경제학자들의 모임으로는 세계에서 가장 큰 미국경제학회American Economic Association 의 윤리 강령은 대체 어떻게 된 것인가?

아주 최근까지도 그런 것은 없었다.

의사와 공학자, 사회학자와 인류학자, 통계학자에게는 오래전부터 공식적인 윤리 강령이 있었다. 하지만 경제학자들의 활동이 사회에 미치는 영향이 훨씬 큰 편이다. 1990년대 초 경제학자 제프리 삭스Jeffrey Sachs, 1954~는 시장 경제로 가는 고통스런 전환기에 있던 폴란드와 구소련 국가들에게 정책을 조언했다. 삭스는 정치권의 반대가 본격화되기 전에 전환 작업이 신속히 진행되기를 바라며, 관리들에게 "사회가 얼마나 받아들일 수 있는지 알아낸 후에 그보다 3배 빨리 움직이십시오!"라고 조언했다.[26] 역사적으로 유례가 없는 '충격 요법'을 사용한 덕분에 시장 경제가 최선의 전략이라는 주류 경제학자들의 일치된 강력한 반격을 예방할 수 있었다. 경제학 학술지들로부터 몇 번이고 퇴짜를 맞은 후에 영국의 유수한 의학 학술지 《랜싯》에 게재된 연구 논문에 따르면, 러시아와 카자흐스탄과 발트 3국에서 혹독한 민영화 프로그램이 진행된 직후, 1991년부터 1994년 사이에 남성 사망률이 41퍼센트가 급증했다.[27]

1994년 미국경제학회의 집행위원회는 행동 강령의 도입을 고려해달라는 요청을 받았다. 한 위원이 "우리 모두에게 행동 강령이 있는데, '이자율을 예측하지 말라!'가 제1원칙이잖아"라고 농담했다. 모두 웃었고, 그 문제에 대한 더 이상의 논의는 없었다.[28] 1998년 헤지 펀드 롱텀 캐피털 매니지먼트가 파산하며 글로벌 금융 체계가 뒤흔들리는 위기를 맞았다. 롱텀의 경제학자들은 끝까지 경쟁자들의 방해 행위를 파산의 원인이라 탓하며, 종형 곡선을 맹신하는 그들의 사고방식에 근본적인 결함이 있다는 걸 인정하지 않았다. 금융 위기가 지나간 후, 노벨 경제학상을 수상한 거시경제학자 토머스 사전트Thomas Sargent, 1943~는 금융 분야에 임박한 문제를 미리 경고한 적이 한 번도 없었지만 "이번 금융 위기가 현대 거시경제학자들을 깜짝 놀라게 했다는 말은 잘못된 것"이라 주장했다.[29] 한편 영란은행에서 영국 이자율을 결정하는 통화위원을 지낸 데이비드 마일스David Miles, 1959~는 정반대의 의견을 제시하며, 당시의 위기를 급작스레 닥친 것이라 주장했다. 복권 당첨 번호를 알 수 없듯이 사전에 어떤 징후도 없었다며 "위기를 예측하지 못한다는 이유로 경제학을 비판하는 것은 결코 타당하지 않다. 수학자들이 복권 당첨 번호를 예측하지 못하기 때문에 통계 이론을 다시 써야 할 것이라고 주장하는 것과 다를 바가 없다"라고 말했다.[30] 이런 입씨름은 지금도 계속되고 있다. 최근에 몇몇 국가에서 시행한 긴축 정책은 "GDP 대비 정부의 부채가 90퍼센트를 넘는 순간부터 경제 성장이 급격히 떨어진다"라는 하버드의 경제학자들, 카르멘 라인하트Carmen Reinhart, 1955~ 와 케네스 로고프Kenneth Rogoff, 1953~의 연구에 근거한 것이었다.[31] 하지만 2013년 4월 한 대학원 학생이 그들의 스프레드시트에서 중대한 결함을 찾아냈다. 저성장이 높은 부채를 야기하지만, 라인하트와 로고프가 주장한 것처럼 그 반대는 아니었다. 그럼에도 라인하트와 로고프는 사과하지 않고, 오히려 자신들의 연구를 과장한 정치인을 탓했다. 그러나 라인하트와 로고프는 자신들의 실수가 밝혀지기 전까지 정치인들이 자신들의 연구를 과장한다고 불평한 적이 없었다. 오히려 그들은 미국과 많은 국가의 정부에 부채를 줄여야 한다고 목소리를 높였다.[32]

셋째, 경제학자가 정말 대중으로부터 신뢰를 회복하고 싶다면, 오만함을 버리고 자신의 조언에 책임지는 동시에 실수를 인정할 수 있어야 한다. 그렇게 하지 않는 경제학자가 있다면, 학회나 협회가 그를 공개적으로 견책해야 한다. 2018년 4월, 미국경제학회는 마침내 행동 강령을 도입했다. 그러나 그 행동 강령은 다른 직업군의 행동 강령과 뚜렷이 대조된다. 미국경제학회의 행동 강령은 250단어를 넘지 않고, 이해 충돌에 관련해서는 8단어에 불과하다. 그래도 이것은 작은 첫걸음을 내디딘 것이다. 경제학자들은 대중과의 대화를 장려하고 환영해야 한다. (많은 경우에 문제가 너무도 명백해 논의할 가치조차 없지만) 이해 갈등에 대해서는 물론이고, 사회에서 그들이 차지하는 위치와 그에 따르는 책임에 대해서도 폭넓게 대화해야 한다.

"경제학자가 어떻게 해서든 치과의사만큼이나 겸손하고 능력 있는 사람으로 평가받을 수 있다면 얼마나 좋겠는가!"라는 존 메이너드 케인스의 말을 그 출발점으로 삼아도 괜찮을 듯하다.[33]

치과의사에게 영향을 받은 경제학은 어떤 모습일까?[34] 치과 진료는 현실 세계에서 우리가 직면하는 문제를 해결하는 데 완전히 집중한다. 경제학자의 연구 과제도 그런 문제들로 결정되어야 하며, 경제학의 이론적 발전에 초점을 맞추어서는 안 된다. 그런 문제를 해결하는 데 사용되는 방법과 도구가 경제학계의 지배적인 문화에 의해 제한되어서도 안 된다. 달리 말하면, 엄밀하고 과학적으로 보이려고 모든 분석을 수학적으로 표현할 필요가 없다. 우리는 전후 미시경제학의 발전 과정에서 이런 문화를 보았고, 언젠가부터 그 문화가 거시경제학에도 강력한 영향을 미치기 시작했다. 주류 거시경제학자, 로저 파머Roger Farmer, 1955~의 말에서도 그런 변화를 확인할 수 있다. "지난 30년 동안의 거시경제학은 1920년대에 경제학자들에게 알려진 진실들을 재발견하는 것이었다. … 1920년대 이론은 언어로 표현되었던 반면, 2011년의 거시경제학은 1928년에는 수학적 도구가 존재하지 않았던 까닭에 불가능했던 엄격함으로 형식화된다."[35] 과장 없이 다시 풀어쓰면, 거시경제학의 최근 '발전'은 거의 한 세기 전에 이미 알았던 것을 수학적으로 증명하는 것에 국한되어 있다는 것이다. 행동경제학도 프레이밍 효과라는 골칫거리에 똑같이 시달리고 있다. 뻔한 것이었지만, 대안이 어떻게 표현되느냐에 따라 사람들의 결정이 달라진다는 걸 경제학자들이 실험을 통해 입증했고,[36] 그것에 프레이밍 효과라는 이름을 붙이지 않았던가(7장).

경제학이 치과 진료처럼 변화한다면, 우리가 이미 알고 있는 것을 증명하는 데는 더 이상 관심을 두지 않았을 것이다. 경제학의 고객, 즉 진짜 문제로 고심하는 진짜 사람들에게 그런 증명은 아무런 쓸모가 없기 때문이다. 그때부터 경제학자는 그 문제를 해결하는 데 가장 도움이 되는 방법과 도구가 무엇인지 찾고, 그 방법과 도구를 사용할 것이다. 최근 들어 주류 경제학에서도 현대 경제학은 그래야 한다고 주장하는 학자들이 나타나기 시작했다. 경제학이 온갖 도구가 잡다하게 모인 결합체라면, 훌륭한 경제학자는 당면한 문제에 가장 적합한 도구를 능숙하게 골라낼 수 있어야 한다. 그러나 이런 비유는 오해의 소지가 있다. 경제학자는 다양한 환경에서 다양한 도구를 열린 마음으로 활용할 수 있어야 하기 때문이다. 특히 그 도구가 주류 경제학의 도구라면 더더욱 그렇다. 진정으로 '어느 방법이 효과가 있는가'를 찾으려는 접근법은 경제 이론을 현재의 정설에만 제한하지 않을 것이고, 주류 사상에서 벗어나 마르크스에서 하이에크까지 다양한 학파의 사상에 귀를 기울일 것이다. 그럼 우리 관심사는 자연스레 교육 방식으로 넘어간다.

넷째, 경제학 교육 과정을 개혁해야 한다.[37] 여기에서 경제학 교육 과정의 개혁을 자세히 다룰 수는 없다. 그러나 많은 학문과 비교할 때 경제학 전공자는 학사학위만 받고 사회에 진출하는 경우가 상대적으로 많기 때문에 경제학의 교육 과정을 개혁하는 것은 무엇보다 중요하다. 따라서 학부생도 '효과가 있는 것'을 배워야 한다. 경제학은 물리학이나 화학처럼 실험 과학이 아니기 때문에 실험 과학처럼 가르쳐서는 안 된다. 달리 말하면, 교과서가 경제학의 자연 법칙을 설명하는 식으로 쓰여서는 안 된다. 현재의 경제 사상사는 애초부터 잘못된 것이다. 경제학은 지실을 향해 조금씩 꾸준히 다가가는 학문이 아니기 때문이다. 따라서 현재의 정설에 과거의 모든 훌륭한 이론이 포함되어 있지도 않다. 학부생을 위한 경제학 강의와 교과서는 거의 전적으로 정통 이론에 집중된다. 하지만 오히려 학생들에게 여러 학파의 유용한 이론과 사상을 가르치는 강의가 필요하다. 예컨대 모든 문제를 해결하기에 가장 적합하다는 하나의 이론적 접근법보다 특정한 시기와 장소에서 특정한 문제를 해결하려고 어떤 학파가 탄생했다는 걸 보여주는 식으로 경제사상사를 가르치자는 것이다. 정통 이론에서 조금만 물러서면, 경제학과 경제학자에 대해 건전한 의혹을 제기하는 경제학자를 발견하는 즐거움을 만끽할 수 있다. 케인스의 친구이자 호의적인 비판자였던 조앤 로빈슨Joan Robinson, 1903~1983의 "경제학을 공부하는 목적은 경제에 대한 질문에 일련의 준비된 답변을 얻는 것이 아니라 경제학자들에 속지 않는 법을 배우는 것"이란 조언은 지금도 신선하게 들린다.[38]

경제학의 소명을 고려하면, 학부에서 경제학을 전공하는 학생은 '경제'에 대해 배워야 한다. 놀랍게도 대부분의 기존 강의는 학생들에게 경제를 가르치지 않는다. 대부분의 강의가 경제 이론을 가르치고, 수학적이고 통계학적 능력을 키우는 데 주력하기 때문에, 현실 세계의 경제가 어떻게 구성되고 어떻게 작동하는지 공부할 시간이 부족하다. 물론 현실 세계의 경제와 관련된 역사와 정치를 공부할 시간도 부족하다.

이렇게 대부분의 경제학자를 잘못 훈련시킨 결과가 2007~2010년의 금융 위기로 나타났다. 그때 학계에서 일하든 규제 기관에 근무하든 간에 금융 기관과 금융 시장이 실제로 어떻게 운영되는지 제대로 모르는 금융 경제학자가 적지 않았다는 게 드러나지 않았는가. 결국 금융 사학자와 금융 전문 기자 및 평론가에게 금융 기관과 금융 시장이 실제로 어떻게 작동하는지에 대한 설명이 맡겨졌다. (주류 경제학자들 중 열린 마음을 가지고 있다는 학자들도 아직 이 점을 인정하는 걸 주저한다. 대니 로드릭도 자신이 선정한 '비경제학자를 위한 십계명' 중 하나인 "모든 경제학자가 시장을 숭배하지는 않지만, 당신보다는 시장이 어떻게 작동하는지 잘 알고 있다"라는 믿음을 포기해야 할 것이다.)[39]

결론을 대신해 한마디를 덧붙이면, 많은 평론가가 경제학자에게 겸손한 자세를 보여달라는 하소연으로 경제학자를 치과의사에 비유한 케인스의 지적을 언급했다. 그러나 평론가들은 일반 대중도 적극적 역할을 할 수 있다는 걸 미처 깨닫지 못한 듯하다. 경제학이 우리 문화에서 한층 겸손하고 낮은 위치로 내려가야 한다면, 경제학자들이 스스로 그런 조치를 취할 때까지 기다릴 필요는 없다. 궁극적으로 우리에게는 경제학을 적절한 위치로 되돌려놓을 힘이 있다. 잠시도 지체해서는 안 된다.

감사의 글

나는 최근의 경제 이론이 지난 20년 남짓 동안 우리의 보편적 도덕심에 미친 영향을 이런저런 형태로 걱정하고 있었다. 그 때문에 학교 안팎에서 많은 사람과 토론했고, 그 과정에서 나는 많은 영향을 받았다. 그분들의 이름을 모두 나열할 수 없다는 게 안타까울 뿐이다. 또 재능 있는 학생들을 가르치는 특권을 누린 덕분에 해묵은 문제에 신선한 통찰을 더할 수 있었다. 학생들의 열정과 열의도 나에게 큰 원동력이 되었다.

학문 간의 경계를 넘어 형식에 구애받지 않고 무수한 대화가 이루어지는 곳, 케임브리지 이매뉴얼 칼리지의 연구 환경도 큰 도움이 되었다. 그런 대화를 통해 나는 경제학을 넘어 시야를 크게 넓힐 수 있었다.

초기에 나에게 영감을 주었던 두 권의 책은 대니얼 로저스의《균열의 시대》와 리처드 틱의《무임 승차》였다.

제프 브라운, 장하준, 존 오닐, 데릭 로빈슨, 앤드완 티니언, 루시 양 등 한두 장의 초고를 읽고 꼼꼼하게 지적해준 친구들과 동료들에게도 많은 빚을 졌다. 제러미 캐딕, 로런스 클라인, 닉 화이트에게도 특별한 도움을 받았다.

펭귄 출판사의 톰 펜을 만난 것도 나에게는 특별한 행운이었다. 그의 헌신과 열정은 정말 큰 도움이 되었다. 내 원고를 정성껏 읽어주며 소중한 조언을 아끼지 않았고, 내 글이 초점에서 벗어나지 않도록 조절해주었다. 물론 세라 데이의 꼼꼼한 교열과 펭귄 팀 모두에게도 도움을 받았다.

두 사람의 조언과 지도가 없었다면 이 책은 존재할 수 없었을 것이다. 장하준은 많은 점에서 내 연구에 영향을 미쳤지만 두 가지에서 크게 영향을 받았다. 첫째, 거의 모든 경제 이론은 평범한 언어로 쉽게 표현되어야 한다는 그의 신념이다. 경제학자와 비경제학자가 동등한 조건에서 경제를 논의하지 못할 이유가 없다는 것이다. 둘째, 일반론보다 구체적인 상황에 역점을 두어야 한다는 그의 주장이다. 대부분의 경제학자는 일반적이고 추상적인 것을 좋아하지만, 우리가 경제와 사회에서 살아가는 삶은 추상적인 것이 아니라 구체적인 것이다. 시간과 공간의 구체성이 결국 모든 차이를 만들어내는 것이다.

나의 대리인, 이반 멀케이도 장하준에 버금가는 영향을 발휘하며 내 글을 바꿔놓았다. 이반은 진지한 주제를 다룬 글도 재미있게 읽힐 수 있고, 흥미롭게 쓸 수 있다는 걸 나에게 가르쳐주었다. 하기야 우리는 모두 이야기를 통해 살아가고 있지 않은가.

내가 프로젝트 전체에 회의를 품기 시작했을 때 힐러리의 도움이 없었다면 이 책은 가능하지 않았을 것이다. 힐러리는 항상 내 곁을 지키며, 내 연구보다 더 중요한 사람, 바로 우리 아들 줄리언을 떠올려주었다. 삶을 향한 줄리언의 열정은 나에게 끝없는 즐거움이다. 이 책을 그들 두 사람에게 바친다.

모든 것이 경제학으로 설명된다

궁금한 것이 있다. 적어도 21세기에 우리 사고방식을 지배하는 것은 정치 사상일까, 경제 이론일까? 분명히 기억하는 것은 베를린 장벽이 무너진 이후로 공산주의에 민주주의가 승리했고, 사회주의에 자본주의가 승리했다는 간단명료한 정리다. 내가 과문한 탓이겠지만 그때 이후로 새롭게 등장했다는 정치 사상은 신보수주의 이외에 기억나는 것이 없다. 하지만 경제에서는 신자유주의, 시장경제, 자유무역 등 우리 뇌리에 깊숙이 파고든 개념이 한둘이 아니다.

정치와 도덕이 우리 세계관과 사고방식에 영향을 미친다는 것은 흔히 듣던 말이다. 그런데 지난 50년 동안 옳고 그른 것을 판단하는 기준이 크게 달라졌다. 과거 세대에는 어리석고 사악한 짓으로 여겨졌던 것이 이제는 합리적으로 자연스럽게 여겨진다. 어디에서 영향을 받아, 우리 생각이 이렇게 달라졌을까? 이 책에서 말하는 답은 경제 이론이다. 따라서 이 책에서는 경제 이론, 특히 20세기 후반 이후의 주류 경제학이 우리 사고방식에 어떤 영향을 미쳤는지 추적한다.

1980년대 이후로 미국과 영국을 비롯해 대부분의 선진국에서 불평등이 심화되었다. 많은 사람이 이 현상을 문제라 생각하지만, 이 문제를 해결하기 위해 우리가 할 수 있는 일은 많지 않다고 생각한다. 심지어 전문화된 능력이 더 많은 보상을 받는 세계화 시대에 불평등 심화는 필연적일 뿐만 아니라 좋은 현상이라 주장하는 경제학자도 있다. 좌익 평론가들은 이런 현상을 '부자를 위한 사회주의'라 칭한다. 워런 버핏도 "지난 20년 동안 계급전쟁이 벌어졌고, 내가 속한 계급이 승리했다"라고 말했을 정도이다.

엄격히 말하면, 이 책은 신자유주의 경제 모델의 결함을 파헤친 책이다. 그럼 신자유주의 경제와 관련된 경제 이론들이 우리 사고방식에 영향을 미쳤고, 그에 영향을 받은 우리는 도덕적 상식과 어긋나게 생각한다는 점에서 경제학은 우리를 타락시켰다고 말할 수 있다. 게다가 우리는 사고방식이 그렇게 타락했다는 것조차 의식하지 못한다. 결국 지난 50년 동안 우리 경제, 더 나아가 우리 사회를 지배한 경제학은 나쁜 경제학이었다.

어떤 경제학이 좋은 경제학일까? 저자는 장하준의 표현을 빌려, 평균적 지식을 지닌 독자라면 누구라도 이해할 수 있도록 경제 이론은 쉽게 표현되어야 한다고 주장한다. 피상적인 통계적 수치를 들먹이며 경제 현상을 왜곡하지 않아야 한다고 말한다. 이런 관점에서 주류 경제학을 비판하는 부분이나, 소득세 증세에 대한 당위성을 설명하는 부분에 동의하느냐 동의하지 않느냐는 각자의 몫이지만 저자의 논리적 전개는 무척 설득력 있어, 사회 현상을 보는 당신의 시야를 넓혀주기에 충분하다.

충주에서

강주헌

참고 문헌

대니얼 카너먼과 아모스 트버스키의 공동 작업을 자세히 다룬 책《세계를 바꿔놓은 우정》을 끝내며, 마이클 루이스는 덧붙인 참고 문헌의 소개에서 "학술지에 게재할 논문을 작성하는 연구자들은 독자들의 관심을 끌려고 노력하지 않는다. 독자들에게 즐거움을 주려고도 애쓰지 않는다. 연구자들은 독자들보다 더 오래 살아남으려고 노력할 뿐이다"라고 말했다.

달리 말하면, 경제학과 같은 분야에서 학술지에 발표하는 논문은 독자와의 교감에 그다지 신경쓰지 않는다. 오히려 가장 적대적인 독자까지 굴복시키려는 완벽한 논증을 제시하려고 애쓴다. 여기에서 나는 학술 논문에 우호적으로 접근하기 위한 약간의 조언을 덧붙이려 한다. 그러나 그 책들에 전문성이나 철학적 분석이 부족하다는 뜻은 전혀 아니다.

| CHAPTER 1 | **호모 에코노미쿠스는 어떻게 탄생했는가?**
몽펠르랭회의 탄생과 영향이 확연히 다른 관점에서 쓰여진 책들이 있다.

Cockett, R. (1995). *Thinking the Unthinkable*. London, Fontana.
Mirowski, P. (2013). *Never Let a Serious Crisis Go to Waste*. London, Verso.
다음은 학문적 관점에서 다루어진 책이다.
Mirowski, P. and D. Plehwe, eds. (2015). *The Road from Mont Pèlerin*. Harvard, Harvard University Press.
경제 사상의 영향에 대한 좋은 입문서로는 아래의 책이 있다.
Hirschman, D. and E. Berman (2014). 'Do Economists Make Policies? On the Political Effects of Economics'. *Socio-Economic Review*, 12, 779-811.

| CHAPTER 2 | **누구도 믿지 마라**

게임 이론의 역사에 대해서는 다음과 같은 책이 있다.

Nasar, S. (1998). *A Beautiful Mind*. London, Faber.

Poundstone, W. (1992). *Prisoner's Dilemma*. New York, Anchor Books.

게임 이론을 비판한 논문은 난해한 편인데, 다음은 내가 좋아하는 논문이다.

Risse, M. (2000). 'What is Rational about Nash Equilibria?' *Synthese*, 124 (3), 361-84.

Guala, F. (2006). 'Has Game Theory been Refuted?' *Journal of Philosophy*, 103, 239-63.

| CHAPTER 3 | **욕망이 정의를 이긴다**

이 개념을 상대적으로 쉽게 정리한 권위 있는 책으로는 다음과 같은 책이 있다.

Medema, S. (2009). *The Hesitant Hand*. Princeton, Princeton University Press.

아래의 논문은 시카고 학파의 내부자가 코스 정리에 대한 잘못된 이해를 재밌게 비판했다.

McCloskey, D. (1998). 'The So-called Coase Theorem'. *Eastern Economic Journal*, 24 (3), 367-71.

다음은 포스너와 법경제학파에 대한 책이다.

Teles, S. (2008). *The Rise of the Conservative Legal Movement*. Princeton, Princeton University Press.

| CHAPTER 4 | **민주주의는 불가능한가?**

두 권의 탁월한 저서가 있다. 아래의 첫 번째 책은 냉전 시대의 정치와 문화가 사회선택이론과 공공선택이론의 형성에 미친 영향과, 냉전이 경제학 전반에 미친 영향에 대한 것이다.

Amadae, S. (2003). *Rationalizing Capitalist Democracy*. Chicago, University Chicago Press.

두 번째 책은 공공선택이론이 현대 정치에 미친 영향에 대한 것이다.

Hav, C. (2007). *Why We Hate Politics*. Cambridge, Polity Press.

| CHAPTER 5 | **무임승차는 어떻게 영리한 짓이 되었는가?**

아래의 책은 역사적이고 철학적인 분석에서 탁월한 학술서이다.

Tuck, R. (2008). *Free Riding*. Cambridge, Harvard University Press.

| CHAPTER 6 | **경제학 제국주의의 탄생**

시장의 적절한 범위를 다룬 책으로는 다음의 책이 있다.

Sandel, M. (2012). *What Money Can't Buy: The Moral Limits of Markets*. London, Allen Lane.

Satz, D. (2010). *Why Some Things Should Not be for Sale*. Oxford, Oxford University Press.

Roscoe, P. (2014). *I Spend Therefore I Am*. London, Penguin.

| CHAPTER 7 | **누구에게나 가격이 있다**

다음은 경제학적 관점에서 인센티브에 대한 주류 경제학의 경계를 허물어뜨린 책이다.

Bowles, S. (2016). *The Moral Economy*. New Haven, Yale University Press.

아래는 철학적 관점에서 넓고 깊게 분석한 책이다.

Grant, R. (2012). *Strings Attached*. Princeton, Princeton University Press.

| CHAPTER 8 | **불가능한 사건의 가능성**

글로벌 금융 위기를 촉발한 경제 사상을 재밌고 통찰력 있게 다룬 책으로는 다음의 책을 추천한다.

Lanchester, J. (2010). *Whoops!* London, Penguin.

아래는 종형 곡선 사고방식의 결함을 난삽하게 다루었지만 반드시 읽어야 할 책이다.

Taleb, N. (2010). *The Black Swan*. London, Penguin.

| CHAPTER 9 | **왜 불평등해졌는가?**

다음은 래퍼 곡선의 탄생에 대해 다루었지만, 궁극적으로 미국에서 정치와 문화가

시장 중심으로 변해간 이유를 다룬 책이다.

Rodgers, D. (2011). *Age of Fracture*. Harvard, Harvard University Press.

불평등을 다룬 탁월한 책은 적지 않지만, Atkinson, A. (2015). *Inequality*. Cambridge, Harvard University Press만큼 가독성과 통찰력과 백과사전적 지식을 모두 담아낸 책은 극히 드물다.

우리가 불평등을 받아들이는 이유에 대해서는 다음의 책을 추천한다.

Frank, R. (2016). *Success and Luck*. Princeton, Princeton University Press.

| CHAPTER 10 | **평등의 경제학을 위하여**

다음은 현대 경제학의 문제를 상반된 관점에서 다룬 책이다

De Martino, G. (2011), *The Economist's Oath*. New York, Oxford University Press.

Earle, J., et al. (2017). *The Econocracy*. London, Penguin.

Fourcade, M., et al. (2015). 'The Superiority of Economists'. *Journal of Economic Perspectives*, 29 (1), 89-114.

Rodrik, D. (2016). *Economics Rules*. New York, Norton.

주

| CHAPTER 1 | **호모 에코노미쿠스는 어떻게 탄생했는가?**

1 'Aaron Director, Economist, Dies at 102', *New York Times*, 2004년 9월 16일.

2 Keynes, J. (1978), *The Collected Writings of John Maynard Keynes*, eds. E. Johnson and D. Moggridge (London: Royal Economic Society), vol. 27, 374.

3 1947년 2월 13일 Hayek가 Karl Popper에게 보낸 편지, Stedman-Jones, D. (2012), *Masters of the Universe* (Princeton: Princeton University Press), 78에서 인용.

4 Cockett, R. (1995), *Thinking the Unthinkable* (London: Fontana), 174.

5 위의 책, 175-6.

6 Hayek, F. (1944), *The Road to Serfdom* (London: Routledge), 93. 당시의 경제학자들과 달리, 하이에크는 경제적 동기가 '관례와 전통'에 영향을 받는다는 걸 깨달았다. 이 점을 지적해준 장하준에게 감사의 뜻을 전하고 싶다.

7 1991년 방콕에서 열린 세계은행/IMF 회의에서 행한 연설.

8 Smith, A. (1976), *The Theory of Moral Sentiments*, eds. D. Raphael and A. Macfie (Oxford: Oxford University Press), 61.

9 《리더스 다이제스트》가 최근에 실시한 실험에 따르면, 길에 떨어뜨린 192개의 지갑 중 절반가량이 되돌아왔다.

10 Arrow, K. (1972), 'Gifts and Exchanges', *Philosophy and Public Affairs*, 1 (4), 354-5.

11 Sandel, M. (2012), *What Money Can't Buy: The Moral Limits of Markets* (London: Allen Lane), 130에서 인용.

12 Hirschman, A. (1984), 'Against Parsimony', *Bulletin of the American Academy of*

Arts and Sciences, 37 (8), 24.

13 Aristotle, *Nicomachean Ethics*, book II, chapter 1.

14 Damasio, A. (1994), *Descartes' Error* (New York: Putnam), 193 – 4.

15 Stiglitz, J. (2012), *The Price of Inequality* (London: Allen Lane), 192.

16 Keynes, J. M. (1936), *The General Theory of Employment, Interest and Money* (London: Macmillan), 383 – 4.

| CHAPTER 2 | **누구도 믿지 마라**

1 The RAND Hymn, 1961, Nasar, S. (1998), *A Beautiful Mind* (London: Faber), 104 에서 인용.

2 Nasar, 71.

3 *Fortune*, March 1951.

4 *Life*, 25 February 1957.

5 Keynes, J. (1978), *The Collected Writings of John Maynard Keynes*, eds. E. Johnson and D. Moggridge (Royal Economic Society), vol. 10, 173 – 4.

6 1947년 10월 8일 모르겐슈테른에게 보낸 편지. 이 편지에서 von Neumann 은 Paul Samuelson의 Foundations of Economic Analysis에 대한 서평을 써달라는 요청을 거부한 이유를 설명했다. Morgenstern (1976), 'The Collaboration between Oskar Morgenstern and John von Neumann on the Theory of Games', *Journal of Economic Literature*, 14 (3), 810에서 인용.

7 Morgenstern's diary, April – May 1942. Leonard, Robert J. (1995), 'From Parlor Games to Social Science: Von Neumann, Morgenstern, and the Creation of Game Theory 1928 – 1944', *Journal of Economic Literature*, 33 (2), 730에서 인용.

8 Nasar, 94.

9 앞의 책.

10 Heims, S. (1980). *John Von Neumann and Norbert Wiener: From Mathematics to the Technologies of Life and Death* (Cambridge: MIT Press), 327에서 인용.

11 Poundstone, W. (1992), *Prisoner's Dilemma* (New York: Anchor Books), 168에서 인용.

12 Ferguson, N. (2017), *The Square and the Tower: Networks and Power, from the Freemasons to Facebook* (London: Allen Lane), 260에서 인용.

13 Hertzberg, H. (2001), 'Comment: Tuesday, and After', *New Yorker*, 24 September 2001, 27. Amadae, S. (2003), *Rationalizing Capitalist Democracy* (Chicago: University of Chicago Press), 6에서 인용.

14 Russell, B. (1959), *Common Sense and Nuclear Warfare* (London: Allen and Unwin), 30.

15 Nasar, 242, 244.

16 앞의 책, 379.

17 Goeree, J., and Holt, C. (1999), 'Stochastic Game Theory', *Proceedings of the National Academy of Science*, 96, 10564-7.

18 Mirowski and Nik-Khah in D. Mackenzie, F. Muniesa and L. Siu (eds.) (2007), *Do Economists Make Markets? On the Performativity of Economics* (Princeton: Princeton University Press).

19 Sadrieh, A. (2010), 'Reinhard Selten a Wanderer', in A. Ockenfels and A. Sadrieh (eds.), *The Selten School of Behavioral Economics* (Berlin, Springer-Verlag), 5.

20 Gintis, H. (2009), *The Bounds of Reason* (Princeton: Princeton University Press).

21 아래에서 개략적으로 설명한 주장의 발전 과정에 대해서는 F. Guala (2006), 'Has Game Theory been Refuted?', *Journal of Philosophy*, 103, 239-63을 참조할 것.

22 https://www.aip.org/history-programs/niels-bohr-library/oral-histories/30665.

| CHAPTER 3 | **욕망이 정의를 이긴다**

1 Woodbury, S. A., and Spiegelman, R. G. (1987), 'Bonuses to Workers and Employers to Reduce Unemployment: Randomized Trials in Illinois', American

Economic Review, 77 (4), 513 – 30.

2 Shapiro, Fred R., and Pearse, Michelle (2012), 'The Most-cited Law Review Articles of All Time', *Michigan Law Review*, 110 (8).

3 Ronald Coase, 노벨 경제학상을 받았을 때 쓴 자전적 에세이, https://www.nobelprize.org/nobel_prizes/ economic-sciences/laureates/1991/ coase-bio.html.을 참조할 것.

4 앞의 책.

5 Coase, R. H. (1959), 'The Federal Communications Commission', *Journal of Law and Economics*, 2, 7.

6 Kitch, E. W. (1983), 'The Fire of Truth: A Remembrance of Law and Economics at Chicago, 1932 – 1970', *Journal of Law and Economics*, 26 (1), 221.

7 Coase, R. (1988), *The Firm, the Market, and the Law* (Chicago, University of Chicago Press), 1.

8 Coase, R. (1960), 'The Problem of Social Cost', *Journal of Law and Economics*, 3, 2.

9 Posner, R. (1995), *Overcoming Law* (Harvard, Harvard University Press), 418.

10 S. Medema (2009), *The Hesitant Hand* (Princeton: Princeton University Press), 106에서 인용.

11 Kitch, 192에서 인용.

12 Greenspan, A. (2013), *The Map and the Territory* (Penguin: 2013).

13 Teles, S. (2008), *The Rise of the Conservative Legal Movement* (Princeton: Princeton University Press), 99 – 100.

14 Posner, R. (1992), *Sex and Reason* (Cambridge: Harvard University Press), 437.

15 Landes, W., and Posner, R. (1987), *The Economic Structure of Tort Law* (Cambridge: Harvard University Press), 312.

16 Friedman, M. (1953), *Essays in Positive Economics* (Chicago: University of Chicago Press), 5.

17 Landes, E., and Posner, R. (1978), 'The Economics of the Baby Shortage',

Journal of Legal Studies, 7 (2), 323.

18 http://edition.cnn.com/2014/09/02/travel/airline-seat-recline-diversion/.

19 'Coase in Flight', *National Review*, 29 July 2011.

20 Kill, J. et al. (2010), 'Trading Carbon' (Moreton-in-March, UK: FERN)에서 인용.

21 Woolf, V. (1966), 'Mr. Bennett and Mrs. Brown', *Collected Essays*, I (London: The Hogarth Press), 320.

22 Larkin, P. (1985), *All What Jazz* (London: Faber), 17. 모더니즘을 빗대 예술과 경제학을 이렇게 비교하며 코스까지 연결하는 아이디어는 D. McCloskey (1998), 'The So-called Coase Theorem', *Eastern Economic Journal*, 24 (3), 367 – 71에서 빌린 것이다.

23 Coase (1988), 174.

| CHAPTER 4 | **민주주의는 불가능한가?**

1 Starr, R. (2008), 'Kenneth Joseph Arrow', in S. Durlauf and L. Blume (eds.), *The New Palgrave Dictionary of Economics* (London: Palgrave Macmillan).

2 Nasar, S. (1998). *A Beautiful Mind* (London: Faber), 108.

3 Arrow in Breit, W., and Hirsch, B. T. (2009), *Lives of the Laureates: Twenty-three Nobel Economists* (Cambridge: MIT Press), 36. 러셀과 타르스키에 대해서는 Feferman in *Alfred Tarski and the Vienna Circle* (1999), Jan Wolenski and Eckehart Köhler (eds.) (New York: Springer), 48을 참조할 것.

4 Black, D. (1991), 'Arrow's Work and the Normative Theory of Committees', *Journal of Theoretical Politics*, 3, 262.

5 Alec Cairncross과의 인터뷰, McLean, I., McMillan, A., and Munroe, B. (1996), *A Mathematical Approach to Proportional Representation* (Dordrecht: Kluwer), xvi에서 인용.

6 Arrow, K. (1951), *Social Choice and Individual Values* (New York: Wiley), 59.

7 Arrow, Kenneth J. (1978), 'A Cautious Case for Socialism', *Dissent, September*,

472-82.

8 Reisman, D. (2015), *James Buchanan* (Basingstoke: Palgrave Macmillan), 3.

9 앞의 책.

10 앞의 책.

11 Downs, A. (1957), *An Economic Theory of Democracy* (New York: Harper), 27.

12 예컨대 C. Pissarides (1980), 'British Government Popularity and Economic Performance', *Economic Journal*, 90, 569-81을 참조하기 바란다.

13 Buchanan, J., and Wagner R. (1977), *Democracy in Deficit* (San Diego: Academic Press), 65.

14 Friedman, Milton (1993), 'George Stigler: A Personal Remembrance', *Journal of Political Economy*, 101 (5), 772.

15 이에 대해서는 Robert H. Wade (2014), 'Economists' Ethics in the Build-up to the Great Recession', in George DeMartino and Deirdre McCloskey (eds.), *The Oxford Handbook of Professional Economic Ethics* (Oxford: Oxford University Press)를 참조할 것.

16 최초의 휴대폰으로 여겨지는 IBM의 사이먼은 1994년 출시되었을 때 약 1,000 달러였다. 그때 뉴욕 링컨 센터의 공연 티켓은 대략 30달러였다. 2017년 중산급 스마트폰은 대략 200달러이고, 같은 곳이 공연 티켓은 100달러이다.

17 보멀의 비용병에 대한 자세하지만 일반인도 충분히 읽어낼 만한 자료와 여기에서 인용된 통계자료에 대해서는 W. Baumol (ed.) (2012), *The Cost Disease* (New Haven: Yale University Press)를 참조할 것.

18 앞의 책, 50.

19 Baumol, W. (2001), 'Paradox of the Services', in T. ten Raa and R. Schettkat (eds.), *The Growth of Service Industries* (Cheltenham: Edward Elgar), 24.

20 Florio, M. (2006), *The Great Divestiture* (Cambridge: MIT Press).

21 이 부분은 Hay, C. (2007), *Why We Hate Politics* (Cambridge: Polity Press), chapters 3 and 5의 뛰어난 분석에서 많은 영향을 받았다.

22 Lord Falconer, Secretary of State for Constitutional Affairs, Hay, 93에서 인용.

| CHAPTER 5 | **무임승차는 어떻게 영리한 짓이 되었는가?**

1 Strain, C. (2016), *The Long Sixties* (New York: Wiley), 188에서 인용.

2 Smith, A. (1776), *The Wealth of Nations*, book 1, chapter X, part II.

3 Weintraub, Stanley, 'GBS and the Despots', *Times Literary Supplement*, 22 August 2011.

4 '완전 경쟁'을 새롭게 정의한 이론의 핵심적인 특징은, 각 생산자의 시장에 대한 기여는 무시할 정도가 아니라 실질적으로 제로라고 가정한 것이었다. 정통 생산자 이론은 대체로 이런 수학적 오류에 근거한 것이다.

5 Tuck, R. (2008), *Free Riding* (Cambridge: Harvard University Press). 이 장을 쓰는 데 나는 Tuck의 뛰어난 철학적이고 역사적인 분석에서 많은 영감을 받았다.

6 Oppenheimer, Joe A. (2008, 2nd edn), *The New Palgrave Dictionary of Economics*, Steven N. Durlauf and Lawrence E. Blume (eds.). http://www.dictionaryofeconomics.com/article?id=pde2008_O000094&edition=current&q=mancur%20olson&topicid=&result_number=1.

7 Mancur Olson의 사망을 알리는 부고 기사, *Economist*, 5 March 1998.

8 Olson, M. (1971, rev. edn), *The Logic of Collective Action* (Cambridge: Harvard University Press), 64.

9 앞의 책.

10 *The New York Times*, 12 July 1989.

11 *Wall Street Journal*, 22 January 2009.

12 *Independent*, 13 December 2012.

13 구글 같은 기업의 절세 노력은 특정 국가에서 과세 대상 활동의 비율을 감추는 데 집중되기 때문에 정확한 손실액을 추정하기는 어렵다. 한 추정치에 따르면, 구글은 영국에서만 추가로 7억 파운드의 세금을 납부해야 한다('Ending the Free Ride', Civitas, November 2014; http://www.civitas.org.uk/pdf/EndingtheFreeRide). 또 다

른 추정에 따르면, 세계 243대 기업이 매년 적어도 820억 달러의 세금을 더 납부해야 한다('The $82bn Listed-company Tax Gap', *Financial Times*, 12 April 2015).

14 《도덕과 입법의 원리 입문》(*An Introduction to the Principles of Morals and Legislation*)에서 Jeremy Bentham은 이 점을 정확히 지적하며, 세금의 납부가 개개인에게는 이익이라고 주장했다.

15 De Viti de Marco, A. (1936), *First Principles of Public Finance* (London: Jonathan Cape), 114.

16 Tuck, 60.

17 Hart, H. L. A., and Honore, T. (1985), *Causation in the Law* (Oxford: Oxford University Press)을 참조할 것. 여기에서는 법체제의 인과관계가 존 스튜어트 밀의 관점으로 설명된다.

18 '원인'으로 여겨지는 것이 일어나지 않으면 '결과'도 일어나지 않는다는 것이 인과관계에 대한 일반적인 견해이다. 여기에서는 이런 조건적 인과관계보다, 존 스튜어트 밀이 *A System of Logic*에서 처음 제시한 충분한 인과관계를 근거로 삼았다. 인과관계에 대한 균형잡힌 논의에 대해서는 J. Collins et al. (2004), *Causation and Counterfactuals* (Cambridge, MIT Press)을 참조할 것.

19 International Energy Agency(국제에너지기구)의 발표, https://www.iea.org/coal2017/을 참조할 것.

20 예를 들어 S. Barr (2008), *Environment and Society* (Aldershot: Ashgate)를 참조할 것.

21 이 부분에 대한 내 논증은 M. Lane (2011), *Eco-Republic* (Princeton: Princeton University Press), chapter 3에서 많은 영향을 받았다.

22 이 점에 대해서는 Kahneman의 대표성 원칙에서 영감을 받았다. D. Kahneman (2011), *Thinking Fast and Slow* (London: Penguin)을 참조할 것.

23 1883년 런던에 열린 International Fisheries Exhibition의 개막 연설. Lane에서 인용. http://aleph0.clarku.edu/huxley/SM5/fish.html을 참조할 것.

24 Unger, P. (1996), *Living High and Letting Die* (Oxford: Oxford University Press).

25 현재의 일치된 의견에 따르면, 이른바 '해결책'에는 기본적인 논리 원칙들에 대

한 우리 믿음을 반(反)직관적으로 수정한 것이 포함된다. 엄격히 말하면, 우리는 소크라테스 역설을 '해결'하지만, 그 대가로 똑같은 정도로 까다로운 다른 역설들을 만들어낸다. R. Keefe and P. Smith (1996), *Vagueness: A Reader* (Cambridge: MIT Press)에는 주목할 만한 '해결책' 후보가 소개된다. 특히 서문은 탁월한 수준이다.

26 D. Parfit (1984), *Reasons and Persons* (Oxford: Clarendon), 80을 약간 수정한 것임.

27 다른 사람들의 행동에 대한 불확실성이나, 프로젝트는 문자 그대로 개인적 기여의 합이므로 더 많은 기여가 더 큰 성공을 뜻하기 때문에 내 기여가 작은 차이를 만든다는 깨달음 등 앞에서 언급한 문제점들을 무시한다는 조건이 필요하다.

28 나는 프로젝트가 진행되지 않아 내가 기여하지 않는 결과보다, 프로젝트가 진행되어 내가 기여하는 결과를 더 바란다는 가정이 필요하다. (이런 가정이 없으면 무임승차는 상관없는 것이 된다. 무임승차를 전혀 고려하지 않으면서도 나는 기여하지 않을 것이 분명하기 때문이다.)

29 Hilton, B., A Mad, Bad and Dangerous People, quoted in D. Runciman, 'Why Not Eat an Éclair?', *London Review of Books*, 9 October 2008.

30 Runciman을 참조할 것.

| CHAPTER 6 | **경제학 제국주의의 탄생**

1 *New York Post*, 14 May 2013.

2 여기에서 인용된 대부분의 사례만이 아니라, 시장의 범위에 대한 도발적인 사례 연구에 대해서는 Sandel, M. (2012), *What Money Can't Buy: The Moral Limits of Markets* (London: Allen Lane)을 참조하기 바란다.

3 베커와의 인터뷰. K. Horn (2009), *Roads to Wisdom* (Cheltenham: Edward Elgar)에서 인용.

4 Tim Harford는 베커의 저서를 칭찬하는 여러 편의 칼럼을 썼지만(예: 'Gary Becker – The Man Who Put a Price on Everything', *Financial Times*, 6 May 2014), John Kay (2003)는 "조롱할 것도 없다"라고 무미건조하게 평가했다(The Truth about Markets

(London: Penguin), 186).

5 Becker, G. (1991, enlarged edn), *A Treatise on the Family* (Cambridge: Harvard University Press), 124.

6 앞의 책, 98.

7 Herfeld, Catherine (2012), 'The Potentials and Limitations of Rational Choice Theory: An Interview with Gary Becker', *Erasmus Journal for Philosophy and Economics*, 1, 73-86.

8 Becker, G. (1976), The Economic Approach to Human Behavior (Chicago: University of Chicago Press), 5.

9 앞의 책, 8.

10 Becker (1991), 339.

11 Gary Becker와의 인터뷰. Region, June 2002, Federal Reserve Bank of Minneapolis: https://www.minneapolisfed.org/publications/theregion/interviewwithgary-becker.

12 Friedman, M. (1953), *Essays in Positive Economics* (Chicago: University of Chicago Press), 21.

13 Becker (1976), 5.

14 Robert Solow, R. Swedberg (ed.) (1990), *Economics and Sociology* (Princeton: Princeton University Press), 276에서 인용.

15 Davies, W. (2014), *The Limits of Neoliberalism* (London: Sage), 86.

16 Becker, G. (1976), *The Economic Approach to Human Behavior* (Chicago: University of Chicago Press), 10.

17 Blinder, A. (1974), 'The Economics of Brushing Teeth', *Journal of Political Economy*, 82 (4), 887-91. Becker는 James Heckman에게 그 논문을 추천한다고 직접 말했다. https://bfi.uchicago.edu/sites/default/files/file_uploads/Heckman-tributetext.1.20.14.pdf.에서 'Private notes on Gary Becker'를 참조할 것.

18 Becker, G. (1993), 'The Economic Way of Looking at Behavior', *Journal of*

Political Economy, 101 (3), 391.

19 Becker, (1976), 7–8.

20 Breit, W., and Hirsch, B. (eds.) (2009), *Lives of the Laureates* (Cambridge: MIT Press), 402.

21 Clark, K., 'In Praise of Original Thought', *US News and World Report*, 24 October 2005, 52.

22 Breit and Hirsch, 408.

23 Schelling, T. (1984), *Choice and Consequence: Perspectives of an Errant Economist* (Cambridge: Harvard University Press), 59.

24 Banzhaf, H. Spencer (2014), 'The Cold war Origins of the Value of Statistical Life', *Journal of Economic Perspectives*, 28 (4), 216.

25 Schelling, T. (1968), 'The Life You Save May be Your Own', in S. Chase (ed.), *Problems in Public Expenditure Analysis* (Washington: Brookings Institution), 128–9.

26 Becker, G., and Posner, R. (2009), *Uncommon Sense* (Chicago: University of Chicago Press), 38.

27 Becker, Gary S., and Elias, J. (2007), 'Introducing Incentives in the Market for Live and Cadaveric Organ Donations', *Journal of Economic Perspectives*, 21 (3), 9.

28 콩팥 시장에 대한 논의를 더 깊이 알고 싶다면 P. Roscoe (2014), *I Spend Therefore I Am* (London: Penguin)을 참조하기 바란다.

29 Nancy ScheperHughes, Organs Watch의 창립자. D. Satz (2010), *Why Some Things Should Not be for Sale* (Oxford: Oxford University Press), 198에서 인용.

30 Levitt, S., and Dubner, S. (2005), *Freakonomics* (London: Allen Lane), 10.

31 Schelling, 116.

32 이 구절의 논증은 셸링의 타이태닉호 사례에 대한 Debra Satz의 비평에서 많은 영향을 받았다. Satz, 84-9을 참조할 것.

| CHAPTER 7 | **누구에게나 가격이 있다**

1 Aitken, Hugh G. J. (1985: first published 1960), *Scientific Management in Action:*

Taylorism at Watertown Arsenal, 1908-1915 (Princeton: Princeton University Press).

2   David Montgomery (1989), *The Fall of the House of Labor: The Workplace, the State, and American Labor Activism*, 1865-1925 (Cambridge: Cambridge University Press), 251에서 인용.

3   Taylor, F. (1911), *Principles of Scientific Management* (New York: Harper), 7.

4   O'Connor, S. 'Amazon Unpacked', *Financial Times*, 8 February 2013.

5   Levitt, S., and Dubner, S. (2005), *Freakonomics* (London: Allen Lane), 20.

6   Hayek (1956), *Collectivist Economic Planning* (London: Routledge), 4.

7   여기에서 언급된 사례들에 대해서는 R. Grant (2012), *Strings Attached* (Princeton: Princeton University Press), 33을 참조할 것. 인센티브에 대한 Grant의 탁월한 분석은 여기에서 언급된 몇몇 논증에 큰 영향을 주었다.

8   Frey, B., Oberholzer Gee, F., and Eichenberger, R. (1996), 'The Old Lady Visits Your Backyard: A Tale of Morals and Markets', *Journal of Political Economy*, 104, 1297-313. 핵폐기장을 받아들이는 대가로 금전적 보상을 제안받은 다른 지역들에서도 유사한 반응일 확인되었다. H. Kunreuther and D. Easterling (1996), 'The Role of Compensation in Siting Hazardous Facilities', *Journal of Policy Analysis and Management*, 15, 601-22를 참조할 것.

9   Gneezy, U., and Rustichini, A. (2000), 'A Fine is a Price', *Journal of Legal Studies*, 29, 1-18.

10   Deci, E., Koestner, R., and Ryan, R. (1999), 'A Metaanalytic Review of Experiments Examining the Effect of Extrinsic Rewards on Intrinsic Motivation', *Psychological Bulletin*, 125, 627-68에서 포괄적인 연구를 엿볼 수 있다.

11   Bowles, S. (2016), *The Moral Economy* (New Haven: Yale University Press), 9.

12   앞의 책, 79에서 인용.

13   Kinnaman, T. (2006), 'Examining the Justification for Residential Recycling', *Journal of Economic Perspectives*, 20 (4), 219-32.

14 Gneezy and Rustichini, 29, 1-18.

15 Gasioroska, A., Zaleskiewicz, T., and Wygrab, S. (2012), 'Would You Do Something for Me?' *Journal of Economic Psychology*, 33 (3), 603-8.

16 증거에 대한 포괄적인 검토에 대해서는 Niza, C., Tung, B., and Marteau, T. M. (2013), 'Incentivizing Blood Donation: Systematic Review and Meta analysis to Test Titmuss' Hypotheses', *Health Psychology*, 32, 941-9을 참조할 것. Health Psychology에게 보낸 편지에서 경제학자 Lacetera와 Macis와 Slonim는 "인센티브의 증가는 효율성의 증가로 이어진다"라는 기본적인 경제 원리를 근거로 Niza et al.의 연구를 비판했다. 그러나 그 경제 원리도 결국 주장에 불과하며, 혈액 제공자에 대한 금전적 인센티브가 효율적인지에 대한 실증적 분석과는 아무런 관계도 없다. http://www.apa.org/pubs/journals/features/healetterto-editora0032740.pdf와 http://www.apa.org/pubs/journals/features/healetterto-editorresponsea0032740.pdf를 참조할 것.

17 Dutton, J. E., Debebe, G., and Wrzesniewski, A. (2016), 'Being Valued and Devalued at Work', in B. Bechky and K. Elsbach, *Qualitative Organizational Research: Best Papers from the Davis Conference on Qualitative Research*, Volume 3 (Information Age Publishing). A. Wrzesniewski and J. E. Dutton (2001), 'Crafting a Job', *Academy of Management Review*, 26 (2), 179-201도 참조할 것.

18 Berlin, I. (1969), *Four Essays on Liberty* (Oxford: Oxford University Press), 30 n. 9.

19 앞의 책, 131.

20 Grant, R. (2012), *Strings Attached* (Princeton: Princeton University Press), 117.

21 금전적 인센티브가 초중등 학생에게 미치는 영향에 대한 실증적 증거는 여러 이유에서 애매모호하다. 학교마다 인센티브 제도가 무척 다르기 때문에 직접적인 비교가 쉽지 않다. 또 인센티브의 장기적 효과를 추적한 연구도 거의 없고, 교육 성과의 진정한 개선과 속임수에 의한 거짓된 성적 향상을 명확히 구분한 연구도 거의 없는 편이다. 균형잡힌 연구를 보고 싶으면 Grant, 111-32를 참조하기 바란다.

22 Amos Tversky and Daniel Kahneman (1981), 'The Framing of Decisions and the Psychology of Choice', Science, 211, 453의 원문을 약간 손질한 것이다.

23 Whitehead, M. et al., 'Nudging All over the World: Assessing the Global Impact of the Behavioural Sciences on Public Policy', *Economic and Social Research Council*, September 2014.

24 Sunstein, C. (2014), *Why Nudge?* (New Haven: Yale University Press).

25 그 증거와, 넛지가 어떻게 여전히 정통 경제학의 족쇄에 얽매여 있는가에 대해서는 R. Bubb and R. Pildes (2014), 'How Behavioral Economics Trims Its Sails and Why', *Harvard Law Review*, 127, 1593-678을 참조하기 바란다.

26 Thaler, R., and Sunstein, C. (2008), *Nudge* (New Haven: Yale University Press), 249.

27 예컨대 http://www.bbc.co.uk/news/business22772431과 http://www.bbc.co.uk/news/world southasia15059592를 참조하기 바란다.

28 인센티브에 대한 반응을 연구한 41편을 조사한 바에 따르면, 3편만이 현실 세계에서 인센티브를 연구했다. Bowles, S. (2008), 'Policies Designed for Self interested Citizens may Undermine "The Moral Sentiments"', Science, 320, 1605-9. http://www.sciencemag.org/content/suppl/2008/06/19/320.5883.1605.DC1/Bowles_SOM.pdf을 참조할 것.

29 J. Wolff (2015), 'Paying People to Act in Their Own Interests: Incentives versus Rationalization in Public Health', *Public Health Ethics*, 8 (1), 27-30는 이 문제를 흥미롭게 다루었다.

30 Teachout, Z. (2014), *Corruption in America* (Cambridge, Harvard University Press).

31 Schumpeter의 *History of Economic Analysis*(1954)는 경제사를 자세히 다룬 권위 있는 저서이지만 '인센티브'라는 단어를 한 번도 언급하지 않았다.

32 노벨상 위원회 웹사이트에 실린 카너먼의 자서전적 자기 소개.

33 Michael Lewis와의 인터뷰, Vanity Fair, 11 September 2012.

| CHAPTER 8 | **불가능한 사건의 가능성**

1 Mackenzie, D. (2001), *Mechanizing Proof* (Cambridge, MIT Press), 23.

2 Dowd, Kevin et al. (2008), 'How Unlucky is 25Sigma?', Centre for Risk and Insurance Studies, Nottingham University Business School; https://www.nottingham.ac.uk/business/businesscentres/crbfs/documents/crisreports/cris-paper20083.pdf.

3 King, M. (2016), *The End of Alchemy* (London: Little, Brown), 193.

4 램지의 뛰어난 지적 능력에 대해서는 D. Mellor (1995), 'Cambridge Philosophers I: F. P. Ramsey', Philosophy, 70, 242-62을 참조하기 바란다. Mellor는 비트겐슈타인의 문장에 대한 램지의 재해석이 원문보다 나은 것이라 덧붙였다. 나중에 비트겐슈타인이 십중팔구 인정했듯이, 램지의 재해석에는《논리철학 논고》에 대한 주된 반론을 집약한 것이기 때문이다.

5 Keynes, J. M. (1937), 'The General Theory', *Quarterly Journal of Economics*, 51, 213-14.

6 Friedman, M., and Friedman, R. (1998), *Two Lucky People* (Chicago: University of Chicago Press), 146.

7 종형 곡선과 눈금 불변성 현상의 차이에 대해서는 N. Taleb (2010), *The Black Swan* (London: Penguin), chapter 15를 참조하기 바란다.

8 BBC News, 15 September 2008: http://news.bbc.co.uk/1/hi/7616996.stm. D. Orrell (2012), Economyths (London: Icon), 90에서 인용.

9 Freedman D., and Stark, P. (2003), 'What is the Chance of an Earthquake?', Technical report 611, Department of Statistics, University of California, Berkeley. 상대적으로 쉽게 읽히지만 내 연구에 영향을 미친 책으로는 D. Orrell, 4장을 참조하기 바란다.

10 이 예는 J. Lancaster (2010), *Whoops!* (London: Penguin), 137에게 빌려온 것이다.

11 Bernstein, P. (1998), *Against the Gods* (New York: Wiley), 250.

12 Wells, T. (2001), *Wild Man: The Life and Times of Daniel Ellsberg* (New York: Palgrave Macmillan), chapter 2.

13 앞의 책, 128.

14 Ellsberg, D. (1961), 'Risk, Ambiguity and the Savage Axiomis', *Quarterly Journal of Economics*, 75, 643-69.

15 C. Zappia (2015), *Daniel Ellsberg on the Ellsberg Paradox* (University of Siena, Department of Economics), 주 13과 15.

16 Taleb, 70.

17 Tversky, A., and Kahneman, D. (1983), 'Extensional versus Intuitive Reasoning: The Conjunction Fallacy in Probability Judgment', *Psychological Review*, 90 (4), 293- 315.

18 Greenspan, A., 하원 정부 감시 및 정부 개혁 위원회의 청문회에서 행한 진술, 2008년 10월 23일.

19 Turner, A., 'How to Tame Global Finance', *Prospect*, 27 August 2009.

20 Mellor, D. H. (2007), 'Acting under Risk' in T. Lewens, *Risk: Philosophical Perspectives*, (London: Routledge).

21 Stern, N., 'Ethics, Equity and the Economics of Climate Change Paper 1: Science and Philosophy', *Economics and Philosophy*, 30 (3): 397-44, 423.

22 Aldred, J. (2009), 'Ethics and Climate Change Cost benefit Analysis', New *Political Economy*, 14 (4), 469 – 88.

23 Jaeger, C., Schellnhuber, H., and Brovkin, V. (2008), 'Stern's Review and Adam's Fallacy', *Climatic Change*, 89, 207-18.

24 여기에서 다룬 내용을 더 깊이 알고 싶으면 Taleb의 후기를 참조하기 바란다.

25 Bernstein, P. (1998), *Against the Gods* (New York: Wiley), 219.

26 Englich, B., Mussweiler, T., and Strack, F. (2006), 'Playing Dice with Criminal Sentences', *Personality and Social Psychology Bulletin*, 32, 188-200.

| CHAPTER 9 | **왜 불평등해졌는가?**

1 Atkinson, A. (2015), Inequality (Cambridge: Harvard University Press), 18. 고(故)

Tony Atkinson은 불평등에 대한 세계적인 권위자였다. 이 책은 객관적 근거를 바탕으로 불평등을 신중하고 철저히 연구한 최고의 저서이다.

2   Mishel, L., and Sabadish, N., CEO Pay in 2012 was *Extraordinarily High Relative to Typical Workers and Other High Earners* (Economic Policy Institute, 2013).

3   왕립 지리학회 회장 주최 만찬 연설, 런던, 1991년.

4   레이건과 대처의 사상이 미친 영향을 다룬 역사서로는 Daniel Rodgers, *Age of Fracture* (Harvard: Harvard University Press, 2011)를 추천하고 싶다. 나도 이 책에서 많은 영감을 받았다. 특히 2장을 참조하기 바란다.

5   Strathern, P. (2001), *Dr Strangelove's Game* (London: Hamish Hamilton), 227.

6   Atkinson, 19-20.

7   *Economist*, 13 October 2012, 'The Rich and the Rest'를 참조할 것. 여기에서 인용된 다른 연구들도 이 기사를 참조하기 바란다.

8   Benoit Mandelbrot; Hudson, Richard L. (2004), *The (Mis) behavior of Markets: A Fractal View of Risk, Ruin, and Reward* (New York: Basic Books), 155에서 인용.

9   Hacker, J., and Pierson, P. (2010), 'WinnerTakeAll Politics', *Politics and Society*, 38 (2010), 152-204.

10 예컨대 Atkinson, 80-81과 J. Stiglitz (2012), *The Price of Inequality* (London: Allen Lane), 27-28을 참조할 것.

11 Norton, M., and Ariely, Dan, 'Building a Better America – One Wealth Quintile at a Time', *Perspectives in Psychological Science*, 6 (2011), 9-12; Davidai, S., and Gilovich, T. (2015), 'Building a More Mobile America – One Income Quintile at a Time', in ibid., 10, 60-71; FondationJeanJaurès가 실시한 조사로 https://jean-jaures.org/nosproductions/laperceptiondes inegalitesdanslemonde를 참조할 것.

12 예컨대 M. Luttig (2013), 'The Structure of Inequality and Americans' Attitudes toward Redistribution', *Public Opinion Quarterly*, 77 (3), 811-21을 참조하기 바란다. 하지만 불평등에 대한 생각의 변화에 대해서는 연구자들마다 의견이 제각각이다. M. Orton and M. Rowlingson (2007), *Public Attitudes to Economic Inequality*

(York: Joseph Rowntree Foundation)을 참조할 것. 소득 분배에서 중간층과 중상층은 총소득에서 그들의 몫이 줄어들지 않았기 때문에 최근의 불평등 심화를 반대하지 않는다는 의견의 실증적인 증거로는 J. G. Palma (2011), 'Homogeneous Middles vs. Heterogeneous Tails, and the End of the "InvertedU"', *Development and Change*, 42, 1 January, 87 - 153을 참조하기 바란다.

13 'The Few', *Economist*, 20 January 2011.

14 Evans, H. (2004), *They Made America* (New York: Little, Brown).

15 Alperovitz, G., and Daly, L. (2008), *Unjust Deserts* (New York: The New Press), 60.

16 Akerlof, G. (2000), 'Comment' in G. Perry and J. Tobin, *Economic Events, Ideas, and Policies* (Yale: Brookings Institution Press), 35.

17 K. Polanyi, *The Great Transformation* (Boston: Beacon Press, 1965)을 참조할 것.

18 이 구절은 R. Frank (2016), *Success and Luck* (Princeton: Princeton University Press, 2016)에서 많은 영향을 받았다.

19 R. Frank, 80에서 소개된 Tom Gilovich의 연구를 참조할 것.

20 Bénabou, Roland, and Tirole, Roland (2006), 'Belief in a Just World and Redistributive Politics', *Quarterly Journal of Economics*, 121/2, 699-746.

21 Corak, M. (2016), 'Inequality from Generation to Generation' (Institute of Labour Economics, Bonn: IZA Discussion Paper No. 9929). 가계 소득과 가족 키의 상관관계에 대한 인상적인 연구는 오바마의 경제자문위원회 의장이던 Alan Kreuger가 시도한 것이다.

22 위대한 개츠비 곡선은 2012년 1월 12일 오바마 정부의 경제자문위원회 의장이던 Alan Kreuger의 연설로 주목을 받았다. https://www.americanprogress.org/events/2012/01/12/17181/theriseand consequencesofinequality/를 참조할 것.

23 Jensen, M., and Murphy, K. (2012), 'CEO Incentives', *Harvard Business Review*, 68 (1990), 138-53, N. Häring and N. Douglas, *Economists and the Powerful* (London: Anthem Press), 109에서 인용.

24 Jensen, M., Murphy, K., and Wruck, E. (2004), 'Remuneration', European

Corporate Governance Institute Working Paper.

25 앞의 책.

26 Holmström, Bengt (2017), 'Pay for Performance and Beyond', *American Economic Review*, 107/7, 1753-77, 1774.

27 Baker, Dean, *The Savings from an Efficient Medicare Prescription Drug Plan*, Washington DC, Centre for Economic and Policy Research, January 2006.

28 Hacker and Pierson, 192.

29 Solt, F. (2008), 'Economic Inequality and Democratic Political Engagement', *American Journal of Political Science*, 52/1 (2008), 48-60.

30 Atkinson, 180-83은 상관관계를 보여주었지만, 국가들을 장기간 비교한 결과에서 인과관계를 끌어내기는 어려웠다고 인정했다.

31 Frank는 30개 선진국의 1979년, 1990년, 2002년 최고 소득세율을 보기 좋게 정리해주었다. 1979년에 비교하면, 2002년에는 세율이 모든 국가에 낮았다.

32 L. Mcquaig and N. Brooks (2013), *The Trouble with Billionaires* (London: Oneworld), 204에서 인용.

33 Laffer, A., *The Laffer Curve: Past, Present, and Future*, Heritage Foundation Report, 1 June 2004.

34 Rodgers, 73에서 인용.

35 http://www.politico.com/story/2017/05/15/donaldtrumpfakenews238379.

36 전체적인 개요에 대해서는 Atkinson, 183-7을 참조하기 바란다.

37 Piketty, T., Saez, E., and Stantcheva, S. (2014), 'Optimal Taxation of Top Incomes', *American Economic Journal*: Economic Policy, 6, 230-71.

38 Mcquaig and Brooks, 40에서 인용.

39 Surowiecki, James, 'Moaning Moguls', *New Yorker*, 7 July 2014.

40 이와 관련된 이론의 발전에 대해서는 L. Murphy and T. Nagel (2002), The *Myth of Ownership* (Oxford: Oxford University Press) and HaJoon Chang (2002), 'Breaking the Mould: An Institutionalist Political Economy Alternative to the NeoLiberal

Theory of the Market and the State', *Cambridge Journal of Economics*, 26/5, 539–59을 참조할 것.

41 Young, C. (2017), *The Myth of Millionaire Tax Flight: How Place Still Matters for the Rich* (Stanford: Stanford University Press)을 참조할 것. 부자가 세금을 피해 도피하거나, 영국이 높은 소득세율 때문에 뛰어난 인재를 확보하는 데 어려움을 겪는다는 증거는 거의 없다. 1970년대 영국의 최고 소득세율이 역사적으로 높았던 시기에는 인재 확보에 어려움은 없었다. Fiegehen, C., and Reddaway, W. (1981), *Companies, Incentives and Senior Managers* (Oxford, Oxford University Press), 92.

42 Mcquaig and Brooks, 249–50에서 인용.

43 King, M. (2016), *The End of Alchemy* (London: Little, Brown).

44 Stiglitz, 119.

45 Cynamon, Barry Z., and Fazzari, Steven M. (2016), 'Inequality, the Great Recession and Slow Recovery', *Cambridge Journal of Economics*, 40/2, 373–99; Stockhammer, Engelbert (2015), 'Rising Inequality as a Cause of the Present Crisis', *Cambridge Journal of Economics*, 39/3, 935–58; Wisman, Jon D. (2013), 'Wage Stagnation, Rising Inequality and the Financial Crisis of 2008', *Cambridge Journal of Economics*, 37/4, 921–45.

46 Atkinson; Piketty, T. (2014), *Capital in the Twenty-first Century* (Cambridge: Harvard University Press); Stiglitz.

47 본문의 설명은 간략하게 요약한 것이다. 물론 주택 시장에 진입하는 사람마다 자산 규모가 다르고(예컨대 주택을 상속받은 사람), 집값이 상대적으로 빠르게 올라가는 지역이 있다. 따라서 집값이 평균적으로 올라가면 상대적인 승자와 패자가 있을 수 있다. 그러나 이런 문제가 논증의 기본틀을 훼손하지는 않는다.

48 이때 어떤 위치재(예: 안락한 집)의 가격은 떨어질 것이다. 한편 가격에 국제 수요가 반영되는 경우(예: 스포츠카)에는 가격이 떨어지지 않지만, 예컨대 페라리 베를리네타에서 절반 값에 불과한 포르셰 911 터보로 자동차를 바꾼다고 생활 수준이 타격을 받을 가능성은 거의 없다. 아래를 참조할 것.

49 Frank, 91.

50 영국의 경우는 Atkinson, *Inequality*, 237-9를 참조하고, 미국의 경우는 Stiglitz를 참조할 것.

51 Rupert Cornwell과의 인터뷰, *Toronto Globe and Mail*, 6 July 2002.

52 더 깊이 알고 싶으면 Mcquaig and Brooks, 121-3을 참조할 것.

| CHAPTER 10 | **평등의 경제학을 위하여**

1 Avik, Roy, 'ACA Architect: "The Stupidity of the American Voter" Led Us to Hide Obamacare's True Costs from the Public', *Forbes*, 10 November 2014.

2 Coyle, D. (2002), *Sex, Drugs and Economics* (New York: Texere), 226.

3 Caplan, B. (2007), *The Myth of the Rational Voter* (Princeton: Princeton University Press), 30.

4 Caplan, 201.

5 Sapienza, Paola, and Zingales, Luigi (2013), '*Economic Experts versus Average Americans*', *American Economic Review*, 103 (3), 636-42.

6 Lazear, E. (2000), 'Economic Imperialism', *Quarterly Journal of Economics,* (115 (1), 99-144. 대안적 설명에 대해서는 Edward NikKhah and R. Van Horn (2012), 'Inland Empire: Economics' Imperialism as an Imperative of Chicago Neoliberalism', *Journal of Economic Methodology*, 19 (3), 259-82를 참조할 것.

7 Fourcade, M., Ollion, E., and Algan, Y. (2015), 'The Superiority of Economists', *Journal of Economic Perspectives*, 29 (1), table 2.

8 Van Noorden, R. (2015), 'Interdisciplinary Research by the Numbers', *Nature*, 525 (7569): 306-30.

9 Sommer, Jeff, 'Robert Shiller: A Skeptic and a Nobel Winner', *New York Times*, 19 October 2013.

10 Backhouse, R., and Cherrier, B. (2017), 'The Age of the Applied Economist', *History of Political Economy*, 49 (supplement), 1-33.

11 Backhouse, R., and Cherrier, B. (2017), ' "It's Computers, Stupid!" The Spread of Computers and the Changing Roles of Theoretical and Applied Economics', *History of Political Economy*, 49 (supplement), 103-26.

12 http://web.mit.edu/krugman/www/howiwork.html.

13 2007년 1월 시카고에서 열린 ASSA(Allied Social Sciences Association) 학회에서. https://www. aeaweb.org/webcasts/2017/curse를 참조할 것.

14 Angrist, J. (1990), 'Lifetime Earnings and the Vietnam Era Draft Lottery', *American Economic Review*, 80 (3), 313-36.

15 Donohue, John J., and Levitt, Steven D. (2001), 'The Impact of Legalized Abortion on Crime', *Quarterly Journal of Economics*, 116 (2), 379-420; Martin, Gregory J., and Yurukoglu, Ali (2017), 'Bias in Cable News: Persuasion and Polarization', *American Economic Review*, 107 (9), 2565-99. 특히 후자의 논문에서는 폭스 뉴스 같은 채널의 시청자가 애초부터 공화당에 투표할 가능성이 높지만, 그런 사실을 고려하더라도 그런 채널은 시청차의 투표 행태에 영향을 미친다는 걸 증명해냈다고 주장한다.

16 Heckman, J. (1996), 'Comment', *Journal of the American Statistical Association*, 91 (434), 459-62.

17 Ioannidis, J. P. A. et al. (2017), 'The Power of Bias in Economics Research', *Economic Journal* 127: F236-F265.

18 Ariely, D. (2009), *Predictably Irrational* (New York: HarperCollins).

19 예컨대 Dani Rodrik는 'The Fatal Flaw of Neoliberalism', *Guardian*, 14 November 2017에서 이 구절을 정확히 인용했다. 케인스가 Roy Harrod에게 보낸 편지는 *Collected Writings*, vol. XIV, 295-97에 실려 있다. http://economia.unipv.it/harrod/edition/editionstuff/rfh.346.htm도 참조할 것.

20 Mackenzie, D., Muniesa, F., and Siu, L. (eds.) (2007), *Do Economists Make Markets? On the Performativity of Economics* (Princeton: Princeton University Press); 이 문제에 대해 더 깊이 알고 싶으면 P. Roscoe (2014), *I Spend Therefore I Am* (London: Penguin)

을 참조하기 바란다.

21 Rodrik, Dani, 'The Fatal Flaw of Neoliberalism: It's Bad Economics', Guardian 14 November 2017.

22 WrenLewis, Simon, *mainly macro blog*, 9 October 2017: https://mainlymacro. blogspot.co.uk/2017/10/economicstoomuchideologytoolittle.html. Paul Krugman도 비슷한 우려를 표명한 적이 있다.

23 Flitter, Emily, Cook, Christina, and Da Costa, Pedro, 'Special Report: For Some Professors, Disclosure is Academic', Reuters, 20 December 2010. http://www.reuters.com/article/2010/12/20/us academicsconflicts- idUSTRE6BJ3LF20101220을 참조할 것.

24 CarrickHagenbarth, Jessica, and Epstein, Gerald A. (2012), 'Dangerous Interconnectedness: Economists' Conflicts of Interest, Ideology and Financial Crisis', *Cambridge Journal of Economics*, 36 (1), 43-63.

25 Häring, N., 'How UBER Money Dominates and Distorts Economic Research on Ridehailing Platforms', *WEA Commentaries*, 7 (6), December 2017. https:// www.worldeconomicsassociation.org/files/2018/01/Issue76.pdf를 참조할 것.

26 G. DeMartino (2011), *The Economist's Oath* (New York: Oxford University Press), 8에 서 인용.

27 Stuckler, D. et al. (2009), 'Mass Privatisation and the Post communist Mortality Crisis: A Cross national Analysis', *Lancet*, 373 (9661), 399-407.

28 DeMartino, 65.

29 Federal Reserve Bank of Minneapolis와의 인터뷰, 26 August 2010. https:// www.minneapolisfed.org/publications/theregion/interviewwiththomassargent를 참조할 것.

30 Miles, David, 'Andy Haldane is Wrong: There is No Crisis in Economics', *Financial Times*, 11 January 2017.

31 영국 재무장관 George Osborne도 의회의 기조 연설에서 Reinhart와 Rogoff의

연구를 반복해 거론하며 비용 삭감을 정당화했다. John Cassidy, 'The Reinhart and Rogoff Controversy', *New Yorker*, 26 April 2013을 참조할 것.

32 Moore, Heidi, 'Rogoff and Reinhart Should Show Some Remorse and Reconsider Austerity', *Guardian*, 26 April 2013.

33 Keynes, J. M. (1963), *Essays in Persuasion* (New York: W. W. Norton & Co.), 373.

34 이 점에서는 David Colander의 생각도 비슷하지만, 교육 과정의 개정에 대한 다른 부분에서는 내 생각과 다르다. D. Colander (2016), 'Creating Humble Economists', in G. DeMartino and D. McCloskey (eds.), *The Oxford Handbook of Professional Economic Ethics* (New York: Oxford University Press)을 참조할 것.

35 Coyle, D. (2012), 'What's the Use of Economics?' (London: London Publishing Partnership), 121.

36 행동경제학의 비판에서 대해서는 G. Morson and M. Schapiro (2017), Cents and Sensibility (Princeton: Princeton University Press), 272-87을 참조할 것.

37 교육 과정의 개혁에 대해서는 J. Earle, C. Moran, and Z. WardPerkins (2017), *The Econocracy* (London: Penguin)을 참조하기 바란다.

38 (38) Robinson, Joan (1955), *Marx, Marshall and Keynes* (Delhi: University of Delhi), 75.

39 Rodrik, D. (2016), *Economics Rules* (New York: Norton), 214-15.

KI신서 9049

경제학은 어떻게 권력이 되었는가

1판 1쇄 발행 2020년 4월 28일
1판 2쇄 발행 2020년 5월 27일

지은이 조너선 앨드리드
옮긴이 강주헌
펴낸이 김영곤
펴낸곳 ㈜북이십일 21세기북스

정보개발본부장 최연순
정보개발1팀 이정실
해외기획팀 박성아 장수연 이윤경
마케팅팀 한경화 박화인
영업본부 이사 안형태 **영업본부장** 한충희
출판영업팀 김수현 오서영 최명열
제작팀 이영민 권경민
디자인 [★]규

출판등록 2000년 5월 6일 제406-2003-061호
주소 (10881) 경기도 파주시 회동길 201(문발동)
대표전화 031-955-2100 **팩스** 031-955-2151 **이메일** book21@book21.co.kr

㈜북이십일 경계를 허무는 콘텐츠 리더

21세기북스 채널에서 도서 정보와 다양한 영상자료, 이벤트를 만나세요!
페이스북 facebook.com/21cbooks   포스트 post.naver.com/21c_editors
인스타그램 instagram.com/jiinpill21   홈페이지 www.book21.com
유튜브 youtube.com/book21pub
서울대 가지 않아도 들을 수 있는 명강의! 〈서가명강〉
유튜브, 네이버, 팟빵, 팟캐스트에서 '서가명강'을 검색해보세요!

ISBN 978-89-509-8731-2 03320